U0511845

中国特色自贸港对标
国际经贸规则研究

刘云亮　著

Research on the Alignment of China-Style Free Trade Ports
with International Economic and Trade Rules

人民出版社

目　录

前　言

建设中国特色自由贸易港,是习近平总书记亲自谋划、亲自部署、亲自推动的重大国家战略。2018年4月13日在庆祝海南建省办经济特区三十周年大会上,习近平总书记发表重要讲话(以下简称"4·13重要讲话")强调,党中央支持海南全面深化改革,争创新时代中国特色社会主义生动范例。2018年4月14日,《中共中央国务院关于支持海南深化改革开放的指导意见》(以下简称中央"12号文件")指出,推动海南加快实现社会主义现代化,打造成新时代中国特色社会主义新亮点,彰显中国特色社会主义制度优越性,增强中华民族的凝聚力和向心力。党的二十届三中全会通过《中共中央关于进一步全面深化改革　推进中国式现代化的决定》,提出"加快建设海南自由贸易港",建设更高水平开放型经济新体制。2024年12月中央经济工作会议要求"加快推进海南自由贸易港核心政策落地"。2024年12月17日,习近平总书记在三亚听取海南省委和省政府工作汇报时强调,"加紧推进海南自由贸易港核心政策落地,精心做好各项准备工作,确保封关运作平稳有序。"当下如何理解海南自由贸易港核心政策,把握加快推进海南自由贸易港核心政策落地的主要抓手,尽快推动形成加快推进海南自由贸易港核心政策落地的重要机制。实施稳步扩大制度型开放,主动对接国际高标准经贸规则,实现规则、规制、管理、标准相通相容,打造透明稳定可预期的制度环境。随着海南自贸港封关运作临近,正全面推进实施《中华人民共和国海南自由贸易港法》(以下简称《海南自贸港法》),该法第9条规定国家支持海南自由贸易港主动适应国际经济贸易规则发展和全球经

1

济治理体系改革新趋势的新规制,指明了海南自贸港积极开展国际交流合作的新方向。

中国特色自由贸易港担负着国家全面深化改革开放试验区的新使命。海南自由贸易港不仅大力弘扬敢闯敢试、敢为人先、埋头苦干的特区精神,而且不断探索实践自由贸易港在经济体制改革和社会治理创新等方面,充分彰显"自由便利创新规制"先行先试的自贸港精神。自贸港精神聚焦推动自贸港实行更加积极主动的开放战略,探索建立开放型经济新体制,促进自贸港经济发展全球化国际化,打造透明稳定可预期的制度环境。2023 年 7 月国务院印发《关于在有条件的自由贸易试验区和自由贸易港试点对接国际高标准推进制度型开放的若干措施》,聚焦扩大规则、规制、管理、标准等制度型开放,提出了 6 个方面 33 条具体举措,重在为对接国际高标准经贸规则提供坚实政策保障。

辨别与认知高标准国际经贸规则,是推动国际经贸活动的全球治理和实现对标国际高标准经贸规则的前提。积极对标最高标准国际经贸规则,是面对更加有助凸显中国新时代全面深化对外开放和对内改革的一种导向和决心信心的知行合一,充分彰显我国高水平开放促进高质量发展的态势,显现积极参与国际经贸秩序全球性规则治理与竞争的中国新形象。建设海南自由贸易港,重在体现中国特色。突出全面改革开放是自贸港制度集成创新的重要领域和空间,构建自贸港中国特色法治体系,彰显自贸港法治中国特色。中国特色、中国国情、海南定位等,成为海南建设自贸港的关键词。海南自贸港,将聚集打造"614"新制度、新机制、新优势,正在努力营造和探索中国特色自由贸易港政策体系、监管模式和管理体制,打造优化市场化、便利化、法治化、国际化营商环境。围绕自贸港"614"制度架构推进制度集成创新,探寻海南自贸港建设特色所在,充分彰显中国特色自贸港的海南实践之道路。

中国特色自由贸易港构建公平统一高效的市场环境和市场化、法治化、国际化的一流营商环境,须实施强化竞争政策。强化竞争政策,将成为中国特色自由贸易港政策体系和市场经济法治化的核心内容。2019年国务院确定海南作为国家实施强化竞争政策试点,助推海南建设中国特色自由贸易港。海南自贸港如何实施强化竞争政策,放胆创新体制新优势,推进和打造优化营商环境,实现创业新机制,此乃建设中国特色自由贸易港开放型经济新体制重中之重。自由贸易港是当今世界最为开放的经济区域形态,强化竞争政策,更是自由贸易港充分彰显其优质营商环境的最根本属性和最核心内容,它是市场经济发展的动力机和调节器,是推动和发展市场经济运行的根本要素,更是规制、衡平和反映一个国家政府与市场关系的"试金石"。竞争政策基础性地位,是保障市场经济有效运行的关键,其最根本的实质在于,规制政府和市场关系,规范政府"有形之手"与"无形之手",建立维护公平竞争的制度体系,保障市场机制有效运转,促进资源有效配置,实现社会最大化公平持续健康发展。

对标高水平国际经贸规则,推动海南自贸港立法创新机制。《海南自贸港法》是海南新时期推进更高水平开放的促进型立法,是海南自贸港全方位推进国际化的重要法治保障。对标RCEP、CPTPP、DEPA等多边协定有关跨境服务贸易、数字经贸、人员流动、海关监管等方面的领域内容,推动海南自贸港创新立法新机制,探索海南自贸港诸多领域先行先试、超前发展的立法新空间。海南省人大及其常委会依法运用自贸港法规制定权,聚焦自贸港制度集成创新、打造与更高开放水平经济新体制相适应的海南自贸港法规体系和法治体系。自贸港法规制定权是国家赋予海南更大改革自主权的体现,以推进各项制度创新,破除海南自贸港建设过程中的体制机制障碍,推进制度集成创新,为各项改革措施提供法治支撑。提升自贸港法规体系国际化程度,重在强化对标国际高水平经贸规则,打造自贸港市场化、法治化、国际化的可预期一流营商环境。海南自贸港作为我国与东盟各国合作来往的最前沿区域,须对标RCEP有关规则推出更加包容开放的制度机制,实现人员、技术、资金、货物、运输工具自由便利流通。自贸港调法调规目的就是对标国际最高水平经贸规则的开放经济形态,自贸港开放型、包容型、自由便利型的经济属性,决定了自贸港调法调规的价值路径导向。自贸港调法调规是一项以法治手段促进高水平对外开放、推动自贸港高质量发展、保障制度集成创新的一项协调性先行先试立法工作,是统筹推进实施"三区一中心"战略的重要法治路径。自贸港调法调规立足开放与法治两个维度,聚焦自贸港高质量发展的法治创新保障,探究推进自贸港实现贸易投资自由化便利化、产业体系现代化、人员跨境流动便利化、市场监管透明化法治化、跨境数据流动安全有序等方面的调法调规机制。强化对标国际高水平经贸规则,加快促成"614"制度体系,推动特定重点领域开展先行先试的改革压力测试,高水平开放促进高质量发展,成为推进实施自贸港调法调规的动力导向和价值所在,是自贸港创新发展的法治保障路径。

海南自贸港联通国内国际两大市场,充分对接发挥 RCEP、CPTPP、DEPA 等国际经贸规则叠加优势,推动海南自贸港发展数字贸易新机制。RCEP 数字贸易高标准规则促成区域成员形成政策互信、规则互认、企业互通的效果,促进数字贸易发展。自贸港自由便利化属性与 RCEP 开放性原则本质上保持一致,全面提升贸易投资自由便利化水平的目标是 RCEP 与海南自贸港建设的共同任务,促进投资、保护、便利化和自由化,逐步实现货物与服务贸易自由化和便利化是 RCEP 协议规定的目标。海南自贸港率先对标 RCEP 等国际协议高水平数字贸易规则,亟需畅通市场要素自由流动渠道,推动产业链数字化升级,旨在打造高度开放的金融国际市场环境。RCEP 协议在贸易、投资、市场准入等领域的开放性规则,也将倒逼海南自贸港实施更加开放便利化的制度安排。CPTPP、USMCA、DEPA 数字贸易规制相比较,RCEP 数字贸易规则实现了对 CPTPP 的继承和发展,其内容覆盖 CPTPP 数字贸易规则所有领域,RCEP 则遵循跨境数据流动的渐进性原则,承认数据跨境流动的价值。USMCA 禁止数据本地化条款,也直观反映了以美国为首的发达国家与发展中国家在缔造数字贸易规则上存在的巨大分歧,DEPA 与 RCEP 均提倡无纸化贸易,但 DEPA 对于电子支付系统的规定更为细致,且囊括了电子发票的规定。

　　海南自贸港需要加大数字贸易规则的压力测试力度,建立健全电子商务网络安全与数据跨境传输防护机制,自贸港应当创新数字贸易的敏捷治理模式,利用数据建设的国家政策以及相关国际数据线路、商用服务。这些软硬基础设施作为支撑,探索具有中国特色自贸港数字治理规制新机制。

　　中国特色自由贸易港建设,是党中央把握未来发展主动权的一着先手棋。海南锚定"一本三基四梁八柱"战略框架,聚焦对标国际经贸规则,以高水平对外开放推动深层次改革,促进自贸港制度集成创新,加快推进自贸港核心政策落地实施,构建和完善自贸港法规体系和法治体系,把海南自贸港打造成为引领我国新时代对外开放具有世界影响力的中国特色自由贸易港。

　　奋进新时代,拥抱自贸港!

第一章　中国特色自贸港对标
国际经贸规则总论

党的二十届三中全会通过《中共中央关于进一步全面深化改革　推进中国式现代化的决定》（以下简称《决定》），提出了"完善高水平对外开放体制机制"，强调"开放是中国式现代化的鲜明标识"，"必须坚持对外开放基本国策，坚持以开放促改革，依托我国超大规模市场优势，在扩大国际合作中提升开放能力，建设更高水平开放型经济新体制"。① 明确"坚持经济全球化正确方向，推动贸易和投资自由化便利化，推进双边、区域和多边合作，促进国际宏观经济政策协调"，"积极参与全球治理体系改革和建设，践行共商共建共享的全球治理观，坚持真正的多边主义，推进国际关系民主化，推动全球治理朝着更加公正合理的方向发展"。② 当下国际政治经济关系正在发生深刻变化，尤其是乌克兰危机导致世界格局出现两边选边站。面对正处于百年未有之大变局的世界，中国主动积极参与全球治理体系改革和建设，努力践行共商共建共享的全球治理观。

---

① 《中共中央关于进一步全面深化改革　推进中国式现代化的决定》，《人民日报》2024 年 7 月 22 日第 1 版。

② 习近平：《高举中国特色社会主义伟大旗帜　为全面建设社会主义现代化国家而团结奋斗——在中国共产党第二十次全国代表大会上的报告》，《人民日报》2022 年 10 月 26 日第 1 版。

第一节　高标准国际经贸规则认知

中国参与国际经贸秩序规则治理,可以采取更积极的主动态度,充分发挥更多的话语权作用,推进开展更开放的国际经贸活动,尤其是准确认知把握国际经贸活动发展新规律及其规则的实质。国际经贸活动的"边数",往往已经成为一些重要经济体合作模式及其经贸规则国际化的"度数"。各类经贸活动促成经贸规则的国际化程度,其经贸活动"边数"成为界定其国际影响力的指标,更是"国际经贸规则"与全球治理体系关联度。如《全面与进步跨太平洋伙伴关系协定》(以下简称 CPTPP)、《区域全面经济伙伴关系协定》(以下简称 RCEP)、《美国—墨西哥—加拿大协定》(以下简称 USMCA)等,成为关注"国际经贸规则"的"边数"概念。[①] 国际经贸规则的外延"边数"及其影响力,成为判断其是否"高水平"及国际经贸治理能力。

一、高标准国际经贸规则发展共识

如何认知高标准国际经贸规则,如何推动国际经贸活动的全球治理,尤其是促成全球经济产业链及其发展结构调整。中国经济正从高速增长,向高质量发展转化,正在努力打造完整产业链,促进经济产业结构优化升级,提升消费结构合理化水平,实现中国式现代化发展新模式。美国长期把持国际经贸规则的制定权主动权,不断主张构建更加合乎美国贸易的经贸规则,甚至以此主张不断动用制裁"大棒",奉行拉拢欧盟等发达国家,结对一致采取统一行动,搞出更多新"规则"新要求,强化其更多利益。因此,理解认知高标准国际经贸规则的法律内涵,把握其构建要素及其影响因子,成为

---

① Sungjoon Cho and Jurgen Kurtz, Convergence and Divergence in International Economic Law and Politics", (2018) 29 (1) *European Journal of International Law* 169, pp. 169-203.

了解和规制的共识关键环节。

认知构建国际经贸规则,先从其"边数"开始。如多边(multilateral)、单边(unilateral)、双边(bilateral)、三边(trilateral)、诸边(plurilateral)及少边(minilateral)等等,①其充分显现国际经贸"边数"价值及其影响力状态,隐喻了"边数"国际化程度。边数往往决定了国际经贸活动参与方及合作方、合作模式的抉择,涉及合作方对国际经贸合作规则的接受度。曼瑟尔·奥尔森研究也发现,国际经贸合作难易程度因素包括行为体数量和同质性关系,行为体数量越少,合作越容易达成并深入发展;行为体同质性越高,共识越容易形成,合作也越容易。② 事实上,"少边"也常被作为拓展规则边界和提升规则深度的工具,甚至出现用以重构经贸规则,实现推动构建新的多边规则的迹象。③ 如此也意识到"边数"尽管很重要,但其国际贸易实质内涵和国际经贸公平性更重要。尤其是国家在国际条约的框架下进行合作,涉及的条约不仅规定了各成员国在法律上的权利和义务,也规制了成员国合作的规则制度内容,也涵括其合作制度的纠纷争端解决机制。

第二次世界大战以来,世界经济格局发生根本性变化,国际经贸规则也处于不断持续创新发展完善。从较早的关税与贸易协定(GATT),到世界贸易组织(WTO),尤其是新兴国家崛起,对全球贸易活动有了新要求,积极参与国际经贸规则制度治理重构,时下发展正兴的数字经济、数字贸易、智能互联等信息化技术,更加导致全球经贸分工格局发生重大情形变迁,贸易全球化价值链重构正在兴起。美国认为中国在 WTO 体系中获得跨越式发展,便要求要用所谓"更公平"的模式来解决整个世界贸易秩序问题,美国还提出退出 WTO 等多边贸易体制,主张强化双边贸易。当下呼吁重构国际经贸规则,其原因主要有逆全球化思潮蔓延、旧规则问题不断暴露、WTO

① 关于"minilateral"的汉译,本书采取了苏长和"少边"的译法。参见苏长和:《全球公共问题与国际合作:一种制度的分析》,上海人民出版社 2009 年版,第 119 页。

② 曼瑟尔·奥尔森:《集体行动的逻辑》,陈郁等译,上海人民出版社 2014 年版,第 51 页。

③ 车丕照:《是"逆全球化"还是在重塑全球规则?》,《政法论丛》2019 年第 1 期。

困境致使区域贸易协定"碎片化"渐渐成主流、多哈回合谈判一波三折前景渺茫等等。① 进入 21 世纪以来,国际经贸活动发生许多变化,全球生产组织分工越来越碎片化、复杂化,国际经贸活动更加依赖性、互联性,经济产业链条不断全球化延伸化,产业微观结构愈加复杂化,此前国际经贸规则体系也越来越不适应新时代国际经贸发展,全球产业价值链时代性国际经贸争端越来越难解决。尽管大多数学者都支持"全球价值链时代将会使得贸易自由化不断深入"的观点,随着美国进一步发起中美贸易争端和英国脱欧为标志的贸易保护主义兴起,国际经贸规则体系正面临着巨大挑战。② 然而,WTO 机制之下的贸易投资自由化、便利化,自由贸易协定有关关税、非关税措施等边境规则扩展到边境后规章制度,涉及制度透明性、数字经贸、竞争规制、环保理念、投资便利化等内容,都一直成为当今国际经贸活动关注的热点问题,并成为国际社会共同认知和致力推进国际贸易治理的议题,努力尝试创制高标准经贸规则新体系。

目前,美国、欧盟、日本等发达国家极力推动的高标准国际经贸规则,且较有影响力、具有代表性的主要有多边自由贸易协定有《跨太平洋伙伴关系协定》(TPP)、欧盟与加拿大签订的《全面经济贸易协定》(CETA)、CPTPP、USMCA、《欧盟—日本经济伙伴关系协定》(EPA)等。③ 国际经贸规则领域已经形成美欧亚"三分天下"的局面,即"美式模板、欧式模板、亚太模板"代表性自由贸易协定规则。梳理它们共同特征,发现其都能够共同关注当下国际经贸最新议题,聚焦数字经济、人工智能等国际经济发展新动态与促成缔约方边境和边境后的贸易投资行为约束规制。在涉及促进产

---

① 范思立:《国际经贸规则正从经济之争转向制度之争》,《中国经济时报》2021 年 9 月 8 日第 1 版。

② 刘乃郗:《全球价值链视角下国际经贸规则面临的挑战与前瞻》,《中国流通经济》2020 年第 12 期。

③ 林创伟等:《高标准国际经贸规则解读、形成的挑战与中国应对——基于美式、欧式、亚太模板的比较分析》,《国际经贸探索》2022 年第 11 期。

品和要素流动议题方面,共同关注货物贸易①、投资、服务贸易②等等。在促进制度型开放议题,又共同关注其他方面的内容③。围绕上述"三板"类型的国际高标准经贸规则,其所共同关注内容涉及国际经贸规则内容,也将渐渐形成国际社会共识,也期待基于此展开相应的全球经贸规则治理与重整,并促成一定的关注点和规则意识,诸如围绕数字贸易、知识产权和国有企业等方面条款,推进我国对标最高经贸规则的研究、对策探究,这具有重大意义,有助积极参与有关自贸协定谈判,破解美西方在国际经贸规则话语权对我国的"规锁",彰显我国在全球自由贸易区网络的积极作用。采取积极对标最高标准国际经贸规则,有助更加凸显中国新时代全面深化对外开放和对内改革的导向和决心信心。党的十一届三中全会以来,中国经济持续稳定快速发展,产业结构科学完整、市场结构多元、国内国际市场双循环协调发展,具有参与国际经贸活动的多重优势。以高水平开放促进高质量发展的态势,积极参与国际经贸秩序全球性规则治理与竞争,破解美国等西方少数发达国家"规则制华"国际经贸规则态势,提高在多边贸易协定的规则话语权,实现实施全球经贸活动治理的中国方案。

二、高标准国际经贸规则属性认同

国际经贸活动涉及各国之间商品、服务、资金、技术、人员等加速流动,国际经贸关系成为国际经贸活动最具活力的因素影响力,国际经贸规则成为国际法造法数量最快的规制领域准则,其涉及国际贸易、投资、金融、税收、知识产权、争端解决等实体和程序规则。全球贸易规则治理,其本质就是就过去几十年相对稳定的国际经济秩序和蓬勃发展的国际经贸法律规

---

① 主要包括:货物贸易和纺织服装、原产地规则与原产地程序、海关管理与贸易便利化、卫生与植物卫生措施、技术性贸易壁垒和贸易救济等。

② 主要包括:跨境服务贸易、金融、电信和商务人员临时入境等。

③ 主要有:政府采购、知识产权、数字贸易(电子商务)、国有企业和指定垄断、竞争政策、劳工、环境、中小企业、透明度和反腐败与监管一致性。

则,①进行全球范围的协商对话,共同创制出新规则新规制,谋求变革国际经贸规则,建立高标准的贸易投资自由化、便利化规则体系,以适应经济全球化发展新趋势新要求。

全球化经济发展势不可挡,国际经贸规则重构仍是当今国际社会共同关心的议题。当下国际经济秩序激烈震荡与调整过程,亟待推进各国新认知,探寻国际经贸法律秩序的核心价值及其目标,即国际经济秩序更加公平、公正与合理,是当代国际法学者的任务。② 重构国际经贸规则,重在探究为全人类的和平与发展探索构建公平、公正、合理的国际经贸秩序,打造服务目标是全人类和地球村多数人民的整体利益,不能仅仅服务于霸权国家、个别超级国家集团或国家联盟的特殊利益。这几年来,美国不断挑战WTO体制,2019年1月提交《一个无差别的 WTO:自我认定式的发展地位威胁体制相关性》总理事会文件(WT/GC/757),挑战 WTO 发展中成员地位,要求取消一批发展中成员的特殊与差别待遇,直指发展中成员地位、非市场导向的政策与做法、国有企业竞争中立等议题,尤其是美国国会2023年3月专门通过一个法案旨在剥夺中国"发展中国家"地位。③ 其目的就是致力于在有美国参与的国际组织中,剥夺中国的"发展中国家"地位,并将中国的相关地位修改为"中高收入国家""高收入国家"甚至是"发达国家",同时反对在任何国际协议和条约中将中国继续视为"发展中国家"。

面对世界百年未有之大变局,中国在着力推动国内高质量发展、坚持深化改革、推进高水平对外开放的同时,提出了推动构建人类命运共同体及全球发展倡议和全球安全倡议等一系列全球治理方案,并积极参加全球治理

---

① "国际经贸法律规则"(Rules of International Economic and Trade Law),即指规范国家、国际组织或个人在国际或跨国经济贸易关系中(包括规范货物、服务、投资、货币、技术、知识产权、争端解决等方面)行为的国际条约或国际习惯、惯例的总称。参见 Matthias Herdegen, Principles of International Economic Law, Second Edition, Oxford University Press, 2016,p. 3-4。

② 赵宏:《新时期国际经贸规则变革的国际法理论问题》,《中国法律评论》2023 年第 2 期。

③ 《415 比 0! 美国众议院通过撤销中国发展中国家地位草案》,光明网,https://m.gmw.cn/2023-03/29/content_1303323322.htm。

体系改革和建设,践行共商共建共享的全球治理观。① 中国正在努力推进实施"一带一路"倡议、促进亚洲基础设施投资银行(AIIB)和金砖国家新开发银行(NDB)业务活动,推进上海合作组织(SCO)发展等,发挥和呈现国际社会治理规则的政治引导作用,这将极大推动国际经贸规则创新,朝着更加公正合理的方向变革发展。中国正在推动构建人类命运共同体的中国方案,以和平共处、共享普遍安全、合作共赢、文明共存的四"共"为共同体。中国的全球发展倡议是落实推动构建人类命运共同体的经济基础有关方案,包括"发展优先""以人民为中心""普惠包容""创新驱动""人与自然和谐共生"和"行动导向"六大坚持。② 强调中国的全球安全倡议,是推动构建人类命运共同体的上层建筑有关方案,包括"坚持共同、综合、合作、可持续的安全观,共同维护世界和平和安全"。③ 对标国际经贸规则,涉及涵括贸易、金融和投资等三方面的国际经贸规则的变革创新,揭示国际经贸活动规则变迁,明示中国对标国际经贸规则的政治导向,以高水平开放促进高质量发展,更加主动对接国际高标准规则,彰显中国更加积极参与国际经贸规则制定的决心和信心。

三、高标准国际经贸规则内容导向

改革开放 40 多年来的实践,正是中国积极参与新一轮国际经贸规则体系建构的实践历程。新时代推进新一轮的对外开放战略,以全面高水平的开放来积极推动更高质量发展,全面推进中国式现代化建设。中国正在积极主动强化对标国际经贸规则,诸如加入实施 RCEP,中国承诺 90%产品免关税,已实现高标准要求。2023 年 6 月 17 日中国商务部指出,目前中国对

---

① 张乃根:《国际经贸规则变革的政治经济学思考》,《中国法律评论》2023 年第 2 期。
② 习近平:《坚定信心　共克时艰　共建更加美好的世界——在第七十六届联合国大会一般性辩论上的讲话》,《人民日报》2021 年 9 月 22 日第 2 版。
③ 习近平:《携手迎接挑战,合作开创未来——在博鳌亚洲论坛 2022 年年会开幕式上的主旨演讲》,《人民日报》2022 年 4 月 22 日第 2 版。

于 CPTPP 2300 多项条款进行了深入、全面的研究和评估,梳理了中国加入 CPTPP 需要实施的改革措施和需要修改的法律法规。① 事实上,近几年,中国与世界其他国家积极签署贸易协议和不断推动国内走向高水平开放这两个层面,更加主动地对标国际高标准经贸规则,具体内容主要体现在四个方面。

(一) 对标数字贸易规则

数字贸易已是当今国际社会共同关心问题,各国主张数据开放和安全有序交易,并依据各自标准制定数字贸易规则。在推进构建国际数字贸易规则方面,各国都极力争抢数字数据资源,如以美国为首的发达国家率先制定数字贸易规则,抢占全球数字经贸领域的规则制定主导权。RCEP 在电子商务章节部分对数据的跨境移动传输和禁止数据本地化存储,做出了相应的规制,并且对于商业电子数据的传输予以免征海关关税。这为中国对标 RCEP 数字贸易规则,提供了重要的规则渊源。

关于建立公共数据开放平台的规范。在数字经济领域方面,中国正积极推动其有序发展,例如北京的中关村、上海的浦东软件园、天津的经济技术开发区等数家数字服务出口基地,以此促进我国的数字服务出口的发展。另外,中国已经初步形成了与数据流通安全便利相适应的数字交易服务法律法规体系,如具体法规等规范性文件有《网络安全法》《征信业管理条例》《金融信息保护工作的通知》等,但涉及限制跨境数据自由流动、数据本地化存储与处理、数字知识产权保护、数据开放例外制度等方面规定仍缺乏。

(二) 强化竞争中立规制

强化竞争中立规制,是市场经济最基本的制度,充分显现政府与市场关

---

① 《商务部:正推进加入 CPTPP 进程》,指出中国主动对标 CPTPP 高标准,在国内主动实施了相关领域内改革开放的先行先试,中国有意愿、有能力加入 CPTPP、达到 CPTPP 的高标准,中国的加入也将为所有 CPTPP 成员带来利益,为亚太地区贸易投资自由化增加新的动力。详见商务部网站,http://www.mofcom.gov.cn。

系的基本准则,其核心在于维护市场公平竞争,确保市场各类主体平等公平参与市场经济活动,实现市场竞争良性发展。竞争中立规则如今已经发展成为国内法与国际法相互融合体系内容,最早提出构建全面竞争中立框架体系的国家是澳大利亚,后来西班牙、丹麦、瑞典和英国等国家也在公共部门领域引入和发展完善相关竞争中立政策和监管机制,欧盟还将竞争中立规则纳入《欧盟法》。① 如此显现出在国际社会中,竞争中立规则日益受到重视,并且已经成为国际高标准经贸规则的重要组成部分。事实上,许多国际经贸规则早已吸纳规范国有企业竞争中立规则,GATT 有关国营贸易企业,GATS 有关垄断和专营服务提供者(含国有企业),OECD 有关国家控股企业(OECD2005),CETA、TPP、EPA 等都有涉及竞争中立的国有企业情形。②

中国对标竞争中立规则方面,尤其强调国有企业的竞争中立规制。2016 年开始,国务院和国家发改委等先后出台了《关于在市场体系建设中建立公平竞争审查制度的意见》《公平竞争审查制度实施细则(暂行)》《改革国有资本授权经营体制方案》,推动国有资本管理体制的市场化改革,规范国有企业市场化运行机制,其核心在于强化国有企业与其他市场主体的平等性、公平性和透明性,构建和完善中国特色社会主义市场经济的国有企业制度根基,促进和发展中国特色社会主义市场体系机制。当前,中国在签署多边贸易协定时,就着重关注竞争中立规则,并且在此方面进行谈判。在FTA 的竞争政策章节中,中国就对竞争中立的规则进行了原则性规定,明确禁止企业从事毁坏竞争中立规则的商业行为。例如中欧全面投资协定(CAI)就涉及了中国国有企业的竞争中立,这体现了中国在国有企业规则方面正努力与欧美推行的高标准接轨,并在中国对标高标准竞争中立规则

---

① 《欧盟法》第 106 条规定,国有企业与私营主体皆受竞争法调整,任何成员方都不可以违反该规则,国有企业也必须受国家补贴法律和垄断法的调整。

② TPP 第 17.1 条、EPA 第 13.1 条规定,国有企业是指主要从事商业活动及政府拥有股份资本或通过拥有权益控制 50% 以上投票权的行使或者拥有任命大多数董事会或其他同等管理机构成员的权利。

方面取得了重要进展。

（三）凸显强化知识产权保护

知识产权保护已经成为各类自由贸易协定不可回避的内容,较早的《与贸易有关的知识产权协定》(TRIPS)就专门规制知识产权保护问题,现在 RCEP、CPTPP 更是强化有关知识产权保护标准。《反假冒贸易协定》(ACTA)、TPP 知识产权保护章节更加典型,专门明确数字环境下商标权、著作权及邻接权侵权行为的处置措施,TPP 还规定互联网服务提供商和用户的细节通知和反诉通知程序,对互联网服务供应商设立安全港等等,这充分表明知识产权保护已经从与贸易领域结合扩展到与投资和电子商务等领域结合。

（四）有关劳工标准和环境保护

劳工标准也是国际经贸规则内容之一,如强化劳工保护的最低标准规则,即国际劳工组织(ILO)已明确将国际劳工核心标准,扩大到最低工资、工作时长和职业健康与安全标准可接受的工作条件等方面内容,即使在出口加工区和自贸区,也不得"不减损"劳工保护标准内容①。截至 2015 年 12 月,TRIPS 共有 135 个经济体参与的 76 个 FTA 包含劳工条款。中国也强化实施有关基本劳工权利、劳工保护水平、争端解决机制、劳工与贸易关系等方面内容。

TPP 高度重视环境保护规则的问题,使得有关环境保护范围得到拓展。从 CETA 第 24 条规定林产品贸易、渔业和水产养殖品贸易,扩大至臭氧层保护、保护海洋环境免于船舶污染、贸易和生物多样、入侵外来物种、向低排

---

① "减损原则",即指缔约方不得以影响贸易或投资的方式放弃或减损,或者提出放弃或减损上述所强调的19.3.1 条中规定的前四项劳工保护原则;同时,缔约方不得在特殊的贸易或关税区域,如出口加工区和对外贸易区等区域放弃或减损,或者提出放弃或减损上述所强调的19.3.1条中规定的前四项劳工保护原则以及19.3.2中规定的第五项劳工保护原则。

放和适应型经济转变、海洋捕捞渔业、保护野生动植物和贸易等领域等等。中国正在进一步强化环境保护,特别是强调其具体的范围、公众参与和信息公开、合作机制以及争端解决机制等方面。

中国对标最高水平国际经贸规则,需要科学准确把握最高水平经贸规则的本质及其发展导向。当下高水平国际经贸规则的产生发展演变,有着许多深刻美国因素。美国作为当代"规则秩序"的主要缔造者,确立了战后国际关系的基本结构。其在过去 70 多年里为世界发展客观上起到了重要作用,但是美国享有超强的规则话语优势,促成美国独一无二的全球霸主地位,左右着国际秩序的演进方向,使美国在国际规则体制中同时扮演着缔造者和破坏者的双重角色。① 正是如此,对标最高水平国际经贸规则,需要认知影响当下国际经贸规则发展重构的"决定性"因素众多,其涉及重构背后实质为国际经济新秩序之争、世界经济格局之争,影响深远。主张既有规则的效应大幅下降、规则自身的不足、满足更多发展中国家利益诉求以及美国"强权因素"等,都是推动国际经贸规则重构的要素内容。② 事实上,中美两国在影响和推动国际经贸规则重构方面,都将存在更多因素,但我们更需要清醒看到作为全球经济政治格局中的两大主要经济体,面对当今复杂多变的地缘经贸环境,应积极践行人类命运共同体的全球共识理念,为消除当今全球国际经贸环境的不稳定性以及各国共识危机提供大国智慧和方案,助推全球摆脱"阵营对抗"的冷战性风险,共同推动全球经济的复苏增长以有效防止大国间的非理性政治、军事博弈。③

在高标准国际经贸规则重构上,WTO 面临改革压力,中美对"国有企业""产业政策"等实体规则存在较大分歧。当下中美经贸关系持续"脱钩"

---

① 肖冰:《国际经贸规则改革的美国基调和中国道路选择》,《上海对外经贸大学学报》2021年第 4 期。

② 刘向丽、吴桐:《国际经贸规则重构中美的政策两难与发展趋势探讨》,《国际贸易》2021 年第 6 期。

③ 李怀印:《"民族国家"的迷思与现代中国的形成》,《人民论坛·学术前沿》2022 年第 2 期。

背景下,中国应积极推动 WTO 改革,对标国际经贸规则,完善国内法律,提高法治水平,构建"一带一路"和双循环体系,掌握规则重构的"话语权"。①中美贸易摩擦是双方走入战略竞争的序幕,这一竞争关系将在诸多领域全面展开,并决定百年变局的走向。② 科学准确认知高标准国际经贸规则的话语权和发展趋势,这也给中国对标最高水平国际经贸规则,提供了重要的导向基础。

第二节　自贸港对标国际经贸规则可循经验

《自贸港方案》指出,2025 年初步建立以贸易自由便利和投资自由便利为重点的自贸港政策制度体系,明确了自贸港法治制度的建设目标,即以海南自贸港法为基础,以地方性法规和商事纠纷解决机制为重要组成的自贸港法治体系,营造国际一流的自贸港法治环境。③ 制度集成创新,不仅亟需助力自贸港法规体系的构建,而且更加关注和集聚自贸港有关贸易、投资、金融、税收以及政府市场社会治理等领域改革创新方面的法规体系建设。建设自贸港,构建自贸港涉及众多方面的改革,需要对投资贸易、金融税收、人才引进等方面法律法规进行革新。在这个过程中,就要破除旧有的观念和体制。不断的改革进程中,要把握好改革、发展、稳定的关系,坚持"先立后破、不立不破"。④ 这指明了自贸港将在上述领域推动敢闯敢试的制度集成创新,并在这些方面推动自贸港立法先行先试,实现立法创新。自贸港立法先行,具有许多开创性,探索自贸港立法先行需要遵循的原则,是认知和

---

① 沈伟等:《霸权之后的大转型:中美贸易摩擦中的国际经贸规则分歧和重构》,《海峡法学》2022 年第 3 期。

② 倪峰:《加速的百年变局与中美关系》,《国际论坛》2022 年第 2 期。

③ 《中共中央 国务院印发海南自由贸易港建设总体方案》(以下简称《自贸港方案》),《人民日报》2020 年 6 月 2 日第 1 版。

④ 何立峰:《在海南建设中国特色自由贸易港,引领更高层次更高水平开放型经济发展》,《人民日报》2020 年 6 月 2 日第 1 版。

把握自贸港立法先行和立法创新的核心内容和导向。

一、自贸港对标国际经贸规则自由便利价值

《自贸港方案》明确了海南自贸港建设的指导思想,即以习近平新时代中国特色社会主义思想为指导,确定了四个坚持,统筹推进"五位一体"总体布局,协调推进"四个全面"战略布局,对标国际高水平经贸规则,解放思想、大胆创新,聚焦贸易投资自由化便利化,建立与高水平自由贸易港相适应的政策制度体系,建设具有国际竞争力和影响力的海关监管特殊区域,将海南自由贸易港打造成为引领我国新时代对外开放的鲜明旗帜和重要开放门户。这进一步明确自贸港立法先行的指导思想和导向指南,彰显自贸港建设法治引领、促进和保障的价值导向。

(一) 自由便利是海南自由贸易港开放型经济体制的核心价值

无论是习近平总书记"4·13重要讲话"、中央"12号文件",还是《自贸港方案》《海南自贸港法》等,都极其鲜明指出建设中国特色自贸港内涵在于推进实施全面深化改革开放,其核心是实现自贸港市场主体高度享有充分的自由便利。自贸港是当今世界最开放的经济形态,自由便利是自贸港"614"制度①的核心内容,更是自贸港立法先行的聚焦点。立法先行是法治建设的先行者和总抓手,自贸港立法先行,也是推动自贸港法治建设的先行先试之重大举措,构建自贸港法规体系,乃是自贸港法治体系的核心内容。习近平总书记指出,建设中国特色社会主义法治体系是推进全面依法治国的总抓手,全面推进依法治国涉及很多方面,在实际工作中必须有一个总揽全局、牵引各方的总抓手,这个总抓手就是建设中国特色社会主义法治体

---

① "614"制度即根据《海南自由贸易港建设总体方案》规定,海南自由贸易港构建6个自由便利制度(贸易、投资、跨境资金流动、人员进出、运输来往自由便利和数据安全有序流动)、1个现代产业体系和4个配套制度(税收制度、社会治理、法治制度、风险防控体系)。

系。依法治国工作都要围绕这个总抓手来谋划、来推进。① 打造自贸港法治新秩序总抓手,需要从自贸港政策和制度体系着手,构建自贸港法规体系,其关键在于立法先行,制定和出台自贸港法规。自贸港建设立法先行,实现于法有据,核心问题在于赋予海南省人大及其常委会享有与自贸港建设相适应的立法权,以此推进自贸港法治建设,已经纳入国家的顶层设计范畴。② 构建自贸港法规体系,在指导思想上需站在对标国际高水平经贸规则的高度,坚守习近平新时代中国特色社会主义思想的立场,解放思想、大胆推进自贸港制度集成创新,围绕自贸港贸易投资自由便利制度,敢想敢闯,推进建立与高水平自由贸易港相适应的政策制度相适应的法治体系。

自贸港源自于国际间的自由贸易活动,尤其是转口贸易,更是自贸港经济发展的原动力,其发力于此核心动力而促成实现自贸港自由便利的基本制度,并充分彰显强烈自由便利的内涵。1547 年,意大利热那亚湾的里南那港成为世界上第一个自贸港,开放、包容、自由与发展,转口贸易便利便捷,则构成自贸港的核心制度内容。自贸港货物进出自由、资本自由流动、人员出入境自由便利、服务便捷高效等内容,充分彰显其制度的形式与内容的融合发展,推动发展自贸港优化营商环境的基本特征属性。当下,全世界实施类似自贸港政策和制度的国家地区或城市 130 多个,还有实施类似自由贸易政策的自由经济区 2000 多个,其中较为著名的有中国香港、新加坡、迪拜和鹿特丹等。③ 自贸港开放型经济新形态新机制,重在吸纳自贸港自由便利制度的灵气。

(二) 自由便利制度是构建自贸港法规体系的核心内容

围绕自贸港"1348"战略架构,推进自贸港法治建设新高地,重在自贸港立法先行,构建以自由便利制度为核心内容的自贸港法规体系。《海南

---

① 习近平:《论坚持全面依法治国》,中央文献出版社 2020 年版,第 93 页。
② 刘云亮:《中国特色自由贸易港授权立法研究》,《政法论丛》2019 年第 3 期。
③ 陆剑宝:《全球典型自由贸易港建设经验研究》,中山大学出版社 2018 版,第 27 页。

自贸港法》奠定了自贸港法治建设的"四梁八柱",以此为自贸港法治基础,聚焦自贸港"614"制度,打造和拓展自贸港法规体系。《自贸港方案》明确的六大自由便利制度,聚焦和构筑自贸港法规体系的核心内容,促成自贸港法规体系充分彰显自由便利色彩,营造自贸港优化营商环境的法治保障机制。在开放经济形态方面,海南自贸港与国内 19 个自贸区相比,具有贸易投资自由化水平更高、金融开放创新的步子更大、大幅度减少人员流动限制、交通运输更自由便利化、数据流动开放安全可控等五个鲜明特征。[1] 这些鲜明特征不仅是构建自贸港法规体系的温床,还是自贸港法规体系的开放型形态的发源地和实际需求。自贸港法规体系的开放形态,其内容最能凸显自贸港开放包容多边贸易经济活动规则,归属自贸港法治建设的"四梁八柱"架构,其中有关六个自由便利制度更是自贸港法规体系之核心。围绕构建自贸港六大自由便利制度,将制定出台一系列有关自贸港市场更开放、更自由、更便利的政策制度的法规等规范性文件。自贸港法规体系的开放形态特征,集中显现自贸港最核心的开放架构和市场包容度,呈现出自贸港法规体系的胸怀平台。

二、自贸港对标国际经贸规则立法特性认知

建设中国特色自贸港,构建自贸港法规体系,强化自贸港法治体系现代化。自贸港法治创新,总的抓手就是加快推进自贸港立法先行,依法引领、促进和保障自贸港制度集成创新,促进自贸港法治体系的构建。自贸港立法先行的基本特征,集中体现突出改革创新。习近平总书记强调指出,新时代最根本的特征之一就是不断强化倡导"以改革创新为核心的时代精神"[2]。自贸港法治创新,聚焦自贸港法规体系的构建,在于发力自贸港法治建设的核心内容。"积极探索建立适应自由贸易港建设的更加灵活高效

---

[1]　裴长洪:《海南建设中国特色自由贸易港,"特"在哪里?》,《财经问题研究》2021 年第 7 期。

[2]　《习近平谈治国理政》,外文出版社 2014 年版,第 40 页。

的法律法规、监管模式和管理体制,下大力气破除阻碍生产要素流动的体制机制障碍","加强改革系统集成,注重协调推进,使各方面创新举措相互配合、相得益彰,提高改革创新的整体效益"。① 自贸港立法先行主体特殊性、立法先行聚焦领域特殊性、立法先行路径特殊性、立法先行程序规则特殊性要求、立法先行风险防控特别规制等方面内容。

（一）自贸港对标国际经贸规则的立法主体特殊性认知

从《自贸港方案》和《海南自贸港法》内容规定,可以看到,涉及自贸港法规体系的立法主体,不仅是海南省主体地位,而且还有来自国家高层机构主体"顶层设计",即全国人大及其常务委员会、国务院、中央全面依法治国委员会、中央全面深化改革委员会、推进海南全面深化改革开放领导小组等中央有关机构,都直接涉及海南自贸港政策、法律、法规等重大制度的"顶层设计"安排,是自贸港立法先行最基本的重要主体,都是推动自贸港立法先行的主力军和顶层设计的先行者。全国人大常委会制定了《海南自贸港法》,《关于全面推进海南法治建设、支持海南全面深化改革开放的意见》则是 2019 年 2 月 25 日习近平总书记主持召开中央全面依法治国委员会第二次会议通过的。"顶层设计"的主体,成为直接推动自贸港立法先行的最有力的顶层主体。海南省人大及其常委会,则是推动海南自贸港法规制定的最基本的重要主体机关,如 2021 年 9 月海南省人大常委会制定《海南自由贸易港公平竞争条例》《海南自由贸易港优化营商环境条例》《海南自由贸易港社会信用条例》《海南自由贸易港反消费欺诈规定》等 4 部重要法规。《海南自贸港法》实施一年后,海南省人大常委会制定出台 17 部自贸港法规,充分显现海南省人大常委会基本主体的重要性地位。

（二）自贸港对标国际经贸规则的立法适用领域内容特殊性认知

自贸港立法先行聚焦内容在于自贸港"614"制度,基于此创新自贸港

---

① 《自贸港方案》规定。

自由便利制度,以此推进自贸港法律规则的国际化,一国在进行自贸港法治创新过程尤其要明确其自贸港法规在国际法中的具体定位,保证与当前国际法体系的契合,体现其自贸港法规的"国际合规性"。① 对标国际经贸规则,推进实施 RCEP 规则的更优营商环境。构建自贸港自由便利制度和"614"制度的法治新秩序,成为自贸港立法先行的核心内容和规制重点。有关自贸港立法先行的路径特殊性,既要从自贸港立法先行的顶层设计探寻路径,又要从海南省主体责任研究自贸港立法先行的法规体系构建路径,实现上下共同推进自贸港立法先行的创新路径。《海南自贸港法》还创新推出了自贸港立法的中央与地方共同推进实施"央地会同立法"路径,这在立法体制上具有很大的创新性,能够足以推进自贸港立法创新发展,尤其是"央地会同立法"将赋予自贸港更广泛更开阔的立法规制,实现"会同立法"新途径新空间。

（三）自贸港对标国际经贸规则的立法程序规则和风险防控等特别规制认知

自贸港立法先行,也需要有相应的程序规则给予保障和规制,立法程序规则彰显其立法活动的特殊性和保障价值。自贸港立法需要有授权,尤其是涉及自贸港"614"制度的立法程序保障,诸如自贸港立法先行,在《立法法》规制下,关键在于倘若依然适用其传统的备案制度,能否确保其有先行之效用,显现其自贸港立法创新"优先""优势""试行"的特别之处。当然,这些属性特征,也一定程度显现自贸港立法先行具有风险性。我们清醒认识到,自贸港建设强调"自由便利"制度为中心的改革开放,其风险属性本来就具有,即两方面风险,外来因素的风险和自身免疫力因素的风险。前者是内外制度反差的风险,后者是内在因素未能调控和清醒自身定位导致立

---

① 范健、徐璟航:《论自由贸易港制度的法律属性——兼论"中国海南自由贸易港法"创制的本土化与国际化》,《南京大学学报》2019 年第 6 期。

场、态度及其行为引发的风险。

《自贸港方案》指出,自贸港建设要制定实施有效措施,有针对性防范化解贸易、投资、金融、数据流动、生态和公共卫生等六大领域重大风险防控体系。自贸港建设将遇到许多风险,制定有关风险防控的自贸港法规或在相应的自贸港法规当中纳入自贸港建设的风险防控意识,"预设"相应的风险防控条款,强化自贸港建设的安全稳定有序进行。诸如当今人类社会发展进入到数字化时代,数字化贸易与数字化安全,成为各国强烈关注和意识到的数字风险与安全问题。强化自贸港数据安全有序流动,成为自贸港风险防控体系的重要部分。数据跨境风险往往涉及一个国家政治、意识形态等领域安全稳定风险,各国对跨境数据保持强烈高度关注。其目的就是推进信息数据跨境自由、有序、安全流动,要分步骤、分阶段、分区域推进跨境数据自由流动和信息监管。有学者建议可在高新技术产业园区率先放松信息数据跨境自由流动,进行高压力测试;借鉴新加坡互联网分类许可证管理制度经验,实施分类监管制度;在总结试点经验的基础上,建立信息数据综合风险评估指标体系和风险防范机制;条件具备时,在保障国家安全、数据安全前提下,全域实施信息数据跨境自由、有序、高效、安全流动。[①] 构建自贸港风险防控体系,并将其风险意识融入到自贸港法规当中,促成自贸港立法风险意识隐含于自贸港法规体系当中。自贸港立法先行本身就具有"先行""试行""暂行"特征属性,对这些应有相应的风险防控意识,只有真正做好自贸港立法先行的风险防控,才能真正确保立法先行的风险得以化解及其有效治理,并将立法先行的成功经验得到总结提升。

三、自贸港对标国际经贸规则立法创新知行

自贸港立法先行,不仅仅要求有科学正确的导向规制和发展定力的核

[①] 夏锋:《中国特色自由贸易港治理体系框架建构和制度创新》,《经济体制改革》2021年第4期。

心价值内容,而且还要求能够确保持续优化营商环境治理法治化的创新动力源。立法先行,在于推动制度集成创新。只有促进持续创新,社会才能永续前行。国家鼓励创新创优先行先试,持续优化立法先行。2022 年 6 月修订《反垄断法》第 1 条增加"鼓励创新"规定,凸显国家"鼓励创新"战略定位和重大意义。

（一）　对标国际经贸规则之创新是自贸港持续优化营商环境的否认之否认

自由便利制度,是自贸港优化营商环境的核心内容,优化营商环境则关注持续创新自由便利制度,实现自由再自由、便利再便利、创新再创新,推进营商环境持续优化,促成优化再优化的辩证发展。"贸易发展创新,就是要通过管理体制的创新,以及监管制度、发展模式的调整,来构建更有利于要素流动、要素驱动和创新驱动结合型的营商环境。"[1]自贸港立法先行的核心要求,还要持续彰显自贸港立法创新的贸易投资活动自由便利价值,还促进与其相关监管机制创新,促成知行合一的系统创新,同时确保吸纳新技术新发展,期待新认知推动创新举措。如 5G 之下大数据、区块链、人工智能,其发展逻辑张力就是基于 4G 之下营商环境之否定,促成自贸港实现更多5G 新业态之创新发展。

自贸港立法先行的创新动力,在于认知把握自贸港持续优化营商环境的动态性与发展性。"营商环境只有更好,没有最好"[2]揭示一个重要的哲理,即政府"应引导企业走创新驱动高质量发展之路,实现宏观经济目标与微观企业发展的有机结合,为经济高质量发展奠定良好的微观基础"。[3] 自

---

[1]　邓慧慧、刘宇佳:《反腐败影响了地区营商环境吗?——基于十八大以来反腐行动的经验证据》,《经济科学》2021 年第 4 期。

[2]　《习近平出席首届中国国际进口博览会开幕式并发表主旨演讲》,《人民日报》2018 年 11月 6 日第 1 版。

[3]　李政、刘丰硕:《"层层加码"与城市创新——基于省市两级经济增长目标差异的实证分析》,《吉林大学社会科学学报》2022 年第 1 期。

贸港立法先行创新,将聚焦法治海南、法治自贸港数字政府、智能政府和强化数字监管,是一种数字时代创新转型升级发展要求。立法先行创新,在于促进自贸港政府治理、政府转型和智慧政府建设,推动政府"放管服"再创新,实现传统政府职能否定之否定,创优自贸港营商环境的新动力。

自贸港立法创新优化营商环境,对旧事物的自我否定,是对旧营商环境必然否定,其意在创新优化营商环境。否定是催生营商环境优化的前提,优化营商环境是通过否定带动起来的。营商环境的辩证否定,实质是创新优化,持续推进创新是最大的特征。揭示事物自身发展规律,足以认知事物一般要有一个完整的过程,如先肯定事物存在、到否定事物不利因素、再到发现事物新的有利因素,最后实现否定之否定的升级认知,这才是认知和持续优化自贸港营商环境的世界观和辩证法。

(二) 自贸港对标国际经贸规则立法创新是释放市场活力的最根本途径

创新的否定之否定规律,有鲜明特征属性,即持续创新秉承"不动摇、不懈怠、不折腾"原则,呈现创新连续性的注意力。当下主张自贸港立法先行与创新立法,仍是坚持完善"放管服"为核心的政府治理与法治政府建设,显现优化营商环境的创新持续性,释放市场活力,此乃优化营商环境的否定之否定的前提。

自贸港营商环境持续创新优化,法治保障创新优化自贸港法治秩序的新成果,彰显营商环境法治效力,实现市场主体利益最大化的法治路径。法治保障机制,激发市场主体积极性和创新力,自由度与便利度融合,释放社会发展创新机制新活力。当下打造数字经济、平台经济融合发展,构建共建共治共享社会信用体系平台,创新创优营商环境。如探究区块链与法律强制性元素融合,实现法律与技术完美结合,共创技术与法律的共建共生共享的新型人际生态关系。

自贸港立法先行的创新度,是促进自贸港实现制度集成创新的核心度。

立法创新是自贸港优化营商环境的动力源和第一抓手,立法先行创新度则是成为推动优化营商环境的制度集成创新要素集合。自贸港制度集成创新的效应与优化营商环境的效用,是否一致,成为评价两者关系是否协调的重要指标。改革要创新,立法要先行,法治要创新保障。创新需要优先解放思想,勇于运用否定之否定规律。我们百年大党成功经验,就是不断创新进取,开拓前行,改革开放,团结奋进。创新就是不断取得更大新胜利的经验法宝。解放思想,锐意进取,成为改革开放、发展生产力的根本动力。创新是真正推动营商环境优化的核心动力,实事求是则是实现真正推动发展创新的根本路径。创新行为来自创新思维,重在发现解决新问题,探究实践新理念、新思路、新政策等。立法先行的创新哲理在于从优而创,实现制度集成创新体系化、机制化、成片化,形成具有较大影响力的创新度,推动营商环境的优化。创新度显现出制度集成创新上升到相对高度,呈现创新政策已经具有整体性、系统性。政策体系的效应由宏观到微观,由局部到整体,由浅入深,由表及里,全方位优化我国营商环境①。创新与创新度,其数词显现单数与复数关系,其制度改革却显示了单项创新与集成系统创新的差异。

围绕创新问题,习近平总书记指出"创新驱动发展是重大战略""创新是长远发展的动力""要把制度集成创新摆在突出位置"等。国家治理坚持推动制度体系创新建设摆在突出位置,强化和优化政府"放管服"治理。"应当破除对于市场效率与经济价值的单一信奉,需要通过事中事后监管体系与事前许可之间的妥当衔接,来实现市场效率与社会安全、环境安全等'非经济目标'之间的恰当平衡"。优化政府治理与法治政府协同发展,彰显促进制度创新创优营商环境的有效路径。

---

① 马冉、马帅:《政策工具视角下我国优化营商环境高质量发展研究》,《重庆社会科学》2021 年第 11 期。

（三）自贸港对标国际经贸规则立法先行实施制度集成创新的法治保障

海南自贸港构建"614"制度重大改革创新,亟需推动自贸港立法创新,彰显法治引领作用和法治创新的社会价值。自贸港制度创新和法治创新并行,把防范风险作为制度创新的底线控制,构建自贸港法治体系,促进构建自贸港开放型经济新体制、新法治与新秩序。① 自贸港法治创新,促进自贸港"营商环境只有更好,没有最好"法治实践。营商环境法治化,才是真正推动优化营商环境的有效途径。"营商环境只有更好,没有最好"揭示了优化营商环境的哲理与治理辩证法,指明营商环境的优化工作理念路径方向。优化营商环境需要法治引领、保障和促进,法治创新正是适应和推动营商环境优化的发展需要。我们更清醒认识到,自贸港意识到持续推进营商环境法治化,实践"营商环境只有更好,没有最好"的法哲理,探索自贸港立法先行制度集成创新的法治保障新机制。

制度集成创新,诠释新时代中国全面深化改革开放的持续发展闯劲与创新动能的自贸港标杆。自贸港立法先行创新,将聚焦优化营商环境的实践法治化。在营商环境不断走向法治化的过程中,最核心的就是完善制度,同时还要注重能力提升。营商环境法治化,成为"法治是最好的营商环境"的强力实践。法治创新促进制度集成创新的知行合一,推动政务公开透明化、制度化、标准化、信息化,形成可预期的法治环境。自贸港立法先行先试,助推自贸港制度集成创新的法治化,确保自贸港营商环境优化处于一种发展促进的动态之中。研究自贸港制度集成创新法治化的内容及其立法路径,也是探寻和实现自贸港营商环境持续优化的法治引领、促进和保障机制。打造良好的自贸港法治环境与优化的营商环境,才是促进社会资源配

---

① 刘云亮:《中国特色自由贸易港建设法治先行论》,《上海政法学院学报（法治论丛）》2022年第2期。

置的市场决定性机制有效运行,充分彰显市场经济、法治经济、法治环境与营商环境等最佳融合一体。自贸港立法先行先试,法治创新推进市场经济与时俱进,显示法治创新的普遍性、公共性和特殊性的融合体。

第三节 自贸港对标国际经贸规则的中国特色

"中国特色"是海南自贸港鲜明的政治底色,彰显出了自贸港法治体系建设的"中国特色"本质属性。自贸港法治建设重在法治创新,聚焦凸显"中国特色"的法治引领、促进及其保障。自贸港法治建设,并非仅仅求成于法,有制于法,形式于法,更重要在于自贸港法治体系及其核心内容结合地气、吻合实际、符合国情,彰显自贸港法治之中国方案、中国范式、中国道路,汇成自贸港建设成功之中国实践、中国经验、中国特色。

一、自贸港对标国际经贸规则须立足中国特色

(一) 自贸港对标国际经贸规则彰显法治中国特色

海南自贸港作为我国全面深化改革开放试验区,其本身就是一场新的伟大革命,即以习近平法治思想为指导,树立法治思维,强力全面推进海南法治建设,全力支持海南全面深化改革开放,充分彰显自贸港实施依法治国战略价值目标,推进自贸港法治创新的一场法治建设伟大实践和思想革命。法治创新革命要求我们必须以革命勇气和革命思维,推进法治改革、推动变法。习近平法治思想,是促进和保障新时代推进依法治国战略目标的思想认知的理论依据和行动导向,确保自贸港推进法治创新的理论依据重大价值意义,充分彰显自贸港实施依法治国战略的有效性、秩序性、系统性和保障性。高举习近平法治思想的伟大旗帜,推动海南自贸港建设,强力推进自贸港法治创新,构建自贸港法治体系,打造中国特色自贸港法治创新"新高度""新典范"与"新标杆"。习近平总书记"4·13重要讲话"指出,以"功成

不必在我"的精神境界和"功成必定有我"的历史担当,保持历史耐心,发扬钉钉子精神,一张蓝图绘到底,一任接着一任干,在实现'两个一百年'奋斗目标、实现中华民族伟大复兴中国梦的新征程上努力创造无愧于时代的新业绩!"要以弘扬钉钉子精神,坚定法治创新理念,持续推动构建自贸港法治新体系新秩序。

海南自贸港法治建设的三个重要目标,即"努力推进海南建设成新时代改革和法治双轮驱动、协同发展的新高地""努力推动将海南打造成法治化自由贸易港的新典范""努力推动将海南树立成新时代法治中国建设的新标杆"。中国特色自贸港法治建设"三新"重要目标,要围绕"加快形成国际水准的现代化政府治理体系",在坚持依法行政、依法治理的基础上,推动自贸港政府治理体系和治理能力现代化,推动形成法治化社会治理格局。全面推动实施海南自由贸易港法,完善自由贸易港立法授权,充分用足用好经济特区立法权,重在"加快建成对标国际的法律制度体系"。在自贸港法治保障服务方面,促进建设高效能司法裁判体系,高起点构建国际仲裁中心,高标准建设国际调解中心,等等。同时,加快构建高端涉外法律事务的法律服务机构。自贸港法治建设,需要把握好自贸港法治服务特色,诸如突出家族信托财产理财经营特色法律问题。① 这为海南建设中国特色自由贸易港法治体系指明了发展方向和创新思路,也充分阐述了海南法治建设的重大理论和实践问题。

法治建设新标杆,则指海南自贸港建设,实现法治建设新高地与新典范战略目标之下,营造出具有中国特色的自由贸易港法治社会,是新时代法治中国新标杆。其核心内容是推进自贸港立法,尽快构建具有中国特色且形成"对标国际的法律制度体系",并推动海南自贸港"具有国际水准的现代化政府治理",建设具有世界影响力的中国特色自由贸易港,率先实现社会

---

① 刘云亮:《家族信托财产的法律价值及规制》,《山东师范大学学报(社会科学版)》2020年第1期。

主义现代化。新标杆的根本内涵在于打造中国全面实现社会主义现代化的自贸港法治样板和标杆,是实现中国特色式现代化的先行区,是海南建设自由贸易港政策制度法治体系的根本要求。法治建设新标杆,是自由贸易港法治创新高地与法治建设新典范的最佳融合度和最高发展极,充分彰显自贸港法治建设与创新的中国特色。如果说自贸港法治建设新高地与新典范,是体现和反映了中国建设自贸港法治创新的"点"与"面",那么,法治创新标杆则成为中国特色自由贸易港法治建设和法治中国建设的新道路与新发展方向。建设海南自由贸易港,重在体现中国特色。习近平总书记"4·13重要讲话"指出,自由贸易港是当今世界最高水平的开放形态。突出全面改革开放是自贸港制度集成创新的重要领域和空间,构建自贸港中国特色法治体系,彰显自贸港法治中国特色。中国特色、中国国情、海南定位等,成为海南建设自贸港的关键词。海南自贸港,将聚集打造"614"新制度、新机制、新优势,正在努力营造和探索中国特色自由贸易港政策体系、监管模式和管理体制,打造优化、市场化、便利化、法治化、国际化营商环境。围绕"614"制度进行重大改革,并伴随着规模力度更大的开放,其过程就是一个不断解决改革开放所遇到的重大实践问题和法治理论价值认知重构过程。这一过程本身就是探寻海南自贸港建设特色所在,寻找中国特色自贸港海南实践之道路。

(二) 自贸港法治创新聚焦法治中国特色

习近平法治思想源于中国社会主义法治建设新时代新实践,是源自中国特色社会主义法治建设的伟大创新。在习近平法治思想指引下,研究海南自贸港法治建设新高度、新典范、新标杆,探究自贸港法治创新内容及其法治特色,构建自贸港政策制度法规体系,发展完善中国特色社会主义法治体系,为中国特色自由贸易港建设提供法治理论保障和法治实践指导。

海南自贸港是新时代中国特色社会主义伟大实践的改革开放试验区,习近平法治思想指导自贸港法治建设的实践,将不断推进自贸港法治创新,并指导促成中国特色自由贸易港法治体系。习近平法治思想集成新时代中国特色社会主义的伟大实践。习近平总书记关于中国特色社会主义法治的重要论述,彰显马克思主义法律思想中国化最新成果、当代化和现实化的核心成果,具有鲜明的时代特征。① 探索社会主义自由贸易港法治理论和实践,是不断发展习近平法治思想的基本要求,是充分彰显了依法治国战略的新时代法治属性。自贸港法治创新内容,显现习近平法治思想立足于中国国情,立足于解决中国问题,立足于指导中国发展这个“第一要务”。海南自贸港更要放眼全球,彰显习近平法治思想在实现大国崛起的全球治理格局意识,进一步从大国飞跃到强国,实现从“历史和现实、理论和实践、国内和国际等的结合”。② 显现出了习近平法治思想的国际化视角和参与全球治理格局站位,“小智治事,大智治制”。不仅强化国家治理的硬实力,更要注重提升国家治理的软实力,将中国实践特色化与国际化有机融合。中国法治道路应当始终坚持社会主义制度,自贸港法治建设更要准确领悟和把握习近平法治思想的“十一个坚持”,尤其是坚持始终以人民代表大会制度为根本保障,坚持人民民主和人民主体,把所有国家权力最终集合到人民这一个焦点上,而通过权力的内部和外部监督制约体系来确保其运行的价值指向与方向归属。③ 习近平总书记“4·13重要讲话”指出,“新时代,海南要高举改革开放旗帜,创新思路、凝聚力量、突出特色、增创优势,努力成为新时代全面深化改革开放的新标杆,形成更高层次改革开放新格局。”这一定位,指明海南自贸港发展方向、路径、内容与形式、特色优势、战略目标等格局站位,更加清晰中国特色自贸港建设道路和发展趋势。“走什么样的法治道路、建设什么样的法治体系,是由一个国家的基本国情决定的。”④ 以

---

① 张文显:《习近平法治思想研究(上)》,《法制与社会发展》2016年第2期。

② 习近平:《高举中国特色社会主义伟大旗帜　为决胜全面小康社会实现中国梦而奋斗》,《人民日报》2017年7月28日第1版。

③ 汪习根、陈骁骁:《习近平关于中国特色社会主义法治重要论述的科学构成》,《中共中央党校学报》2018年第6期。

④ 习近平:《加快建设社会主义法治国家》,《求是》2015年第1期。

十一个坚持为核心的习近平法治思想体系,充分彰显中国特色社会主义法治体系核心内容和特色所在,自贸港法治建设,将不断实践和发展习近平法治思想,尤其是构建自贸港"614"自由便利制度的法治服务与保障体系,实现习近平法治思想新思维、新格局、新发展的自贸港法治实践。尽管世界上自由贸易港法治体系更多归属于英美法系,司法保障体系也更多显现出法官判例效力作用,但这并不能只认可英美法系的唯一正确性,不能否定或排斥其他法系在自由贸易港建设中的法治作用,更不能将英美法系视为全世界自由贸易港建设发展的统一法治模式,并以此强化英美法系在自由贸易港建设中影响,使其示范效应的绝对化和普及化。

二、自贸港对标国际经贸规则创新法规体系

自贸港发展史有其显著的特色,即聚焦以西方国家为代表的贸易自由便利制度史。近四百年的自贸港发展史,遍布世界各国的自贸港,其贸易"自由便利"制度发展的精髓在于法治引领、促进及其保障自贸港不断发展繁荣国际贸易自由经济,促进和见证全球经济国际化发展。由于各国政治制度、经济体制、法律文化等差异,也决定了不同国家或地区创建自贸港法治制度的内容体系及其路径等方面,也存在巨大差异。不同类型的国家实施自贸港政策,有不同的考量要素,也存在不同的定性标准,其实施自贸港"自由便利"政策的宽松度也不尽相同。成功的自贸港经验有些政策在别的自贸港未必见得也一定能适合,"水土不服"的现象也不少。自贸港立法先行一定要探寻到"中国特色",不仅自贸港建设要有中国特色,自贸港法治建设,尤其是自贸港立法要凸显法治中国特色。

构建自贸港法规体系,是打造海南自贸港持续优化便利化、国际化、法治化营商环境的根本要求。自贸港法规体系凸显自贸港基本制度特色中国化、经济形态机制开放化、治理机制透明化、经贸规则国际化等特性,其推动自贸港法治创新,促进和保障自贸港制度集成创新。实行"两步两分"规划原则,成为自贸港法规体系构建的规划目标内容及其时间安排。习近平法

治思想是自贸港法规体系构建的指导思想,《海南自贸港法》是构建自贸港法规体系的规划依据和基准导向,《自贸港方案》"614"制度是自贸港法规体系构建对象内容,强化党的全面领导和党建引领是自贸港法规构建最根本的保障机制。既要充分发挥海南行使自贸港立法权的主动性,又要高度重视海南与国务院有关部门"会同立法"的灵活性与协同性。

认知自贸港法治创新"特色",重在把握法治建设的中国特色问题。建设自贸港,强调"中国特色"与"法治特色",其逻辑思路是相同的。因此,"不能不顾中国的实际,中国实践必然会产生中国的问题,中国法治就是要解决中国的问题。"[①]设立中国特色自由贸易港,就是要求充分体现中国情结和中国价值意义,将中国元素融入到海南自贸港建设的伟大实践中去,彰显自贸港法治建设的中国实践、中国模式、中国价值。新时代中国特色社会主义法治建设的发展方向,就是要立足中国实际,走出符合中国特色实际的法治发展道路。在法治创新和其他法治建设方面,中国自贸港应该更加融入中国特色,深入发掘在自贸港建设的过程中体现的法治资源。"法治特色"是自贸港法治建设在适应改革先行先试、法治秩序"变法创新"和制度实施"于法有据"等基础上,强化和突出自贸港建设重视本土法治资源重要性和特色性,尤其是彰显中国特色社会主义核心价值观的社会主义法治理念,凸显中华法系适用实用性。

探索中国特色,一直是中国革命实践的根本问题,也是我国改革开放四十多年伟大实践的经验总结。中国梦、中国精神、中国力量、中国方案等关键词,已经成为我们未来不断发展的主题词和话语,显现出揭示中国元素"独特性"理论追求。中国特色自贸港法治建设创新性,在于挖掘中国特色具体内涵,走出自贸港建设中国法治特色道路。建设中国特色自贸港坚持"四化"(市场化、法治化、国际化、现代化)标准,努力营造自贸港优质营商

---

① 武树臣、武建敏:《中国的法治发展:改革开放四十年的回顾与展望》,《山东大学学报(哲学社会科学版)》2018年第4期。

环境,构建中国特色自由贸易港制度政策体系与法治秩序,但是更要牢记坚持发展体现中国特色,符合海南发展定位,争创新时代中国特色社会主义生动范例。海南建设自贸港,创建自贸港法治建设特色,关键在于吸纳西方法治精髓和自贸港法治经典制度或法则范式,将其转化或提炼成具有中国法治特色和语境的中国法治建设特色之路,让海南成为展示"中国风范、中国气派、中国形象的靓丽名片"。

三、自贸港对标国际经贸规则促成法治体系

自贸港法治特色之路,并不是强调自贸港法治建设内容"独一无二",而是突出在借鉴和吸纳世界上成功的著名自贸港法治经验基础上,探寻和发现适合中国自贸港建设的法治模式和制度内容,显现出适合中国本土的法治资源,我们努力打造中国"法治现代化的过程也是法治本土化的过程"。事实上,日本推进法治现代化建设,其做法仍是在根植日本本土司法资源基础上将日本司法组织架构西方化,但日本法律的社会运作仍是根植于本土的。[①] 因此说,本土司法资源仍是推进自贸港法治创新和法治建设的根基,海南研究和探寻自贸港法治中国特色,构建中国特色自贸港法治秩序和法治创新制度优势,是法治本土化路径的根本内容要求。

充分运用自贸港立法权,构建自贸港法规体系,必须坚持习近平法治思想,以习近平新时代中国特色社会主义思想为指导。习近平法治思想,是中国特色社会主义法治理论的最新重大创新发展。推进新时代的中国法治改革,必须始终坚持以习近平法治思想为根本遵循,悉心把握新时代中国法治发展面临的历史性任务,着力解决影响法治高质量发展的体制性、机制性、保障性问题。[②] 自贸港立法先行及其法规体系的核心意义,重在凸显中国特色社会主义法治体系的创新价值,推动自贸港法治创新,引领、促进和保

---

① 季卫东:《面向二十一世的法与社会》,《中国社会科学》1996 年第 3 期。
② 公丕祥:《习近平法治思想中的改革论述》,《法学》2021 年第 2 期。

障自贸港制度集成创新。党的十四大提出建设社会主义市场经济机制后，便创造性提出构建与社会主义市场经济相适应的法律体系，便有了完整的中国特色社会主义法律体系理论。"中国特色"集中反映的是当代中国法律体系的民族特色，把中国特色社会主义法律体系作为中国特色社会主义制度的重要组成部分，赋予其应有的制度定位，则意味着中国特色社会主义制度正在走向成熟。① 自贸港立法先行，有其导向定位围绕凸显自贸港核心制度，自贸港自由便利制度法治化，构建自贸港法规体系的有两大独具特色理念，即自贸港自由便利制度体系理念和自贸港治理体系共建共享共治理念。有关前者自贸港立法先行，显现其法规体系构建理念的"左手"，有关后者自贸港立法先行，彰显自贸港法规体系理念的"右手"，其构建自贸港法规体系之特色内容与形式。构建中国特色自贸港法规体系，不仅强化彰显自贸港贸易投资自由便利制度等核心内容，而且更要凸显以海南自由贸易港法为基础，以地方性法规和商事纠纷解决机制为重要组成的自由贸易港法治体系，打造具有世界影响力的国际一流的中国特色自由贸易港法治环境。

《海南自贸港法》在总则已经明确了自贸港法规体系构建的主要理念导向，自贸港政策制度、组织保障、社会治理等三大体系创新，它们相互交融、相互协同、相互促进的，这也可以从法律法规体系架构及其组成部分的相互关系剖析透视可知。法规体系以"骨架"显现，法律治理实践则以"血肉"填充。"从法制向法治""从字面法到行为法"，法制是秩序，实施才是法治。自贸港法规体系是创新自贸港法治秩序，推进自贸港法规实施才是实现自贸港法治体系。法治体系与法制体系、法律体系，在概念上各有侧重，不能相互涵摄或替代。在当代中国，法制作为宏观的静态规则整体，更多具有制度形态，法律法规则是具体某项制度的权利义务主体的权威规范载体。

---

① 李婧:《中国特色社会主义法律体系的概念演进与制度定位》,《社会科学战线》2012年第10期。

法治更侧重于这些静态制度的法规实施于具体动态事务活动的具体治理，"反映了社会主义法制系统和法律体系的实践向度，接受法律规范质量、法制权威性与有效性等指标的评价。"①海南自贸港法规体系以自由便利制度为立足点，并紧扣《海南自贸港法》第 2 条第一款所列明贸易投资等 6 个方面内容发展规范自贸港有关自由便利制度。该法总则开宗明义就规定自贸港自由便利制度的根基作用，揭示自由便利制度是自贸港的制度灵魂，围绕自贸港自由便利制度制定自贸港法规，才是构建自贸港法规体系的最根本所在。自贸港实施制度集成创新，推动制度变迁，将是自贸港最高水平全面深化改革开放的最大红利。自贸港建设，强化通过改革开放，最大化降低制度性交易成本，建立包容性的发展观念和制度体系，将顶层设计与基层创新相结合，共同推进自由贸易港制度体系的建立和完善。② 构建自贸港法规体系，将极大增强自贸港法治创新秩序，降低自贸港商事交易成本，最大化优化营商环境，推动营商环境法治化。

《海南自贸港法》总则第 8 条专门就自贸港指明了"构建系统完备、科学规范、运行有效自贸港治理体系"，其适用于自贸港政府机构改革、职能服务标准、社会治理能力及其创建共建共治共享的社会治理体系，其至推进自贸港行政规划改革创新的优化设置等内容。围绕此方面理念思路，推进深化自贸港治理体系方面改革的立法活动，制定与此密切相关的自贸港法规，完善自贸港法规体系，这便是自贸港法规体系理念的"右手"效应。"右手"面对的是实际问题为导向，需要用法治思维去解决自贸港建设中存在的实际问题。坚持学习运用习近平法治思想，树立问题导向意识理念，探索构建自贸港法规体系的实际问题导向。"坚持改革方向、问题导向，适应推进国家治理体系和治理能力现代化要求，直面法治建设领域突出问题，回应

---

① 廖奕:《中国特色社会主义法治体系的话语生成与思想内涵》，《苏州大学学报（哲学社会科学版）》2021 年第 2 期。

② 史本叶、王晓娟:《探索建设中国特色自由贸易港——理论解析、经验借鉴与制度体系构建》，《北京大学学报（哲学社会科学版）》2019 年第 4 期。

人民群众期待,力争提出对依法治国具有重要意义的改革举措。"①构建自贸港法规体系理念,即探究自贸港立法的"问题导向",尤其是紧扣自贸港治理体系中的敏感问题、热点难点问题,"查堵点、破难题、促发展",探究制定与此密切关联的法规。习近平法治思想指引,是构建自贸港法规体系理念的重要抓手。

第四节　自贸港对标国际经贸规则先行先试

海南自贸港对标高标准国际经贸规则,充分发挥新时代全面深化改革开放试验区先行先试的重要作用。当下对接 RCEP 规则,最大化打造自贸港开放型经济新体制,对标 CPTPP 高标准经贸规则,实现全球经济格局治理调整和国际经贸规则重构,促进我国化解国际经贸规则重构压力,拓展国际经贸规则治理的中国话语权和主动权,贡献出国际经济贸易新秩序新规则的中国智慧。

对标高标准国际经贸规则,是我国全面深化改革开放的重要路径。2018 年,中央经济工作会议提出:"要适应新形势、把握新特点,推动由商品和要素流动型开放向规则等制度型开放转变",这是党中央文件首次正式提出"制度型开放",为我国新时代全面深化改革开放指明了高水平开放高质量发展方向和实现路径。鉴于此,"制度型开放"将推进市场要素的全开放及其实现国际经贸规则的高标准对标,以便适应从商品和要素开放,向规则、规制、管理、标准等制度型开放转变,实现高水平开放促进高质量发展。在具体对标高标准国际经贸规则方面,RCEP、CPTPP、USMCA 等国际经贸规则,其开放领域、透明度、约束力、适应性等方面,明显呈现了高标准属性特征,海南自贸港先行对标这些方面,更能够呈现其先行先试的意义和法律效应。

---

①　习近平:《论坚持全面依法治国》,中央文献出版社 2020 年版,第 89 页。

一、自贸港对标国际经贸规则核心内容

《自贸港方案》已明确"614"制度,尤其强调贸易投资自由便利制度的核心内容。自贸港实现充分开放制度,是实现贸易投资自由便利的前提保障。海南自贸港对标 RCEP、CPTPP 等国际经贸规则,其开放领域空间更宽,集聚显现从"边境"向"边境后"经贸规则措施发展延伸,将围绕自贸港贸易关税清单、原产地规则、贸易便利化、市场准入等边境措施,拓展到"边境后"的市场规则秩序问题,如自贸港市场的政府采购、公平竞争、环境保护、劳工标准、知识产权保护、市场监管一致性等"边境后"市场机制措施,充分显现"边境后"市场规则秩序法治化重要性。

RCEP 是国际经贸格局变革与创新发展的最新形态,是实现"三位一体"自由便利化的重要窗口,形成了高度开放、自由便利的国际投资与贸易新规则。面对 RCEP 规则带来的新机遇和新挑战,海南自贸港应明确自身合理的发展定位,加强制度集成创新,加快完善与国际经贸规则相适应的自贸港法规体系,形成一流和优质的国际化、法治化、便利化营商环境。[1] 自贸港立法先行,也是聚焦于营商环境市场化、法治化、国际化,自贸港经贸规则国际化与市场化是相互转化、相互促进、相互融合的。制定自贸港法规,其核心价值在于对标高水平国际经贸规则,诸如当下尤其是对标 RCEP、CPTPP 更加开放的贸易协定规则,争取在劳工和环境规则、竞争政策、国有企业、知识产权监管、互联网规则和数字经济等方面设定了更高的标准,制定与 RCEP、CPTPP、中欧全面投资协定等相对标的贸易投资规则,率先推动自贸港贸易投资竞争政策、知识产权保护等。[2] 经贸规则国际化原则,不仅是制定自贸港法规的一个重要准则要求,而且还是自贸港法规与国际高

---

[1] 刘云亮、卢晋:《RCEP 视域下中国特色自贸港国际化建设的法治路径》,《广西社会科学》2022 年第 7 期。

[2] 迟福林:《高水平开放的法治保障——海南自由贸易港法治化营商环境建设需要研究的六大问题》,《社会治理》2021 年第 6 期。

水平经贸规则接轨的协同化要求,这是海南自贸港建设走国际化之路的法治创新路径和法治保障机制,更是自贸港法规体系构建的标尺和导向。

海南自贸港对标 RCEP、CPTPP 经贸规则的核心内容,也显现了当今高标准国际经贸规则的发展导向和核心价值目标。例如《美墨加三国协议》(USMCA),内容远远超出原北美自由贸易协议(NAFTA)近 3 倍,其发展前沿就具有许多新趋势,涉及涵括传统货物贸易、原产地规则外,还有缔约方国内规制、数字经济、劳工条款、环保可持续发展议题等内容,首次加入了有关宏观政策和汇率章节内容。当下全球最大规模 FTA(欧盟日本 EPA 协定)也将"贸易和可持续发展"单列专章,而且还纳入了劳工和环境条款,承诺遵守国际劳工组织五项核心劳工权利,承诺共同维护、推动全面落实气候变化《巴黎协定》。这也表明国际经贸规则有了新发展新标准,自贸港只有持续对标高标准国际经贸规则,才能确保海南自贸港始终处于对标最高标准国际经贸规则,处于国际化发展状态。

海南自贸港对标国际经贸规则,更要聚焦便利度透明度更高水平度。《海南自贸港法》在顶层设计方面,将贸易投资自由便利列为首要的基本制度内容,实行"一线放开,二线管住,岛内自由"的海关监管体制,具体规定体现在海关通关程序透明化与货物贸易便利化,这集中凸显自贸港对标高标准国际规则的前沿性和导向性。在海关通关程序透明化和贸易便利化方面,RCEP、CPTPP 各成员方都要规制海关监管法治具有一致性、可预测性和透明性,强化成员方海关之间的合作,推进海关程序的有效、简化和便利化机制,促进货物快速通关。事实上,CPTPP 特别设立了透明度和反腐败的章节,规定各成员方必须迅速公开与协议相关领域的法律、法规、程序以及行政决定。RCEP 也在知识产权、电子商务、政府采购等章节中设置透明度条款,要求公开与相关事项有关的法律、措施及其他相关信息。

二、自贸港对标国际经贸规则市场基础体系

自贸港强化公平竞争机制,更加显现对标高标准国际经贸规则意识重

要性。海南自贸港充分吸纳国际经贸活动中的竞争中立意识,2021 年 9 月制定出台《海南自由贸易港公平竞争条例》,构建自贸港公平竞争审查制度,为自贸港完善公平的市场竞争法治环境奠定了重要基础。国际经贸规则聚焦贸易与投资和竞争政策体系,自贸港公平竞争新机制更需要聚焦对标贸易与投资公平问题,对标国际经贸规则,促进实施负面清单和准入前国民待遇。CPTPP、USMCA、欧日 EPA、RCEP 等在投资领域,都明确了适用负面清单模式,强化跨国服务机构和跨境服务贸易提供公平竞争环境。国内外企业更加强化"竞争中立"原则,凸显反垄断执法权威效力,将国有企业和垄断企业获取政府补贴进行限制并实施透明化措施,敦促反垄断和反不正当竞争执法的客观性、公平性和平等性等,确保程序透明,遵守执法程序公正原则。

强化自贸港国有企业实施竞争中立规制。自贸港重视市场公平竞争集成地位,突出国有企业的"公平竞争优势",排斥自贸港企业歧视规定,优化和培育自贸港市场主体公平竞争的市场法治环境。海南自贸港重视规范市场竞争秩序,规范自贸港国有企业市场行为。建议对标 CPTPP、USMCA 经贸规则,规范自贸港国有企业合规经营,以此推动国有企业实现市场化、国际化运营,以此作为自贸港国有企业市场化的先行先试创举。自贸港国有企业的竞争中立规制,适时规制国有企业商业活动和非商业活动的法律关系,为此海南精心构建与国际经贸规则相适应的公平竞争审查制度。在坚持竞争政策基础地位的前提下,海南自贸港在负面清单的制定、商事登记制度改革、优化营商环境条例等方面,在遵循国内相关法规的基础上也有自己的创新和改革立场。[1] 例如设立 2019 年成立中国(海南)自由贸易试验区公平竞争审查与反垄断委员会,推进完善公平竞争审查制度等方面可以大有作为,可利用有关竞争政策法规进行划分有效筛查之际,将公平竞争审查

---

[1]　刘云亮、翁小茜:《中国特色自由贸易港公平竞争审查制度构建研究》,《新东方》2020 年第 2 期。

制度融入《海南自由贸易港公平竞争条例》之中,维持自贸港市场公平竞争秩序稳健发展。自贸港可以对标国际经贸规则有关"国有企业"实质性分类,未能将国有企业进行划分有效的商业类和公益类,并分别适用相应的国际经贸规则,也未能实施非商业援助原则,把税收优惠、融资优待等国有企业的补贴均纳入竞争中立的限制范围等等,这些内容恰恰是海南自贸港对标国际经贸规则的广阔空间,是海南自贸港国有企业运行的创新机制。

海南自贸港对标高标准国际经贸规则,最"难"则聚集在数字贸易。《自贸港方案》"614"制度,主张自贸港实施数字安全有序流动制度,并不是强化构建自由便利制度。国际经贸规则有关数字贸易的规制,是极其广泛多元的,新一代信息技术发展促进传统货物和服务线上跨境流动,引发数字经贸活动出现许多新的经贸规则,尤其是美欧等参与制定的新一轮数字经贸规则,更加增添我国对标国际经贸规则的难点。对标国际经贸规则的数字贸易,其涉及数字经济的内涵及其主权本质属性认知,认同度标准本身就具有较大识别难度。我国向 WTO 提交的提案采用"电子商务"概念,提出应重点关注通过互联网的跨境贸易商品,连同相关的支付和物流服务,并注意服务贸易的数字化趋势。美国在 WTO 电子商务谈判中明确主张采用"数字贸易"概念。在跨境数据流动及禁止本地化存储方面,我国提出数据的有序流动应符合各成员的国内法律,主张谨慎适用公共政策目标和国家安全例外规定等豁免,这有别于国际主流趋势认同。海南自贸港可以考虑在数字贸易方面先行先试对标高标准国际经贸规则,先行探索数字贸易规则国际化的风险防控,探寻自贸港对标国际经贸规则的数字贸易开放模式,尤其是海南自贸港允许数据的跨境流动以及禁止数据本地化存储的一些创新制度,尝试直接对接 CPTPP、USMCA 数字经济规制的可行性、操作性和创新性,探究实质性消除了数据流动的阻碍的风险防控。

自贸港高水平开放促进高质量发展。自贸港实现高标准对标国际经贸规则,亟需高水平开放。我国当下对标高标准经贸规则的难点主要集中在市场开放度。最主要的是市场开放禁制或限制。① 主要体现在我国国家重点领域禁止外资准入,如电信、广播、电视等,同时还存在着壁垒,使得在某些领域方面受到了限制,如人员流动、政府采购、知识产权等。我国对跨境服务也存在一定限制,有关跨境服务支付和转移方面限制较多。《自贸港方案》在总体要求中明确"对标国际高水平经贸规则,解放思想、大胆创新,聚焦贸易投资自由化便利化,建立与高水平自由贸易港相适应的政策制度体系",《海南自贸港法》第 9 条规定"国家支持海南自由贸易港主动适应国际经济贸易规则发展和全球经济治理体系改革新趋势,积极开展国际交流合作"。当下我国积极推进对标国际高水平经贸规则,促成将"边境上"自由便利措施,向"边境内"制度集成创新的开放政策与制度型发展,通过高水平开放推进高质量发展,实现高标准对标国际经贸规则。诸如强化自贸港现代服务业开放,除了在负面清单的所列举的领域,国际高标准经贸规则对跨境服务贸易有了更高的要求,尤其是市场准入,当地存在以及跨境支付等方面提出了更严格的要求。自贸港可以考虑在电信、金融等服务领域的金融监管和审查体系强化完善前提下实施更加充分开放,先行先试。

　　海南自贸港在劳工标准、政府采购和环境保护等领域,对标高标准经贸规则也有相应的新标准新空间。在劳工标准问题上,以 CPTPP 协定为代表的国际劳工规则,将"组织和参与工会的自由和集体议价的权利、消灭强迫劳动等"作为基本劳工权利,我国新的灵活劳动就业形态,呈现了许多劳动权利保护问题,劳工维权形势逼人,尤其是自贸港涉外劳工市场亟待全面开放,劳工维权保护问题也将日益突出,自贸港强化对接 RCEP 有关劳工规制的内容要求。自贸港政府采购领域,更加强化对标 CPTPP、USMCA 等规则,尽快全面放开国内政府采购领域、强化政府采购的环境保护指标及政策要求,与国际双碳要求相一致,甚至基于海南生态环境特色等因素,自贸港

---

① 表现在我国在电信、广播、电视、电影和出版等众多领域对外资除了市场准入限制外,还包括竞争壁垒、监管壁垒、人员流动、政府采购、补贴、税收、标准和知识产权等方面的限制。

更需要构建更高标准的生态环境,有更加严格的生态环境问责机制。

三、自贸港对标国际经贸规则顶层设计路径

当下国际政治经济格局正在发生百年未有之大变局,"我们要秉承人类命运共同体,坚守和平、发展、公平、正义、民主、自由的全人类共同价值,摆脱意识形态偏见,最大程度增强合作机制、理念、政策的开放性和包容性,共同维护世界和平稳定。要建设开放型世界经济,坚定维护多边贸易体制,不搞歧视性、排他性标准、规则、体系,不搞割裂贸易、投资、技术的高墙壁垒"。① 建设开放型经济新体制,是海南建设中国特色自贸港的出发点和根本点。党的二十大报告指出,"加快建设海南自由贸易港,实施自由贸易试验区提升战略,扩大面向全球的高标准自由贸易区网络"。对标高标准国际经贸规则,以高水平开放推进高质量发展,对标国际最高水平的开放形态,建设具有世界影响力的中国特色自贸港,充分发挥和展示国内国际双循环中的自贸港担当和先行先试的作用。海南自贸港实行更加积极主动的开放战略,主动对接 CPTPP、DEPA 等国际高标准经贸规则,加快推动规则、规制、管理、标准等制度型开放。② 海南主动对接高标准国际经贸规则,成为推进自贸港高水平开放促进高质量发展的根本路径。对标世界最高水平的开放形态,将海南建设成为我国对外开放的显著标志和重要的开放门户。

(一) 对接国际经贸规则是自贸港提升世界影响力和竞争力的外部动能

高水平开放促进自贸港高质量发展,充分发挥自贸港在推动我国全面扩大开放具有重大引领的先行先试作用,也充分彰显推进中国式现代化的自贸港担当,创建新时代全面深化对外开放的新高地。全面对接 RCEP 加

---

① 《习近平谈治国理政》,外文出版社 2022 年版,第 462 页。
② 冯飞:《加快建设具有世界影响力的中国特色自由贸易港》,《人民日报》2023 年 6 月 20日第 13 版。

快提升自贸港在东南亚、亚太区域经济影响力。2020年12月以来,海南自贸港外商投资负面清单、自贸港市场准入负面清单和自贸港跨境服务贸易负面清单,全面推进提升自贸港对外开放水平。2023年6月国家发改委将推进更高水平开放型经济新体制建设,推出更大力度吸引外资政策,其中将研究缩减海南自由贸易港外资准入负面清单等措施。① 自贸港全面持续实施更高水平开放政策,构建面向全球经济体系开放的先行先试前沿基地,持续发展优化自贸港营商环境,以最高水平开放,吸引国际投资者到自贸港投资兴业,加速提升全球优质生产要素吸引力和融合度,拓展国际市场的自贸港影响力,促进自贸港快速融入经济全球化的高层次高质量发展。

自贸港全面对接RCEP,是海南构建高水平开放型经济新体制的重要路径。海南自贸港立足点在于对标世界最高水平的开放形态,构建与自贸港国际经贸规则相匹配的开放性政策与创新制度,并且能够提高自身的国际竞争力与影响力。海南自贸港实施“境内关外”特殊关境监管机制,实行极其特殊关税政策等财政税收制度。《自贸港方案》已经聚焦贸易自由便利化和投资自由便利化,致力于实施涉及贸易、投资、跨境资金等自由便利化流动,以及数据安全和有序流动相关制度,实行“零关税、低税率、简税制”财政税收制度,进而发展有关市场要素国际化流动机制。

（二）推动自贸港制度集成创新是对标高标准国际经贸规则的内在动力

2021年7月9日,习近平总书记主持召开中央全面深化改革委员会第二十次会议时强调,要围绕实行高水平对外开放,充分运用国际国内两个市场、两种资源,对标高标准国际经贸规则,积极推动制度创新,以更大力度谋

---

① 国家发改委:《将研究缩减海南自由贸易港外资准入负面清单等措施》,澎湃新闻网站,https://www.thepaper.cn/newsDetail_forward_23491632。

划和推进自由贸易试验区高质量发展。① 明确指出,对标高标准国际经贸规则与推动制度创新的辩证关系。海南自贸港推动以制度型开放为重点,构建我国开放型经济新高地,其内在核心抓点在于主动适应高标准国际经贸规则,加快推进融入高水平经贸规则、规制、管理、标准等,通过高水平开放促进自贸港制度集成创新和推进体制全面改革深化,走出制度型开放创新路子,打造中国式现代化的创新制度体制的自贸港新高地。

2020 年 6 月 1 日,《自贸港方案》发表前夕,习近平总书记对海南自由贸易港建设作出重要指示,强调"要把制度集成创新摆在突出位置,解放思想、大胆创新,成熟一项推出一项,行稳致远,久久为功"。② 推进制度集成创新既是海南自由贸易港政策制度体系落实的基本要求,也是与其他自贸区相比的突出特征所现。探索"五自由便利一安全有序流动"的政策和制度的集成创新,释放体制机制优势,③ 正是彰显自贸港制度集成创新喻示着将激发更大更多的市场活力和发展潜力。

自贸港制度集成创新,彰显自贸港高水平开放倒逼制度体制开放型创新包容,实现自贸港政策、制度与法治优势的包容发展鲜明效应。自贸港实行制度型开放,亟需推动开放型制度集成创新,推动制度创新成果成片化、机制化、成效化。海南自贸港建设创新涉及各方面各领域的政策、制度和法治体系化的变革,其集成性创新的鲜明属性,凝聚了自贸港高水平开放倒逼推动制度集成创的政策开放释放的成果叠加效应。事实上,自贸港制度集成创新涉及不仅仅是经济领域和市场准入门槛问题,而且还涉及自贸港立法、行政、司法等领域的制度创新,适应市场主体更多更高自由便利制度要求。强化自贸港制度集成创新的着力点和聚焦点,汇聚于"集成"。诸如围

---

① 《习近平总书记主持召开中央全面深化改革委员会第二十次会议》,《人民日报》2021 年 7 月 10 日第 1 版。

② 《习近平总书记对海南自由贸易港建设作出重要指示》,《人民日报》2020 年 6 月 2 日第 1 版。

③ 高佃恭:《在海南自贸港建设中深入贯彻落实习近平新时代中国特色社会主义思想》,《南海学刊》2023 年第 2 期。

绕自贸港贸易投资活动涉及内外贸、投融资、财政税务、金融创新、出入境等众多经济领域、新经济业态、新开放经济形态,其将涉及自贸港政府治理和法治政府规制,促进自贸港行政体制高效率、专业权威、服务便捷、信息共享、公正司法等领域制度集成创新。海南省政府已经率先实施国际高标准经贸规则,逐步探索在土地使用、低碳发展、服务业开放等方面的创新改革。同时,还在推动规则、规章、管理和标准等研究时,逐渐与国际进行合作,以实现关键问题的突破。海南省已启动新一轮的制度集成创新三年行动计划,主要重点关注"保税加工转离岛免税"等关键领域。此外,海南省将资本、技术、数据等要素通过市场进行调节改革,消除各种隐形的障碍。2023年就推出多项更具全局性和影响力的制度创新成果。[①]

（三）城乡协同发展是自贸港对标国际经贸规则的"全岛同城化"理念

海南自贸港建设需要充分实施"全省一盘棋、全岛同城化"理念,推进海南区域一体化发展,尤其是充分彰显乡村振兴的自贸港建设内涵。海南自贸港对标高标准国际经贸规则,并不是简单类似于新加坡等以城市化现代化建设为核心标准,推进自贸港国际化进程。海南自贸港对标国际经贸规则,必须充分结合协调推进海南新时代全面深化改革开放,全面实施"三区一中心"国家战略需要。建设高水平国家生态文明试验区,以建设海南热带雨林国家公园等标志性重大项目为抓手,将碳达峰碳中和融入海南生态文明建设整体布局,以此实际充分彰显海南生态文明试验区更高国际生态标准,超越最高标准国际经贸规则的"生态环境"要素,实现最大化凸显坚持以人民为中心的发展思想价值,最终确保自贸港建设享有更多生态环境"红利"更多更公平惠及全体人民,实现自贸港生态经济惠民。自贸港建

---

① 《2023年海南省人民政府工作报告》,海南省人民政府网站,https://www.hainan.gov.cn/hainan/ldhd/202301/1042f51fe33247219a5907622d42821b.shtml。

设,不仅依靠人民群众推动前行,而且还要构建自贸港制度集成创新机制,推动自贸港更多自由便利制度集成创新,推出新体制新机制新优势新活力。海南自贸港建设发展最终美好机制,仍是推崇个人的自由发展,实现恩格斯所分析的"三个解放"和所期望的"三个主人",即"人终于成为自己的社会结合的主人,从而也就成为自然界的主人,成为自己本身的主人———自由的人"。① 海南建设中国特色自贸港更要推进共同富裕,探索建立"自由人的联合体",在实践中丰富和发展马克思主义。"全岛同城化"注定海南岛整体推进城乡一体化发展的主基调,"三个主人"构建"自由人的联合体"的人与自然的融合体,充分实现海南自贸港全岛城乡一体化发展目标。

自贸港对标高标准国际经贸规则,并不是简单对标国际规则,而是注重考虑对标要素价值特色,如不同发展模式的经济基础、各成员方经济发展状态及其特色要素、国际产业链分工属性、各国产业竞争力持续性、自然持续性、市场结构发展升级导向等。这些情节要素,成为海南自贸港城乡协同发展特色,更是自贸港对标高标准国际经贸规则的本地化情缘融合。这表明自贸港制度型开放促进高质量发展,需要将对标国际经贸规则与当地城乡一体化情缘相融合,实现生产力与生产关系辩证关系一体化发展。习近平总书记指出,学习马克思,就要学习和实践马克思主义关于生产力和生产关系的思想。我们要勇于全面深化改革,自觉通过调整生产关系激发社会生产力发展活力,自觉通过完善上层建筑适应经济基础发展要求,让中国特色社会主义更加符合规律地向前发展。② 自贸港制度型开放,将倒逼对标高标准国际经贸规则与海南"全省一盘棋、全岛同城化"理念相融合,实现高质量发展。

---

① 《马克思恩格斯选集》第 3 卷,人民出版社 2012 年版,第 758 页。
② 《纪念马克思诞辰 200 周年大会在京举行　习近平发表重要讲话》,《人民日报》2018 年 5 月 5 日第 1 版。

（四）强化风险防控保障自贸港优化对接国际经贸规则

自贸港对标高标准国际经贸规则,不仅需要坚持坚定的正确的政治方向,而且认真准确理解把控《自贸港方案》规定的防范化解贸易、投资、金融、数据流动、生态和公共卫生等六大领域重大风险。自贸港建设正从"顺利启动"过渡到"全面展开",再到"显著进展",最终达到"快速发展"的阶段。在此过程中,海南的经济社会发展表现出整体稳定、质量提升、优势逐步累积的积极态势。"零关税"清单、"两个15%"所得税、加工增值货物内销免关税等180多个自由贸易港政策文件相继落地实施。[①] 随着2025年底前全岛封关运作迫在眉睫,需要做好全面的准备工作,使得工作任务清单、项目清单以及压力测试清单,这三项清单的内容需被精确地梳理和执行。

自贸港对标国际经贸规则,不同时间对标任务、内容及其要求也有所不同,其相对应的风险情形、状态及其防控要求、对策措施也存在不同。对标国际经贸规则的风险预测、对策分析、时间应对、措施适当等,都亟需纳入到自贸港建设的顶层设计之中,尤其是列为自贸港政策、制度和法治等软环境建设。诸如构建自贸港风险防控体系,逐步推进高标准推进"二线口岸"基础设施和查验设施、信息化监管平台、反走私综合执法站等建设,确保2023年底基本形成封关运作整体政策体系,充分开展政策压力测试,滚动制定和实施压力测试事项。[②] 强化自贸港建设的风险防控,对标高标准经贸规则,重在推动贸易、投资自由化便利化。自贸港是我国全面深化改革开放的试验区,先行先试是自贸港对标国际经贸规则的试验职能,注定具有先行试验的风险。实施对标高标准国际经贸规则,必须以国家经济安全为前提,先行

---

① 冯飞:《加快建设具有世界影响力的中国特色自由贸易港》,《人民日报》2023年6月20日第13版。

② 《2023年海南省人民政府工作报告》,海南省人民政府网站,https://www.hainan.gov.cn/hainan/ldhd/202301/1042f51fe33247219a5907622d42821b.shtml。

试行局部试验与总体协调推进,依《自贸港方案》顶层设计,进行渐进方式和适当性、协调性的开放与主动对标相结合,实施开放与改革的良性互动推进。

自贸港对标高标准国际经贸规则,强化风险防控责任意识,尤其要凸显以下四个方面的内容。

1. 确保国家经济安全稳定性。国家经济安全是自贸港对标高标准国际经贸规则的前提。自贸港当下进行一系列的封关运作压力测试,就是风险防控要求。海南建设自贸港更要注重彰显中国特色和海南实际,当下建设海南自贸港的许多实际情况、国内外情形、经济发展模式、现代产业发展定位、海南热带资源特色等,都注定与传统自贸港建设发展进程完全不一样,如果照搬照抄传统自贸港的经验和简单对标高标准国际经贸规则,贸然开放市场,提升知识产权、劳工成本、环境保护标准,则会引发自贸港建设的各类风险,加大先行先试的压力。再如自贸港强化数据网络安全,将数字贸易、数据交易等制度,置于网络开放和跨境数据流动的安全有序作为重中之重,当下不宜推进"数据跨境流动自由便利"。

2. 自贸港先行先试的渐进性。海南建设自贸港,是一项长期规划推进的伟大事业,具有突出的渐进性。自贸港 2025 年封关运作,2035 年、2050 年等都是自贸港建设的重要时间窗口和节点,时间的渐进性本身就是自贸港"顶层设计"次序规划内容,更是防范风险的实际需要。中国国情特色注定了中国道路和中国方案的中国实践,循序渐进,充分彰显习近平新时代中国特色社会主义思想的理论和实践的重大意义。海南建设中国特色自由贸易港,对标高标准国际经贸规则,重在防范风险,尤其是重视自贸港局部试验与总体推进的循序渐进性协调。诸如有关对标国际经贸规则的环境保护、国有企业改革、政府采购、透明度、货物贸易、原产地规则和中小企业合作等自贸港试验性、全局领域规则的适用性,面对自贸港发展数字贸易、服务贸易开放、市场准入、劳工标准、知识产权保护和金融服务等领域,海南自贸港先行先试就是凸显风险可控,大胆开拓创新,渐行渐近推进制度集成创新成果,引领全国高标准对标国际经贸规则。

3. 自贸港对标经贸规则的前瞻性。自贸港对标国际经贸规则,不仅仅具有新时代全面深化改革开放的时代性和发展性,自贸港先行先试对标高标准国际经贸规则,其本身就是开创性和前瞻性,为全面深化改革进行先行先试,其正是对标高标准经贸规则的风险探寻与防控对策实践。自贸港风险防控及其对策探索,为中国积极参与多边改革谈判,主动对接 CPTPP、DEPA 等国际高标准经贸规则,推动中国参与全球经济治理而提供自贸港经验和实践,尤其是为了中国对标高标准经贸规则,率先实行国有企业改革、探索跨境数据自由流动和数据安全有序、提升环境保护水平、缩减外资准入负面清单等国际化发展与改革措施,提供更多的自贸港先行先试的实践。

4. 自贸港对标经贸规则的协调性。自贸港对标高标准经贸规则,并不是某个领域行业“单兵突击”,而是强化自贸港制度集成创新,推进政府治理与法治政府、市场治理与法治市场、社会治理与法治社会等“三位一体”协调推进,实现自贸港高标准对标国际经贸规则,彰显市场决定资源配置的经济体制“协调性”与“对标性”的良性互动。自贸港对标高标准国际经贸规则,实现国际与国内协调同步发展,共同推进自贸港贸易投资自由便利制度的“边境线”措施壁垒,向“边境后”歧视壁垒转移发展,对标制度集成创新优势新活力,倒逼行政管理、外贸体制等相关体制改革全方位推进,全面创新优化自贸港营商环境。

海南自贸港对标高标准国际经贸规则,当下亟需密切跟踪国际经贸规则发展的重构新动向,把握国际经贸规则的政策导向前沿,积极主动参与国际经贸规则的制定主动权和规则话语权,尤其是当下全球贸易区域化发展将削弱各国的直接对外投资,对外开放程度也将受到严重威胁,①新冠疫

---

① 中国人民大学重阳金融研究院:《大裂化:俄乌冲突后全球经济新冷战评估与防范》,http://www.rdcy.org/index/index/news_cont/id/693909.html。

情、乌克兰危机爆发后,新国际贸易模式要求国际经贸规则实行重大调整,自贸港率先对标国际高标准经贸规则,从而促进实施以制度型开放经济为基础的政策。

第二章　中国特色自贸港对标国际经贸规则竞争政策规制

　　党的二十届三中全会《决定》提出了构建全国统一大市场,指明推动市场基础制度规则统一、市场监管公平统一、市场设施高标准联通,强化加强公平竞争审查刚性约束,强化反垄断和反不正当竞争,清理和废除妨碍全国统一市场和公平竞争的各种规定和做法。① 2022 年 3 月中共中央、国务院印发《关于加快建设全国统一大市场的意见》(以下简称《大市场意见》),明确了建设全国统一大市场的总体要求、主要目标和重点任务。海南自贸港创建"法治化、国际化、便利化的营商环境和公平统一高效的市场环境",不仅是我们贯彻落实习近平总书记"4·13 重要讲话"和中央"12 号文件"精神的根本要求,而且也是推进海南自贸港产权保护、市场准入、公平竞争、社会信用等市场经济基础制度构建的基本导向。海南自贸港作为构建全国统一大市场的先行先试举措,强化市场化正是建设中国特色自由贸易港最基本的发展方向,国际化则是建设中国特色自由贸易港最根本的发展视野要求,法治化则是建设中国特色自由贸易港最有保障力的法治路径,便利化则是建设中国特色自由贸易港最接地气的发展措施评判标准。要强化反垄断和反不正当竞争,在完善市场垄断和不正当竞争行为认定法律规则的同时,健全预防和制止滥用行政权力排除、限制竞争制度,稳步推进自然垄断

---

① 《中共中央关于进一步全面深化改革　推进中国式现代化的决定》,《人民日报》2024 年 7 月 22 日第 1 版。

行业改革,全面加强竞争执法司法。① 2019 年海南开始实施强化竞争政策试点,并以此作为优化营商环境与公平统一高效的市场环境最核心价值理念,成为中国特色自由贸易港政策体系和市场经济法治化的核心内容。海南自贸港正是以此推进构建开放型经济新体制。

第一节　自贸港对标国际经贸规则竞争政策目标

当今世界正处于百年未有之大变局,乌克兰危机仍在持续,全球产业链、供应链和价值链随之发生变化,国际市场正朝向新型全球化的方向发生演进,并塑造着新的国际格局。基于保护本土市场国际竞争力的目的,围绕价值倡导、贸易投资协定和国内法律制度等方面,已形成或正在酝酿竞争政策的新工具,使竞争政策呈现域外适用扩大化、拘束力强化和法治政策化趋势。② 竞争政策,是市场经济运行最基本特征和属性要求,自由贸易港是当今世界最为开放的经济区域形态,更要强化最充分最能彰显其优质营商环境的最根本属性和最核心内容。中国特色自由贸易港实施强化竞争政策,是优化营商环境最重要抓手和着力点。

一、自贸港对标国际经贸规则实施强化竞争政策

构建自贸港开放型经济新体制,核心内容是打造公平竞争的市场机制,主张实施强化竞争政策。推动和发展市场经济运行的根本动力,亟需构建全国统一大市场,建构高标准市场体系,化解资源配置中的市场失灵与政府失灵等问题,打造充分彰显公平规制、衡平和反映一个国家政府与市场关系的“天平器”。竞争政策将充分彰显国家经济治理的政治性、市场性和规制性的法治融合度,显现出统一大市场规制要求及其市场改革创新规制的系

---

① 张国清:《构建全国统一大市场》,《人民日报》2024 年 7 月 29 日第 6 版。
② 黄勇:《论我国竞争政策法治保障的体系及实现机制》,《清华法学》2022 年第 4 期。

统性与协同性,即"通过划清政府和市场的边界、让市场机制发挥决定性作用来提升社会的整体福利水平"。① 党的二十届三中全会《决定》进一步推动深化改革,目的就是"构建高水平社会主义市场经济体制","更好发挥市场机制作用,创造更加公平、更有活力的市场环境,实现资源配置效率最优化和效益最大化,既'放得活'又'管得住',更好维护市场秩序、弥补市场失灵,畅通国民经济循环,激发全社会内生动力和创新活力"。强化市场化改革,充分发挥竞争政策效应,推动政府职能转型,通过规制政府权力清单和责任清单及其相关的负面清单、政府财经经费清单等措施,规范政府"有所为,也有所不为",强化公平竞争环境的政府中立地位及其公平执法的力度。根据中共中央、国务院在相关文件中的论述,"强化竞争政策基础地位"中的"竞争政策"属于广义的竞争政策,即凡是有利于促进和保护市场竞争的经济政策和法律法规都属于竞争政策范畴,竞争政策是国家经济政策体系中的重要组成部分。② 2021 年,中共中央、国务院先后印发的《建设高标准市场体系行动方案》《法治政府建设实施纲要(2021—2025 年)》都强调强化公平竞争审查制度刚性约束,推动形成统一开放、竞争有序、制度完备、治理完善的高标准市场体系。《大市场意见》发布,这为构建全国统一大市场而提出的重要行动纲领,也明确了公平竞争、有序开放的大市场构建新发展格局而作出的重大战略部署。我国竞争政策发展从最初的维护竞争、限制垄断的反垄断政策,发展到了为了实现公平竞争机制运行而实施市场主体自由准入政策、私有化政策、放松市场管制、取消政府补贴、贸易投资自由化政策等各种公共政策措施,促进市场主体自由公平竞争,进而再推进与竞争政策密切相关的国家产业政策、贸易政策、外资政策和国家安全政策等经济政策实施。可见,竞争政策已经融入到国家经济政策的各领域,已经涉及到社会生活的竞争文化意识。

---

① 黄勇:《论中国竞争政策基础性地位的法治保障》,《经贸法律评论》2018 年 1 期。

② 殷继国:《化竞争政策基础地位何以实现——基于竞争政策与其他经济政策协调的视角》,《法学》2021 年第 7 期。

　　竞争是市场机制的灵魂,竞争政策被视为市场机制发挥作用的根本保障。① 竞争政策主要由政府根据市场经济发展规律和市场机制制度需求而制定,主要由政府实施,人们常常误以为竞争政策和产业政策一样,都代表的是政府的"有形之手",其实不然,竞争政策是市场这只"无形之手"的制度外化和市场规律决定资源配置的实现路径。② 建设海南自贸港,最关键是致力构建一个真正国际化、法治化、市场化的运行机制。当下我国正全面推进经济全球化,持续向世界开放市场,自贸港正在构建一个更加公平、充满竞争自由的开放型经济新体制,强化竞争政策,更是自贸港市场开放和公平自由竞争的根本保障。构建海南自贸港政策制度和法治体系,要推动和探索构建与开放型经济新体制相适应的法治体系,创设公平竞争的国际市场运行机制。强化竞争政策,是海南构建中国特色自贸港实施贸易投资自由化政策的重中之重,其制度的核心在于放宽市场主体准入门槛,突出其不同准入主体从业自由、透明、公平竞争的市场机遇与政府对市场主体运行的"无为""不干预"境界,缩减或取消政府干预,持续释放市场主体的参与市场公平竞争的活力,"只要存在着对竞争的不正当限制或者对消费中、购买中合理判断的严重障碍,那么,实际的政府干预就是必要的。这种社会的控制与其说是对自由企业体制本身进行限制,还不如说是用来扩大企业在市场上的总体自由。"③海南自贸港实施强化竞争政策,顺应市场经济发展及其国际化全球化趋势,彰显我国实施竞争政策的强度和力度的自贸港先行先试,探索自贸港公平竞争机制的中国特色,彰显中国社会主义市场经济的发展规律。

　　中国香港、新加坡和迪拜等几个特殊经济功能区城市,是当今较为成功

---

　　①　宋荟柯:《数字经济下的竞争政策研究——欧盟应对数字经济下竞争监管的实践与启示》,《价格理论与实践》2021年第7期。

　　②　孙晋:《统一大市场背景下反垄断执法体制的挑战与变革》,《政治与法律》2024年第7期。

　　③　马歇尔·C.霍华德:《美国反托拉斯法与贸易法规》,孙南申译,中国社会科学出版社1991年版,第4页。

的自由贸易港,都充分彰显其强化竞争政策的市场基础地位。力主强化竞争政策,倡导和维护公平竞争的原则,成为市场经济有效运行的根本保障,也是政府在管理经济社会事务中应该遵循的基本原则。[1] 中国特色自由贸易港,最显著特征就是凸显竞争政策的法律核心制度,更加强化反垄断法或者反不正当竞争法的公平执法,并注重制定出台符合促进国内外经济竞争自由和市场开放的竞争政策。强化竞争政策,正是自贸港优化营商环境的立足点,重点要突出培育自由贸易港构建开放型经济浓厚的竞争文化意识,作为自贸港打造市场经济运行新机制的"压舱石"。自贸港顺应世界经济全球化发展趋势,将充分彰显竞争政策的市场经济共识价值,回应竞争政策的根本要求,力主国内公平竞争环境的国际接轨,实现国家战略利益协调和平衡,推动实现竞争政策的国际化发展。如 RECP 第 13 章第 1 条目标"追求此类目标将有助于缔约方从本协定中获益,包括便利缔约方之间的贸易和投资"。CPTPP 第 16 章第 4 条规定的"缔约方同意以与各自法律、法规和重要利益相一致的方式并在各自可合理获得的资源范围内开展合作"。"经济全球化的推进使企业过去的主要竞争对手是本国的同行,而现在更经常的威胁则来自外国企业,企业不得不在全球范围内配置资源,扩大生产规模,展开竞争。"[2]可见,强化竞争政策的基础地位,构成中国特色自由贸易港开放型经济体制的立足点,更是对标国际经贸活动规则的关键点和对接点。

二、自贸港对标国际经贸规则优化竞争环境

营商环境,其意指被世界各国用来描述为一个国家或地区企业生产经营活动所处的环境服务氛围状态,世界银行集团国际金融公司(IFC)于

---

[1]　彭森:《在数字经济竞争政策未来发展前沿论坛上的致辞》,《竞争政策研究》2022 年第 5 期。

[2]　王先林:《从经济理论、法律制度到国家战略——关于反垄断的三维视角》,《南京大学学报(哲学·人文科学·社会科学)》2018 年第 3 期。

2003 年发布了首份《营商环境报告》内容包括五类指标,涉及 133 个经济体。如今世界银行的营商环境评价体系不断拓展,已经达到十类指标。2019 年报告表明我国营商环境已较 2018 年报告提升 32 位,即中国大陆排位第 46,香港地区排名第 4。① 这些评估指标要素,有相当多涉及影响企业经营活动的社会要素、经济要素、政治要素和法律要素等方面,有学者由此就营商环境进行扩大性解析,将与企业和行业经营效率有着密切关联产业政策、监管机构、人力资源、基础设施、地理环境等因素,也纳入其范畴。② 如此表述显现市场主体在市场运行中的市场准入难易程度、公平竞争状态、企业运行及市场国际化状态指标、进出口货物等贸易指标状态,说明优化营商环境的认定标准和指标,揭示了强化竞争政策的具体指标要求。诸如在世行发布有关营商环境的多次评估报告均指出,良好的营商环境,应该集中表现为"环节减少、流程简化、时间减少和费用降低四个方面"。③ 如此表明与营商环境的评估指标要求相吻合,且正是显现了一个国家有关放开市场准入、自由公平竞争、提供社会充分就业与竞争上岗的具体状态情形。全面推进实施竞争政策,已是优化营商环境的重要抓手,更是显现了营商环境的状态的具体表现情形和彰显充分竞争的软实力。强化竞争政策也因此成为自贸港优化营商环境的基本要求和重要指标。

实施竞争政策,已成为自贸港优化营商环境最根本的抓手。世界银行有关营商环境报告的具体指标,已指明市场主体创办企业的难易,而在市场化机制方面却未能更多的实质上经营公平性、市场客观性、政府干预性状态。这些方面因素却是实施强化竞争政策强烈关注的情形,显现出营商环境的竞争政策软实力。减少国家政府对经济的干预,是发展和完善市场经济的一个重要理念,是强化竞争政策的一个根本内涵。《法治政府建设实

① 《世界银行 2019 全球营商环境报告:中国较去年提升 30 多位》,http://mil.news.sina.com.cn/2018-11-03/doc-ihnknmqw1762067.shtml。
② 孙丽燕:《企业营商环境的研究现状及政策建议》,《全球化》2016 年第 8 期。
③ 罗培新:《世界银行营商环境评估方法论:以"开办企业"指标为视角》,《东方法学》2018 年第 6 期。

施纲要（2021—2025 年）》、"十四五"规划纲要等文件和法规均对维护公平竞争市场环境，打造稳定公平透明、可预期的法治化营商环境提出具体要求。① 国家宏观调控政策能力，正是影响市场营商环境的基本要件之一，也是彰显国家干预经济的科学能力水平。

国家宏观调控政策，更多要强调凸显强化国家战略目标及其国际竞争利益的重要性，显现全球范围内运用宏观调控与强化竞争政策，推进干预引领经济运行，主张将其竞争政策强化实施于全球范围的企业。诸如美国当认定该企业行为违背美国利益和贸易政策时，则适用各种制裁措施，指控该外国企业涉嫌不正当竞争、违反有关知识产权禁令等，惩戒"失信于美国"的外国企业。诸如 2018 年 4 月 16 日晚美国商务部宣布"出口禁令"，禁止美国公司向中兴通讯销售零部件、商品、软件和技术。② 经过协商，2018 年6 月 7 日，美国商务部宣布与中国中兴通讯公司达成和解协议，规定中兴公司先行罚款支付 10 亿美元，并向第三方交付 4 亿美元作为保证金。美国商务部才同意从禁令名单中将中兴公司撤除。③ 美国其实早就将中兴通讯公司列入"贸易黑名单"报告，并随时伺机给予高额处罚。这从另一个侧面反映了美国借口公平竞争和知识产权保护等，强化实施其竞争政策，如此体现在美国反垄断法等竞争政策、知识产权保护等公共利益的拓宽适用。美国如此做法，表面上扩展政府施行反垄断政策的视野范围，规制了国内市场垄断与竞争的关系，实现其扩大竞争政策的全球范围适用，充分显现其参与国际竞争的本国企业竞争规模及其实力。

强化竞争政策，成为中国特色自由贸易港优化营商环境快捷之路，重在凸显"对标和发展国际化"。营商环境是否国际化，将成为衡量和判断自由

---

① 叶光亮：《建设自贸港高标准公平竞争市场环境》，《海南日报》2021 年 11 月 3 日。

② 李拯：《强起来离不开自主创"芯"》，《人民日报》2018 年 4 月 19 日第 5 版。数据显示，2016 年中国进口芯片金额高达 2300 亿美元，花费几乎是排在第二名的原油进口金额的两倍，也让我们意识到，互联网核心技术是我们最大的"命门"，核心技术受制于人才是我们最大隐患。

③ 《美国商务部与中兴公司达成新和解协议》，http://news. 163. com/18/0607/23/DJO1TK7O00018990.html。

贸易港营商环境是否优质的一个关键性指标。国际化的营商环境指标,具有与国际市场的兼容性、对接性和一致性,体现了各相关国家或地区企业主体的认知度、承受度和适用度。因此,认知、鉴别和完善自贸港营商环境的国际化,关键在于把握营商环境的核心要素和竞争政策国际化趋势这个新特征新趋势新规律。建设中国特色自由贸易港,致力于推进发展国际化,不断提升海南自贸港经贸活动商事制度市场化、法治化、国际化水平。推进自贸港建设,需要以一流的营商环境为依托,营商环境的持续优化将成为海南自贸港吸引国内外资源、留住优质企业和客户、提升国际影响力的不竭动力。① 在加速我国政务服务和监管领域全国一体化的情形之下,推进"互联网+政务"服务体系化和国际化步伐,全面推进"互联网+政务",全面促进和提供优质政务服务,并提出了建设全国一体化政务服务平台,政务服务事项五年内全面实现"一网通办"。② 自贸港优化营商环境,核心内容是强化竞争政策实施,海南自贸港实现营商环境不断优化、社会治理水平不断提升、市场主体活力不断增强。③ 强化实施竞争政策,确保自贸港营商环境得以持续优化,且实现不断更优的关键要素。

三、自贸港对标国际经贸规则实行市场公平竞争

竞争政策是指保护和促进竞争的一系列政策措施,通过建立维护公平竞争的制度体系,保障市场机制有效运转,促进资源有效配置,实现社会福利最大化。④ 强化竞争政策,是市场经济最具活力和最具调节功效的动力源,是世界各国政府制定并实施的促进和保护竞争的根本策略,更是规制和

---

① 石建勋、徐玲:《新发展格局下海南自贸港建设与发展战略研究》,《海南大学学报(人文社会科学版)》2022年第2期。

② 李克强:《在全国深化"放管服"改革转变政府职能电视电话会议上的讲话》,中国政府网,http://www.gov.cn/guowuyuan/2018-07/12/content_5305966.htm。

③ 聂新伟、薛钦源:《中国制度型开放水平的测度评价及政策优化》,《区域经济评论》2022年第4期。

④ 甘霖:《强化竞争政策基础性地位 促进新一轮高水平对外开放》,《中国市场监管报》2019年5月18日。

理顺政府与市场关系的指导思想与基本原则的规范性要求。许多发达国家都极其强化和重视实施竞争政策,作为世界上实施竞争政策最早的美国,其竞争政策的实施是通过 1890 年颁布《谢尔曼法》开始,就将竞争政策法治化,并赋予其"经济宪法"地位,成为市场经济自由的合法保护依据,并以此为规制政府与市场关系的厘定标准,充分激活市场主体参与竞争的积极性和显现出市场竞争活力。日本在 20 世纪 60、70 年代曾经出台了一系列产业政策,极大促进日本的产业振兴战略,然而后来的经济危机,让日本终于意识到强化实施竞争政策的重要性,便于 1990 年开始逐步将竞争政策取代了产业政策,充分认可和发挥竞争政策的核心地位。我国对竞争政策的认知也是一个渐行渐近的过程,从国务院 1980 年出台《关于开展和保护社会主义竞争的暂行规定》,到 20 世纪 90 年代的《反不正当竞争法》《价格法》《招投标法》,再到 2008 年《反垄断法》,尤其是 2013 年《中共中央关于全面深化改革若干重大问题的决定》明确"建设统一开放、竞争有序的市场体系,是使市场在资源配置中起决定性作用的基础",直至 2015 年 10 月中共中央国务院发布《关于推进价格机制改革的若干意见》,已经表明我国竞争政策的基础性地位渐渐得到确认。2016 年 6 月国务院发布《关于在市场体系建设中建立公平竞争审查制度的意见》(以下简称《竞争审查意见》),强化竞争政策的实施开始进入快车道。

建设中国特色自由贸易港的路径和措施尽管有许多不同模式和类型可选,但坚持和实施强化竞争政策,已公认是自贸港建设的必由之路。完善竞争政策的实施机制,奠定和发挥竞争政策的基础性作用,是推动社会主义市场经济发展的有力措施,可以为自贸港建设提供强大支撑。[①] 究其原因如下:

1. 世界上成功的著名自贸港都主张强化实施竞争政策。世界上成功

---

① 卢雁等:《强化竞争政策基础地位　推进海南自贸港建设》,《中国市场监管报》2020 年 1 月 14 日。

的自由贸易港,在不断强化市场机制运行的法治化保障的同时,都极为重视优化营商环境,尤其是突出竞争政策的核心地位和软实力作用。诸如 1980 年至 2000 年的各种原因,导致香港大企业形成垄断集团,1996 年受政府委托,香港消费者委员会开始连续几年发布《公平竞争政策报告》,1998 年发布《竞争政策纲领》,该纲领第 2 条明确规定,实施竞争政策目标就是提高经济效益和促进自由贸易,奉行不干预是竞争政策最根本的原则。1997 年香港特区政府专门成立了由财政司司长担任主席的竞争政策咨询委员会。2015 年 12 月 14 日香港《竞争条例》正式生效,其旨在推动建立公平竞争的商业环境,令消费者有更多选择。其明确规定,任何业务实体不得订立妨碍限制或扭曲在香港的竞争的协议或滥用市场权势,可以有效抑制和打击围标等合谋定价、大企业以"本"伤人、企业进行削弱竞争的合并等行为。① 尽管香港实施竞争中立政策的立法相对滞后,但其市场国际化和竞争意识氛围却是根深蒂固的,其奉行市场不干预的理念由来已久,已是香港竞争政策的核心价值观。政府不轻易干预市场,香港特区政府对待市场国际化的根本立足点。表明自由贸易港竞争政策的核心,就是明确和理顺政府与市场的关系,不干预市场是自由贸易港处理政府与市场关系的基本准绳。

2. 实现市场主体真正开放、公平、平等正是自贸港实施强化竞争政策的最核心内容和基本要求。强化竞争政策,并不是为了实施竞争政策而进行强化推进,而是通过强化,促进自由贸易港市场更加国际化、竞争自由化,充分保障获得市场准入的主体地位平等、竞争更加充分、市场更加开放,更加充分包容市场主体竞争权。习近平总书记"4·13 重要讲话"指出,海南要"以制度创新为核心,赋予更大改革自主权,支持海南大胆试、大胆闯、自主改,加快形成法治化、国际化、便利化的营商环境和公平开放统一高效的市场环境"。② 表明了海南自贸港,打造公平开放统一高效的市场环境源自

---

① 《〈竞争条例〉在香港正式生效》,http://news.ifeng.com/a/20151215/46675723_0.shtml。

② 习近平:《在庆祝海南建省办经济特区 30 周年大会上的讲话》,《人民日报》2018 年 4 月 14 日第 1 版。

实施强化竞争政策,公平开放统一是自贸港市场运行机制的根本特征,公平竞争是市场营商环境的属性所在。实施强化竞争政策,则是以开放、公平、平等为市场运行机制的重点内容,其目的就是保障市场主体能够更加充分的自由竞争。海南自贸港构建开放自由便利的市场环境不仅要放宽市场准入门槛,更要比照 RCEP 要求,全面推进自贸港市场资源要素自由流转、市场主体自由进出等市场化机制运行,保障自贸港投资者权益,实现市场主体自由便利和全面公平透明。[①] 实施强化竞争政策,是海南建设中国特色自贸港公平开放高效的市场环境之根基和必由之路,其显现出敢想敢创,大胆试大胆创是探索自贸港体制新优势、市场活力运行开放型经济新体制最佳捷径。

3. 实施强化竞争政策是最能彰显自贸港市场运行核心价值功能和基本属性的政策体系机制。打造和实施强化竞争政策体系,营造充分自由竞争的市场环境氛围,是自贸港建设最为核心的运行机制。当下经济全球化发展趋势影响和浪潮推动,使自由贸易港成为一国适用和促进全球化发展需求最开放、最具国际化的特定区域形态。海南建设中国特色自贸港,不仅仅促进自贸港实行经济开放政策,更重要的是将贸易投资自由化作为市场准入的开放基础门槛,实施大市场大开放大自由大竞争。投资自由方面,通过立法进一步降低市场主体进入海南自由贸易港的门槛,保证对进入海南自由贸易港内的所有市场主体一视同仁,通过强化竞争政策的基础性地位,为市场主体在海南自由贸易港公平竞争提供制度支撑。[②]

自贸港实施强化竞争政策,优化营商环境,简化负面清单制度,简政放权,构建政务一体化平台等,已成为海南建设中国特色自由贸易港创新体制、新政策、新优势的核心力。诸如新加坡实行经济开放政策,就涉及贸易

---

① 刘云亮、卢晋:《RCEP 经贸规则与中国特色自贸港法治创新研究》,《济南大学学报(社会科学版)》2023 年第 1 期。

② 王崇敏、曹晓路:《海南自由贸易港一流营商环境的法治基础》,《河南财经政法大学学报》2021 年第 2 期。

自由化与营商便利化政策、实行宽松自由的外资准入的开放政策、以减免印花税为内容的赋税优惠政策、以汇率放开为内容的金融自由政策。2018 年世界银行在全球 190 个经济体中,新加坡位列世界优化营商环境第二国家,为企业在新加坡开展业务提供了很好的制度条件。① 新加坡 2004 年公布《竞争法》,该法成为新加坡竞争法律体系的核心和基石,其内容涉及垄断协议、滥用市场支配地位、经营者集中等,但未能将纵向垄断协议纳入规制范围,对经营者集中也实行自愿申报。② 这成为新加坡实施竞争政策的主要内容。事实上,新加坡是市场经济发达国家,其市场自由竞争氛围较为浓厚,政府本着不干预经济理念,使其营商环境与竞争政策、政府作为与不作为关系界限清晰明确。因此,强化竞争政策,可以最大化地推进中国特色自贸港市场治理、政府治理与社会治理与营商环境法治化等有机结合起来,如此表明建设中国特色自贸港,推进强化竞争政策实施已是必由之路。

第二节　自贸港对标国际经贸规则竞争政策战略定位

发展市场经济,关键在于科学准确规制政府和市场关系,实施强化竞争政策也是理顺政府与市场关系的最根本的机制。明确政府在市场经济活动中的权限,规范政府"有形之手"与"无形之手"的合法与非法之情。党的十八届三中全会通过的《中共中央关于全面深化改革若干重大问题的决定》提出,要使市场在资源配置中起决定性作用和更好发挥政府作用。在资源配置中,市场发挥了决定性作用,成为我国新时代竞争政策的基石。党的二十届三中全会《决定》进一步指出,"高水平社会主义市场经济体制是中国

---

① 裴长洪等:《中国特色自由贸易港发展模式探索》,《对外经济贸易大学学报》2019 年第 1 期。

② 李青、朱凯:《关于赴新加坡参加反垄断交流活动有关情况及启示》,《中国价格监管与反垄断》2016 年第 6 期。

式现代化的重要保障,必须更好发挥市场机制作用"。海南自贸港在资源配置中,不仅定位和明确自贸港强化竞争政策的战略目标,而且将更加彰显强化竞争政策的实施基础和优势。

一、市场决定性地位奠定自贸港竞争政策基石

资源配置的决定性作用,成为甄别和认知政府与市场关系的根本因素,确认"市场起决定性作用"的判断标准,成为市场经济运行机制的核心价值。如此表明市场在资源配置中地位认知,是我国对社会主义市场经济运行机制有了质的飞跃认识,标志着最能体现和反映市场决定性作用的竞争政策,将得到更加强化实施。强化实施竞争政策,是中国特色自贸港构建基础理念。"竞争政策是市场决定资源配置和资源优化配置的制度保障,竞争政策基础性地位是市场经济的基本要求"。[1] 竞争政策的根本要求,即市场各类主体在遵循市场决定性作用前提下,强调个体自由、私权保障、意思自治等竞争政策基础保障及其约束,去实现权利和自由最大化。这充分显现出强化实施竞争政策,不仅是社会主义市场经济体制的市场化运作基础要求,也是市场经济的本质属性所现。"十四五"规划,我国转变经济发展方式的任务更加艰巨,面临的国际竞争环境更加恶劣,只有更加坚定地、主动地、战略性地确立竞争政策的基础性地位,才能有效提升中国经济的韧性和活力,有效应对国内外各种风险和挑战。[2] 海南自贸港承担着中国全面深化改革开放排头兵的战略定位,是新时代我国打造开放型经济新体制的新起点和里程碑。[3] 因此,建设中国特色自贸港,更需要努力尝试和试验构建与完善"市场起决定性作用",积极去完成国家治理之中的市场治理、政府治理。

市场治理体系,强化营造实施竞争政策为核心内容的市场自由、公平、

---

① 孙晋:《新时代确立竞争政策基础性地位的现实意义及其法律实现——兼议〈反垄断法〉的修改》,《政法论坛》2019 年第 2 期。

② 贺俊:《竞争政策基础性地位与中国经济活力》,《人民论坛》2021 年第 24 期。

③ 裴广一、陶少龙:《海南自贸港建设视域下中国加入 CPTPP 路径思考》,《学术研究》2023 年第 3 期。

法治化的营商环境。强化竞争政策,是充分发挥市场机制作用,创造更加公平、更有活力的市场环境,实现资源配置效率最优化和效益最大化,既"放得活"又"管得住",更好维护市场秩序、弥补市场失灵,畅通国民经济循环,激发全社会内生动力和创新活力。重视竞争政策的基础性地位,更要强化竞争政策在国家经济活动的"经济宪法"基础性地位,推进实施竞争政策的审查、协调、平衡和统领其他各项经济政策及相关经济法律制度,成为引领有关经济法规、规范性文件以及有关经济政策的基本纲领性政策。构建与市场治理体系相适应的政府治理体系,在于规范政府行为遵循和符合"市场起决定性作用"要求,制止政府行为损害破坏竞争政策的公信力。诸如国家市场监管总局向内蒙古自治区政府发出"建议纠正内蒙古自治区公安厅滥用行政权力排除限制竞争有关行为"函①,指出某些政府行为侵犯相关企业的自主经营权,而且更为严重的是政府已经滥用行政权,排除、限制竞争。如此表明,强化实施竞争政策,既是市场治理和市场运行机制的基本保障和要求,也是政府治理及其法治政府建设的核心内容要求。

科学准确把握、实施和保障市场决定性地位,充分显现和遵循市场决定性作用,成为自贸港实施强化竞争政策的根本目标。建设自贸港亟需整合不同区域市场之间的规则、要素和资源,推动中国市场经济由大变强,以提升中国市场在全球供应链和价值链中的地位以及全球竞争力。② 强化实施竞争政策,成为自由贸易港创建新体制新机制新政策的基础和依据。产业政策须受制和服从于竞争政策,确保自贸港实施强化竞争政策,促进竞争政策法治化,保障强化竞争政策,成为自贸港实现发展国际化、市场运行机制自由竞争化、市场秩序法治化的基本目标。创设自贸港最大目标和优势,就是推动自贸港实现贸易自由化和投资便利化,其核心目标及其发展功能优

---

① 国家市场监管总局办公厅:《关于建议纠正内蒙古自治区公安厅滥用行政权力排除限制竞争有关行为的函(市监价监函〔2018〕412 号)》,http://gkml.samr.gov.cn/nsjg/bgt/201901/t20190102_279573.html。

② 彭兴智:《自贸港发展与海南——南海区域经济一体化研究》,《热带地理》2022 年第 7 期。

势就是培育贸易新业态、新模式,促进贸易转型升级,提高国际贸易中心的能级。① 贸易自由化和便利化,是基于市场化和国际化的发展为前提,市场化和国际化的发展,又是建立在自贸港强化竞争政策基础的实施之上。确保实施强化竞争政策,关键又在于科学准确理解和把控资源配置中市场决定性地位和作用,并以此作为自贸港开放型经济体制新机制新优势的立足点。强化市场决定性地位和作用,从而理清了政府与市场相互间的"从属性"和"基础性"地位。② 政府起"主导性"乃至"决定性"地位,将产生政府"有形之手"将在市场资源配置中引发风险隐患,政府的越位、错位、缺位等,将严重损害市场竞争机制,引发市场和社会资源配置效率低下或产生严重失衡不公。自贸港建设,尤其构建和强化公平竞争基础地位,促进自贸港市场治理,推进市场化机制,制定自贸港凸显资源配置市场化等自由便利法规,构建完善自贸港法规体系。③ 强化资源配置的市场决定性地位和作用,已成为海南自贸港最开放形态的核心价值和认同标准。

二、法治政府建设构建自贸港强化竞争政策核心内容

实施强化竞争政策,成为自贸港政策环境、法治环境和营商环境的核心内容和价值目标,更是全面推进市场国际化、自由化和法治化融合发展。自贸港建设最根本的抓手,是促进政府治理与法治政府建设,规范政府行为,强化政府治理法治化融合推进。我国正在推进国家治理体系建设和促进治理能力现代化提升,经济体制正在转型,不断强化打造市场经济新型机制。经济转型时期自上而下推进的经济管理方式,存在破坏国内统一大市场和公平竞争秩序的风险,当分配资源的稀缺权力试图通过"寻租"以攫取垄断利润或不正当利益时,权力的失范和滥用便在所难免。④ 持续实施简政放

---

① 胡加祥:《我国建设自由贸易港若干重大问题研究》,《太平洋学报》2019 年第 1 期。
② 张守文:《政府与市场关系的法律调整》,《中国法学》2014 年第 5 期。
③ 刘云亮:《中国特色自贸港法规体系构建论》,《政法论丛》2021 年第 6 期。
④ 苗沛霖:《公平竞争合宪性审查的法理逻辑》,《江海学刊》2022 年第 6 期。

权,弱化政府审批职权,强化实施权力清单和责任清单,推动政府职能由审批权下放、取消,转向政府监管职责增强、扩责,并提供更加全面有效的政务服务等等。同时,强化对政府履职及其行为合法性,尤其是否有违竞争政策的行政性垄断、行政性限制竞争的进行竞争政策审查。由于历史原因,我国有关行政性垄断、行政性限制竞争等行政损害竞争政策等情形较为严重,即使我国已修订的《反垄断法》已经将上述情形纳入规制情形,但由于行政体制等方面因素,导致此类情形的反垄断执法具有前所未有的难度。2018 年3 月成立国家市场监管总局,将此前反垄断执法机构"合三为一",①进一步完善了执法权力运行的权责保障监督机制,强化执法主体的权威性和公正性,促进了执法水平和能力的有效提升。如此更有利于确保从根本上防范和打击行政性垄断,推进强化实施竞争政策,确认和提升强化竞争政策在国家经济政策体系中的基础性地位。

政府治理和法治政府建设,推进政府机构、职能、权限、程序、责任法定化,促进政务服务标准化、规范化、便利化,完善覆盖全国的一体化在线政务服务平台。② 政府通过对自身的治理,大幅提升其效能,由此营造良好营商环境;政府通过对市场的治理,在确保经济要素自由便利流动的同时,有效防范各类风险;政府通过对社会的治理,为自由贸易港建设奠定强有力的社会基础。③ 政府治理重在规制政府职责及其行为活动规则,自由贸易港政府管理部门更加有必要将其职能及其行为规则规范化,明确其法治政府的具体,明晰强化竞争政策具体制度措施。2015 年 10 月,《中共中央关于全面推进依法治国若干重大问题的决定》已明确提出要"逐步确立竞争政策

---

① 2018 年 3 月 21 日将国家工商行政管理总局的反垄断协议执法职责,国家发展和改革委员会的价格监督检查与反垄断执法职责,商务部的经营者集中反垄断执法以及国务院反垄断委员会办公室等职责整合,组建国家市场监督管理总局,作为国务院直属机构。

② 《中共中央关于进一步全面深化改革 推进中国式现代化的决定》,《人民日报》2024 年7 月 22 日第 1 版。

③ 甘露:《国际典型自由贸易港政府治理的实践经验及中国特色自由贸易港的策略选择》,《经济体制改革》2023 年第 1 期。

的基础性地位"。2016 年 6 月,国务院发布《竞争审查意见》,要求建立实施公平竞争审查制度。法治政府的核心在于阻止政府相关部门颁布新的政策或措施排除或限制竞争。同时,还要逐步取消那些已经存在的阻碍公平竞争的政策或措施。如此推进实施和确认竞争政策基础性重要和作用。党的十九大报告已指出"建设法治政府,推进依法行政,严格规范公正文明执法",尤其强调"转变政府职能,深化简政放权,创新监管方式,增强政府公信力和执行力,建设人民满意的服务型政府"。表明了随着中国特色社会主义进入中国式现代化建设的新时代,我国市场经济发展与经济体制改革也进入了全面深化改革的新阶段,国家治理体系和治理能力的现代化,必然要求反垄断执法体系和执法能力现代化。[1] 政府治理和法治政府建设,推动政府职能转型,强化去除行政性垄断壁垒、杜绝市场支配性地位垄断,实施强化竞争政策,致力营造公平竞争环境,促成统一开放、竞争有序、法治有序的自贸港市场运行机制。

三、规则公开透明促成自贸港实施竞争政策捷径

自贸港实施强化竞争政策,由一系列有关竞争规则的具体政策、措施、制度或规范性文件等形式来推进。市场规则透明公开,则是发展、规范和健全公平、透明、可预期的市场竞争治理规则,夯实公平竞争法治基础。[2] 制定有关强化竞争政策的内容规则,成为自贸港实施竞争政策的法治化路径。科学设置自贸港竞争政策的实施主体机构,构建完善自贸港强化竞争政策实施机制,制定《海南自由贸易港公平竞争条例》,重中之重强化实施竞争政策,明确规定一些具体的有关消除垄断、促进技术进步、鼓励创新的发展情形,实现促进优化营商环境的最终目标。自贸港强化实施竞争政策,更加聚焦表现于有关反垄断法、反不正当竞争法及其相关行政法规等规范性文

---

[1] 吴振国:《反垄断监管的中国路径:历史回顾与展望》,《清华法学》2022 年第 4 期。
[2] 林丽鹂:《强化公平竞争政策实施,深化竞争领域国际合作》,《人民日报》2021 年 11 月 9 日。

件。推动强化实施竞争政策,已成为许多国家或地区强化实施竞争政策的重要举措。诸如 RCEP 第 13 章第 3 条第一款规定:"每一缔约方应当采取或维持禁止反竞争活动的竞争法律和法规,并且应当相应地执行此类法律和法规"。当下已有 130 多个国家制定实施竞争政策,且大多数都将竞争政策列为经济政策中的核心内容之一,并尝试从竞争政策地位基础性、法律位阶性、执法机构独立性和政策权威引领性等层面,来推动竞争政策法治化进程,确保强化竞争政策的有关规则透明化、公开化和强力化。

强化实施自贸港竞争政策,已是全面推进高水平开放高质量发展的共识。自贸港发展战略目标定位,也亟需促进自贸港市场化、法治化、国际化进程,强化实施竞争政策,正是自贸港核心发展的基本路径。诸如香港作为世界上最典型的综合型自由贸易港,其发展战略目标,即全香港都实行统一的自由通航、自由贸易、自由投资、金融开放的自由港政策,其经济自由化程度水平位列全球第一。彰显贸易投资自由方面,香港实行极简负面清单制度,如酒类、烟草、碳氢油类、甲醇之外其他商品实行零关税,来自香港境内外所有投资者不设限制,实行境内外同等待遇。实行金融市场开放自由,实现了资本项目的完全开放和资本的跨境自由流动,实行外汇自由兑换和外汇市场完全开放,实现金融市场运行效率最大化。这些内容都是通过充分彰显公平自由、便利快捷、规则透明、包容发展的规则、制度、政策及法律法规等,来显现出香港强化竞争政策的市场核心价值。事实上,这些内容似乎与强化竞争政策的关联度并不是很强,仅仅与自贸港产业发展战略目标定位、产业政策导向、市场准入机制等密切相关。如香港港口产业曾面临着激烈的竞争压力,其原因众多且复杂,但其压力从内部上来自集装箱码头现有运营商之间的卡特尔行为,外部上来自新兴港口以及妨碍陆地运输效率的法规政策,[①]香港竞争法在通过有效实施能够保障香港港口产业日益增强

---

① 马克·威廉姆斯:《荡起救生之舟:竞争法是否可以挽救香港港口产业?》,《厦门大学法律评论》2017 年总第 19 辑。

竞争力。同时,也可以减少由于地理因素或政府权力的干预对这一产业造成的影响。这表明,实施强化竞争政策法律法规,并不一定仅限于"硬法"体系较完备,显现出竞争政策的基本法律制度,而是还不断制定与其密切相关的"软法"规范性文件,并渐渐形成竞争政策的法律氛围及其法治环境。诸如新加坡2004年颁布实施《竞争法》,已将"垄断协议、滥用市场支配地位、经营者集中作为主要规制对象,但没有将纵向垄断协议纳入规制范围,同时对经营者集中实行自愿申报"。① 这表明新加坡为了确保《竞争法》得到有效实施,还陆续制定了一系列法律规范性文件,如有6项规章、2项命令和13项指南,主要就有关市场界定、调查程序、合并审查、宽大、罚款、滥用知识产权、政府竞争评估等内容进行规定细化。

高水平开放高质量发展,需要高标准对标RCEP等国际经贸规则。中国与东盟经贸合作更应着眼于规则制度层面,对标国际高水平自贸规则,促进区域内规则制度与国际通行规则制度相衔接,推动对标国际经贸规则,健全和完善竞争政策、国内产业、环境保护、知识产权保护等方面的政策制度,实施市场准入负面清单制度,打造市场化、法治化、国际化、便利化的一流营商环境。② 海南建设中国特色自由贸易港,也需要将强化竞争政策法治化、透明化和产业化。根据中央"12号文件"规定,海南自由贸易港政策体系和制度2025年初步建立,自贸港政策法律等制度体系也将抓紧制定完成,2021年6月10日全国人大常委会制定《海南自贸港法》,也为构建海南自贸港法规体系提供了重要的法律依据,更明确了海南自贸港优化营商环境的强化实施竞争政策基础地位。海南自贸港有关强化竞争政策的规则、制度及措施等内容,也由此得到《海南自贸港法》有关自贸港法规制定权的规制,推进自贸港强化竞争政策实施。海南自贸港法规制定权,是创设自贸港法规体系和法治体系等制度创新的关键,更是构建自贸港竞争政策体系及

---

① 李青、朱凯:《关于赴新加坡参加反垄断交流活动有关情况及启示》,《中国价格监管与反垄断》2016年第6期。

② 王勤:《疫情背景下中国与东盟共建"一带一路"的路径》,《当代世界》2021年第12期。

其实施竞争机制的法治动力源,有助促成自贸港竞争政策内容的规则化、透明化、秩序化、法治化。

强化自贸港竞争政策规则透明化,实质上就是强调自贸港建设规则法治化。自贸港建设,更要强调"坚持系统观念,处理好经济和社会、政府和市场、效率和公平、活力和秩序、发展和安全等重大关系,增强改革系统性、整体性、协同性"。[①] 自贸港竞争政策与产业政策息息相关,尽管两者的内容实施层面涉及许多行业领域利益问题,但更多情形是涉及政府行为活动规范性、透明度、适当性、合法性等内容。实施强化竞争政策的根本动力保障,关键在于规范政府与市场关系的政府定位、政府职责和完善行政体制改革等重要内容。强化自贸港体制创新和政府职能转型,减少市场干预,增强包括竞争政策在内的经济政策宏观调控创新优势,同时涵括行政体制改革创新,提升促进自贸港市场化、国际化和法治化的新发展新要求。

第三节 自贸港对标国际经贸规则
竞争政策内容规制

海南建设中国特色自贸港,关键在于对标国际经贸规则构建强化实施竞争政策的法律制度,奠定海南自贸港竞争政策体系和法治体系。2018 年 10 月海南已明确提出:到 2020 年,自贸试验区建设取得重要进展……为逐步探索、稳步推进海南自由贸易港建设,分步骤、分阶段建立自由贸易港政策体系打好坚实基础。[②] 强化竞争政策,将作为自由贸易港政策体系尤其重要内容,将成为自由贸易港建设的奠基石。《海南自贸港法》第 24 条规定"海南自由贸易港建立统一开放、竞争有序的市场体系,强化竞争政策的

---

① 《中共中央关于进一步全面深化改革 推进中国式现代化的决定》,《人民日报》2024 年 7 月 22 日第 1 版。

② 国务院:《中国(海南)自由贸易试验区总体方案》,《人民日报》2018 年 10 月 16 日第 1 版。

基础性地位,落实公平竞争审查制度,加强和改进反垄断和反不正当竞争执法,保护市场公平竞争"。打造自贸港强化竞争政策体系,可从如下几方面推进:

一、自贸港实施公平竞争审查制度

建立和实施公平竞争审查制度,充分彰显实施强化竞争政策的核心价值。科学理顺政府与市场关系,强化"处于优先地位的一直是产业政策,引入和强化竞争政策实际上是把一种全新的制度嫁接到原有的制度上,意味着国家经济治理方式的根本性变革"。① 确认和保障在资源配置中"市场起决定性作用",已是市场经济运行的核心机制,实施竞争政策,又以全面、自由、充分、合法竞争,作为市场经济运行是否充分、健康、持续、公平的重要标志。公平竞争审查制度是指对行政机关和法律、法规授权的具有管理公共事务职能的组织制定干预经济的规章、规范性文件和其他政策措施,依据是否限制竞争的标准,以及对地方性法规和国务院制定的行政法规与其他政策措施参照是否限制竞争的标准,从外部或者内部进行审查、实施替代乃至制止的一项制度。公平竞争审查制度,充分彰显我国公平竞争制度体系中的重要组成部分和社会主义市场经济理论的重要实践,其由政策效应发挥的微观机理出发,协助各类经济政策在实施过程中"扬长避短",是需要在新时代发挥重要作用的特色制度。② 该制度在规范政府经济行为、制约政府经济权力、建设我国社会主义市场经济体系中具有重要的作用。公平竞争涉及政府行为或行政垄断以及整体的市场体系建设和诸多法律、法规以及公共政策的协调,其涉及宪法所确立的市场经济体制。该制度的切实实施和执行有必要在更广的法律制度层面,审视和探寻审查主体、审查权的配置和行使以及审查基准与进路。国务院 2016 年 6 月发布的《竞争审查意

---

① 张占江:《强化竞争政策基础地位法律建构》,《政法论丛》2024 年第 4 期。

② 叶光亮等:《以竞争政策促进有效市场和有为政府更好结合——论公平竞争审查制度》,《中国行政管理》2022 年第 11 期。

见》,标志着我国公平竞争审查制度开始创建。公平竞争审查制度并不是单纯的一项涉及市场体系制度建设问题,是 2013 年作出确认在资源配置中"市场起决定性作用"的伟大论断之后,我国围绕创建市场体系机制,进行营造市场经济公平竞争机制而推进的。

(一) 自贸港公平竞争审查制度主要内容

自贸港公平竞争审查制度,具有极其重大的必要性和重要性。从公平竞争的经济政策价值分析,强化竞争政策的实施,更多层面意义在于促进和保障市场经济运行的公平竞争机制,保障市场经济持续性活力和动力。公平竞争审查的顺利实施要基于反垄断法,但也不能拘泥于此。[①] 倘若从公平机制制度所涉及相应行政体制改革,重新调整和理顺政府与市场关系,实施简政放权、权力清单、责任清单等制度,以此推动行政体制改革,放宽市场主体准入,激活市场主体活力,保障主体经营自主权,激发全社会全面深化改革的动力,促进和保障公平竞争目标,以此建立公平竞争审查制度的伟大价值和深远意义,是真正实施和落实在资源配置中"市场起决定性作用"。

全面推进实施公平竞争审查制度,涉及《反垄断法》《反不正当竞争法》等相关法律法规的适用及其行政执法等方面内容,不能仅将其视为《反垄断法》的一个"小制度"并进行微观的制度分析,还应当从更广阔的经济法视角进行"上下扩展",对其涉及的"基础"问题展开解析。[②] 从各国实施反垄断法的实践看,最难实施的也是最为关键的领域,即规制滥用行政权力排除、限制竞争的行为。强化竞争政策的重要制约力,在于规制和制衡政府行政权力,管住政府"有形之手"与"无形之手"。实施公平竞争审查制度的审查对象,即是政府出台涉嫌妨碍公平竞争的政策措施行为,具体行为表现为行政机关和法律、法规授权的具有管理公共事务职能的组织(统称政策制

---

① 侯利阳:《公平竞争审查的认知偏差与制度完善》,《法学家》2021 年第 6 期。
② 张守文:《公平竞争审查制度的经济法解析》,《政治与法律》2017 年第 11 期。

定机关)制定市场准入、产业发展、招商引资、招标投标、政府采购、经营行为规范、资质标准等涉及市场主体经济活动的规章、规范性文件和其他政策措施。① 国务院《竞争审查意见》指出:"建立公平竞争审查制度,防止政府过度和不当干预市场,有利于保障资源配置依据市场规则、市场价格、市场竞争实现效益最大化和效率最优化"。制定国家产业政策,需要在充分遵循市场机制的前提下,依据不同产业特征,规划产业发展政策,促进和保持相关企业之间充分自由公平竞争程度,防止相关企业凭借国家产业政策,寻求行政权限保护而获得利润。② 这充分显现了构建和实施竞争友好型的产业政策,将是我国产业政策发展的未来方向。实施强化竞争政策,将是我国经济发展的基础性地位,亟需推动发展竞争友好型产业政策的调节作用,充分彰显我国产业政策公平竞争审查的价值导向。

要健全公平竞争制度框架和政策实施机制,建立公平竞争政策与产业政策协调保障机制。③ 我国产业政策公平竞争审查的目标,并不是要废止产业政策,而是要防止产业政策的滥用以及过度适用,促进产业政策的转型与审慎出台,进而预防和减少行政垄断行为的产生,纠正政府部门可能存在的将扭曲市场竞争视为促进产业发展的不正确做法。即使是民营经济发展,也是需要推进实施公平竞争审查制度。我国市场经济采用公有制经济和非公有制经济优势互补、共同发展的经济部署,不同所有制经济应当处于公平竞争的营商环境之中。④ 实施产业政策公平竞争审查,要通过比例原则提供的逻辑框架进行具体分析:如果产业政策具有目的的正当性,采取的手段是实现正当性目的所必要,且对市场竞争的损害最低。⑤ 实施竞争审

---

①　王先林:《公平竞争审查制度与我国反垄断法战略》,《中国市场监管研究》2016 年第 12 期。

②　陆剑:《发展中国家产业政策和竞争政策的选择与协调》,《宏观经济研究》2015 年第 4 期。

③　王廷惠:《以更加"成熟定型"的社会主义基本经济制度增强社会主义现代化的动力和活力》,《南方经济》2022 年第 12 期。

④　张骏、彭添雅:《民营经济公平竞争的法治保障及优化进路》,《法治现代化研究》2024 年第 5 期。

⑤　孟雁北:《产业政策公平竞争审查论》,《法学家》2018 年第 2 期。

查制度也受到地域辽阔、地区经济社会的发展水平等因素影响,其差别性极大,也会产生一定的适用风险。区域之间的营商环境氛围反差比迥异,其竞争意识、竞争能力、资源存量、政府服务能力、产业链系统等,倘若真正全面推进适用竞争审查制度,将导致经济基础和底子本来就比较薄的地区,更加没有竞争优势,其市场公平运行机制之下就更加"缺失公平",适用公平竞争审查制度,也容易产生不同类地区的市场更加失衡。各地区之间实施公平竞争审查制度,更要着力解决好地区发展不平衡不充分问题,又要促进实施公平竞争审查制度,推动构建全国统一大市场体系,保障市场机制公平运行。这两者要实现平衡,推动打破地区封锁与行业壁垒,充分发挥市场在资源配置中的决定作用,实行资源的最优配置,这是一个难解之题,需要进行相应的顶层设计。实施公平竞争审查制度(即中国特色的竞争评估制度)是对行政性垄断行为进行规制的重要抓手。在行政权力不当伸向经济领域前,对其加以制止或纠正,便可遏制行政性垄断的发生。[①] 自贸港建设的核心目标是推进市场进一步开放,通过不断发挥市场在资源配置中的决定性作用,更好发挥政府作用,提升中国开放型经济发展水平,实现经济高质量发展。[②] 自贸港实施公平竞争审查制度,其目的就是为了打造一个更加客观公平的市场运行机制,更加充分发挥和彰显市场竞争活力,更加优化资源最佳配置模式。

(二) 构建自贸港竞争政策第三方评估机制

竞争政策第三方评估机制,属于公平竞争审查制度相适应的重要配套制度,是对竞争政策实施独立的评价评估机构。它不同于具有市场监督管理和公共管理职能的政府或授权机构,其具有一定专家参与的机构评估独立性,是有别于监督管理的政府或授权机构的行政监督管理性。公平竞争

---

① 叶高芬:《全国统一大市场视域下行政性垄断规制模式的重构》,《法学》2023 年第 3 期。
② 陈灿祁:《我国自贸区(港)公平竞争审查制度创新探索及路径优化》,《湘潭大学学报(哲学社会科学版)》2023 年第 3 期。

审查制度已经被越来越多的国家采用,并被证明是约束政府权力不当行使,维护市场公平竞争的有力措施,为市场在资源配置中起决定性作用提供了必要的制度保障。① 2014 年 5 月 30 日,国务院第 49 次常务会议明确提出"要引入第三方评估和社会评价机制",以促进政策措施尽快落到实处、见到实效。从 2014 年 6 月到 8 月,国家行政学院、国务院发展研究中心、全国工商联、中科院等机构分别就简政放权、落实企业投资自主权、棚户区改造、扶贫开发、农村饮水安全等政策落实情况开展第三方评估。② 2014 年 10 月党的十八届四中全会通过的《中共中央关于全面推进依法治国若干重大问题的决定》指出,对部门间争议较大的重要立法事项,由决策机关引入第三方评估,充分听取各方意见,协调决定,不能久拖不决。

2015 年 7 月,国务院办公厅组织启动第二轮第三方评估工作,以推动各项政策措施尽快落到实处、见到实效。通过竞争性遴选,确定委托中国科学院、国务院发展研究中心、国家行政学院、中国科协、全国工商联、中国国际经济交流中心、北京大学、中国(海南)改革发展研究院等独立第三方开展评估。③ 我国真正实施第三方评估机制,已显现许多制度内容仍有待进一步规范完善。目前评估机构主体仍然很有限,其评估形式是进行调研,具体形式包括实地考察、召开座谈会、发放问卷等形式,其中最重要的内容就是收集由各个部委和各个省份提供的关于各个评估主题的汇报材料。进行评估报告的写作阶段,围绕写作中存在的一些疑虑问题进行第二次调研,并问询有关部门索取修改资料,最后向国务院办公厅提交书面评估报告,并向国务院常务会议汇报评估结果。④ 这表明我国实施第三方评估制度存在信

---

① 王先林:《优化营商环境背景下我国公平竞争制度建设的基本框架》,《政法论丛》2024 年第 3 期。

② 顾仲阳:《国务院督查政策落实首次引入第三方评估》,《人民日报》2014 年 9 月 1 日第 3 版。

③ 《国务院办公厅组织对重大政策措施落实情况开展第三方评估》,新华网,http://www.xinhuanet.com/politics/2015-07/24/c_1116031282.htm。

④ 这次评估主题主要围绕简政放权、落实企业投资自主权、棚户区改造、扶贫开发、农村饮水安全等政策落实情况展开。

息不对称、中央政府与地方政府之间的博弈、评估机构独立性、评估方法、评估途径和方法、评估长效机制等方面内容,将是构建和完善第三方评估制度的基本要素内容,也成为第三方制度重要作用和地位权威依据,涉及和关注第三方评估机构的评估权来源是否合法、行使是否得当、责任是否落实,并最终决定了第三方评估过程和结果的客观公正。① 在第三方评估机构主体上,也有学者主张实行资质管理,提出"为确保评估准确性,需要优化评估主体"。② 建议尽快设置第三方评估机构的准入门槛及相关标准,开展评估机构的申报审批和动态考核。

研究规制第三方评估制度,确保其评估的中立性和提升其评估结果的准确性和科学性,成为构建和规制第三方评估制度的核心内容。在第三方评估制度的效应上,"该第三方的介入应可提供决策意见,提高效率"可以促进其实施实证研究方法,即通过第三方评估手段整理和分析,提升有关决策部门进行决策的准确性和科学性,也有助解决第三方评估制度"问题类型"和"假设为假"的两个困境,并引发对该制度本身的质疑。③ 尽管不同的第三方评估机构,也将因不同的评估参数、标准及其程序等而产生不同的评估结果。因此,有学者建议采取统一委托、统一付费、统一考评的模式,强化评估的协调性和中立性。④ 第三方评估机制有助于改变决策机关自说自话、自我表扬、公信力差、话语权缺失、评价结果与公众感受不一致的状况,有助于提升和促升和重塑政府决策机关公信力。分析第三方机制的发展困境,其原因较多,如主体资格地位难定、委托方制约因素大、主观随意性大等

---

① 周跃辉:《基于信息不对称理论的第三方评估问题研究》,《经济研究参考》2015 年第48 期。

② 袁莉:《全面深化改革第三方评估的制度构建研究》,《江汉论坛》2016 年第11 期。

③ 郑泰安、郑文睿:《第三方评估立法的有效性研究———以党的依法治国决定为主线的考察》,《社会科学研究》2015 年第6 期。

④ 徐文进、姚竞燕:《深化改革视阈下司法公信力第三方评估机制的检视与优化——以全国首份司法公信力第三方评估报告为镜鉴》,《法律适用》2017 年第15 期。

等。① 这更加表明了第三方评估机制在制度和功能设置上,将更加关注和强调完善相关制度的完善与规制,尤其是防控第三方评估机制的风险性和评估失误责任性等等。

自贸港实施强化竞争政策,更加需要构建竞争政策的第三方评估制度,明确第三方评估机构资质能力、评估标准要求、评估机构组成人员、评估程序规制、评估责任及其风险防控等等方面制度,尤其是放开第三方评估机构设立的国内限定,鼓励设置国内外兼容的统一的第三方评估市场体制。诸如借鉴吸收世界上较成功的自由贸易港与竞争政策密切关联的第三方评估机制的先进做法和经验。有关第三方评估规则和要求,海南自贸港实施强化竞争政策,关注点聚焦于确保第三方评估机构的自主性和专业性的发挥,重点在于政府的放权和合理定位,建立和完善第三方评估机构,更需要专业评估机构的参与。② 理顺政府与市场关系,真实确认、保障和充分发挥社会资源的"市场决定性"作用。构建和完善海南自由贸易港强化竞争政策的第三方评估制度,将涉及有关第三方评估机构设立条件和准入资格、适用评估范围、具体竞争政策评估对象、竞争政策评估情形、评估程序及其有关规则,尤其是如何彰显海南自贸港强化竞争政策的"中国特色"。各级政府今后出台政策文件以最不损伤竞争和创新为前提,通过建立投诉举报、第三方评估等机制,帮助政策制定者用谦卑的心态尊重市场经济、重视公平自由竞争机制,防范和消除"打击先进、保护落后"的所谓逆"优胜劣汰"现象,真正重视反垄断与竞争政策的基础性决定性作用。③ 自贸区第三方评估机构制度,已有学者主张从评估机构遴选机制、评估绩效制度、评估考核标准、绩效

---

① 吕艳滨、田禾:《政务活动第三方评估应注意的九个问题》,《中国党政干部论坛》2016 年第 8 期。

② 崔月琴、龚小碟:《支持性评估与社会组织治理转型———基于第三方评估机构的实践分析》,《国家行政学院学报》2017 年 4 期。

③ 王璐、方燕:《新时期发挥竞争政策应有效能的要件探析》,《首都经济贸易大学学报》2021 年第 1 期。

评估体系、评估信息对称等方面,优化第三方评估制度的路径选择。① 这对构建海南自贸港强化竞争政策,将起到积极的促进意义,有助于打造机构中立、评估客观、规则透明、专业综合兼顾的第三方评估机构及其运行机制,尤其是构建和重视强化竞争政策的制定、审查和实施评估的第三方机构独立性制度等方面内容。

二、自贸港推行竞争中立制度

市场主体之间的公平竞争与竞争公平的问题,其实质就是竞争政策的竞争中立问题,其核心涉及公平竞争的形式公平与实质公平两者兼顾,实现市场经济客观中立运行,体现市场运行自我调控能力。推行竞争中性,主要是为各类市场主体营造公平竞争的市场环境,基于这一点,在某些情形下不适用竞争中性。② 竞争中立是市场经济条件下,调整和执行政策应当遵循的一种原则,在该原则下,政府的行为不得在事实上或法律上为任何实际或潜在市场主体提供不当竞争优势。③ 澳大利亚 1996 年发布《联邦竞争中立政策声明》,指明政府不应依其所拥有的公共部门所有权而享有高于私营企业的竞争优势,由此成为世界上最早实施竞争中立政策的国家。后来经合组织发布了《澳大利亚的竞争中立与国有企业:实务和其他相关的评论》等系列专题工作报告,推介简化国有企业运营方式、核算特定职能成本、给予商业化回报、厘清公共服务义务、税收中立、监管中立、债务及补贴中立、公共采购中立等 8 项主张为核心内容的竞争中立政策。④ 竞争中立政策尽管有许多不同版本,但几乎都围绕一个国家及其政府对不同性质企业的中

---

① 马佳铮:《政府绩效第三方评估模式的实践探索与优化路径———以中国(上海)自贸区为例》,《上海行政学院学报》2016 年第 4 期。

② 罗云开:《再论竞争中性之正当性及实践问题》,《上海交通大学学报(哲学社会科学版)》2024 年第 5 期。

③ 陈啸、杨光普:《以竞争中立为核心原则强化竞争政策基础性地位》,《海南大学学报(人文社会科学版)》2021 年第 3 期。

④ 丁茂中:《我国竞争中立政策的引入及实施》,《法学》2015 年第 9 期。

立、平等、公平态度,不可在市场竞争中偏袒国有企业。

实施竞争中立,并非排除市场失灵下政府干预的强制性和必要性。关注和实施政府干预政策,更多考量社会公共利益和价值导向,强化干预政策实行无差别的中性立场和非歧视性的企业政策待遇,努力消除企业竞争环境偏差,强调确保在适当干预市场之时,规制和限制政府非中立性干预市场的行为。推进政府干预的正当性、合规性和公平性,优化和理顺政府与市场关系,强化政府中立,促进市场活力、平等魅力与公平价值,充分彰显竞争政策宏观调控中的具体微观调控要求和限制政府行为的不当性与非中立性。

强化竞争政策和实施竞争中立政策,已是国内竞争政策和经济体制改革持续推进市场化的根本要求,更是实现持续优化营商环境的基本举措。这也是经济体制改革的一个趋势,即西方发达国家干预影响发展中国家的借口,以美国为代表的发达国家经济体,发难发展中经济体国内市场国有资本参与国际竞争存在不公平的优势,并试图以其国际施压迫使发展中国家接受一些所谓国际社会统一普遍意义的竞争中立政策,抗辩"国家资本主义"政府所支持的竞争模式。① 各国对于竞争中立的具体理念和实践形式,尽管有不同理解和认知,但对我国梳理和理顺政府与市场关系却有着更加深远的影响。

资源配置的市场决定性作用,是规范政府行为,限制政府行为的不当性的先决要件。不同所有制企业,尤其是国有企业与非国有企业之间的平等、公平竞争政策,是强化实施竞争政策和充分彰显竞争中立政策的核心所在。用竞争中立原则规制国际经济竞争秩序,已成为经贸规则关注的重点之一。② 联合国贸易和发展组织、经济合作与发展组织(OECD)、跨太平洋伙伴关系协定(TPP)等,自 2012 年后,不断指责我国对国有企业实施特别的

---

① 应品广:《竞争中立:多元形式与中国应对》,《国际商务研究》2015 年第 11 期。

② 武占云等:《中央商务区融入双循环新发展格局的优势、问题及对策》,《商业经济研究》2022 年第 14 期。

"竞争中立政策",指控我国实行国家资本主义,排挤非国有企业。[①] "竞争中立政策"对我国国有企业与非国有企业之间的公平竞争,将产生积极的促进意义。CPTPP 是当前标准最高、涵盖成员国地域范围最广的国际经贸规则之一,其包含国有企业规制条款和竞争政策机制,要求国有企业按照商业考虑运营,国家在各个政策领域对各类所有制企业一视同仁,不得对国企提供包括补贴在内的特殊优待。[②] 推进实施竞争中立政策,将极大促进和优化民营企业等非国有企业在市场准入、税收负担、市场管制、融资机会等方面的营商环境,尽可能与国有企业进行同等状态而不受到政府干预的行政限制,进行公平竞争,如此激励更多的民营企业等非国有企业积极入市,激活市场经济业态,能够最大化增强市场透明化竞争机制。

营造激励公平竞争环境,持续推进优化营商环境。习近平总书记指出,要打破各种各样的"卷帘门""玻璃门""旋转门",在市场准入、审批许可、经营运行、招投标、军民融合等方面,为民营企业打造公平竞争环境,给民营企业发展创造充足市场空间。要鼓励民营企业参与国有企业改革。要推进产业政策由差异化、选择性向普惠化、功能性转变,清理违反公平、开放、透明市场规则的政策文件,推进反垄断、反不正当竞争执法。[③] 表明了我国坚定不移地实行竞争中立政策。竞争中立立足更好发挥政府作用,以使市场在资源配置中起决定性作用为路径依赖,最终指向公平竞争市场环境的完善,具有独立的、独特的价值。[④] 实施公平、开放、透明市场规则和竞争中立政策,将是我国营造和优化营商环境的重要内容。自贸港实施竞争中立政策,此乃创新和优化营商环境的最根本要求,是打造贸易自由便利化、竞争政策透明化、制度规则法治化的核心内容。党的二十届三中全会《决定》指

---

① 胡改蓉:《竞争中立对我国国有企业的影响及法制应对》,《法律科学(西北政法大学学报)》2014 年第 6 期。

② 李俊峰:《分歧与共识:竞争中性之于中国的意义省思》,《河北法学》2022 年第 6 期。

③ 习近平:《在民营企业座谈会上的讲话》,《人民日报》2018 年 11 月 2 日第 1 版。

④ 汪改丽:《竞争中立:从竞争政策到竞争法治的进阶与实现》,《经济法论丛》2022 年第 1 期。

明"加强公平竞争审查刚性约束,强化反垄断和反不正当竞争,清理和废除妨碍全国统一市场和公平竞争的各种规定和做法","实施自由贸易试验区提升战略,鼓励首创性、集成式探索。加快建设海南自由贸易港"。① 我国自贸港在全面深化改革和扩大开放一直积极探索新途径,积极努力尝试竞争中立政策,率先在具备条件的自贸试验区范围内探索。在政府商业活动模式的要求、直接成本识别的要求、公共服务义务核算的要求、债务中立的要求、税收中立的要求、监管中立的要求、商业收益回报率的要求、政府采购程序的要求等八个方面,②推进我国竞争中立政策先行先试,尝试实现上述指标要求,包含了"自由、公平的市场竞争过程"的所有关键因素。这些方面虽然不是竞争中立的全部内容,却是国际社会鉴别和评判一个国家是否实施竞争中立政策的优先关注和"考核"的重要指标。海南自贸港实施竞争中立政策,尽管有着不同的形式和实质内容差异,但其强化实施竞争中立政策的目标、理念及其路径实施等,却是一致性的。更好、更透彻、更全面促进竞争中立政策实施于海南自贸港,亟待从行政体制、政务服务一体化、政务审批情形权限、权力清单、责任清单、负面清单、财政经费清单等方面厘清政府与市场的"清明"关系,防控政府有形与无形之手,非法干预市场、干预经济,确保自贸港所有企业能够充分享有自由竞争和公平竞争的优质营商环境和法治环境。

三、自贸港强化竞争执法力度

(一) 自贸港行政性垄断排斥制度

习近平总书记强调"加快转变政府职能,加快打造市场化、法治化、国际化营商环境,打破行业垄断和地方保护,打通经济循环堵点,推动形成全

---

① 《中共中央关于进一步全面深化改革　推进中国式现代化的决定》,《人民日报》2024 年7 月 22 日第 1 版。

② 张占江:《中国(上海)自贸试验区竞争中立制度承诺研究》,《复旦学报》2015 年第 1 期。

国统一、公平竞争、规范有序的市场体系"。① 我国实施反垄断法和强化竞争政策,其效力及其影响力都得到很大提升,尤其是党的十八大以来,不断推进和全面深化改革,规范政府行为,促进法治政府和政府法治化建设,强化清理与禁止行政性垄断和排斥正当竞争行为,营造公平有序的市场竞争环境。强化竞争政策基础地位,建立公平开放透明的竞争规则体系,有效实施反垄断和公平竞争审查,改善宏观调控优化产业政策,大幅度减少政府对资源的直接配置,可以从根本上打破行政性垄断和抑制寻租腐败,促进社会公平正义②。当下反垄断法执法,最难查处和最难适用反垄断法的情形很大一部分属于行政性垄断案件,该类案件往往涉及较多的是行政性垄断行为。③ 我国行政管理权力参与经济管理活动具有强烈的积极性和能动性,成为市场经济活动领域中最为活跃的因素。诸多因素影响,导致政府权力集中强大,行权主动性极强,政府对市场影响力甚大,久而久之企业对政府形成一种依赖,市场竞争力弱化,造成政企不分,政府与国有企业的关系更是不易厘清,很多时候造成经济体制改革的市场化受制。

行政性垄断行为,是反垄断法规制的禁行之举,其具有行政与经济的双重属性,既给予行政权力行使提供形式上的机会,又能够为某类市场主体谋取经济利益创造"便利"条件。即某些市场主体"施惠"政府部门及其官员而获得巨大利益,创造了"公权"与"私利"融合机制,导致公权力具有寻租空间,吸引"私利"主体竞相寻租,影响资源配置的市场决定性作用。④ 行政性垄断行为,具有确定的利益取向、行政行为的异化、影响资源配置的效率

---

① 习近平:《坚定不移走中国特色社会主义法治道路 为全面建设社会主义现代化国家提供有力法治保障》,《求是》2021 年第 5 期。

② 孙晋:《习近平法治思想中关于公平竞争的重要论述研究》,《法学杂志》2022 年第 5 期。

③ 行政性垄断行为,即是滥用行政权力排除限制竞争行为的俗呼,其实质上就是我国《反垄断法》第 8 条和第五章所规定"行政机关和法律、行政法规授权的具有管理公共事务职能的组织滥用行政权力排除限制竞争的行为"。

④ 徐士英:《竞争政策视野下行政性垄断行为规制路径新探》,《华东政法大学学报》2015 年第 4 期。

等特征。行政性垄断行为牵涉到当地的市场竞争秩序,对于行政性垄断行为的规制应当可以视为公共政策范畴。① 禁止行政性垄断行为,要求对行政机关及其行政权力运行进行法治化,严控行政机关利用行政权实施垄断活动或限制竞争,并规制非法限制竞争或行政垄断行为。同时,要求行政机关及其权力运行必须透明化,确保市场主体公平、自由、平等参与竞争,实施竞争中立政策,并确保和充分发挥资源配置中的市场决定性作用。2022 年修订《反垄断法》,将公平竞争审查制度纳入《反垄断法》,强化对于行政垄断行为的规制。② 强行禁止行政性垄断行为,营造公平竞争的法治化营商环境。实施排斥竞争或非法垄断行为,是行政体制改革和政府法治化建设的关键。

反垄断法执法之所以难以规制行政性垄断行为,主要原因是反垄断执法定性为行政执法,反垄断执法主体自身属于行政机关,却期待其去认真发力执法另一个行政机关部门,这存在行政关系的难解,亟需进行相应的行政体制改革和强化执法体制,以适应遏制行政性垄断行为治理需要。其治理路径仍聚焦于以纠正市场运行失灵为核心目标的市场化治理体系,强化资源配置的市场决定性作用,政府治理与市场治理实行同步推进,兼顾公权力制约和私益平衡两个维度,扩大行政权力透明化,增强行政机构自治力和约束力,实现行政性垄断的根源治理和充分公平竞争的市场化有效治理路径相结合。

自贸港行政性垄断执法具有强烈的紧迫性和可行性。自贸港的基本框架是建立"三化"——国际化、法治化、便利化营商环境,基于"三零"——零关税、零壁垒、零补贴,要破除行政垄断。③ 充分利用自贸港建设,创新体制新优势之际,进行反垄断执法体制改革与创新,尝试构建和完善"双反执

---

① 胡程航:《论反垄断纠纷的可仲裁性判断及实施机制》,《国际经济法学》2023 年第 1 期。

② 李剑:《论共同富裕与反垄断法的相互促进》,《上海交通大学学报(哲学社会科学版)》2022 年第 6 期。

③ 卢雁等:《强化竞争政策基础地位　推进海南自贸港建设——"海南自由贸易港竞争政策研讨会"暨"首届海南竞争政策论坛"观点综述》,《中国市场监管研究》2020 年第 3 期。

法"(即反垄断和反不正当竞争执法)准司法机制。海南建设自贸港重在优化营商环境,这不仅要求强化和优化司法保障机制,而且还有必要创建与自贸港建设国际化发展相适应的执法体制,尤其是重视重构和完善与公平竞争原则要求密切关联的"双反执法"体制问题。美国等西方国家的"双反执法"体制往往属于强势特征的准司法执法体制,其目的在于高度重视和充分保障公平竞争与自由竞争的市场机制,尤其是对行政性垄断行为进行强化反垄断执法。我国"双反执法"虽仍列属行政执法体制范畴,海南自贸港可否考虑创新机制,研究探索提升和强化"双反执法"地位,创新定位准司法角色,从程序规则、措施、效力及其独立性等方面,尝试实施崭新的"双反执法"机制等,改善自贸港公平竞争的优质营商环境。

(二) 自贸港经济性垄断执法制度

经济性垄断的执法问题,仍是我国反垄断执法的热点和重点。有关经济性垄断执法机构等主体设置及其职权,也是反垄断执法的关注焦点热点。主张实行执法主体分离式执法,各司其职。我国反垄断执法体系具有显著的独特性,曾经实施"双层次多机构"模式,具体表现是国务院设立反垄断委员会,负责组织、协调、指导反垄断工作,并承担相应的责任,如国家发改委、商务部、国家市场监管总局等,各自履行相应的具体执法职能。根据工作需要,也可以授权省、自治区、直辖市人民政府的相应机构,依照相关规定负责有关反垄断执法工作。商务部反垄断执法的职责是对当事人依照法定标准主动申报的经营者集中案件进行反垄断审查,原国家工商行政管理总局反垄断执法的职责是进行除价格垄断行为以外的垄断协议、滥用市场支配地位、滥用行政权力排除、限制竞争的反垄断执法,国家发改委反垄断执法的主要职责是查处价格垄断行为。① 2018 年 3 月国务院机构改革,将此前分立的反垄断执法机构进行整合,组建了国家市场监督管理总局,这举措

---

① 刘云亮:《反垄断执法机构责任清单研究》,《财经法学》2016 年第 1 期。

极大促进反垄断执法责任制的实施。

　　当下我国反垄断执法体制选择了中央集中执法与地方授权执法相结合的双层复合模式。地方反垄断执法职权源自中央机构授权,其优势是既充分彰显了反垄断执法活动的权威性和严肃性,又可最大化确保反垄断统一执法,维护全国统一大市场的强化竞争政策的市场统一性和竞争秩序整体性,促进实现同案同裁的一致性,减少和避免地方反垄断执法活动受制当地因素影响,最大化促进和改善当地营商环境。需通过完善司法裁判体制机制来继续发挥市场机制作用,促进竞争和创新,加快构建新发展格局、实现高质量发展。司法裁判规则和分析标准的细化完善,不仅要推动反垄断法的正确适用,更应促进我国市场更加开放、竞争更加充分,保持并进一步释放我国产业发展的动能。① 该模式仍存在一定弊端,如不利于调动当地反垄断执法机构积极性和规制其责任性。因为对上级执法机构的权力依赖,则会抑制了地方执法的自主性和相对独立性,导致地方执法效果不佳,甚至执法不作为状态发生。这种“个案授权”执法方式很大程度上降低执法效率,抑制了反垄断执法迅速高效性,出现案久不决的状态,可能以此导致地方执法机构“怠政、懒政”。② 因此,有必要规范反垄断执法机构的责任,确保权力与责任相一致,推动政府“权力清单”与执法“责任清单”相协调。同时,实行“负面清单制度”能够规制企业投资,有助于营造一个公平竞争的营商环境。可以对照 CPTPP 竞争政策规则要求,尽快公布垄断协议豁免制度、宽大制度,滥用知识产权的反垄断规章制度及对经营者垄断行为处罚制度等指南,进一步明确对垄断行为的判罚及执行标准。③ 以此推动完善我国“双反执法”体制。

　　自贸港亟需创新规制反垄断执法体制,聚焦不断强化实施竞争政策。

---

　　① 黄勇:《论我国反垄断司法实践的新挑战及其应对》,《法律适用》2022 年第 9 期。

　　② 陈兵:《我国反垄断执法十年回顾与展望——以规制滥用市场支配地位案件为例的解说》,《学术论坛》2018 年第 6 期。

　　③ 刘向东:《对接 CPTPP 完善中国竞争规则基础制度的建议》,《全球化》2022 年第 4 期。

反垄断执法机制效应将得到更加充分发挥,强化竞争政策执法将促进营商环境更优化。完善和健全全国统一大市场的统一高效的反垄断执法体制势在必行,要进一步提高反垄断执法工作的科学性和合理性,须建立健全垄断势力甄别机制,以区分经济性垄断势力和行政性垄断势力,即对经济性垄断势力不应一概否定,而要具体问题具体分析。[①] 如何打造具有中国特色自贸港反垄断执法体制,不仅仅强化经济性垄断执法体制的高效性和效力性,而且还可以促进、推动和适应海南自贸港行政体制改革,将政府法治化与市场法治化协调推进,反垄断执法体制"权力清单、责任清单"与企业投资"负面清单"相适应,打造中国特色自贸港统一高效执法体制。这也是海南建设中国特色自贸港,亟需对反垄断执法体制作出重大变革,强化自贸港反垄断执法力度,以此同步推进海南行政体制全面改革,改善和理顺政府与市场关系。重新认知反垄断执法的属性和定位,将与反垄断执法体制及其执法措施、权限、程序等方面内容设置,这更加需要与海南自贸港行政管理体制同步进行相应的改革,构建和完善与完全、充分、自由的市场运行机制相适应的反垄断执法体制,全面优化自贸港法治化的营商环境。海南自贸港,可尝试由国家反垄断委员会授权或通过修法途径,创造出更加符合自贸港反垄断执法体制,营造更能够彰显强化竞争政策价值和理念的优质营商环境。

(三) 自贸港产业规划竞争政策执法导向

协调、规制和理顺竞争政策与产业政策的关系,也是自贸港实施强化竞争政策的重要内容。与政府和市场的关系相对应,工业化进程中相应的政策体系可以分为产业政策和竞争政策。[②] 市场决定资源配置,充分发挥竞

---

① 林梨奎:《经济性垄断与企业资源错配:纠正效应或错配效应》,《山西财经大学学报》2019 年第 6 期。

② 黄群慧:《新发展格局的理论逻辑、战略内涵与政策体系——基于经济现代化的视角》,《经济研究》2021 年第 4 期。

争政策与产业政策之间的相互协调相互制衡作用,由此产生了不同的价值选择。竞争政策更加强化资源配置中的市场决定性作用,无论是经济的快速发展期还是暂时进入经济周期,都应当坚持竞争政策,并使产业政策等其他经济政策自动服从于竞争政策的目标。[1] 推进实施竞争政策,以某个产业政策为对象,主张各准入主体自由充分竞争,较少考虑到某个产业政策与其他相关产业政策的关联性和竞争性,容易导致各相关产业之间竞争不公问题。如传统燃油汽车产业与新能源汽车产业、人工智能汽车产业等关系问题,政府对后两者的鼓励、扶持措施、发展规划期限和激励力度,都很大程度上影响和左右产业竞争状况,也涉及政府的激励机制妥当与否、适当性等。产业经济学理论更关心的问题,是产业发展是否得到更充分、更有效的自由公平竞争,更关注竞争政策是否有效促进产业政策实施的经济效率,重点关注其实施产业政策过程产业主体的市场自由竞争度。[2] 强化竞争政策与产业政策的关系,关键在于政府不同时期的产业政策定位和规制科学客观与否,能否充分发挥市场调节资源配置的决定性作用。

政府制定产业政策的干预性、协调性和市场性等因素客观与否,直接关系到产业政策的主观性与客观性关系的判断和理顺,涉及产业政策干预市场与否,导致竞争政策重视程度,是否损害市场客观运行规律。主张完全取消或否定产业政策,彻底实施完全自主的强化竞争政策,让市场完全自主独立运行,自主调控产业经济发展,似乎合乎市场自然运行规律,但如此主张未必满足市场运行需显现政府意志,更不能充分表达合乎"人民利益"的为人民服务理念。产业政策尽管暗含政府意志的产业政策划分及其发展定位,其涉及对产业经济未来发展的资源配置和干预调控的政策影响,将是任何市场主体所不得不顾虑的。我国寻求加入 CPTPP,其产业政策的规则强调非商业支持,有关国有企业的章节体现了这一规则对产

---

[1]　黄勇:《论我国竞争政策法治保障的体系及其实现机制》,《清华法学》2022 年第 4 期。

[2]　马锋、唐经伦:《公平竞争审查制度实施下竞争政策与产业政策关系问题研究》,《中国价格监管与反垄断》2017 年第 6 期。

业政策、国有企业贸易和投资机会的严格限制,并在数字贸易章节中限制政府监管的能力。① 因此,我国制定和实施产业政策,将涉及产业经济主体的竞争政策,政府制定产业政策须主动考虑协调与强化竞争政策的问题事项。

产业政策一般分为指导性与指令性、功能性与选择性、调控性与协调性、全域性与区域性等功能,这些分类适用涉及产业政策的竞争政策问题。无论何种类型的产业政策,只有当市场失灵时,政府才施加调控政策,才行其干预经济的手段,纠正市场失灵的态势。② 根据相应的情形和未来发展需要,政府明确某产业发展定位及其方向,并以此为据制定与其相对应的发展政策,并将有关该产业发展规划的原则、措施、激励机制等外部因素,与国家强化竞争政策相结合起来,实现产业政策与强化竞争政策融为一体。竞争政策与产业政策,似乎存在不协调不一致的状态,但在强化实施竞争政策之际,仍需考量两者兼顾性和融合度,实现市场运行稳定性和自主性之间的和谐。评估产业政策是否与国家竞争政策相冲突,主要在于认知和鉴别两者的根本目的及其利益趋同性和融合度。

产业政策与竞争政策的机制和功能相互影响的关系,两者和谐与矛盾都是一种关系状态表现,力求两者融合显现竞争政策强化实施的权威性和市场度,成为人们的关注点。不同国家不同时期对竞争政策与产业政策的价值判断及其选定、实施政策措施工具、协调机制等方面差异,往往体现出该不同国家不同时期对不同产业经济发展模式、增长规模认知、追求目标价值和服务对象的差异。③ 例如,近年来作为欧洲经济一体化"基石"的竞争政策和上升为欧盟"经济战略"的产业政策之间的互动协调越来越紧密,两

---

① 江飞涛:《中国竞争政策"十三五"回顾与"十四五"展望——兼论产业政策与竞争政策的协同》,《财经问题研究》2021 年第 5 期。

② 李丹:《论加强中国竞争政策与产业政策的协调——基于反垄断法的角度》,《宏观经济研究》2016 年第 12 期。

③ 于良春:《中国的竞争政策与产业政策:作用、关系与协调机制》,《经济与管理研究》2018 年第 10 期。

者共同努力在激发企业创新动力与提升企业创新能力之间、提升经济效率与保障个人权利之间、欧洲单一市场的开放与保护之间、欧洲参与国际经济竞争的进攻与防御之间寻求平衡,最终目标是尽可能兼顾维护内部市场竞争秩序与提升国际市场竞争力这两大目标。[1] 市场经济运行,客观上要求强化和优先实施竞争政策,发展和规划产业政策,不能长期实施和排斥竞争政策的优先政策的定位。推动产业政策由压制和限制市场发挥作用的选择型,转变为与市场协调和匹配的功能型,实现产业政策与竞争政策协同发展,使产业政策能够更好地弥补市场在配置资源中存在的自发性、盲目性、滞后性等固有局限。[2] 确认和发挥资源配置的市场决定性作用,需要明确制定实施产业政策,不得违背竞争政策,不得破坏强化实施竞争政策的优先政策地位。

自贸港建设发展规划,亟需产业发展目标及其政策科学定位和指引。海南自贸港建设发展定位,中央"12 号文件"已经明确指出"要体现中国特色,符合海南发展定位",强调"不以转口贸易和加工制造为重点,而以发展旅游业、现代服务业和高新技术产业为主导",强化和促进"打造更高层次、更高水平的开放型经济"。围绕这三大产业的发展定位,进行制定相应的产业发展规划和编制产业政策,其目的是将自贸港产业发展政策给予相应的扶持、保护、保障和鼓励,各个产业之间的定位和发展及其关系,将显示出强化竞争政策对产业政策的实质性的要求和市场客观运行的本质所在。自贸港产业政策导向,主张强化自贸港竞争政策实施,营造自贸港充分公平自由竞争和产业政策公开透明的优质营商环境。产业政策早已陷入存废之争,主张废止产业政策的最大理由便是要求实施强化竞争政策。如林毅夫

---

① 孙彦红:《内部市场竞争与国际市场竞争力何以兼得?——欧盟竞争政策与产业政策关系新趋势探析》,《德国研究》2022 年第 4 期。

② 张凯丰等:《虚拟经济冲击、产业政策扶持与实体经济高质量发展——基于动态随机一般均衡模型的研究》,《宏观经济研究》2023 年第 5 期。

与张维迎之间的"产业政策存废之争",①更让我们看到了强化竞争政策的必要性、重要性和社会性,意识到产业政策的积极性、能动性和风险性,人们关注如何实现产业政策与竞争政策之间的协调平衡。也有学者从社会变迁的视角,分析诸多社会矛盾趋势与产业政策、竞争政策的关联性及其协调性,认知产业政策在我国社会结构的社会属性与运作机制等。② 自贸港建设发展规划制定及其产业发展定位,充分显现产业政策的重要性,努力打造"法治化、国际化、便利化的营商环境和公平统一高效的市场环境",则是海南自贸港强化竞争政策实施的根本目标要求,彰显了自贸港强化竞争政策下产业政策规制协调发展机制,也体现了自贸港强化和优先实施竞争政策的价值重要性。

(四) 自贸港强化实施竞争政策与增强宏观政策取向一致性

海南自贸港实施强化竞争政策,并不是单一取向,而与涉及宏观政策取向一致性要求相一致的。前面论述自贸港强化竞争政策与产业政策协同发展关系,显现了竞争政策与宏观调控制度体系的协同机制。当下我国高度强调区域协同发展须以总体布局取向一致为目标,健全深度融合机制。"取向一致性"成为我国推进全面深化改革的举措,促成多重区域战略形成合力,达到协同增效的整体效应。党的二十届三中全会提出,"必须完善宏观调控制度体系,统筹推进财税、金融等重点领域改革,增强宏观政策取向

---

① 2016 年 8 月 25 日张维迎在亚布力中国企业家论坛发表演讲,人类认知的局限和激励机制的扭曲,意味着产业政策注定会失败,更像是一场豪赌。主张废除任何形式的产业政策,政府不给任何行业、企业特殊政策。9 月 13 日,林毅夫发表文章回应,认为经济发展需要产业政策才能成功,"有为的政府"也必不可缺。许多发展中国家的政府采用产业政策时经常失败,究其原因是发展中国家的政府容易出于赶超的目的。两位教授从各自角度阐释"后发国家保持长时间持续增长的原因;发挥比较优势与强调政府作用是否存在矛盾;企业家精神与产业政策之间的矛盾"。9 月 14 日,国家发改委新闻发言人赵辰昕回应称:对于任何事物,社会上都会有各种各样不同的观点和看法,这非常正常,对产业政策当然也不会例外。详见《张维迎 VS 林毅夫:产业政策存废之争》,http://finance.sina.com.cn/roll/2016-09-26/doc-ifxwevmf2320320.shtml。

② 高柏:《产业政策与竞争政策:从经济社会学的角度看新结构经济学》,《上海对外经贸大学学报》2018 年第 3 期。

一致性"。2024 年 10 月 8 日,国务院以"增强宏观政策取向一致性,强化政策协同提升实施效果"为主题,进行第十次专题学习,强调要强化政策统筹和部门协同,打好政策"组合拳",形成各方面共同推动高质量发展的强大合力。面对相互交织的战略空间和目标任务,增强宏观政策取向一致性,释放多重区域战略叠加优势,成为提升区域治理效能的重要抓手,也是发挥中国特色社会主义制度独特优势、推进国家治理体系和治理能力现代化的重要举措,其重点是要实现总体布局的取向一致、制度体系的取向一致、制度执行的取向一致。① 这些"取向一致"是发展的系统性和协同性,涉及经济、政治、文化、社会、生态文明和党的建设等领域,具体要求统筹把握各类政策出台时机、力度、节奏,协同强化各方力量对政策的理解、执行和传导,全力推进各项宏观调控政策协同发力,最大限度调动各方面积极性,形成政策合力。

增强宏观政策取向一致性有利于强化政策统筹。各种政策在政策目标、传导机制、作用时间等方面存在差异,加强政策统筹是放大政策组合效应的必然要求。如果不能以增强宏观政策取向一致性为导向进行政策统筹协调,不同政策之间就可能出现相互抵消的情况,政策效果将大打折扣甚至造成"合成谬误"。② 如此削弱宏观调控政策统筹协调力度,也与实施强化竞争政策的目标和激励竞争机制的要求相违背。2023 年 12 月召开的中央经济工作会议已经提出,"要增强宏观政策取向一致性。加强财政、货币、就业、产业、区域、科技、环保等政策协调配合,把非经济性政策纳入宏观政策取向一致性评估,强化政策统筹,确保同向发力、形成合力。"2024 年 12 月召开的中央经济工作会议更加强调"要增强宏观政策取向一致性。加强财政、货币、就业、产业、区域、科技、环保等政策协调配合,把非经济性政策纳入宏观政策取向一致性评估,强化政策统筹,确保同向发力、形成合力。

---

① 郝政、倪良新:《增强宏观政策取向一致性,释放多重战略叠加效能》,《光明日报》2024 年 12 月 27 日第 6 版。

② 陈伟伟:《增强宏观政策取向一致性》,《人民日报》2024 年 6 月 21 日第 9 版。

加强经济宣传和舆论引导,唱响中国经济光明论。"①这更加凸显强化政策实施过程中的一致性效用,确保各项宏观政策调控工作充分衔接、有序推进,防控"一刀切"等问题,充分彰显市场经济运行的竞争政策激励机制有效运行。

四、自贸港营造公平竞争环境

(一) 自贸港激励竞争制度

竞争是相对应的主体在同一种行业、领域或混业活动中一种争夺资源、市场或关注力的博弈与争斗。经济社会发展目标明确的条件下,政府管理机制运行重在把目标分解落实到不同主体,市场机制运行重在运用竞争激励、成本收益核算工具,促使各类主体以最低成本、最少资源消耗实现既定目标。② 不同情形、不同状态和不同主体等,其竞争的角力和内外部发力状态也相应不同,依不同竞争状态及其影响因素强弱所需,定向调节鼓励、激励这些因素的表现力和影响力,提升竞争主体的竞技能力和竞争意识,营造竞争氛围,强化竞争政策实施。激励竞争,成为强化竞争政策的重要形式之一。竞争机制类型和特征不同,其所产生的激励效应和竞争价值取向也相应不同。例如马斯洛的需要层次论、波特的激励模式理论、亚当斯的公平论以及斯金纳的强化理论等等,都很大程度上让人们看到了竞争激励机制的动力和竞争主体的外部影响力效能发挥。③ 竞争的激励理论和外部性学说,揭示了竞争主体在完全充分自由公平的竞争状态之下,引入一些具有政府意志的给力因素,表明了政府意志等外部性力量作用效应的竞争价值取向。

认知和把控竞争的领域及其资源分配交易的底线和规则,系竞争激励

① 《中央经济工作会议在北京举行》,《人民日报》2024 年 12 月 13 日第 1 版。
② 杜黎明:《新时代超越于西方的经济理性研究》,《党政研究》2020 年第 5 期。
③ 倪正茂:《激励法学探析》,上海社会科学院出版社 2012 年版,第 506 页。

的核心所在。竞争激励的实质在于提升竞争主体的价值取向认知度和竞争力,其激励的根源在于实现竞争效应和竞争平台竞争。致力实现自由公平的竞争机制平台,在于造就竞争效应与竞争价值取向。明确竞争主体的需求路径和利益,并为其路径选择和利益需求提供最大化的便利性和奖惩性,促使竞争主体之间形成竞争价值取向差异,由此导致竞争主体更加重视和主动接受竞争激励措施与机制的引领,产生竞争效应和社会发展取向功效。竞争激励的价值取向就是引领和指导竞争主体参与充分竞争,并促使其真正在竞争中渐渐成为强大的市场主体。[①] 激励措施与机制的适用极其广泛,不仅仅是市场运行机制的竞争秩序所需,资源配置的市场决定性作用所定,而且也是社会发展的各个角落和领域都存在不同的竞争现象,公开和民主、自由的公平竞争,已成为我们社会生活的一种生存竞争意识,激励竞争则成为一种全域之法则。激励竞争机制的根本价值,在于兑现和强化竞争政策的定位,显现出竞争政策的基础性和优先性。激励竞争的本质就是反垄断、反政府不当干预经济活动等,强化资源配置的市场决定性作用。

强化实施激励竞争机制,更要适应和迎合经济全球化的发展趋势,经济全球化本身就是一把"双刃剑",其不仅要求全面放开国内市场领域,且更显现出激励国内外所有市场主体进行公开、公平、公正、充分、自由竞争,其激励措施和机制具有全局性、整体性、长期性战略意义。有学者指出,我国无论主张竞争政策优先,还是真正实施反行政垄断、反垄断与保护知识产权协调发展战略,都是突出强化竞争政策和推进激励竞争机制,实现在"使市场在资源配置中起决定性作用"的前提下"更好发挥政府作用"问题。[②] 激励竞争和强化竞争,都是实施竞争政策的不同表现形式,前者更加具体、更加明确措施对策,后者则显现为抽象化、趋势化,两者在精神实质表现是一

---

① 丁茂中:《公平竞争审查的激励机制研究》,《法学杂志》2018 年第 6 期。

② 王先林:《从经济理论、法律制度到国家战略——关于反垄断的三维视角》,《南京大学学报(哲学·人文科学·社会科学)》2018 年第 3 期。

致性、趋同性。

海南建设自贸港,推出激励竞争机制,将集中实施有效激励原则,激活自贸港市场充分有效竞争,强化竞争机制有效运行,防范和化解自贸港市场因激励过度或缺失而导致一定程度的竞争激励机制失灵。构建海南自贸港激励竞争机制,激励不是竞争机制的前提和基础,而是竞争机制的推动剂和动力源,激励竞争则是营造竞争氛围和竞争状态的市场环境基本因素。海南自贸港实施强化竞争政策,培育维护市场公平竞争的环境意识需要有一定时间,以此优化营商环境,有效持续优化营商环境,仍是有效实施激励竞争政策的具体目标和努力方向。竞争激励机制,体现出强化竞争激励的意识观念,是市场经济的公平竞争环境氛围要素。自贸港激励竞争机制,正急需营造一种旨在激励竞争机制的市场公平竞争环境氛围,以此真正营造持续优化的更完善的营商环境。

(二) 自贸港促进竞争文化培育机制

竞争文化的出现应当说是工业社会的产物,是在工业化、城市化进程中,因为个体的人的生成而使竞争行为向心理结构的层面沉积,并逐渐生成了竞争文化。① 市场经济本身就意味着蕴含竞争意识和氛围,体现出市场调节机制的竞争功效。强化竞争政策的实施,关键内容在于在全社会营造一种倡导和激励竞争机制的意识和文化氛围。确立竞争政策基础地位,强调的是竞争对经济效率的促进作用,虽然这已获得普遍性认可,但不可否认,竞争理念、竞争文化、竞争环境等是竞争政策作用得以发挥的基础。② 竞争意识来自诸多方面主体就社会各阶层各领域各的竞争现象、竞争活动、竞争行为、竞争文化等看法和认知,其广义内容涉及有关市场竞争的一系列的思想观念、商业规则、政策措施和法律制度等等,还涵括社会公众及相关

---

① 张康之:《论风险社会生成中的竞争文化》,《河南社会科学》2020 年第 6 期。
② 刘英俊:《地方反垄断执法动态平衡的实现机制》,《人民论坛》2020 年第 25 期。

主体对于竞争现象、竞争观念、竞争规则等内容的认知和理解,尤其是认知自由、公平、合理、充分竞争的规则和常识等。竞争文化则是由一系列的竞争意识、准则和观念等,依一定的规律、原理、知识等,进行相应归纳、总结出来的有关竞争知识素养等总称。

竞争文化不同,竞争意识观也不同。诸如 20 世纪 90 年代,澳大利亚提出竞争中立,其竞争文化及其意识与现在世界各国所主张的竞争观也大为不同,彼时澳大利亚的竞争中立"文化"内涵却是指政府应当确保市场各参与主体间的公平竞争,不得造成这样一种非中立的竞争局面,即国有企业不能因其公有制地位而比私营企业享有更多竞争优势。后来随着竞争文化意识不断发展变化,其竞争中立核心内容也渐渐得以完善,即从国民待遇、倾销和补贴、关税减让等不同企业竞争地位,再发展完善到不同企业之间的社会责任、劳工权利、环境保护、国家安全审查、竞争责任等等内容,最为典型的是澳大利亚 2012 年发布的《竞争中立:保持公共部门和私人部门的公平竞争》,首次明确了简化国有企业经营形式、成本确认、商业回报率、厘清公共服务义务、税收中性、监管中性、债务和补贴中性、政府采购中性等八个方面的竞争中性标准,[1]其本意是各类企业之间的政府中立。为引导人们积极践行竞争政策,维护竞争政策权威,提高竞争政策影响力,我国需加大竞争政策宣传力度,彰显反垄断法律权威,培养公众竞争意识,引导人们良性竞争,削减竞争政策推行阻力。[2] 这表明竞争文化的不断发展变化,也可从另一个侧面表明不同国家之间的竞争文化和意识也存在较大差异。

自贸港建设,强化竞争政策实施和营造市场竞争机制氛围,更需重视和彰显竞争意识和竞争文化。诸如美国推行竞争中立政策,主张不同的市场竞争理念及其标准要求,甚至以此指责我国等国家依政府权力补贴、扶持国有企业,造成对私营企业在市场竞争中处于不公平的态势,导致美国经济复

---

[1] 许皓:《我国竞争中立的应然之路》,《湖北大学学报(哲学社会科学版)》2019 年第 1 期。

[2] 李兴鹏、李宏:《我国竞争政策法律保障体系探究》,《人民论坛》2020 年第 3 期。

苏无门。美国由此并指责我国不是"市场经济国家",而是"国家资本主义",①采取积极实施"竞争中立政策"战略,来全力遏制我国"国家资本主义"。这表明不同国家的竞争文化及竞争意识的差异,导致各国实施竞争政策及其机制的迥异,激化有关国家的对外贸易投资政策适用。海南自贸港借鉴和适用世界上一些较为成功的自由贸易港经验,就会发现国际化、市场化和法治化几乎是所有自贸港所共识和共性经验,市场化与国际化也正是实施竞争政策的竞争意识和竞争文化的共同映像。探寻竞争政策的共同竞争意识与竞争文化等竞争观念,实施竞争政策的理念共识,是推进和实施自贸港新体制新优势的认知基础。创新和尝试构建竞争文化孕育与培育的机制,是自贸港建设的市场机制氛围所需。实施自贸港最简版负面清单制,是自贸港贸易投资自由化的基本要求,更是培育竞争文化和孕育竞争意识,树立市场竞争观念的基本标准动作要求。

（三） 自贸港竞争政策国际合作机制

不同国家所显现竞争政策的竞争意识和竞争文化背景有许多不同,竞争政策的实施机制及其标准要求也不尽相同,导致各国制定和出台有关竞争政策等法律规范性文件内容要求也迥异。竞争政策实践是大国展开实质性对外竞争的关键一步,是大国战略竞争由国内转向国际的过渡阶段。②正是如此,由于各国实施竞争政策的标准不同,各国在实施竞争政策的具体规则、要求、措施及其做法,在适用领域范畴、内容、方式等方面,包括有关竞争审查机制、竞争执法机构性质定位、竞争执法信息交流等就存在国际合作的必要性和可行性。我国竞争政策的实施进行国际合作,一直列为工作重点之一。2016 年以来,国家发改委就一直重视强化竞争政策实施的国际合

---

① 丁瀚塬：《美国推行竞争中立政策的经济战略研究》,《国际经贸》2017 年第 3 期。
② 刘胜湘、陈飞羽：《大国竞争关系生成与传导机制论析——兼论美苏冷战与中美战略竞争的比较》,《当代亚太》2021 年第 5 期。

作工作,主要集中三方面开展深度合作。① 促进我国竞争政策与国外竞争政策之间的交流与合作,促进竞争政策文化意识的融合,营造竞争政策的基础性地位的全社会竞争意识氛围,形成和完善优质的竞争文化的市场环境,推动政府部门、经营者共同认知和维护遵守的市场公平竞争理念。

国家之间开展有关竞争政策的合作,往往更多表现为适用双边协调合作机制。现有的区域贸易协定试图就各国的竞争立法和执法达成一定的协调,创造双边或多边之间的协调方式,消除对于同一反竞争行为在不同国家的规制差异。② 通过有关国家之间协商合作,共同就各自国家竞争政策内容、标准、信息监控等等,进行有关竞争政策等信息相互交流,相互分享。诸如竞争政策的信息交流、积极礼让、消极礼让等。涉及竞争政策的多边协调合作,其属于竞争政策的国际合作的高级形式,可以极大范围促进相关国家进行广泛意义的国际合作。如 2018 年达成的《欧盟—日本经济伙伴关系协定》第 11 章就是竞争政策条款,强调"公平和自由竞争在贸易和投资关系中具有重要地位";2019 年签署的《欧盟—越南自贸协定》同样包含专门的竞争政策章节,涉及国有企业、知识产权、政府采购等多个方面。2020 年底达成的《英欧贸易合作协定》包含全面的竞争和补贴章节,在几乎同时与中国初步达成的《中欧全面投资协定》中,竞争条款成为重要内容。③ 在竞争政策多边协调方面,我国已经与金砖国家开展竞争政策协调、与自贸区国家的竞争政策协调以及参与 ICN(国际竞争网络)的合作三条路径,促进我国竞争政策的多边协调。④ 金砖国家虽未订立自由贸易协定,但 2011 年 4 月

---

① 张汉东:《确立竞争政策的基础性地位,维护公平竞争的市场秩序》,《竞争政策研究》2017 年第 5 期。主要有如下:一是与欧盟竞争总司建立公平竞争审查制度与国家援助制度对话机制;二是与俄罗斯、巴西、墨西哥等国家竞争执法机构签署合作谅解备忘录;三是积极参加反垄断国际会议和自贸协定谈判,宣传我国竞争政策实施成效和进展;等等。

② 赵泽宇:《数字平台国际反垄断监管冲突下区域贸易协定竞争政策条款之困》,《武大国际法评论》2022 年第 1 期。

③ 姜云飞:《欧盟竞争政策"外溢化"趋势及其对中欧合作的影响》,《当代世界与社会主义》2022 年第 2 期。

④ 黄勇、申耘宇:《我国竞争政策多边协调的路径研究》,《中国物价》2013 年第 7 期。

金砖五国三亚峰会上,五国共同签署了《成立金砖国家工商联络机制谅解备忘录》《金砖国家工商论坛共同声明》,并提出了内容涉及加强合作、反对贸易保护主义、建立国际金融新秩序以及实现可持续发展等十个方面合作问题,这已形成了金砖五国开展竞争政策实施国际合作的尝试,有助于改善国际贸易和投资环境、遏制贸易保护主义。主张竞争政策实施机制的国际合作,关键在于相互包容各国竞争政策的基础上,进行有关竞争政策实施的多方面合作,形成有关竞争政策和竞争意识等竞争文化交流融通。RCEP也已经意识到竞争政策议题对于贸易自由化的重要性,从而选择将竞争政策以专章的形式纳入。① 各国竞争政策的国际化、市场化和法治化,其实质上已经促进和推动各国实施竞争政策的合作机制的形成和发展完善。一国竞争政策的实施具有"双刃剑"之功效,一方面可以加速各国竞争政策的兼容性和合作性,共同构筑全球经济一体化新秩序;另一方面在全球经济一体化背景下,也可以强化和推动各国竞争政策的一体化新运动,适应竞争政策和国际贸易发展的国际化趋势需求。

自贸港建设,最核心内容便是最大范围和程度上主张贸易自由和自由贸易。自贸港更需实施更自由更充分更广泛的国际贸易,更加强化竞争政策实施,坚决抵制和取消与自由贸易格格不入的贸易歧视、贸易壁垒、贸易补贴等各类贸易保护措施。营造自贸港贸易自由、市场公开、规则透明、竞争充分、主体平等、运行快捷的优质营商环境。自贸港营商环境实现优质与否,不仅仅考量市场主体准入及其经营是否充分自由、其所享有营商环境是否服务便捷等,更实质问题还在于市场竞争状态显现是否公平、充分、平等市场运行环境情形。打造市场公平竞争机制,发挥市场主体充分有效竞争作用,实现公平自由竞争引领调节市场功能。构建市场自由公平竞争机制,才是海南自贸港优质营商环境能够持续发展完善的关键问题。市场竞争充

---

① 殷敏、葛琛:《RCEP 竞争政策争端解决规则的困境及中国应对》,《竞争政策研究》2022年第 4 期。

分度缺失,将会使市场主体活力丧失,市场机制也会相应失效,有损市场配置决定性因素则相继而生,市场公平持续性也将无法存续,优质营商环境将渐渐淡化而去。构建和监管市场自由公平竞争机制,成为营造海南自由贸易港优质营商环境的软件建设之重要路径。

打造海南自贸港市场公平竞争环境,尽管完善相应竞争法治秩序固然重要,但更核心问题仍将聚集完善反垄断反不正当竞争执法体制。这方面表明中国特色自贸港优质营商环境,亟需借鉴国外发达国家先进经验和做法,创建自贸港公平竞争审查委员会,负责审查竞争政策、"双反执法"职责,且考虑赋予其"准司法"执法属性。制定自贸港竞争政策及其创制其相应司法执法机制,成为自贸港公平自由竞争的根本保障。打造和完善海南自贸港竞争政策及其执法机制,成为决定和影响海南自贸港优质营商环境的重要因素,也是完善自贸港优质营商环境的重要路径。

第三章　中国特色自贸港对标国际经贸规则立法创新

RCEP 促成全球最大自贸区,RCEP 自由、开放、便利、共享、包容的区域合作新理念,在跨境服务贸易、数字经贸、人员流动、海关监管等方面,对海南自贸港形成许多新契机与新挑战。2022 年 1 月 1 日,RCEP 开始进入生效实施阶段,大部分缔约国都开始逐步进入协定的推进落实工作,分阶段分步骤各自履行在协定中承诺的各项鼓励性义务和强制性义务。2023 年 6 月 2 日,RCEP 协定对菲律宾生效后,这标志着 RCEP 成为覆盖全球最多人口、经济体量最大、发展潜力最优的区域,RCEP 迈入了全面生效实施的崭新阶段。RCEP 生效以来,我国正积极推进 CPTPP 的加入谈判工作,CPTPP 协定被誉为"21 世纪最具创新且具有进步意义"的自贸协定。2023 年 4 月中国商务部相关负责人提出,中国已对 CPTPP 所有条款进行了深入研究,评估中国加入 CPTPP 带来收益和可能付出的代价,同时指出中国有能力履行 CPTPP 义务。这标志着中国在推进 CPTPP 加入谈判工作已进入了关键阶段。近年来,全球经济受到多种负面因素干扰冲击复苏乏力、经济全球化进程不断受阻、脱钩断链以及意识形态冲击等负面思潮不断涌现,全球产业链供应链遭受多重压力冲击,全球经济发展的可预期性遭遇史无前例的低谷。即使各国已经逐步调整对于新冠疫情的风险等级和防疫措施,世界卫生组织也开始消除了将新冠疫情列为全球突发性公共卫生事件的危险警示。要恢复各方的市场信心,需要有效的机制保障,而 RCEP 和 CPTPP 这两个在国际上具有代表性意义的高水平自贸协定,形成一套覆盖亚太区域的国际高水平经贸规则,无疑为维护多边主义为核心的全球经贸体制,提振全球经济发展注入更充足的动力。自贸港作为我国推进对外开放进程中,开展各项风险压力测试的主战场以及先行先试各项国际经贸规则的高水平试验田,RCEP 和 CPTPP 形成的零关税、零补贴、零壁垒以及各项资源要素自由流动等经贸规则,将引领世界经济发展的新趋势和新格局,助推海南自贸港实施更加全面、更加开放的政策措施,构建开放型经济新机制新法治。海南对标 RCEP 和 CPTPP 为代表的国际先进性的经贸规则,促成开放型的自贸港法治体系,提升自贸港法规体系的国际化和开放型特色,打造提升自贸港整体优势和国际竞争力。

第一节　自贸港对标国际经贸规则立法创新理念

自由贸易港是全球最高开放水平形态的区域,随着经济全球化的形势发生了根本性的变化,区域经济一体化的推进,以 RCEP、CPTPP 为代表的高水平自贸协定的出现,全球经济全球化的格局逐步呈现了区域经贸一体化合作的趋势。自贸港作为一国与世界连接的关键枢纽和汇集各项国际要素资源集聚的辐射平台,应在当前国际经贸规则体系重构的背景下发挥出开放先行、改革创新的特色优势,而拥有高水平开放相适应的区域法治供给成为自贸港先行对标 RCEP、CPTPP 等规则的根本动力,这对自贸港的法治涉外建设有着更高的要求。《海南自贸港法》是海南新时代推进更高水平开放的促进型立法,是海南自贸港推进全方位国际化建设的重要法治保障,梳理和统筹好改革开放和立法先行的辩证统一关系。《海南自贸港法》确立的全新授权立法模式下的自贸港法规制定权,本质上是一种重大改革授权立法的模式,为海南自贸港在诸多领域先行先试、超前发展提供了更高权限的立法空间。海南省人大常委会依法运用自贸港法规制定权,紧紧围绕自贸港建设的急需,在改革创新、产业发展、生态保护等方面加强立法,先后制定了 24 部自贸港法规,发挥了法治固根本、稳预期、利长远的重要作用,为海南全面深化改革开放和自贸港建设打下良好的法治基础。① 然而,《海南自贸港法》生效实施以来,自贸港法规的运行也面临着一系列的制度困境,在对于衔接国际通行经贸规则与海南自贸港法规体系建设相衔接领域还有待创新优化的空间。为保证最高开放水平形态下的法治先行,在法治先行的基础上对接国际高水平经贸规则,要在坚持国家法治统一和党的领导前提下,坚持立法创新和立法节制原则相统一,以《立法法》的授权立法明确性原则为根本遵循,对自贸港法规的定义进行全新的审视;同时,自贸港法规要在制定、引领、对接高水平国际经贸规则上,强化与其他立法权的衔接,协调好与政策的关系,以适应国际化的发展趋势。

一、自贸港对标国际经贸规则立法依据

借鉴先进的国际经验,主动制定、引领、对接主流的国际经贸制度体系和管理体制,关系到自贸港建设的成效和国家构建制度型开放的发展格局。海南作为全国最大的经济特区,拥有为推动经济高质量发展,促进开放型经济体制改革探索先行、积累经验的先行先试优势。经历了建省办经济特区三十多年的发展,已从一个落后的边陲小岛发展成为我国新时代全面对外开放的重要开放门户,并朝着建设具有世界影响力的中国特色自由贸易港的宏伟目标逐步迈进。授权立法监督的宽严,一定程度上表明自主立法权的大小,很显然,经济特区制定经济特区法规比自贸港制定自贸港法规的自主权更宽松一些,但这种规定与自贸港设置的宗旨不符,自贸港的建设是基于经济特区更高程度上的改革,是改革进入攻坚区和深水区时的制度创新,它需要比经济特区更大的自主权,否则,制度创新就难以进行。② 建设海南自由贸易港是党和国家在新时代,着眼于扩大对外开放,推动新一轮全球化,作出的重大决策战略部署,更是未来国家不断创新对外开放模式的目标

---

① 王敬波:《新时代法治政府建设的战略定位、实践发展与未来前瞻》,《政法论丛》2022 年第 6 期。

② 陈建平:《自由贸易试验区授权立法方式的优化》,《法学》2023 年第 4 期。

导向。海南经过了五年多的自贸港建设周期,各项发展取得了阶段性的成就,但随着海南自由贸易港发展的不断深入,各类新问题、新需求、新困扰不断出现,对标各项具有时代进步性意义的国际通行经贸规则,是自贸港未来提升国际竞争力必须关注的重点问题。与此同时,自贸港本土制度体系与国际经贸的衔接性问题,也是自贸港法治建设的焦点,涉及如何平衡改革创新自主权行使与法治创新的关系亦是现实的关键焦点。

（一）特定改革先行区域亟需对标国际高标准的立法创新模式

改革开放四十多年来,我国经济发展模式转型和开放型经济发展已实现超预期成效,在全球经济政治发展体系中的地位日益提升,使我国在经济全球化的进程中的重要地位不断凸显。在改革开放的初期,为了实现经济快速发展的需要,我国积极引入国际资本进入中国市场投资和发展,以提高我国经济发展水平。在引进外资的过程中,国家不断出台相关政策和制度,设立了一批具有先行先试、充当着我国改革开放主力军的重要对外开放试验窗口,我国开始出现了一些具有创制、试验和变通功能的经济特区。比如深圳、珠海、汕头、厦门等早期的经济特区,包括以省为单位的海南经济特区。从区域范围上看,这些区域有以省为单位的经济发展特区,如海南省;也有以市一级为单位的区域。后来随着我国经济多年的快速发展和政策的不断调整优化,又开始形成一批具有特殊功能的经济发展区域,比如长三角区域、京津冀发展合作区域。海南自贸港地方立法创新与国内其他地区是总体上平行关系,单独看又具有特殊性,在海南自贸港建设中放宽地方立法权,有助于其与其他地区的学习和竞争,体现其制度创新的鲜明性。[1] 当今世界,在经济全球化趋势加快和各种国际政治经济动荡给世界经济发展带来的冲击下,如何更好地适应全球经贸规则发展的新趋势以及世界百年未

---

[1]　刘道远、闫娅君:《海南自由贸易港法律制度创新建设问题探讨》,《行政管理改革》2019年第5期。

有之大变局下,如何在实现世界经济复苏的过程中发挥中国智慧和担当。海南自由贸易港,这个作为祖国最南端的特殊经济功能区和开放型经济的重大试验田,由此应运而生了。面对错综复杂的国内外发展形势,海南作为祖国南大门的独特地理单元,如何守好祖国的南大门,立足于守正与创新的视角下,以 RCEP、CPTPP 为典型代表的规则体系下,自贸港不仅要积极推进法治创新的法治建设新格局,加强自贸港的涉外法治建设,并坚持以中国特色社会主义法治原则为原则底线,打造世界最高标准的投资贸易自由化水平。

作为我国深化对外开放的重大战略部署,中国特色自由贸易港应当注重并发挥立法创新的作用,从而确保中国特色自由贸易港的正确建设方向。我国改革开放四十多年的经验也证明,改革越是深入就要越重视和发挥法治的积极作用。学理上的良性违宪、形式违宪理论,因违反了全面依法治国的战略和原则而被学界大力反对。海南自由贸易港是具有中国特色的自由贸易港,其建设的综合性、系统性、复杂性决定了必须发挥法治建设的作用。法治创新是自由贸易港体制创新的灵魂和核心,立法创新则是自贸港制度创新的根本保障。① 事实上,海南自由贸易港是我国实施更高水平对外开放和建设更高层次开放型经济的重大战略部署,其作为兼具改革与法治元素的产物,其建设过程本质上就是一个既破又立的治理过程,使得整个建设过程运行于法治的轨道上,其方能行稳致远。此外,海南作为新时代面向太平洋和印度洋的重要开放门户,亟需实施贸易投资自由便利、跨境资金流动自由便利、运输往来自由便利、数据跨境流动安全有序便利,也要对产业结构、金融税收、法治建设等作出系统安排,而这些都需要以法治建设为最佳推进手段,否则前述政策制度将无法发挥其强大的效能。

海南自由贸易港相比于国内已有的 21 个自由贸易试验区,共同点在于都是通过国家正式批复或批准的方式而得以明确和固定,都是新时代改革

---

① 刘云亮:《中国特色自由贸易港授权立法研究》,《政法论丛》2019 年第 3 期。

开放的新高地,旨在实现货物贸易自由化;特殊点在于海南自由贸易港不仅仅是形成可复制、可借鉴的创新方案,而是打造全世界贸易投资自由便利的最高标准,形成具有独创性的制度集成创新成果。另一方面国家在制度和政策上赋予海南自由贸易港更多的优惠政策,特别是"零关税、低税率、简税制"为主的税收政策、负面清单管理制度、"一线放开,二线管住的特殊海关监管制度"、事中事后的市场监管模式、宽松便利的人员流动机制、货物贸易便利化等方面的优惠政策,使其获得了更多的发展动力和权能。为了促进海南自由贸易港实现更高国际化水平的发展,当年中央给予的一些经济特区各项优惠政策已无法满足自由贸易港建设的实际需求,海南需要在更高水平之上谋划自贸港的法治创新路径,迫切需要国家权力机关根据本区域发展的特点和实际状况,制定更为先进、更加超前的制度规范,赋予海南更多改革自主权。《海南自贸港法》作为调整和规范海南自由贸易港建设的专门法,其原则性规定过多,无法完全解决自贸港高速发展面临的各种问题,本法第 10 条规定了海南自由贸易港可以根据本法,结合海南自贸港建设的具体情况和实际需要,遵守宪法和法律、行政法规基本原则,就投资、贸易及相关管理活动,制定海南自由贸易港法规,而且自由贸易港法规可以对法律或行政法规作出变通规定,但要作出变通情况说明。此外,涉及依法应当由全国人大常务委员会或国务院制定法律或行政法规的,应当分别报全国人大常务委员会和国务院批准。虽然海南自贸港法规相比于经济特区法规是一种新兴的地方法规,但适用范围、行使原则基本和一般经济特区法规仍存在一致性,且第 10 条的授权立法的权限仍较保守和限缩,自贸港法规立法权限存在一定限制,无法真正做到在对标高水平国际经贸规则,促进自贸港法规体系国际化水平上能大胆推进。从海南自由贸易区(港)五年来实践发展建设来看,在对标国际经贸规则,提升全球经济治理水平上还存在诸多法制上的困境,尤其在处理央地立法权限分配上需要再明晰。在投资贸易、财税体制、海关监管、金融领域管制等方面,需要向中央报批的仍然要占到百分之三十以上,现有的《海南自贸港法》赋予的改革发展自主权仍比较受限,以法治化为核心的制度集成创新成果显得相对碎片化。因此,加快明晰、理顺中央国家机关与海南的事权关系,充分在法治框架下授予海南更多经济和社会发展自主权,成为推动新时代中国特色自由贸易港建设的关键因素。

(二) 对标国际高水平经贸规则是自贸港制度集成创新的关键环节

习近平总书记对海南自由贸易港建设作出的重要指示已明确,要把制度集成创新摆在突出位置。制度集成创新是推动海南自由贸易港建设的重要方法和发展动力,也是中央为海南自由贸易港建设提出的方向指引。以对标 RCEP、CPTPP 等国际高水平经贸规则为契机,落实各项自贸协定中的国际义务,海南已出台了对应实施 RCEP 规则相应的专项政策措施,这也是制度集成创新工作的重要部分。对此,海南自由贸易港必须将制度集成创新摆在自由贸易港建设中的突出位置,尤其要加强立法体制创新为根本出发点的重大制度集成创新机制建设。海南自贸港肩负着推进高水平开放以及建立开放型经济新体制等历史使命,建设成全球开放水平最高的特殊经济功能区,"海南自由贸易港法规"被定位为探索自贸港制度创新的重要载体、海南自贸港建设的重要法治保障,①《海南自贸港法》作为海南与国内其他自贸试验区具有最大制度区别的特殊法治安排,通过法律的形式单独授予海南自贸港法规的一种新型地方立法权,自贸港法规制定权的功能定位也具有地域特殊性和国际性普遍性,这也是其作为新型地方立法权的重要体现。因此,受海南自贸港功能定位、立法需求以及立法权限等因素的影响,自贸港立法权的功能应当聚焦制度集成创新、打造更高开放水平经济体制建设以及构建突出国际化和本土海南特色的自贸港法治体系。自贸港法规制定权是国家赋予海南更大改革自主权的体现,以推进各项制度创新,破除海南自贸港建设过程中的体制机制障碍,因而其首要功能应当是围绕海

---

① 封丽霞:《地方立法的形式主义困境与出路》,《地方立法研究》2021 年第 6 期。

南自贸港政策制度体系,推进制度集成创新,从而为各项改革措施提供规范支撑。① 与此同时,要通过立法创新的路径来逐步推进自贸港的制度集成创新,作为我国建设当今世界最高水平开放的高水平试验田,在法治基础上推进自贸港对标国际经贸规则的国际化建设的系统工程,海南自贸港建设需要全方位、大力度地推进制度集成创新。而在对标 RCEP 和 CPTPP 部分新兴领域规则,例如数字经贸和竞争政策等规则时,必然会涉及对现有政策法规、行政管理体制、产业结构、经济体系进行适度调适,以满足海南融入国际经贸体系并兼顾本土化发展与管理的需求。根据我国《立法法》以及相关法律的规定,贸易投资自由便利化为核心的经贸模式事关海南自贸港建设的核心领域和关键事项,均属于国家基本事权的范畴,一般地方性法规立法权和经济特区立法权均无法进行调整,进而可能产生制度集成创新过程的上位法冲突障碍。正由于要发挥海南自贸港作为国内更高水平开放试验田的特殊功能价值,《海南自贸港法》第 10 条规定了海南拥有自贸港法规制定权,是一种有别于经济特区立法权和一般地方立法权的新型地方立法权,是国家赋予海南更大改革自主权的体现,以推进各项领域的制度创新,破除各种体制机制障碍和弊端。截至 2023 年上半年,海南自贸港已经推出了 15 批共 134 项制度创新案例,其中有八项被国务院作为优秀案例向全国复制推广,因而以自贸港立法体制创新其首要功能,应当是围绕海南自贸港政策制度体系,推进制度集成创新,从而为各项改革措施提供规范支撑。海南从最开始建省之初设立的经济特区,再到自由贸易试验区,最终设立自由贸易港,这是开放型经济不断深入发展的具体表现。目前,海南自由贸易港以法治为核心的制度创新体系还处在初步建立阶段,中央各部门对海南专门出台的一些政策性文件、产业发展指导意见,甚至包括国家层面的一些批复本身并不等同于法律规范,难以作为规范基础或法律依据。因此,

---

① 熊勇先:《论海南自由贸易港法规制定权及其行使》,《暨南学报(哲学社会科学版)》2022年第 8 期。

运用《海南自贸港法》授予海南的新型地方立法权,将各类自贸协定中具有超前性、进步性而且符合海南自贸港建设实际的经贸规则,通过法定程序转化为成熟的立法经验,真正实现固根本、稳预期、利长远的长远目标,成为实现海南自由贸易港国际化治理能力和治理体系建设的必然需求。

(三) 对标国际经贸规则的自贸港发展导向亟需立法规制

当今世界百年未有之大变局加速演进,在后疫情时期形势不断严峻和推进中国式现代化道路建设的国内外双重背景下,全球经济发展遭遇的冲击困境和国内改革发展面临的阻力史无前例,经济全球化也朝着新的模式转变,开放与竞争也成为当今时代经济发展的鲜明主题。法治体系是经济体系正常运行的基础,依据国家政策和自贸港建设的实际,不断完善《海南自贸港法》,优化自贸港法治体系,加强自贸港行政管理治理能力现代化建设,提高海南自贸港法的执行力,有利于推进经济制度创新与改革,能有效保障自贸港经济体系的正常运行与快速发展。[①]《自贸港方案》提出了海南在 2020 年、2035 年和本世纪中叶不同时间阶段的发展目标,描绘了中国特色自贸港未来发展规划的蓝图。2020 年自贸港建设取得明显进展并与全国同步实现建成全面小康社会的伟大目标;2025 年实现全岛封关运作,初步建立自贸港的政策和法治体系;2035 年自贸港各项制度和法治体系更加成熟定型,将建成具有国际竞争力的自由贸易港,到本世纪中叶全面实现美丽新海南的建设目标。2022 年 4 月,习近平总书记在海南考察调研时强调,要统筹疫情防控和经济社会发展,统筹发展和安全,解放思想、开拓创新,团结奋斗、攻坚克难,"加快建设具有世界影响力的中国特色自由贸易港,让海南成为新时代中国改革开放的示范"。[②] 无论是建设具备国际竞争

---

① 熊坚等:《海南自贸港建设的理论探索与实践创新——基于双循环新发展格局视角》,《管理现代化》2021 年第 5 期。

② 《习近平在海南考察时强调 解放思想开拓创新团结奋斗攻坚克难 加快建设具有世界影响力的中国特色自由贸易港》,《人民日报》2022 年 4 月 14 日第 1 版。

力的自由贸易港,还是具有世界影响力的中国特色自贸港,都离不开法治创新的制度保障作用,尤其要加强以立法先行为主导的法治创新路径模式。立法体制创新是自贸港法治创新的前提和逻辑起点,自贸港的建设和管理应遵循立法先行从而推动法治创新,以科学高效精准的立法,成功对接全球较高标准的国际经贸规则,提升海南自贸港法治的国际化水平,也是加强自贸港涉外法治工作的重要组成部分。

　　海南自贸港建设从顺利开局到进展明显再到蓬勃展开,党的二十大报告提出,要实现更加主动的开放战略,加快海南自由贸易港的建设。在改革开放的新时代,建设具有世界影响力的中国特色自贸港,是全面深化改革开放的战略举措,也是实现中国式现代化道路的生动实践。自贸港的立法体制创新不仅对内要推动区域开放战略目标的实现,对外要推动"一带一路"倡议和融入全球自由贸易区战略,以高质量的立法创新推动国际经贸规则的演进和变革。提升自贸港法规体系国际化程度,加快与国际通行的投资贸易规则和国际商事惯例接轨,是打造自贸港法治化、国际化、便利化的一流营商环境的制度安排,是以立法创新推动经贸体系国际化的根本体现。《海南自贸港法》第9条规定:国家支持海南自贸港主动适应国际经济贸易规则和全球经济治理体系新趋势,积极开展国际交流合作。这对自贸港立法体制创新工作提出更高的法治建设要求。2022年RECP全面生效实施,作为全球经济规模最大、区域跨度最广的全球自贸协定,对全球经贸规则的变革与重构将产生深远性影响,也体现了国际经贸规则演进的新趋势。海南作为国内改革开放的前沿高地和国内面向RCEP各国地理位置较为临近的中心区域,自然要在地方法规体系建设中实现与RCEP经贸规则对接,做好开放性压力测试,在全国作出开放示范,同时,地方立法工作也要与时俱进,提升立法创新高度,积极对接高水平国际经贸规则体系。在RCEP的影响下,世界经济的中心已从欧洲北美开始慢慢转向亚太地区,而亚太的重心在南海区域,这为海南自由贸易港打造高水平的对外开放新格局,迎来很大的发展机遇,海南应积极主动发挥其独特的区位和生态优势,成为连接中国和国际市场、亚太市场的重要中心枢纽。当然,在融入抓住 RCEP 生效给海南新一轮开放建设的新机遇下,也要客观辩证面对 RCEP 生效后高度开放和灵活统一的区域大市场,给自贸港政策红利淡化带来的新挑战。

立法体制创新要积极探索与高标准国际经贸规则相衔接的自贸港法规体系。以 RCEP 为例,建设具有世界影响的中国特色自由贸易港,是一个机遇和挑战并存的过程。为了应对国内外复杂多变的经济形势带来的挑战冲击,海南自贸港必须要具备以高水平地方立法为核心的法治创新能力,形成与高标准国际经贸规则相衔接的制度体系。根据我国对 RCEP 各成员国做出的有关关税、投资、跨境服务、人员和货物流通等具体开放性承诺,标志着我国对外贸易的发展进入了一个全新的阶段,海南作为我国与东盟各国合作来往的最前沿区域,必须要对 RCEP 各成员方以及 RCEP 成员方之外的其他国家或地区,作出更加包容开放的制度机制,实现人员、技术、资金、货物、运输工具自由便利流通,贯彻落实好习近平总书记对海南自贸港建设作出的各项指示要求,积极融入全球经济治理体系之中,以适应各种国际局势变化带来的差异化环境新挑战。在实现封关运作准备的关键时期以及 RCEP 逐步生效到运行成熟的阶段性时期,为海南各项法律制度的完善、建立以自贸港法为核心,与高标准国际经贸规则相配套实施的成熟规则体系预留创新空间,以此适应国际经济格局变化带来的新机遇和挑战。此外,海南自由贸易港在全岛进行封关运作后,将被定义为"境内关外",实行特殊的海关监管制度,但仍然还是属于我国主权之内。在此期间,海南自贸港运用特殊授权立法权限,先行先试 RCEP 和 CPTPP 相关投资贸易自由化规则,必然会对当前现有的规范进行调整,为今后海南如何适用我国参与缔结的国际经贸协定提供明确的适用规则。在宪法基本原则和精神的指引下,协调处理好《海南自贸港法》和各种国际自贸协定间的关系,努力形成一套系统全面、科学规范并与先进国际经贸规则相适应的自贸港法规体系,以高水准创新的立法体制建构,推动海南实现建设具有世界影响力的自由贸易港建设目标奠定法治基础。

二、自贸港对标国际经贸规则立法底线

自贸港对标国际经贸规则的基本立法思路,要加强以法治为核心的制度创新顶层设计,实现更高水平开放的法治创新示范。构建和完善与自贸港授权立法相适应的监督机制,防控自贸港授权立法"底线"风险,保障自贸港授权立法体系能够实现于法有据、成熟创新的推进实施。[①] 其立法理念是对标 RCEP、CPTPP 的指导思想和基本原则,支撑着自贸港调法调规体系的构建方向,自贸港对标国际经贸规则的涉外法治工作体系构建。根本上应坚持党的领导,以习近平法治思想为指导,立足于中国特色的高度政治站位,理顺国家法制统一和区域法治创新的关系,积极融入国际经贸规则新体系,协调好改革创新与法治保障的关系。

(一) 在合宪性原则基础上推进高标准自由贸易区网络战略

我国现行宪法在序言中确立了改革开放的基本国策,《宪法》第 3 条第四款明确了中央和地方的职权划分,在党中央集中统一领导下,充分发挥地方的积极性和创造性。自贸港对标国际经贸规则的涉外法治建设,是将海南自贸港先行先试的改革发展成果载入宪法及相关法,体现宪法国际化属性的生动实践。海南自贸港建设如何协调好中央和海南的事权划分是开展制度先行先试,保证自贸港对标国际高水平经贸规则合法合宪的重点内容,亟需央地关系的平衡协调机制构建。虽然我国已经制定了《海南自贸港法》,规定了授予海南较大的改革自主权和较为充分的立法权限,由海南省人大及其常委会制定海南自贸港法规,也规定了国务院及其有关部门和海南自贸港的有关管理权限,对涉及中央和海南在自贸港建设中的组织协调关系、会同立法要求也有相应的规定,但总体上还缺乏一个较为详细划分央

---

① 刘云亮、翁小茜:《中国特色自由贸易港授权立法风险防控机制研究》,《海南大学学报(人文社会科学版)》2021 年第 5 期。

地事权的具体内容。《宪法》第 5 条规定了一切法律、行政法规和地方性法规都不与宪法抵触。按照依宪立法的精神和原则,前述所指的"一切"是一个开放性和宽泛性的概念,理论观念上和逻辑设计上都应当把所有法律法规规范纳入合宪性审查范围,不仅包括现行单一制国家结构下国家所有的法律规范形式,也包括《海南自贸港法》出台后,依据法律授权的新型地方性法规,即海南自贸港法规。海南自贸港对标国际高水平经贸规则涉及的领域较为广泛,且更多触及国家经济基本制度,应当在立足于合宪性原则上逐步有序推进,把重要的改革创新成果与宪法规范相衔接,海南自贸港法律法规体系建设,本质上也是一种创新性改革。指的是建设中国特色社会主义制度的自贸港,会对国家的一些基本法律制度和地方的立法体制进行再更新、再调整、再规范、再创制的重塑性改革。自贸港对标高水平经贸规则,融入全球自贸区战略既需要全国人大及其常委会、国务院进行顶层设计,遵循推进全面深化改革开放和经济全球化重大战略的全方位大局观,又要善于发挥海南当局大胆闯、大胆试、自主改的改革创新决心,尊重特定区域开展先行先试的基层创造,体现改革的群众观。因此,在推进依宪法治国的道路上,对标经贸规则的压力测试工作要做到"有宪可依",建设中国特色自贸港是我国改革开放建设的一次创造性实践,国家法律层面的调法调规工作要积极努力创造,把党和国家建设海南自贸港的一系列制度创新成果转化为宪法相关规范的条件,才能在坚持宪法"控权论"基础上,更有效的推进依宪治国的重大法治战略,强化对各种体现践行高水平国际经贸规则的地方国际性立法的行为"违宪必究"的合宪性审查机制,加强对海南自贸港授权立法自主权行使合宪性审查的有效监督,防范改革自主权滥用。换句话说,即便现行宪法相关法没有明确新型授权立法的权限范围和程序边界,也应按照依宪立法、依宪治国的基本原则和要求,每一项关于自贸港对标国际高水平经贸规则的调法调规工作和立法项目也必然要符合宪法要求,接受合宪性审查的约束机制。

（二）遵循国家法制统一与区域法治创新相协调原则

维护我国社会主义法制统一和尊严,任何组织和个人都没有超越宪法、法律的特权。这是我国《宪法》规定,我国《立法法》也明确立法要遵循社会主义法制统一基本原则。坚持法制统一,规范立法权力有序运行是我国社会主义法制的基本属性,国家专门制定《海南自贸港法》,是我国地方发展立法史上的首创之举。海南自贸港"境内关外"特殊区域定位,《海南自贸港法》赋予海南要进行对标国际高水平经贸规则的立法权限,有些内容会涉及《立法法》第 11 条规定的 11 种应当制定法律的基本情形,这势必会引发对社会主义法制体系的统一性和权威性造成影响的学理争议。对标高水平国际经贸规则是否会对现有的国家法律体系造成一定程度的挑战,例如在 CPTPP 有关投资、贸易自由化的规则,如果直接照抄照搬往往会与上位法内容相矛盾从而产生规则的效力位阶冲突。

社会主义法制统一的基本内涵,一般指的是形式法制意义上的统一性和协调性。传统的立法理论认为,在法制层面上,法制统一首先是要求下位法不能与上位法相抵触,其次是下位法内容和上位法要保持一致内容,要在上位法的幅度里作出规定,否则可能就会因为与上位法抵触而被撤销或宣告无效。海南自由贸易港立法应遵循的原则是海南自由贸易港立法的基本准则和准绳,对于确保立法活动的合法合理及内容良善,对于建设法治化、国际化、便利化的海南自由贸易港具有重要意义。[①] 站在自贸港这一拥有法治先行特殊权限的对外开放新高地,对于以 RCEP、CPTPP 为主要对标对象的自贸协定规则的具体内容事项,应对社会主义法制统一的内涵作出与新时期对外开放格局相衔接的全新定义。为了将中国特色自贸港的建设打造成我国面向全球高度开放的多边平台,更好地融入国际一流的制度体系之中,

---

① 姚建宗、何坤:《海南自由贸易港法规制定的原则遵循》,《哈尔滨工业大学学报(社会科学版)》2023 年第 3 期。

应当允许自贸港在规则制度领域先行一步,对标国际经贸规则的基础,如果对法律、法规做出合理的内容调整,做到既接轨国际又合乎中国特色的法治体系和政策制度。如果一味地要求自贸港国际性立法内容与上位法保持一致,则可能导致中国特色自贸港法治体系构成内容显得机械保守,使得自贸港法规这一全新的特色授权立法模式,难以发挥实质的区域法治创新功能。

(三)自贸港立法创新要以对标高水平国际经贸规则为基本参照

党的二十大报告指出,要实行更加积极主动的开放战略,构建面向全球的高标准自由贸易区网络,加快推进自由贸易试验区、海南自由贸易港建设,共建"一带一路"成为受欢迎的国际公共产品和国际合作平台。从我国加入 WTO 后,通过修法和调法调规,主动顺应世界经贸规则主流趋势,积极尝试国内法律制度改革加强与国际通行规则和国际投资惯例的衔接,积极主动融入国际经贸制度的体系架构之中。2022 年 1 月 1 日,RCEP 正式生效,作为由东盟与中国主导下的全球最大区域多边自贸协定,东盟与中国作为彼此间最大贸易伙伴,双方的经贸合作关系将进一步深化。海南自贸港在地理位置上处于我国面向东盟各国的前沿区域,东盟十国都位于海南四小时经济飞行圈内,发展互补性、地理环境、人文习俗等都具有高度相似性。为了加快构建面向东盟各国开放"泛南海经济圈",叠加 RCEP 机遇效应,全面高质量落实 RCEP 协定,海南自贸港的调法调规工作要从更高站位视野,系统研究 RCEP 有关内容,探究如何根据自贸港的多重立法权优势,将一些备受关注并符合我国改革试点方向的领域逐步将其本土法规化。另外,我国也为加入 CPTPP 进行多边协商谈判,涉及跨境数据流动、国有企业改革、政府采购、服务贸易全面开放、劳工保障标准、知识产权保护、纠纷仲裁条款等内容。自贸港作为国家压力测试的主阵地,应肩负起为中国加入全面性、进步性、创新性的自贸协定进行规则试验、法规体系优化,形成创新示范的使命责任。海南自贸港在法治先行的轨道上推进调法调规工作,为中国制定、引领和对接国际经贸规则做长期性的先行先试。因此,海南自贸港作为我国打造高水准开放的新模式,注重对标 RCEP、CPTPP 等国际高水平经贸规则,为形成全国统一大市场,进行规则试验,以期形成与国际接轨的自贸港调法调规制度体系。

(四) 自贸港对标国际经贸规则应遵循中国特色的政治性原则

中国特色是海南自贸港的最本质特征,是坚持习近平新时代中国特色社会主义思想的重要体现,也是区别于西方资本主义自贸港的根本差异。中国特色是海南自贸港调法调规立足点,要充分彰显中国特色的基本制度站位。在建立我国特色自贸港时不能"忘本",要坚持基本制度底线,结合中国的实际情况,充分体现中国特色,让开放成果惠及人民。① 习近平总书记 2022 年 4 月在海南视察调研时,就建设海南自贸港作出重要指示,强调提出三个"坚持不动摇原则",即坚持党的领导原则不动摇、坚持中国特色社会主义制度不动摇、坚持国家安全不动摇原则。中国特色成为海南自贸港推进涉外经贸制度建设工作的政治方向。坚持党的领导原则是未来国家制定自贸港建设的专门性法律和修改、解释相关法律法规、海南用好用足多重地方立法自主权,进行调法调规的首要原则。习近平总书记"4·13 重要讲话"指出,海南建设自贸港要借鉴国际经验,坚持中国特色,符合海南发展定位。《自贸港方案》和《海南自贸港法》也明确了自贸港建设要借鉴国际经验,更要坚持中国特色社会主义道路,坚持以人民为中心。制定、修改、实施自贸港法规,不仅要以投资贸易等领域为重点对标国际通行经贸规则,更要深入中国特色自贸港法治体系建设的创新实践。运用国家立法权或地方立法权开展各项改革发展任务,不仅要借鉴 RCEP 和 CPTPP 之中有益的规则理念,有选择性地进行吸收借鉴,更要坚持以中国特色社会主义制度为出发点,立足底线思维,确立自贸港在与 RCEP、CPTPP 等国际上知名自由贸易区进行双

---

① 蔡宏波、钟超:《中国特色自由贸易港的营商环境与法治建设》,《暨南学报(哲学社会科学版)》2021 年第 6 期。

向联动模式的制度基石。探索建设中国特色自贸港涉外法治建设工作,应主动适应国际经贸规则重构的目标要求,全面系统推进自贸港法治体系建设工作在对标 RCEP、CPTPP 部分重点领域规则上有所作为,在贸易、投资、资金、人员流动等领域实现一系列自由化和便利化的法治环境。以 RCEP、CPTPP 等作为参照,进行多维度、全方位的立改废释法律法规更新工作,也要统筹自由便利和风险防控辩证关系,提高域外风险识别的能力,在维护国家安全,坚持社会主义核心价值观的原则底线上,推进自贸港法治建设行稳致远。

三、自贸港对标国际经贸规则调法调规导向

海南"两步""两分"探索推进建设中国特色自由贸易港,关键在于构建自贸港政策和制度体系,促成中国特色自贸港法规体系。"自由贸易港是当今世界最高水平的开放形态","要从全局高度出发,会同海南省做好顶层设计,坚持先谋后动,积极研究制定支持举措,共同推动各项政策落地见效"。① 探索中国特色自贸港建设,需要中央赋予海南享有特事特办的特别机制,国家已经明确"凡涉及调整现行法律或行政法规的,经全国人大或国务院统一授权后实施"。② 海南自贸港建设重在制度集成创新,亟需自贸港创新立法,创制自贸港法治新秩序,推动构建自贸港法规体系,促成中国特色自贸港政策制度体系。自贸港法治创新,源于自贸港法规新创制。自贸港开放型经济新体制,将涉及调整与自贸港新体制不相吻合的现行法律法规。"凡涉及调整现行法律或行政法规的,经全国人大及其常委会或国务院统一授权后实施"。③ 这表明自贸港建设涉及与法律法规相冲突时,须经全国人大及其常委会或国务院授权,是自贸港立法创新的前提条件。为此,

① 即"党中央决定支持海南全岛建设自由贸易试验区,支持海南逐步探索、稳步推进中国特色自由贸易港建设,分步骤、分阶段建立自由贸易港政策和制度体系"。

② 《中共中央国务院关于支持海南全面深化改革开放的指导意见》,《人民日报》2018 年 4 月 14 日第 1 版。即"研究建立重大问题协调机制,统筹推进海南全面深化改革开放工作"。

③ 《中共中央、国务院印发海南自由贸易港建设总体方案》,《人民日报》2020 年 6 月 2 日第 1 版。

《海南自贸港法》第 10 条就自贸港法规制定权、法律法规变通权、备案及其批准等事项内容，作出相关规定。① 以此明确中国特色自贸港建设法治保障的立法依据，也规制了中国特色自贸港创新法治新秩序的动力源，更指出了中国特色自贸港调法调规是推动自贸港法规制定权行使的重要前提，是实现依法引领、促进和保障中国特色自贸港建设的法治规制。②

推进中国特色自贸港调法调规，充分显现了最高水平开放高质量发展，建设海南自贸港的全面依法治国战略实施的重要保障。截至 2024 年 3 月 30 日，我国现行有效法律已有 300 部和国务院颁布有效行政法规 604 部③，表明在我国法律法规体系已经相当完备的情况下，建设具有较大国际影响力的高水平自由贸易港，亟需推进调法调规，调整或终结与《自贸港方案》要求不吻合的法律法规效力或部分条款效力，为自贸港释放出更多的高水平开放高质量发展的新活力。当下海南自贸港已进入到了全面启动全岛封关运作的新阶段，海南自贸港调法调规尽管已经先后进行了五个批次，调整了 8 部相关法律法规。④ 致力推动自贸港建设构建开放型经济体制，显现

---

① 《海南自贸港法》第 10 条规定："海南省人民代表大会及其常务委员会可以根据本法，结合海南自由贸易港建设的具体情况和实际需要，遵循宪法规定和法律、行政法规的基本原则，就贸易、投资及相关管理活动制定法规(以下称海南自由贸易港法规)，在海南自由贸易港范围内实施"，"海南自由贸易港法规应当报送全国人民代表大会常务委员会和国务院备案；对法律或者行政法规的规定作变通规定的，应当说明变通的情况和理由"，"海南自由贸易港法规涉及依法应当由全国人民代表大会及其常务委员会制定法律或者由国务院制定行政法规事项的，应当分别报全国人民代表大会常务委员会或者国务院批准后生效。"

② 周宇骏：《〈立法法〉试点立法条款的分离设置及其权力逻辑》，《政治与法律》2024 年第 1 期。

③ 闫然：《地方立法统计分析报告：2023 年度》，《地方立法研究》2024 年第 1 期。

④ 即 2018 年《国务院关于在博鳌乐城国际医疗旅游先行区暂时调整实施〈药品管理法实施条例〉有关规定的决定》，暂调《药品管理法实施条例》；2020 年《全国人大常委会关于授权国务院在中国(海南)自由贸易试验区暂时调整适用有关法律规定的决定》，暂调《海商法》《土地管理法》《种子法》3 部法律；2022 年 5 月《国务院关于同意在海南自贸港暂时调整实施〈船舶登记条例〉有关规定的批复》，暂调《船舶登记条例》；2022 年 9 月《国务院关于同意在天津、上海、海南、重庆暂时调整实施有关行政法规规定的批复》，暂调《民办非企业单位登记管理暂行条例》；2023 年《国务院关于同意在海南自贸港暂时调整实施有关行政法规规定的批复》，暂调《中华人民共和国认证认可条例》《市场主体登记管理条例》2 部法规。

调法调规为自贸港开放型经济体制,释放出更多强烈的法治引领、规制和保障效力。为何推进自贸港调法调规,如何把握校准自贸港调法调规导向,怎样实施自贸港调法调规等问题,成为自贸港法规制定权行使及其实现立法创新体制的重要内容,更是本题聚焦自贸港法规制定权行使的核心所在。①围绕《自贸港方案》规定"614制度"展开,根据海南自贸港方案和自贸港法规体系构建的实际情况,对国家法律和国务院有关行政法规,进行调法调规,缓解自贸港制度集成创新的规范障碍,推动海南自贸港立法先行先试释放立法创新空间,适应海南自贸港建设稳步推进的法治创新需求。②因此,从中国特色自贸港法规制定权行使的调法调规价值、导向性和实施路径等视角,贯彻落实中央"12号文件"精神,分析海南自贸港如何结合实施《自贸港方案》实际,紧依《立法法》《海南自贸港法》有关规定,结合当下自贸港封关运作的压力测试实际需要,探究海南自贸港建设,亟需推动在顶层设计层面对于法律、行政法规的调法调规工作探索以及支持。《立法法》《海南自贸港法》赋予海南自贸港法规制定权,成为自贸港立法体制创新优势,促成自贸港制度集成创新的法治保障,推进自贸港立法体系创新,确保国家层面调法调规的系统性,统筹协同与海南自贸港法规制定权的自主创新性与试验性融合发展,促成海南自贸港立法权行使的模式多维。

(一) 自贸港对标国际经贸规则调法调规价值认知

自贸港面向全球高度开放打造国内国际双循环的开放型经济区域,其所适用的法律法规亟需彰显自贸港自由便利创新的法治价值理念。自贸港调法调规目的,就是对标国际最高水平经贸规则的开放经济形态,其开放

---

① 赵伟:《国家战略视阈的自贸港、自贸区着力点与地方政府选择》,《云南社会科学》2023年第5期。

② 刘云亮、卢晋:《对标国际经贸规则的自贸港立法创新研究》,《海南大学学报(人文社会科学版)》2024年第4期。

型、包容型、自由便利型的经济属性,决定了自贸港调法调规的价值路径导向。自贸港调法调规是一项以法治手段促进高水平对外开放、推动自贸港高质量发展、保障制度集成创新的一项协调性先行先试立法工作,是统筹推进实施"三区一中心"战略的重要法治路径。当下自贸港封关运作进入关键期,积极开展自贸港高水平开放促进高质量发展相适应的调法调规工作,更加彰显自贸港封关运作的重要性和紧迫性。[①]

1. 自贸港调法调规彰显高水平开放的价值理念

加快建设中国特色自由贸易港是我国新时代开放型经济发展的重大战略,也是推进我国制度型开放建设的新方向。借鉴国际发展经验,世界主要知名的自由贸易港都具备高水平开放的国际化特征,也有与国际高水平开放环境相匹配的法律制度,充分彰显高度自由、高度开放、高度法治的优势特色。对标国际最高水平开放发展,推进更高水平、更宽范围、更大程度的开放发展是海南自贸港高质量发展的根本要求。基于"一带一路"倡议和"国内国际双循环发展"目标驱动,自贸港对有关法律法规进行调整、更新的需求会不断增强,并需要在全新的制度型开放领域开展相应的立法。[②]调法调规是全国人大及其常委会、国务院对于特定区域的改革发展事项,在一定期间和范围内暂时调整或暂停法律或行政法规的实施效力,主要致力推动一些特殊经济开放区域的改革创新试验,也是我国自贸区自贸港最主要的法治创新保障措施。2015年《立法法》正式确立了以调法调规为代表的改革授权决定,为我国诸多改革开放先行区在相关领域进行改革创新提供了相应的法制供给,有效缓解了改革先行与法制统一的内在张力。2023年新修订《立法法》进一步完善了调法调规的相关规定,与2015年《立法法》相比,2023年修订《立法法》第16条除了规定全国人大及其常委会对于改革发展需要可进行调整或暂停适用法律规定之外,还删除2015年《立法

---

①　陈建平:《自贸试验区授权立法方式的优化》,《法学》2023年第4期。

②　郝获:《自由贸易试验区立法引入过渡期条款研究》,《法学》2024年第6期。

法》有关调法仅限于行政管理事项的内容,并增加了暂时调法事项在一定时限内经实践检验具有可行性的,不具备法律修改条件的,可延长授权调法的期限或者恢复相关法律的实施效力。① 与此同时,《立法法》第 79 条也新增了关于授权国务院对于改革发展事项,在行政管理领域暂停或调整行政法规适用效力的内容。调法调规作为国家层面调整海南自贸港建设涉及有关事项的法律法规效力的措施,其主要法律效力特点表现为:在自贸区或自贸港内进行调法调规具有时效性和地域范围限制;主要授权对象为国务院,并且不再局限于行政管理领域进行调法;授权调法期限届满可转化为相应法律规定或延长授权期限或者恢复有关法律条文的效力。相比于过去的授权调整法律实施的决定,2023 年新修订《立法法》创新优化调法调规特殊改革授权机制,积极回应了当前立法权限不断扩容的背景下,不断推进高水平对外开放建设与立法先行的内在统一关系,对于加快海南自贸港的建设有着现实意义。②

建设具有世界影响力的中国特色自贸港,迫切需要构建与最高开放水平相适应的法治体系。2019 年 4 月,中央依法治国委员会印发《关于全面推进海南法治建设、支持海南全面深化改革开放的意见》(以下简称《海南法治建设意见》)已明确 2020 年、2025 年、2035 年海南法治建设的目标任务,要立足于海南"三区一中心"战略定位,全面推进对标国际标准、体现中国特色、符合海南发展定位的法治建设目标,将海南打造成全面依法治国的生动范例。为了实施建设中国特色自贸港的重大战略,加快实现自贸港封关运作,需要破除现有法律体制不相适应的内容和瓶颈。《海南自贸港法》确立了海南积极对标世界最高水平开放形态的制度地位,海南自贸港建设将涉及经济、社会治理、司法制度等国家事权的基本事项。党的十八大以

---

① 2023 年修订《立法法》将原先第 13 条内容改为了第 16 条,并删除了对于特定区域调法仅限于行政管理事项的规定,增加了在特定时限内根据调整法律实施效果来决定相关法律的修改或者延长或终止授权调法期限。但对于第 79 条国务院调整或暂停行政法规适用的规定上,仍限定在行政管理事项领域。

② 刘晓红:《推进高水平开放的法治维度》,《政治与法律》2023 年第 4 期。

后,我国开启了继21世纪初加入WTO后的对外开放新时代,其中加快建设中国特色自由贸易港是我国新时代开放型经济发展的重大战略,也是推进我国制度型开放的新方向。世界主要知名的自贸港都具备高水平开放的国际化特征,也构建与国际高水平开放相适应的法律制度,充分彰显自贸港高度自由、高度开放、高度便利、高度法治的优势特色。海南自贸港借鉴国际发展经验,对标国际高水平开放发展的经贸规则,促进自贸港高质量发展,自贸港调法调规正是推动制度型开放的经济体制法治创新保障新措施。

中国特色自贸港调法调规是一项扩大对外开放、协调利益关系、加强制度集成创新、与高水平国际经贸规则接轨的一项协调性系统工程,是统筹全面深化改革、全面推进依法治国、提升全球经济治理能力一体化建设的关键要素。[1] 习近平总书记"4·13重要讲话"、中央"12号文件"和《自贸港方案》明确指出,自贸港建设涉及到各项改革措施,凡涉及调整现行法律或行政法规的,经全国人大及其常委会或国务院授权后实施。《海南法治建设意见》也提出建立健全法律制度体系,按照相关立法权限开展相关的立改废释活动,打造国际化、法治化营商环境。自贸港调法调规是一项广义上的促进型立法措施,主要针对特定的经济开放区域,自贸区调法调规工作已开展一定的实践,也积累了一定的调法调规经验,这为海南自贸港调法调规提供了先行先试的立法经验基础。[2] 因此,自贸港封关运作进入关键期,需要根据封关运作前高水平压力测试的实际需要,整合现有的立法资源,将现有法律法规与《自贸港建设方案》与《海南自贸港法》内容不一致的,通过调法调规途径加以调适整合。因此,积极开展与最高水平开放相适应的调法调规具有规范必要性和实质正当性的重要价值。

---

① 胡加祥:《我国建设自由贸易港若干重大问题研究》,《太平洋学报》2019年第1期。

② 姚建宗、张誉龄:《论制定自贸港(区)法规的技术性原则》,《苏州大学学报(法学版)》2023年第2期。

2. 自贸港调法调规凸显高质量发展观

自 2013 年党中央决定设立上海自贸试验区后,全国人大常委会以授权决定的方式授权国务院在上海自贸区内暂时调整有关法律规定的行政审批事项,①开启了对特定改革开放先行区域的调法调规立法保障模式,之后 2015 年修订《立法法》确认调法调规的授权立法决定,2023 年新修订《立法法》第 16 条进一步规制特定改革先行区域的调法调规内容。截至 2024 年年底,我国内地已经设立了 22 个自贸区和海南自贸港,与其他自贸试验区不同,只有海南自贸港是国家以专门法的形式对自贸港建设和管理予以制度化和规范化。② 党的二十大报告提出,要加快海南自由贸易港建设,实施自由贸易试验区提升战略。③ 中国特色自贸港是我国实行积极主动对外开放的重要战略,全国人大常委会制定《海南自贸港法》凸显了海南自贸港在全国对外开放格局中的重要地位,也是我国区域立法史上的重要创举和首创突破。④

海南实现自贸区到自贸港的深度发展转变,不仅物理空间发展形态的升华,更是法治发展理念的全面更新。⑤ 自贸港调法调规模式的优化,丰富和完善了我国新一轮对外开放的法治保障新格局,从海南实施调法调规实践来看,调整《种子法》《国际海运条例实施细则》将种子进口和经营国际客

---

① 《全国人民代表大会常务委员会关于授权国务院在中国(上海)自由贸易试验区暂时调整有关法律规定的行政审批的决定》(2013 年 8 月 30 日第十二届全国人民代表大会常务委员会第四次会议通过)。

② 贺小勇、严嘉欢:《海南自贸港外商投资保护制度的新发展及完善建议》,《国际贸易》2023 年第 4 期。

③ 习近平:《高举中国特色社会主义伟大旗帜 为全面建设社会主义现代化国家而团结奋斗——在中国共产党第二十次全国代表大会上的报告》,《人民日报》2022 年 10 月 26 日第 1 版。

④ 李涛:《新时代的改革与法治:现代化内涵、互动逻辑及发展图景》,《社会科学研究》2022 年第 5 期。

⑤ 龚柏华:《中国自贸试验区到自由贸易港法治理念的转变》,《政法论丛》2019 年第 6 期。

船的审批权下放给海南省，①海南调法调规的内容和方向主要聚焦于将某种权力下放，赋予市场主体某种开放性的权利。自贸港是更高水平开放的特殊经济区域，国家对海南自贸港调法调规理念，不能仅限于将改革权力的单纯下放，而要在协调好政府与市场关系下赋予市场主体更为广泛的发展权利。自贸港调法调规的重点，应逐步从"权力式授予"模式向"权利发展型"理念转变。2023 年 11 月，国务院印发了《关于同意在海南自由贸易港暂时调整实施有关行政法规规定的批复》，指出为支持海南自由贸易港建设，同意在海南自由贸易港暂时调整实施《中华人民共和国认证认可条例》《中华人民共和国市场主体登记条例》有关规定，赋予开展进出口认证的境外认证机构，无需办理经营主体登记即可从事相关认证经营活动的权利，是一种"从无到有"的权利创制，有助于解决市场主体"准入不准营"的困境，这体现了对于海南自贸港调法调规的理念创新转变。海南自贸港的设立是基于中国进一步全面深化改革开放与融入新一轮经济全球化的国家战略导向，是国家对外开放水平提升到最高发展阶段的经济发展产物，亟需推动自贸港法治创新保障，为我国全面推进高水平开放促进高质量发展，提供现代化法治服务保障。

自贸港调法调规立足开放与法治两个维度，聚焦自贸港高质量发展的法治创新保障，探究推进自贸港实现贸易投资自由化便利化、产业体系现代化、人员跨境流动便利化、市场监管透明化法治化、跨境数据流动安全有序

① 2020 年 4 月全国人大常委会、国务院结合海南自贸港建设实际所需的法治保障需要和为将来制定出台统一的自贸港法作前期性法制探索，有针对性开展了海南自贸港的首批调法调规工作，分别表决通过了《全国人民代表大会常务委员会授权国务院在中国（海南）自由贸易试验区暂时调整适用有关法律规定的决定》《国务院关于在中国（海南）自由贸易试验区暂时调整实施有关行政法规规定的通知》，分别调整适用《中华人民共和国土地管理法》等 3 部法律和《中华人民共和国海关事务担保条例》等 5 部行政法规，这一实践成果也使海南成为近年国家为专门省级行政区域进行调法调规频次最高的省份。2023 年 3 月 3 日，国务院又发布了《国务院关于同意在海南省暂时调整实施有关行政法规规定的批复》，同意在海南调整实施《中华人民共和国海关事务担保条例》有关规定，对符合规定的海南离岛免税商品可提交担保后提前放行，为海南离岛免税购物增加了"即购即提"和"担保即提"的两种方式，进一步优化了海南离岛免税的提货方式和流程，也标志着海南自贸港新一轮调法调规事项的启动。

等方面的调法调规机制。海南自贸港高水平开放促进高质量发展,成为推进实施自贸港调法调规的动力导向和价值所在,是自贸港创新发展的法治保障路径。

3. 自贸港调法调规着力制度集成创新法治协同

全面深化改革开放进入了关键期,海南自贸港更要聚焦改革开放与法治保障创新发展的协同推进相互关系,依法推进全面深化改革开放则是全面推进依法治国战略的根本要求。构建自贸港法规体系,更需要加强自贸港法律法规的制定、调整、修改、废止等有关工作。现有法律、行政法规、海南经济特区等地方法规,已有相当多的情形无法适应自贸港高水平开放高质量发展所需法治保障新要求,亟待构建以《海南自贸港法》为主的自贸港法规体系构建,推动自贸港调法调规,释放更多有利自贸港制度集成创新的法治保障新动力。推动开展海南自贸港调法调规工作,更多聚焦贸易、投资、海关监管、税收、金融、人才、出入境管理、生态环境保护、产业体系构建等重要发展领域。[1] 2023 年新修订《立法法》第 16 条和第 79 条有关调法调规具体规定,有助保障海南改革自主权的行使和释放自贸港制度集成创新的立法保障和法治创新力。海南自贸港封关运作"一线放开,二线管住,岛内自由"的法治创新秩序,实行与内地有差异化的"境内关外"法律制度,充分发挥自贸港调法调规的法治创新、法治新秩序和法治保障作用。调法调规是一种广义上的授权立法模式,有着积极推进改革创新的与时俱进法治协同发展效用。有学者认为"调法调规"属于《立法法》所规定的一种立法行为,并不是执法和司法职权的运用。[2] 但从立法权的性质定位来看,"调法调规"与法律法规修改有着本质区别,是推动协同创新的一种立法权行使。调法调规机制,经历过循序渐进的发展历程,也体现出了对特定改革开放先行区的法治创新推动创新发展的立法措施,正在成为今后授权立法常

---

[1]　王江淮:《论先行地区变通立法的逻辑、风险与对策》,《政治与法律》2023 年第 12 期。

[2]　秦前红、刘怡达:《论法律的暂时调整和停止适用:基于规范的实践考察》,《南海法学》2019 年第 3 期。

态化的制度性安排,①调法调规模式不仅拓宽了授权立法决定的主体,也减少了领域限制并丰富了相关内容,可以有效解决自贸港开展封关运作过程,对于部分敏感性规则开展压力测试工作上位法依据不足的问题。

　　海南自贸港调法调规工作,是助推自贸港制度集成创新的重要抓手,涵盖了有关自贸港建设相关的基础性法律制度和地方政策与法规体系,自上而下良性联动的互动性、协同性和创新性。自贸港是面向全球高度开放的双循环联结平台,其调法调规的制度定位应与最高开放水平经济形态相适应,其开放型、自由便利型的经济属性决定了自贸港调法调规的基本路径导向。② 自贸港贸易投资自由便利法律制度、金融创新监管体系、税收优惠特殊安排、政府职能转变、社会治理模式、促进对标高水平国际化经贸制度等,构成了自贸港调法调规的清晰思路方向。准确把握自贸港调法调规制度的法理价值核心和精细化调制安排,关键在于如何认知自贸港调法调规的核心价值、目标内容、调整范围和协同机制,精准定位调法调规的制度集成创新机制。自贸港调法调规,其核心内容是海南建设中国特色自贸港,要以习近平法治思想为引领,以宪法为根本遵循,以自贸港法为依据,积极对标国际高水平经贸规则,坚持中国特色为立足点,致力打造法治化、国际化、现代化一流营商环境,推进实施海南"三区一中心"战略。

　　海南自贸港调法调规核心价值,在于致力建设具有世界影响力的中国特色自贸港,自贸港制度集成创新,成为自贸港构建开放型经济新体制的法治新动力新秩序。海南自贸港致力打造一个集贸易、投资、金融、人员往来、运输往来、现代化产业体系、财税制度、社会治理、法治制度、风险防控等制度集成创新的高水平开放高质量发展的新高地。基于此,强力推行自贸港调法调规,为自贸港制度集成创新提供可供保障、可供创新、可供先行先试的立法创新举措。2023 年新修订《立法法》确认调法调规改革授权立法,将

---

①　刘云亮等:《中国特色自由贸易港立法体制创新研究》,人民出版社 2024 年版,第 80 页。
②　熊勇先:《论海南自由贸易港法规制定权及其行使》,《暨南学报》2022 年第 8 期。

有效推动构建海南自贸港法规体系,①自贸港调法调规将成为推动自贸港立法创新机制的新保障新动能。当前自贸港政策和制度体系构建,尚处在封关运作的初期阶段,较多事权仍集中于中央,仍需发挥调法调规的重要保障作用并创新其制度模式,以中央层面的调法调规促成地方立改修调的自贸港法规体系构建。考虑到海南自贸港封关运作后可能会面临着各种法律适用障碍,②现有地方权限难以解决封关运作后面临的各项法律依据不足的问题,②积极启动调法调规将视为一种较好的选择,可以较好地解决自贸港封关运作后政策体制和法律制度的协调关系,减少压力测试的风险性。③

(二) 自贸港对标国际经贸规则调法调规导向规制

自贸港调法调规的立法创新举措,其本质属性是中国特色社会主义法治体系的重要组成部分。自贸港调法调规,强化对标国际高水平经贸规则,加快促成"614"制度体系,推动特定重点领域开展先行先试的改革压力测试,实现市场高度开放和贸易投资自由便利制度,打造拥有健全的法治保障体系和市场化、法治化、国际化、现代化的一流营商环境,这是自贸港调法调规的立法创新价值导向。④

1. 自贸港调法调规对标国际高水平经贸规则规制

海南自贸港是新时代我国全面深化改革开放的试验区,对标国际最高水平经贸规则,实施贸易投资自由便利制度。国际化发展是世界著名自贸港的共性特征,自贸港是虽依据一国国内法所设立,但其本质上是一国涉外法治服务的对外开放实践平台。自贸港制度建构需要借鉴域外国际规则,

---

① 杨登峰:《关于〈立法法〉修改的几点意见——以科学立法为中心》,《地方立法研究》2022年第6期。

② 封关运作,是指将海南全岛设立成一个单独的特殊海关监管区域,实行"一线放开""二线管住""岛内自由"机制。

③ 韩龙:《论〈海南自由贸易港法〉对我国法治的重大发展》,《中国高校社会科学》2023年第1期。

④ 赵一单:《立法法第13条还有创制性的空间吗》,《政治与法律》2022年第8期。

将本国法律与域外法律制度相衔接,实现本土规则的国际化。世界知名自由贸易港,例如中国香港、新加坡等成功发展经验,主要原因在于全面加速对标对接国际化建设水平。推进自贸港调法调规,加快对标国际高水平经贸规则,促进自贸港贸易投资自由化、便利化、国际化、法治化,持续优化营商环境,实现国际经贸活动协同化、透明化、市场化、公平化。当前,经济全球化形势发生了变化,全球开放模式也发生了变革,制度型开放成为当今全球对外开放的主基调,更是我国开放型经济体制改革升级的必然选择。①《自贸港方案》和《海南自贸港法》多处都体现了“国际化营商环境”“借鉴国际经验”“对标国际经贸规则”“参与全球经济治理”等高频词句,表明了海南自贸港调法调规不仅聚焦于国内法律法规等规则的整合和调法调规,而且还要关注自贸港对标国际高水平经贸规则的动态变化,全面推动自贸港构建制度型开放经济新体制。海南自贸港是我国践行制度型开放的先行区,应承担起利用《海南自贸港法》赋予的特殊改革自主权稳步推进规则、规制、管理、标准等制度型开放标准的先行先试任务。自贸港法规制定权则,是海南对标国际高水平经贸规则,适应制度型开放形势的重要立法创新举措。建设海南自贸港不仅仅借鉴国际先进的成功经验,而且还要探寻中国特色自贸港国际化的发展道路,探寻自贸港作为世界最高开放的经济形态所需要的立法创新、法治引领、保障机制,如此对标而促进实施自贸港调法调规,实现借鉴国际经验的法治化路径。对接 RCEP、对标 CPTPP 等全球知名的高水平经贸规则,适应国际化发展最新趋势,加快建立与高水平开放相适应的自贸港法规体系和法治体系。

实施与国际高水平经贸规则相适应的调法调规工作,已经积累相应的立法实践。我国加入 WTO 后,根据 WTO 机制要求对国内法律法规进行了大规模的清理调整工作。当下,海南自贸港开展试行 CPTPP 经贸规则压力

---

① 刘云亮、卢晋:《RCEP 经贸规则与中国特色自贸港法治创新研究》,《济南大学学报(社会科学版)》2023 年第 1 期。

测试工作,也应借鉴加入 WTO 后国内进行调法调规的经验做法,使海南自贸港涉外经贸法规体系与 RCEP、CPTPP 等协议规则体制精准对接,以适应自贸港高水平规则高标准发展的法治引领、促进和保障新要求。通过依法授权实现"立法和改革决策相衔接,做到重大改革于法有据、立法主动适应改革和经济社会发展需要。"促进改革开放和法治建构"双轮驱动"。① 实施自贸港调法调规,不仅对国家层面的法律、行政法规进行有针对性的调整,而且也要就自贸港建设相关的海南地方性法规、海南经济特区法规等进行相应的调整和修订,以适应国际经贸规则发展的变革趋势。自贸港实施高水平经贸规则的压力测试工作,涉及投资、贸易、关税、金融、环境及争端解决等领域的国家事权与地方事权协调规制。因此,必须对接国际高水平经贸规则,就自贸港建设相关的法律法规进行相应的调整或暂停适用,依法推进自贸港调法调规。

2023 年 6 月 29 日,国务院印发《关于在有条件的自由贸易试验区和自由贸易港试点对接国际高标准推进制度型开放若干措施的通知》(国发[2023]9 号)(以下简称《通知》)提出有条件的自贸试验区和海南自由贸易港在推动货物贸易创新、推进服务贸易自由便利、促进数字贸易发展、优化营商环境、完善风险防控制度等六大方面,对接高标准经贸规则。有关自贸港调法调规工作,应围绕《通知》六大内容,主动聚焦这些领域高标准经贸规则,可以分阶段、分步骤从海关监管、原产地规则、知识产权等与我国现行法律制度差异较小的领域尝试,逐渐覆盖到对我国现行制度有一定挑战的跨境服务贸易、竞争政策、数据要素流动等新兴领域。以对标 CPTPP 经贸规则为例,CPTPP 代表着全球最为开放和最具创新的自贸协定规则,有关数字经贸、政府采购、竞争中性、劳工标准等边境后规制,将成为自贸港调法调规促进制度型开放的新兴重点方向。海南自贸港调法调规聚焦对标CPTPP 等国际高水平经贸规则,持续优化自贸港营商环境,发挥自贸港调

---

① 陈利强:《"一带一路"涉外法治研究 2022》,人民出版社 2022 年版,第 18—19 页。

法调规的立法创新先行先试权能,致力积极融入国际经贸规则的大发展、大融合、大趋势,适应打造全球最高水平开放形态的新规则新要求。①

2. 自贸港调法调规聚焦构建"614"制度

按照《自贸港方案》提出的制度设计,海南自贸港将打造"614"制度。构建海南自贸港"614"制度总体要求,对国家法律和行政法规,进行调法调规,有助缓解改革与法治的冲突困境以及自贸港"614"制度体系建设所遇到的规范障碍,为自贸港立法先行先试释放立法创新空间,适应海南自贸港建设稳步推进的法治创新需求。中国特色自贸港作为我国实行高水平开放政策和法律制度的特殊经济区域,从中央到地方分别打造一套有别于内地专属于自贸港的特殊政策和法律制度,进行有针对性、可操作性和创新性的调法调规,推动自贸港立法创新法治保障,乃自贸港政策制度体系建构的核心。海南自贸港调法调规的制度集成创新,亟需贸易、投资、海关监管、税收、金融、人才、出入境管理、产业体系构建等重要发展领域,实现立法创新法治新秩序。

推动自贸港制度集成创新,紧扣自贸港调法调规机制,实现依法促进自贸港制度集成创新,强化构建自贸港法规体系和法治体系。自贸港调法调规的法治功能定位应与最高开放水平经济形态,其开放型、自由便利型的经济属性决定了自贸港调法调规的基本路径导向。自贸港贸易投资自由便利法律制度、金融创新监管体系、税收优惠特殊安排、政府职能转变、对标高水平国际经贸制度等,已构成调法调规的清晰思路方向。自贸港开放功能定位属性与自贸港调法调规的内容导向具有强烈的关联性,对标全球最高水平开放形态的自贸港政策制度建构的核心内容,制度集成创新则是自贸港最高水平开放形态下推进政府、市场和社会治理体系全面改革的根本要求。② 自贸港自由便利制度体系、自贸港政府市场社会治理体系、自贸港对

---

① 宋才发:《地方立法的功能、权限及质量》,《社会科学家》2022年第3期。
② 刘云亮、卢晋:《中国特色自贸港对接CPTPP经贸规则的可行性基础及法律对策研究》,《西北民族大学学报(哲学社会科学版)》2022年第6期。

标国际经贸规则体系等与自贸港高水平营商环境建设息息相关,构成自贸港调法调规的重要组成部分。

关于海南自贸港调法调规的立法创新内涵,即指引更加注重结合《自贸港方案》建设目标路径导向,紧扣《自贸港方案》所显现"614"制度体系内容,扩展自贸港调法调规路径内容体系的内容,促成自贸港调法调规工作机制的科学完整性和协同性。因此,《自贸港方案》"614"制度,聚集成为自贸港调法调规的内涵拓展和目标发力的重要领域空间,更是自贸港调法调规内容体系的主要组成部分。海南自贸港建设是新时代全面深化改革开放的先行先试的重大举措,需要突破对现行法律法规制度的改革试点,要对现行相关法律制度进行"调法调规",要重在解决规制海南自贸港先行先试的改革开放合法性问题,满足自贸港建设的立法供给与法治保障,尤其是通过国家顶层设计,调整有关法律法规的适用或暂停法律效力。自贸港调法调规意在破除既有制度对海南自贸港的全面深化改革和制度集成创新的束缚,对现行有关制度的调整变通和法治创新的重要法治途径,其具有立法或修法活动的灵活性和针对性。①

3. 自贸港调法调规致力改革开放先行先试创举

自贸港建设,需要赋予海南较为充分的改革自主权,尤其是充足的立法权限保障。《海南法治建设意见》指出,"改革开放 40 年的经验告诉我们,做好改革发展稳定的各项工作离不开法治,改革开放深入越要强调法治",并指出"对改革开放先行先试地区相关立法授权工作要及早作出安排",坚持先立后破,不立不破。② 建设中国特色自贸港许多事项涉及法律保留的内容,构建与制度型开放相适应的自贸港政策和制度体系,是新时代我国持续推进对外开放战略和坚定维护全球自由贸易体系的理性选择和顶层设计安排。自贸港调法调规,将进一步充分彰显新时代中国特色社会主义全面

---

① 王建学:《国家纵向治理现代化中的立法变通授权》,《地方立法研究》2022 年第 2 期。

② 常健:《协同治理、指导性授权与自由贸易港治理模式的法律设计》,《中国政法大学学报》2024 年第 2 期。

深化改革开放,促进高质量发展的守正创新的法治创新秩序。自贸港调法调规将成就新时代中国特色社会主义法治创新机制新路径,为完善中国特色社会主义法治理论与制度实践,提供自贸港法治创新经验。自贸港调法调规提供与其相适应的法治创新空间及机遇,实现自贸港法治内容与国家上位法有所创新契机,推动自贸港制度集成创新得到相应法治保障,[1]真正实现和彰显自贸港"敢想敢闯、先行先试"实干精神。

调法调规虽不能完全等同于授权调法决定,但与授权调整法律、行政法规适用高度关联。全国人大常委会、国务院对自贸区等特定经济开放区域实施调法调规实施决定,已成为特定经济开放区域改革发展与制度建设的成熟稳定法制经验,并诠释全面深化改革与推进全面依法治国之间的良性衔接关系。"调法调规"作为缓解改革创新与法治先行关系的重要调试调适制度举措,是富有中国特色、符合我国改革开放和中国法治现代化的改革推进思路。调法调规的立法保障思路,实际上是一种渐进式的改革先行先试探索立法创新机制。从特定经济开放区域的建设实践中,积累成熟的法治建设经验,是我国改革开放尤其是实行自贸区战略十周年来积累的成熟法治经验。这与海南自贸港的"两步两分"(分阶段分步骤)的建设目标规划,采取试点推进,积极先行先试,积累经验,集中智慧,分阶段分步骤建设与具有国际竞争力自贸港相吻合的自贸港改革试点授权机制。[2]调法调规实质上也是一次先行先试的立法创新尝试,在全面推进依法治国,推动国家治理体系和治理能力现代化的背景下,做到重大改革于法有据,法治先行引领改革创新亟须立法创新,实现法治保障。

自贸港调法调规实现立法创新,推动海南自贸港改革开放先行先试举措的法治保障,是区域经济法治创新与发展过程中需要考虑的重点问题。调法调规的特殊改革授权模式,融入到海南自贸港高水平开放的制度体系

---

①　严冬峰:《〈备案审查决定〉的出台背景和主要内容解读》,《中国法律评论》2024年第1期。

②　王建学、张明:《论海南自贸港法规的备案审查》,《河北法学》2022年第10期。

建设之中,是妥善处理法安定性与改革深刻变动性的灵活有效方式。① 海南自贸港建设更强调独创性和敢想敢闯的精神,自贸港建设不仅仅涉及投资与贸易问题,而且是一个集多方面维度和领域的经济功能综合体,并承担着为我国实施更高水平开放型经济体制建设积累经验,为我国加入更高标准自贸协定开展更高水平压力测试的任务。因此,自贸港调法调规有助推进探索自贸港封关运作后的立法创新法治保障机制,需要在法治框架下以调法调规与自贸港立法权创新相结合的方式,解决自贸港作为改革开放先行区域的重大法治保障问题。《自贸港方案》强调以贸易投资为重点的各项改革内容,例如明确了 2025 年、2035 年、2050 年建设规划内容,需要及时通过立法途径予以确定化,赋予法律约束力。对于条件还不成熟,还需先行先试,暂不具备上升到立法层面的领域,但又涉及对现行法律和行政法规规范冲突的部分,可考虑通过法定程序由全国人大常委会或国务院作出相应的调法调规决定,推动自贸港调法调规,有效促进立法创新与改革开放制度先行先试协同发展。

全国人大常委会、国务院有关调法调规的决定方式,推动了特殊功能经济区域的改革发展,同时也涉及到农村土地改革、司法制度、国防和军队等领域的改革。② 实施调法调规,是对我国现行法律制度的完善和创新,海南自贸港调法调规一个长期性的过程,会有诸多不确定的因素发生,许多与自贸港建设相关的制度与法律法规体系都尚在探索建构之中。③ 因此,自贸港封关运作建设和制度体系建构,需要及时提供高效稳定的法治供给,如果通过频繁修法,则会影响我国法制统一的严肃性和现行立法体制的稳定性,而且通过正式的立法途径也需要长期繁琐的程序要求。事实上,适用调法调规,调整或暂时停止适用法律规定的部分,实践证明可行的,及时修改相

---

① 李德旺、叶必丰:《地方变通立法的法律界限与冲突解决》,《社会科学》2022 年第 3 期。

② 王春业:《论我国立法被授权主体的扩容——以授权上海制定浦东新区法规为例》,《政治与法律》2022 年第 9 期。

③ 张守文:《"破旧立新":改革试验区建设的法治问题》,《法学杂志》2023 年第 5 期。

关法律内容。实践证明修改法律条件不成熟的,可延长授权期限或者恢复相关法律的实施效力。这有助自贸港改革开放政策措施先行先试,与改革综合试验田的战略定位是相吻合的。

四、自贸港对标国际经贸规则调法调规路径

结合我国加入 WTO 后国内进行大规模调法调规实践,调法调规的形式主要是立法、修法、暂时调整法律、行政法规实施、废止及清理法律法规、进行法律解释等主要常规性方式。RCEP 的全面落地生效,再到我国积极推进加入 CPTPP 的谈判实质性工作,是新时期我国实施的最新对外开放战略。目前,海南自贸港已进行的五次调法调规工作,大多涉及以上方式的运用,立法和调法修法是调法调规工作的主要形式,其他两种虽然也有专门的单行法予以规范,但相对分散化,未形成调法调规的协同合力。

(一) 自贸港对标国际高水平经贸规则的调法调规方式

1. 适应自贸港的国际化趋势,在对接高水平国际经贸规则基础上注重四种立法权间的衔接

海南自贸港是我国推行贸易投资自由便利化的试验田,培育、参与和引领国际经贸规则制度提供制度基础,是我国深化改革开放、扩大开放的一个重大战略举措。自 1547 年第一个自由贸易港在意大利里窝那建立,目前世界上有数十个国家千余个自由贸易港。海南自贸港的设立是全球化不断深入的表现,是顺应国际化大趋势的重要举措。贯彻习近平总书记"4·13 重要讲话"和中央"12 号文件"精神,重点强调了法治建设在中国特色自由贸易港中的重要地位和作用,并对海南自由贸易港法治建设进行了部署并提出了具体要求。《自贸港方案》提出了构建海南自由贸易港法治体系的理念,这也是我国首次提出地方法治体系的新概念。《海南自贸港法》生效施行后,海南自贸港的立法权就由自由贸易港法规立法权、经济特区法规立法权、地方性法规立法权以及民族自治法规立法权构成,其中自贸港法规立法

权是海南相较于国内其他经济特区和其他自由贸易试验区独有的地方立法权,一定意义上丰富了海南的地方法治体系。从效力位阶上来看,自贸港法规应当高于或等同于经济特区法规,高于一般地方性法规,低于民族自治法规。主要是民族自治法规涉及《宪法》确立的国家基本政治制度—民族区域自治制度,从规范依据上有宪制基础,而自贸港发挥更多承载的是一种改革试验功能。因此,推进自贸港对标国际高水平经贸规则的涉外法治工作,应坚持问题导向、突出重点,在选择运用地方授权立法权或者国家层面的调法调规等法治保障类型方式时,应当从各方面角度考虑国家对外开放战略的实际需求与发展趋势、法律法规的动态发展趋势与制定修改法律法规的成本,针对各种法律法规和程序之间衔接不畅、与国际经贸法律制度不兼容等问题,抓住关键问题环节着重予以规范。例如应从主体职责分工、内容思路体系、法规和程序间的衔接、促进保障机制措施等方面,思考如何从与各类的经贸规则相衔接。

作为具备全球最高开放水平形态的特殊区域,地方法治建设应聚焦国际视野和全球化视角,契合海南自贸港的发展定位。充分衔接和协调好不同立法权运用,与高水平国际经贸规则的对接。以 RCEP 全面生效为例,海南作为在地理位置上与 RCEP 各国的中心区域,与内地相比有很大的区位优势,要积极主动融入中国与东盟 FTA、日韩 FTA。不断在自贸港法的基础上加强法治创新,重视法规体系建设与国际经贸规则衔接的深度和广度,持续优化自贸港对外开放型经体制。首先,在特区立法权的运用上,要用好经济特区立法权的变通优势。推动乡村振兴建设,鼓励扶持发展热带高效农业和乡村特色旅游产业,加快出台《海南经济特区乡村振兴促进条例》,释放海南农村发展潜力,建设美丽乡村新路线,推进城乡经济一体化发展的协同创新,从根本上解决岛内城乡社会发展水平和收入差距问题,实现全方位的产业国际化建设。其次,在海南自由贸易港法规立法权行使上,要更加融合国际投资贸易规则的新发展和新方向,创造一个体现制度型开放、有利于全方位吸引 RCEP 各国进驻自贸港内投资兴业的法治环境。结合 RCEP 第十一章知识产权章节和第十二章电子商务章节条款,自贸港法规应聚焦于数字经贸发展和知识产权国际保护的新要求,制定出台与国际接轨的《海南自贸港植物新品种保护管理条例》和《海南自由贸易港数字贸易发展促进条例》,加快智慧海南建设,同时注重数据安全的有效监管。另外,东盟各国与海南文化和习俗的相似性,东南亚地区也有丰富的人力资源,随着文化自信的增强,各民族间的交流也日益频繁,民族风也会融入其中。充分利用好民族自治地方的自治权,为扩大海南本地民族特色产业的国际影响力和铸牢中华民族共同体意识提供法治保障,制定有关推动民族文化产业发展,鼓励民族地区对外开展国际经济文化交流的民族产业发展自治法规,加深与东南亚各民族的经济文化往来,扩大海南黎锦服饰等优秀文化遗产迈向国际化道路。与此同时,在打造与高水平经贸规则对接适应大开发的环境下,要统筹好高质量发展和环境安全的关系,利用海南一般立法权对环境保护未涉及的事项做出规定,协调好自贸港建设和环境保护的问题,加强对热带生态资源和旅游生态资源的严控生态用地。

2.积极推进构建自贸港涉外经贸活动立法

当今世界百年未有之大变局和中美贸易摩擦常态化趋势下,全球竞争逐渐从传统的经济领域向法治领域过渡。美国针对中国崛起,不断推行霸权主义企图构建以自身为主导的世界单极化规则,冲击以《联合国宪章》为核心的国际法体系,以实现美国法的"全球化"。为了应对中美长期的法律制度竞争,中国特色自贸港的调法调规工作也显得十分重要,中国特色自贸港,为我国涉外法治建设积累成功经验,强化提升国际竞争的法律实力。中国特色自贸港调法调规工作,应突出规则的灵活性和多元性,强化对外国际经贸活动的法治规则话语权,以构建人类命运共同体和强化"一带一路"倡议为基本原则,为持续深化与 RCEP 各国的区域合作提供法治支撑。随着 RCEP 已在中国全面生效落地,但在一些重要且是国内重点关注的发展领域,例如电子商务章节,与我国国内法还存在部分差异。海南自贸港在地理位置上位于 RCEP 各国的前沿区域,在实现国内法律规则与 RCEP 经贸规则兼容度上,应发挥自贸港独特的先行先试试验立法优势,加快开展对标国际经贸规则的调法调规工作,利用自贸港法规立法变通权,将国内法诸如《个人信息保护法》《电子商务法》《网络安全法》等与 RCEP 相关条款有冲突的,可通过报请全国人大常委会的批准程序变通相关条款在自贸港内实施,积极履行自贸港建设的国际义务,提高自贸港调法调规的国际化站位。需要重视与 RCEP 各项经贸规则在实践中的具体落地实施,并且详细化地整理地方性法规,以此来对接 RCEP 有关营商环境、服务贸易以及投资等事项的规定,努力构建一个法治化、国际化、市场化的营商环境。

近年来,国际政治、经济、军事、外交格局日益复杂多变,世界经济发展不确定因素多发,我国需要建立一个能与国际通行规则对接的国际高水平自由贸易港。海南作为新时代中国改革开放的示范,其核心就是要承担高水平开放的桥头堡、制度集成创新的新高地以及高标准制度开放的压力测试试验田。当下以美国为首的西方国家不断推行单边主义、保护主义和民粹主义,尤其是特朗普时期推行的"美国优先",再到前任总统拜登正式成立"印太经济框架",其核心是企图遏制中国的崛起,在国际多边治理和全球贸易规则重构中,将中国边缘化。二战后,美国主导建立了联合国、世界银行、国际货币基金组织、世界贸易组织,一直掌握着国际规则制定和修改的主动权和话语权,自身也有一套比较完善的域外法律管辖、法律规则域外适用和执行的美国涉外法律制度,可以熟练地运用各种规则方式开展跨国诉讼和仲裁,并运用自身主导的规则体系对他国进行国际法律制裁。由此可见,未来中美之间将要进行的是一场长期性的战略竞争,而且更多将会以"规则战""制度战"形式进行。面对美国非理性霸权主义,我们实现中华民族伟大复兴,必须发挥 21 个自贸区和自贸港先行先试的先天性优势,形成一批在全国自贸试验区具有可借鉴意义的开放型压力测试创新案例。海南自贸港相对独特的地理地缘战略位置,也成为国家试行各种规则制度的压力测试平台之一。《海南自贸港法》第 9 条明确规定:国家支持海南自由贸易港主动适应国际经贸规则和全球经济治理体系改革新趋势,积极开展国际交流合作。主动对标国际高水准的经贸规则是自贸港不断扩大对外开放的必经之路,也是海南自贸港调法调规的重点方向。自贸港调法调规工作不仅要符合海南的实际情况,也要积极主动与国际接轨,适应国际经贸规则治理重构的新趋势。以法治先行为引领,创新地方立法的新模式,引入国际上先进并符合我国未来改革方向的通行规则,在岛内试行进行规则压力测试,实现国际高水平经贸规则和中国特色本土规则良性对接,为中国参与国际法治改革治理掌握国际话语权,参与全球法律竞争中积累宝贵经验。通过调法调规的一系列制度措施,完善海南自贸港对外开放的经贸法规体系,以法治手段助推海南自贸港经济社会实现全面发展,提高中国特色自贸港的世界影响力。

3. 构建自贸港对标国际高水平经贸规则的保障措施

自贸港对标国际经贸规则的调法调规工作,关键围绕"614"制度作为总抓手推进实施。国家应采取各项措施调动各方面的积极性,加大对相关立法机构人员的专业培训力度,尤其是重视自贸港涉外法治人才的培养,这也是决定自贸港涉外经贸工作质量的关键性因素。强化立法机构提升高素质的专业化、国际化的法治人才,立法人才要具备能熟练掌握国际经贸规则、法律英语应用水平、外国法的检索和翻译能力。首先,强化自贸港对标国际经贸规则研究队伍的专业化和职业化队伍建设。自贸港对标 RCEP、CPTPP 经贸规则涉及范围广、专业性强,任务复杂艰巨,需要高水平的法治工作队伍为重要支撑力量。有关国家机关应完善法制机构工作人员的培训机制,加强立法机构工作机构人员、涉外民商事法庭审判人员、海南国际仲裁院仲裁员、海南国际商事调解中心调解员等涉外法治工作队伍的专业化、国际化建设。强化健全自贸港涉外法治人才培养,培育涉外法治思维,加强海南地方法规规章与 RCEP、CPTPP 等自由贸易规则的国际通行标准的接轨程度。其次,要强化自贸港法治研究。自贸港应当鼓励开展自贸港法治研究,尤其是紧扣自贸港"614"制度,全面研究与其相适应的法治创新法治保障等内容。鼓励高等院校结合自贸港调法调规的实际需要,开设以国际法学为核心的涉外法课程,要立足于国家建设中国特色自贸港的重大战略,将理论研究与深入实践融入自贸区(FTA)建设以及"一带一路"倡议,推进对学生开展域外知名自贸港法律制度和国际代表性区域多边自贸协定经贸规则的课程教学,加强国际法学基础理论研究,提升涉外法治人才的培养质量,加快培育更多具有国际视野、中国特色的卓越自贸港涉外立法实践应用人才。

此外,自贸港探索试行各类高水平国际经贸规则进展过程,必然涉及不同立法权之间的行使运用,既要创新自贸港法规和经济特区法规的行使方式,又要针对现存的地方性法规进行梳理研判,分析是否符合中央对于自贸港建设的新要求和新方向,是否需要修改废止或者在立法内容创新上另辟蹊径。这些过程中如果会涉及变更或创制法律、行政法规专门事项的,应当及时向全国人大常委会、国务院汇报请示,以提升自贸港法规体系建设的进展效率。对标 RCEP、CPTPP 经贸规则的敏感部分也应遵守《法规、司法解释备案审查工作办法》的规定。如果自贸港该协定规则的内容存在与党中央重大决策部署相违背或者国家重大体制性改革不符,超越自贸港授权立法或中央调法调规的权限、事项、范围情形的,应当及时终止或调整。因此,为了保证对标国际经贸规则的自贸港地方立法过程的合宪合法和程序正当,尤其涉及到国家事权的基本事项,应加强与中央及其各部门之间的协商沟通,积极征求意见和反映实际状况,取得良性的沟通协商结果。

(二)自贸港对标国际高水平经贸规则的调法调规路径

有序推进自贸港封关运作工作相配套法规的立法建构,应当坚持问题导向、突出重点,尤其强化推进自贸港调法调规,应坚持协同规制,齐头并进选择确定调法调规的对象内容及其路径。自贸港调法调规应考虑国家对外开放战略下对标最高水平开放形态的功能定位、"614"制度实施、法律法规实施现状等,研究自贸港调法调规与自贸港法规制定权运用的衔接性关系。①
应建立自贸港改革授权立法机制与中央调法调规的制度衔接机制,并加强
中央层面对自贸港建设重点领域的调法调规和发挥自贸港立法的有限突破
性和创新性;充分发挥自贸港法规的开放性和调法调规灵活性立法创新权
能,聚焦自贸港贸易投资自由便利化的重点领域,加快促成开放型的自贸港
法规体系。

1.调法调规开辟自贸港法规制定权行使的新路径

自贸港调法调规与自贸港法规制定权相结合,是推动自贸港制度集成
创新的立法创新路径的突出表现。《立法法》第16条和第79条规定调法调
规是立法服务于改革创新的表现,也是进一步丰富和拓宽自贸港立法创新
的重要路径之一。《海南自贸港法》第6条、第7条明确了海南自贸港建设
由党中央统一领导、国家统筹协调和指导推动、海南积极落实推动的央地领
导职权分工机制。自贸港建设央地分工机制,国家层面的调法调规有助自
贸港发挥"小切口,立短法、立致用"的精细化立法创新特色的有效保障,②
全国人大常委会、国务院实施调法调规能够积累有关法律法规修改的经验,
海南自贸港法规的变通和创制立法权的运用,则能够起到对相关领域法规
的制定和修改作用。③ 为了保证自贸港法规制定权能够服务于国家整体战
略的实际需要,海南省人大及其常委会积极参与推动自贸港调法调规协同
机制,充分扩大和促进海南自贸港法规制定权适用的空间及其范畴,推动自
贸港封关运作,实施"一线放开,二线管住,岛内自由"贸易投资制度的"境
内关外"法律制度。

自贸港封关运作后,加速构建自贸港法规体系,将更多聚焦于对接域外
先进制度规则,吸收借鉴国际法治发展的重大成果,以满足建设具有世界影

---

① 齐爽:《我国内陆地区探索建设自由贸易港的多维度思考和现实考量》,《中州学刊》2021
年第11期。

② 俞祺:《授权立法范围的合理界定》,《法学》2024年第2期。

③ 周叶中、周鸿雁:《我国经济特区立法变通权的规范审视》,《荆楚法学》2022年第3期。

响力自贸港的目标要求。①《自贸港》第9条规定明确海南自贸港应积极借鉴先进的国际经验,适应国际经贸规则的变革趋势,积极融入全球经济治理体系。该条表明国家支持海南自贸港积极对接国际高标准经贸规则,也规制自贸港对标国际高水平经贸规则的域外适用效力,充分彰显自贸港发挥国内国际双循环发展新格局新特色。自贸区和自贸港组织落实各项制度型开放试点任务需要调整现行法律或行政法规的,按法定程序办理。当下自贸港调法调规不仅要结合《自贸港方案》"614制度"建构需求,而且要在自贸港封关运作后亟需推进调试与内地有关法律法规适用的协同关系。例如亟待调整《海关法》《关税法》《对外贸易法》《出入境管理法》《旅游法》《数据安全法》等相关法律在海南自贸港适用效力,因为这些实体法领域与《自贸港方案》规制的五大自由便利外加一项安全便利有序的基本制度密切相关,而且与自贸港构建多元化国际商事纠纷解决机制协同一致,共同服务于境外投资主体打造稳定可预期的营商环境的目标,更需要加强对于程序法和冲突法的协同调整,尤其考虑调整海南自贸港变通适用《涉外法律关系适用法》,构建与对标高水平经贸规则相适应的自贸港冲突准据法和程序法制度。②

自贸港法规制定权,源于《海南自贸港法》第10条明确该权行使主体专属于海南省人大及其常委会,自贸港法规适用范围与海南经济特区法规一样,适用于海南全岛,并不包含三沙市。自贸港法规制定权就贸易投资、建设及管理活动事项,在履行报批程序的前提下,可对法律、行政法规专属事项进行创制或变通。行使自贸港法规制定权,创制以贸易投资自由便利为核心的自贸港法规,虽不涉及自贸港调法调规问题,却是实施自贸港调法调规的后续新拓展,因此存在一定"承上启下"的赓续性,更是调法调规内容的立法创新路径,其最大特点在于立法事项的全面聚焦性、立法内容的开

---

① 崔凡:《国际高标准经贸规则的发展趋势与对接内容》,《学术前沿》2022年第1期。

② 丁伟:《我国特定经济区域变通适用国际私法规范的前瞻思考》,《政治与法律》2022年第9期。

放创新性和立法权限的"有限突破性"。海南自贸港封关运作后,自贸港法规制定权的运用也将逐步常态化,调法调规的方式和内容也将呈现新趋势、新导向和新路径。不仅要强化自贸港法规遵循宪法和法制统一,而且更要强化与海南经济特区等地方法规的相互衔接、优势互补,促成不同领域法规体系汇集合力的自贸港调法调规内容新体系。① 自贸港法规制定权在调法调规机制助推下,将发挥更多立法主动性和创新性,彰显自贸港立法创新动力。通过调法调规推动自贸港实现"以调促立"和"以调促修"的立法创新格局。例如为支持海南全面深化改革开放,推动海南自贸区政策落地,2020年4月29日十三届全国人大常委会第十七次会议决定,授权国务院在中国(海南)自贸区暂时调整适用《土地管理法》《种子法》和《海商法》等法律有关规定,基于此,海南省人大常委会也积极运用自贸港法规制定权出台了《海南自由贸易港博鳌乐城国际医疗旅游先行区医疗药品器械管理规定》《海南自由贸易港征收征用条例》《海南自由贸易港促进种业发展若干规定》等自贸港法规,实现央地立法良性互动衔接。

2.调法调规促进自贸港贸易投资自由便利制度立法先行路径

自贸港法规制定权,主要指是海南省人大及其常委会拥有的法定立法权,即自贸港法规制定权与经济特区法规立法权,是海南省两种立法形态。② 经济特区法规立法权与自贸港法规制定权来源依据,分别是1988年4月全国人大发布《关于建立海南经济特区的决定》和2021年6月颁布施行的《海南自贸港法》。后者规定了海南自贸港法规制定权相关内容,明确为自贸港高水平开放促进高质量发展提供相应的立法创新保障机制。2023年修改《立法法》第16条和第79条对调法调规进行了相应规制与完善,为海南自贸港立法创新推动促成法规体系和法治体系,提供了有力的法治创新空间和动力。自贸港调法调规是一种较为灵活的立法创新保障路径,其

---

① 陈寒非:《试验性法治:暂行立法的游击战逻辑》,《清华法学》2023年第5期。
② 刘子宜:《海南自由贸易港授权立法模式发展与完善》,《法律适用》2023年第3期。

可以在法理依据、制定主体、行使权限与适用范围等方面具有高度立法创新空间和先行先试优势,充分彰显自贸港贸易投资自由便利制度的核心价值。

《海南自贸港法》已全面为自贸港建设提供了立法依据和法治建设保障,有关自贸港法规制定权的规制,凸显海南省人大及其常委会在自贸港立法创新和法治保障促成自贸港法规体系、法治体系的"行使改革自主权"重要性。海南自贸港政策和制度体系更多聚焦贸易投资等五大领域的自由便利制度,《海南自贸港法》第 2 条第一款就明确规制自贸港"实现贸易、投资、跨境资金流动、人员进出、运输来往自由便利和数据安全有序流动",以此为基础构建自贸港法规体系。在某种意义上,《海南自贸港法》出台后,尤其是 2023 年修订《立法法》,为自贸港调法调规制度化提供了重要的法律依据,也将自贸港调法调规工作提到了自贸港法规制定权行使日程,成为海南自贸港法规体系构建及其完善的常态化工作。海南自贸港建设覆盖范围较广,涉及领域宽泛,与我国现行有效法律或行政法规有较多关联,而自贸港贸易投资自由便利制度的政策体系构建亟需推进相关调法调规工作,加快促进完全适应自贸港建设的步伐。以《立法法》第 16 条为基础的相关授权决定的临时性和个别性,因未形成系统性和体系性,已不能完全适应海南自贸港自由便利制度的高水平开放需求。梳理海南现行有效的地方法规,尤其以《海南自贸港法》第 10 条明确自贸港法规制定权,加快对标国际高水平经贸规则,清理、废止与自贸港建设不相适应的法规,借鉴国际经验,立足中国特色,制定符合海南发展定位的自贸港法规、地方性法规,并加强不同法规间的衔接,加快自贸港调法调规的工作进程,促成自贸港法规体系。

遵循自贸港自由便利制度理念,"大胆试、大胆闯、自主改"是海南建设自贸港亟需敢想敢闯的勇气显现和路径认知。[①] 基于自贸港自由便利制度

理念,推动自贸港调法调规,助推科学准确行使自贸港法规制定权。调法调规成为自贸港促成贸易投资自由便利制度化、法治化的重要路径,实现自贸港法规制定权行使的创新路径,彰显自贸港创新立法内容及其形式的载体。国际经贸活动持续主张便利化,目的在于简化国际经贸活动的进出口手续和程序规则,聚焦货物进出口诸多单证等所付出时间和成本,简化便利化正是尽可能降到最低交易成本。正是如此,国际经贸规则的基本价值所现,在于强化优化世界银行营商环境报告的便利化评估指标,即贸易便利化致力于降低和简化进出口商品的口岸成本,其具体显现简化口岸单证申报程序及时间。自由便利化是市场主体强烈要求的发展方向,便利度则实施国际经贸便利措施程度及其效果状态,促进营商环境优化的重中之重。① 从全国人大常委会、国务院对海南既往的调法调规实践来看,例如 2020 年 4 月全国人大常委会发布授权决定,在中国(海南)自由贸易试验区暂时调整《土地管理法》《种子法》《海商法》的适用效力,国务院在 2020 年 6 月 28 日也发布国函〔2020〕88 号文件,决定在中国(海南)自由贸易试验区暂时调整实施《海关事务担保条例》《进出口关税条例》《国际海运条例》《船舶和海上设施检验条例》和《国内水路运输管理条例》等 6 部行政法规,以及 2023 年 10 月 27 日发布《国务院关于同意在海南自由贸易港暂时调整实施有关行政法规规定的批复》,调整实施《认证认可条例》《市场主体登记条例》有关规定。如此显现出调法调规适用对象及其范畴,明确"自由贸易试验区"和"自由贸易港"的冠名意义,也指出其调法调规适用的自由便利制度价值目标,海南岛全岛正是自贸港调法调规的空间适用效力与自贸港法规和经济特区法规适用范围相似,都划定为海南全岛。② 海南自贸港率先与国际经贸规则对接,彰显制度型开放新趋势,推进优化营商环境。如此表明,倘若只强化自由度,忽略与其相适应的便利度,主体自由也将是空洞的。

---

① 刘云亮:《营商环境法治化三维论》,《政法论丛》2024 年第 3 期。

② 李德旺、叶必丰:《地方变通立法的法律界限与冲突解决》,《社会科学》2022 年第 3 期。

倘若仅强调其便利度,缺乏相对应的自由实体权能,其便利沦为形式。自由便利制度核心价值导向,也充分彰显自贸港调法调规的目标路径。

此外,从功能定位来看,调法调规与自贸港法规和经济特区法规都是释放海南立法权的"红利",且具有变通立法的功能。自贸港法规、经济特区法规的核心功能,在于变通权的行使,能够对法律、行政法规的规制事项进行变通,其变通立法需要有相应充分的理由。事实上,调法调规是自贸港变通立法的前提和方式,变通立法则是自贸港实现贸易投资自由便利的充分理由和实践发展需要。自贸港调法调规促进变通立法,其适用的路径及其情形,更多集结两大缘由,即紧扣《自贸港方案》明确"614"制度架构设计和彰显自由便利价值理念的自贸港优化营商环境的实践进展。调法调规涉及全国性法律、行政法规的适用效力在海南自贸港进行调整或暂停适用,其具有一定变通国家基本法律和行政法规的功能,属于广义上的变通性立法。调法调规与自贸港法规制定权行使具有因果关系,又存在一定的相通性和制度功能相似性。调法调规虽未归类到变通性立法之中却又往往是自贸港变通立法的前置,从形式和效力上调整了法律和行政法规在自贸港的适用效力。自贸港法规制定权与经济特区法规立法权进行变通性立法,其本质上也是对上位法效力的调整适用,也限定为一定的区域空间适用调整。①因此,事实上,两者都具有变通法律法规的适用效力,存在强烈的调整法律法规的功效。自贸港调法调规,将推动自贸港法规制定权的充分行使,调法调规极大释放出自贸港法规制定权行使的立法创新自由便利制度新空间,其显现出自贸港法规制定权的自由便利制度价值空间效力。自贸港法规在调法调规下此前生效的法律、行政法规的时间空间效力被调整了,自贸港法规制定权呈现出更多的立法创新机遇,与《立法法》第16条与第79条有关调法调规条款,在实施范围与效力范围上具有临时性与特定性,并附有日落

---

① 刘云刚、刘玄宇:《政治地理学视角下的海南自由贸易港发展解读》,《资源科学》2021年第2期。

条款相比,自贸港法规制定权具有一揽子授权的长期性、稳定性与明确性。①

3. 调法调规加速促成自贸港法规体系的架构路径

构建自贸港法规体系,是建设中国特色自贸港的重要制度体系内容之一。《自贸港方案》明确指出,到 2025 年,初步建立以贸易自由便利和投资自由便利为重点的自由贸易港政策制度体系,营商环境总体达到国内一流水平。《海南自贸港法》通过实施后不久,海南省人大就通过了《〈中华人民共和国海南自由贸易港法〉配套法规专项规划(2021—2025)》,开始规划推进自贸港法规体系建设,并结合 2025 年海南自贸港封关运作进行自贸港法规体系的配套建设规划。与此对应,有关自贸港调法调规的任务规划应与自贸港法规体系的建构并行推进,更好促成以最高水平开放形态相吻合的自贸港法治体系。海南自贸港调法调规工作与自贸港开放型法规体系具有强烈的关联性,《海南自贸港法》第 1 条明确规定,为了建设高水平的中国特色自贸港,建立开放型经济新体制的立法根本目的。自贸港法规体系具有很强的开放属性,打造开放型体制新格局奠定了自贸港调法调规的根本导向。② 新时代新机遇,开放是中国式现代化的鲜明标识。提升开放能力,建设更高水平开放型经济新体制,③是推进实现中国式现代化的重要目标。主动对接国际高标准经贸规则,构建与更高水平开放型经济新体制相适应的海南自贸港法规体系,更是自贸港调法调规的目标及其路径。

《海南自贸港法》规制自贸港法规体系,是我国现行法律法规体系的创新与发展,尤其是充分彰显我国制度型开放的经贸法律法规新形态,并突出海南自贸港现代产业发展的法治规制特色。推动构建自贸港法规体系,将

---

① 周宇骏:《〈立法法〉试点立法条款的分离设置及其权力逻辑》,《政治与法律》2024 年第 1 期。

② 刘云亮:《中国特色自贸港法规体系构建论》,《政法论丛》2022 年第 6 期。

③ 《中共中央关于进一步全面深化改革　推进中国式现代化的决定》,《人民日报》2024 年7 月 22 日第 1 版。

是一个长期的任务,将涉及新时代海南全面深化改革开放的重要过程,不仅规划 2025 年前和 2035 年前各自需要完成的自贸港立法规划,而且还要放眼未来三十年自贸港建设所需法治保障安排,规划与自贸港建设相适应的法规,推动自贸港调法调规,早日促成自贸港法规体系发展完善。调法调规成为保障促进自贸港法规体系构建和完善的持续有效良性运行路径和自贸港建设的重要法规立法供给保障,也有利确保海南自贸港在法制统一的轨道上行稳致远,其必然在海南建设开放型自贸港法规体系中扮演重要作用。①

自贸港调法调规,既要强化推进发挥海南省人大及其常委会促成自贸港法规体系的重要性,又要及时推进启动全国人大常委会、国务院依据《立法法》第 16 条和第 79 条就现行法律法规,与自贸港"614"制度体系架构不相适应的法律、行政法规进行调整或暂停实施。因此,有必要对现行与自贸港打造贸易投资自由便利化制度体系相关的法律、行政法规分类和梳理甄别,重点研究鉴别这些法律、行政法规与自贸港法规体系、自贸港"614"制度体系架构是否协同一致,进而界定是否要列入"调法调规"的规划范畴,并决定适时启动自贸港调法调规,推动相关法律法规修改或废止。建议全面启动开展调法调规改革,推进与构建自贸港法规体系的统一协调相关工作。自贸港调法调规需要协调并进,持续不断地推进其同步治理,不仅促进构建和完善自贸港法规体系,而且更重要是保障自贸港法规体系的处于一种不断持续完善的动态机制。海南省人大及其常委会、海南省人民政府等主体是自贸港法规体系的重要构建主体,要确保不断强化实现自贸港立法和制度集成创新系列改革决策相衔接,做到重大改革于法有据、立法主动适应自贸港建设制度改革和经济社会发展需要。

构建和完善自贸港法规体系,调法调规是一个重要的立法创新路径。对于经过调法调规阶段性调整后的法律法规,如果不适应改革要求的,要及

---

① 姚魏:《论浦东新区法规的性质、位阶与权限》,《政治与法律》2022 年第 9 期。

时修改和废止,以确保自贸港法律法规体系与高水平开放制度相适应相衔接。如果制定自贸港法规或经济特区法规的实践条件还不成熟、需要先行先试的,要按照法定程序作出授权。《海南自贸港法》实施三年多后,已制定与自贸港建设相关的 31 部自贸港法规,有力推动构建海南自贸港法规体系。中央"12 号文件"和《自贸港方案》明确规定,自贸港各项改革政策措施,凡涉及调整现行法律或行政法规的,经全国人大或国务院统一授权后实施。中央有关部门根据海南自贸港政策需要,及时向海南省下放相关管理权限,给予充分的改革自主权。海南省人大及其常务委员会,作为自贸港法规体系的基本主体,其依法向中央争取和提请启动自贸港调法调规的建议不仅是工作职责,也是调法调规促成自贸港法规体系得以构建的重要保障机制。① 自贸港调法调规作为央地立法良性互动的根本体现,都是在法制统一的框架下,协调中央与地方的事权配置与充分发挥央地两个积极性的重要方式,②也充分显现构建海南自贸港法规体系的重要实现路径。

4. 自贸港调法调规促进"小切口"立法的快捷路径

实施调法调规与自贸港法规制定权的结合运行,可以促进两者立法方式相互补充与并行融合推进。自贸港法规制定权的灵活性和快捷性权能的发挥,很大程度上可借鉴发挥自贸港调法调规的试验性和改革性效用。诸如 2023 年修改《立法法》第 16 条规定"基于改革创新的需要,授权国务院对相关法律规范进行调整或暂停实施",契合自贸港法规试验性特征以及"小切口"立法模式。又如《立法法》第 79 条对于"行政管理事项,国务院可授权对于行政法规进行调整或暂停实施",有助于海南省人大及其常委会自贸港法规制定权有关投资、贸易中相关管理活动的规制等。《立法法》第 16 条和第 79 条就调法调规进行相应规制与完善,为海南自贸港法规体系的构建提供了有力的法治创新空间和立法依据。自贸港法规的立法依据、

---

① 刘云亮:《法治化营商环境三维论》,《政法论丛》2024 年第 3 期。
② 聂新伟、卢伟:《海南自贸港:制度型开放的基础和使命》,《开放导报》2022 年第 3 期。

制定主体、行使权限与适用范围具有特殊性,与调法调规具有极其密切关联性,两者具有一定内在的相互依赖、相互促进、相互发展关系。① 《海南自贸港法》《立法法》也都就调法调规作出有关内容规制。

自贸港调法调规的立足点往往是选择一个改革的突破口,这又极其容易变成自贸港法规制定权的"小切口"立法,如此凸显自贸港调法调规功能价值。自贸港法规"小切口"立法突破点具有先行先试效应,其基于某个焦点或难点,进行制定自贸港法规,促成"小切口"立法突破,其中立法突破之前往往存在法律法规的禁区,需要先行启动调法调规"解禁",方能释放出自贸港"小切口"立法空间。自贸港开放型法规体系的目标导向,不少情况针对专门的问题进行专项适用性的精准性的"小切口"立法,待立法法规具有稳定性、持续性内容后,适机推出系统性、创制性的法规。构建自贸港制度体系和法规体系,是一项史无前例的、系统性、创新性课题,仅依靠"小切口"立法,难以促成自贸港法规体系和法治体系。② 海南自贸港封关运作后与内地法律法规制度的衔接、自贸港与经济特区、自由贸易试验区以及国内其他经济开发区等区域的协同立法关系,存在诸多难点焦点问题。尽管自贸港法规制定权享有较大领域的立法空间,但自贸港法规的系统性及其与国内其他区域的地方法规协同关系,仍有待进一步协调规制。党的二十届三中全会决议,已经指出探索区域协同立法,建设全国统一的法律法规和规范性文件信息平台。③ 表明自贸港调法调规、"小切口"立法等新型立法业态,亟待纳入全国统一的法律法规和规范性文件信息平台,进行相应规范化规制。

自贸港法规"小切口"立法,虽可助推构建自贸港法规体系,却仍难以

---

① 许昌:《新时代地方变通立法的创新与规制———以授权上海制定浦东新区法规为视角》,《上海交通大学学报(哲学社会科学版)》2023 年第 12 期。
② 许凯:《论"社会主义现代化建设引领区"的司法保障》,《上海对外经贸大学学报》2022 年第 2 期。
③ 《中共中央关于进一步全面深化改革 推进中国式现代化的决定》,《人民日报》2024 年 7 月 22 日第 1 版。

解决系统性的制度体系问题。多次持续推进自贸港调法调规或多次适用"小切口"立法等创新立法形式，将有助于促成自贸港法规体系。事实上，2021年7月海南省六届人大常委会第二十九次会议表决通过的《海南省人民代表大会常务委员会关于贯彻实施〈中华人民共和国海南自由贸易港法〉的决议》，已经明确有关"丰富立法形式，更加注重'小切口''小快灵'立法"重要表述，重视"小切口"立法已成为自贸港法规体系的构建路径。自贸港法规积极强化中央统一调法调规和海南省有关实施《海南自贸港法》的实施性与补充性立法的统一规定，遵守宪法规定和法律、行政法规基本原则等上位法规范的法制统一原则性要求。① 因此，自贸港法规制定权，在调法调规机制促进下将发挥"小切口"等更多立法灵活性和创造性，确保《海南自贸港法》实施推进，彰显立法创新的法治引领、协调推进和保障促进的改革动力。

自贸港调法调规，是一项极其具有创新性的立法形式，涉及自贸港推动立法创新、构建法规体系和法治体系等法治建设问题。高起点、高标准、高质量建设中国特色自贸港，充分彰显自贸港法治建设创新思路和新路径，促成自贸港立法体制创新。调法调规是推动自贸港立法创新的重要路径和环节，最能彰显自贸港法治创新内容，凸显自贸港"614"制度集成创新的立法热点焦点。自贸港调法调规往往与其难点突破点有着密切关联，尤其是"小切口"立法更聚焦反映自贸港调法调规的必要性和紧迫性，显现自贸港法规制定权的灵活性和创新性权能。聚焦创制自贸港自由便利法律制度，对接国际最高水平经贸规则，构建自贸港开放型法规体系。自由便利创新是海南自贸港的灵魂，调法调规的目标导向需要与其相吻合，打造自贸港市场化、法治化、国际化的一流营商环境。自贸港调法调规将聚集"614"制度集成创新、对标国际最高水平经贸规则等领域，亟需解开"禁锢"，解放思想，守正创新，推进实现自贸港建设顶层设计和改革自主权相结合、调法调

---

① 郑毅：《论海南自由贸易港法规制定机制及其实施》，《政治与法律》2023年第12期。

规和法制统一与法治创新相协同、中央立法和地方立法相协调,以此促成自贸港法规体系,进而加快构建自贸港法治体系。自贸港调法调规的核心内容,在于紧扣自贸港"614"制度,推动自贸港法治创新与制度集成创新驱动的发展价值相吻合。自贸港调法调规工作,重中之重强化重点开放领域的变通立法,推进自贸港法规的立改废释,确保自贸港制度集成创新法治保障,依法促进自贸港对标国际最高水平经贸规则,推动实现自贸港立法创新引领、法治促进和法治保障作用。

第二节　自贸港对标 RCEP 规则立法创新内容

RCEP 是当下全球最大的多边贸易协定,其生效有效提升了多边经贸规则的影响力,捍卫贸易自由化和多边主义规则。实施 RCEP,助推国际经贸规则体系的最大效力化。建设中国特色自贸港,核心在于构建开放型经济机制,RCEP 机制正是自贸港推进国际化的路径之一。对标 RCEP 经贸规则,是构建自贸港法规体系国际化法治标准。以法治路径寻求解决优化自贸港市场化、法治化、国际化的营商环境,推动自贸港法治体系与国际化接轨。借鉴广西、云南等与 RCEP 各国国际经贸合作的经验,促进与高水准国际贸易规则的可兼容性,营造适应 RCEP 各成员国人文法治的自贸港营商环境。积极践行人类命运共同体理念,构建与国际开放制度接轨,符合自贸港特色的人类命运共同体经贸法治规则。

一、RCEP 经贸规则国际化发展的法治价值

RCEP 促进新一轮经济全球化发展趋势,创设全新国际经贸规则,这对打造高水平、高质量的中国特色自由贸易港既是一个无法回避的重要挑战,又是充满发展前景的巨大机遇。海南自贸港作为处在全国对外开放最前沿的开放门户和南海经济区域的重要腹地,RCEP"三零规则"和区域内市场全面高度自由规则等,将助推自贸港区位前沿优势更加得到充分发挥,加速

促成自贸港制度集成创新,加速推进自贸港优化营商环境。多维度审视RCEP,发现其内容充满了自由、开放、便利、共享、包容的区域合作新理念新模式,短期内将会影响海南"三区一中心"战略实施①,分散和淡化自贸港吸收国际资本的影响力、招商吸引力,弱化自贸港自由便利的营商环境软实力。然而,RCEP 开放营造优化营商环境的大背景大优势,形成 RCEP 区域更加的开放优势和国际吸引力,促成海南自贸港和 RCEP 区域成员国的政策优惠叠加效应,加速 RCEP 成员国更加全面实施高水平对外开放、高度自由便利化的贸易投资规则,将倒逼海南自贸港加速政策红利释放,亟待扩大对外开放、完善基础设施建设、创新监管机制、优化营商环境等方面深入推进,促进全面协同推进实施"三区一中心"战略。

(一) RCEP 凸显推进国际多边治理体系新规则新价值

RCEP 不仅推动亚洲日本东盟和澳大利亚新西兰等多国多边区域经贸规则一体化进程,而且将助推亚太地区经贸合作一体化,促进更大区域范围成员国有关减少和降低关税、非关税及技术性壁垒等。RCEP 形成的一套覆盖 15 个主权经济体的高度自由便利的区域经贸新规则,将重新塑造未来世界经济发展的新趋势、新秩序和新格局。海南自贸港作为我国最开放的前沿,是国内最为开放的经济区域,RCEP 新规则新要求新引擎更将助推海南自贸港更加全面实施更加开放的政策措施,自贸港更加构建开放型经济新机制新法治。自贸港本质核心在于实现经济发展自由便利、市场高度开放、产业发展现代化等目标,这要求自贸港要实行更高水平对外开放,更高站位实施制度集成创新。自贸港主动适应国际先进的经贸规则,这是海南自由贸易港区别于国内其他地区的重要特征②。注重打造与国际高水平经

---

① "三区一中心"即全面深化改革开放试验区、国家生态文明试验区、国家重大战略服务保障区、国际旅游消费中心。

② 李猛:《中国特色自由贸易港政策创新与市场监管协调发展研究》,《社会科学》2018 年第7 期。

贸规则相衔接的制度体系,是海南自贸港制度创新的核心之一,实现市场充分开放与自由,是适应先进国际经贸规则的具体表现。RCEP 有助重构世界经济发展的重心,有利于促进疫情之下的全球经济恢复,维护多边贸易体制,完善全球治理。RCEP 新的经贸规则,将促进自贸港更加推进全面深化改革开放,促进自贸港制度集成创新,更加强化自贸港自由便利制度,优化自贸港营商环境。全面准确把握 RCEP 等新一轮国际经贸新规则和新秩序,打破阻碍自由贸易的各种壁垒,促进自贸港各种资源要素自由化市场化最优配置,充分对标国际经贸新规则新发展新趋势,构建自贸港法规体系新法治。海南自贸港法规体系的构建更要与时俱进,对标与参照国际高水平经贸规则,打造自贸港经贸规则法治化新高地新标杆。

当前,贸易保护主义、单边主义不断抬头、新冠疫情困扰、大国间的非理性博弈,使公平、规范、互惠的国际多边治理理念遭受了逆流冲击,特别是在中美贸易摩擦不断升级的背景下,美国重返亚太积极推动"印太战略框架"形成,企图弱化以 RCEP 为核心的国际多边经贸秩序,以西方为主导构建的国际经贸规则在当今复杂动荡的世界格局下,逐渐沦为金融制裁的武器和国家间非理性的政治博弈,挑战长期以来形成的国际发展共识,动摇着经济全球化的根基。RCEP 是破解美国"印太经济框架"的关键性"武器",因此要推进 RCEP 规则在亚太地区的全面实施,深化亚太区域一体化进程,降低"印太经济框架"对 RCEP 合作进程的分化影响。[1] 在各种不利因素的阻碍下,中国和东盟各国致力于推动世界经济一体化和国际贸易自由化,RCEP极大提升发展多边贸易的信心。自由贸易港是我国不断拓展对外开放,深度融入全球经济治理体系的试验田和对标国际开放水平高标准的新高地,在当今西方国家主导国际经贸规则话语权的时代背景下,自由贸易港成为我国对接高标准国际经贸规则,主导和引领国际经贸规则话语权与西方博

---

[1] 张晓君、马小晴:《印太经济框架的战略意蕴与中国对策》,《国际商务研究》2023 年第 1 期。

弈的主阵地。2013 年 9 月我国成立了第一个自贸试验区——上海自由贸易试验区,十几年来,我国已形成了 22 个自贸试验区东西互联、南北协调、江海联动的开放新格局。当前我国各大自贸试验区都承担起了以制度创新为核心,为国家试行先行检验各项开放性制度可行性的任务使命,已形成了诸多在全国范围内具有借鉴意义的制度创新成果。因此,结合各大自贸试验区已积累的改革发展经验和许多具有创新性的制度创新案例成果的基础,我们要积极推动自贸试验区迈向开放水平更高的自由贸易港发展,探索建设中国特色的自由贸易港,从制度创新为核心的发展策略转向以制度集成创新为核心的发展战略,加快实现海南自由贸易港的封关运作,以叠加 RCEP 规则效应为发展契机,理性应对 RCEP 生效后对海南自贸港形成的潜在挑战,为海南自贸港不断扩大制度型开放,打造具有世界影响力的自由贸易港奠定坚实的制度基础。

（二）RCEP 机制有助推动世界经贸规则新体系新治理

当今世界正处百年未有之大变局,国际政治与经济形势进入了动荡变革时期,俄乌冲突也给世界经贸关系带来了诸多不稳定因素。面对着当前国际治理体系的不包容性,WTO 传统的争端解决机制已无法解决当前复杂且充满危机的时代样态,国际经贸规则体系面临治理重构。RCEP 的签署和最终运行为世界市场创造了新的开放机制,倡导新开放主义的政策主张,促进世界经济一体化发展迈向新的历史阶段,对极端贸易保护主义、极端民粹主义、逆全球化产生广泛而系统的抑制效应,有利于全球自由贸易新体系的构建和完善。[①] RCEP 在坚持高标准高水平开放规则,也倡导共商、共建、共享的普惠性和包容性精神,不仅在协定第一章的初始条款和一般定义中承认各国间的水平差异和所处的不同发展阶段,在服务贸易、竞争政策、监管一致性、透明度、经济技术合作等章节条款,给予欠发达国家特殊的制度

---

① 保建云:《新区域经济一体化与亚太共同体构建》,《人民论坛》2021 年第 13 期。

安排,促进了发达国家和非发达国家在国家经济合作中平等权利,提升了发展中国家在新一轮国际力量竞争的国际话语权。RCEP 由东盟发起并主导推动,在贸易和投资自由化过程中,更重视落后发展中国家的利益诉求,更多地反映着发展中国家以灵活性、渐进性和调适弹性实现区域经济整合的努力。① 俄乌冲突的消极影响,将当前国际经贸规则的原有体系回归到美国主导的单极化世界之中,从而加剧地缘政治和霸权主义的影响。RCEP 所倡导的开放主义和共商共建理念,是有条件修复受战争冲突影响的国际规则体系,建立新型经济全球化下的国际经贸规则体系新格局。

RCEP 是国际经贸格局变革与创新发展的最新形态,是推动国际秩序治理的新生力量,是实现贸易投资自由便利化的自由贸易区,代表着亚太区域在全球经贸规则体系,形成了以中国为核心的亚洲国家主导的区域经贸新秩序。RCEP 确保亚太区域的经济体能够在全球投资贸易规则体系中拥有自己的规则主导权,推动国际经贸规则治理的大变革大调整,提升国际经济事务参与的话语权。总之,RCEP 合理回应了域内国家整合区域经贸规则、化解自贸安排碎片化的内在需求,从而引领区域经贸秩序重构方向。② RCEP 可以比作是亚太版的世界贸易组织,经过较长的履行过渡期后,各成员国将形成较为统一且开放透明的区域化经贸合作新规则,为 WTO 贸易争端解决机制治理提供体系借鉴参照。

(三) RCEP 促成世界贸易多边化发展的新理念新趋势

RCEP 形成了高度开放、自由便利的国际投资与贸易新模式,在保持传统的货物贸易自由便利化的基础上,打造全面覆盖的商品"零关税"制度,同时保持一定时效期限,各成员国为保证协定的开放性和整体兼容度,也考

---

① 孙忆:《CPTPP、RCEP 与亚太区域经济一体化的前景》,《东北亚论坛》2022 年第 4 期。
② 王亚琪:《RCEP 启动后亚太区域经贸合作的东亚转向》,《现代国际关系》2023 年第 2 期。

虑到部分欠发达经济体本土市场,对协定生效后即刻履行"零关税"承诺的可承受性,因暂时无法应对外来商品对本国市场造成的竞争压力。基于此,各成员国的关税承诺中除了对少量商品可以实现立即零关税外,对大部分商品都规定了一定的过渡期限,力争在 10 年内实现大多数商品实现零关税和跨境自由流动①。在服务贸易和投资促进上,由于考虑到区域内各成员处于不同的经济发展水平,RCEP 对国际经贸规则的创新尝试,体现出各成员国深化开放的决心和推动贸易投资自由化便利化的信心。② RCEP 采取了负面清单为主的市场准入模式,对部分成员国实行由正面清单向负面清单逐渐过渡的方式,分阶段放宽投资准入限制③,使各成员国本土的经贸政策和法律体系对接国际经贸规则。RCEP 规定了具有进步性且较为严格的知识产权保护规则,涵盖的知识产权内容最广泛、最全面,拓展了全世界范围内知识产权保护的范围和领域,全面提升了全球知识产权保护水平,充分体现了当今国际社会对于知识产权保护发展的新趋势和新要求④。RCEP 推进全球贸易多边化发展,其多边经贸规则形成了区域经济"新型经济全球化"新雏形。RCEP 成功实施,表明多边贸易体制仍是世界各国发展国际贸易的主流方向,各成员国适应国际化和全球化进程仍是价值核心所在。

二、自贸港对标 RCEP 经贸规则制度建设新要求

RCEP 不仅推动亚洲日本东盟和澳大利亚新西兰等多国多边区域经贸

---

① 根据 RCEP,成员国彼此之间将实现 90%的货物贸易零关税和比世贸组织更高的服务市场开放。货物贸易方面,RCEP 零关税产品数量整体超 90%,大幅度降低区域内贸易成本和商品价格,还要求成员国采取预裁定、抵达前处理等措施,实现货物 48 小时通关。

② 张建平:《全球价值链重塑下的亚太区域经济合作》,《当代世界》2022 年第 12 期。

③ 《区域全面经济伙伴关系协定》第 8 章规定了服务贸易,共 25 条。致力于消除跨境服务贸易的限制性、歧视性措施,其中,日本、韩国、澳大利亚、新加坡、文莱、马来西亚、印尼等 7 个国家使用负面清单进行承诺,中国等 8 个国采用正面清单,同时也承诺在协议生效后 6 年内,把目前服务贸易承诺开放的正面清单转为负面清单。

④ RCEP 第 11 章知识产权章节中涵盖了著作权、商标、专利、地理标志、外观设计、遗传资源、传统知识和民间文艺,反不正当竞争、知识产权合作执法、合作、透明度、技术援助等广泛领域,其整体水平较《与贸易有关的知识产权协定》有所加强。

规则一体化进程,而且将助推亚太地区经贸合作一体化,促进更大区域范围成员国有关减少和降低关税、非关税及技术性壁垒等。RCEP 是一个集合传统经贸领域规则和新兴领域开放化经贸规则的全新自由贸易新秩序新体系,将重新塑造未来世界经济发展的新趋势、新秩序和新格局。海南自贸港作为我国的最开放的前沿,对标世界最开放的经济区域,RCEP 新规则新要求新引擎,更将助推海南自贸港更加全面实施更加开放的政策措施,自贸港更加构建开放型经济新机制新法治。

（一） 对接 RCEP 经贸规则的自贸港贸易自由便利新要求

RCEP 以货物贸易零关税为主、跨境服务贸易和投资准入环节以负面清单为主要规制内容的投资贸易规则,充分体现了更高水平和更广范围的贸易开放,自贸港应及时捕捉和反映国际贸易规则发展的新趋势新机遇,主动适应 RCEP 国际经贸规则的新变化。对照在货物贸易自由便利化"零关税"自由便利化规则,创新自贸港进口商品目录内容,优化货物进出口管理机制。实施进口商品信用监管,强化信用监管全过程,明确守信激励和失信惩戒制度[①]。借鉴域外先进经验,推进完善海关监管负面清单制度、"单一窗口"通关机制,简化通关便利。凭借实施 RCEP 货物贸易便利"三零"规则的机遇,自贸港更要扩大特殊政策优势,推进发挥更多制度集成创新的新空间新机制,努力对标世界最高开放水平的经贸规则,营造公平、透明、高效、可预期的优质营商环境。自贸港实施"三零"贸易规则,成为优化营商环境最基本要素内容要求,以此为基础全面构建自贸港贸易自由便利制度,充分促进激活自贸港市场要素流通机制,构筑自贸港国内国际经济双循环融合发展平台机制。在当前新冠疫情给国内外经济形势带来的复杂严峻的情况下,自贸港建设更应积极统筹谋划、深入部署、创新发展,将自身的政策

---

① 解志勇、王晓淑:《正当程序视阈下信用修复机制研究》,《中国海商法研究》2021 年第 3 期。

优势和资源优势,转变成为先进生产力的发展新机制新体制。

(二) 对接 RCEP 经贸规则的自贸港新基建建设新要求

RCEP 既有高度包容性,又包含部分高标准、高开放的义务性经贸规则,丰富货物和服务贸易自由便利化制度,将传统货物和服务贸易逐步转化为数字化贸易的方向延展。RCEP 第十二章专门规定电子商务[①],各成员方一致达成了全面、高水平的电子商务经贸规则新成果,为亚太区域电子商务和数字经济的繁荣提供了有利条件,适应当今数字经贸的全球发展趋势。RCEP 关税减让规则涵盖的商品将实现"零关税",表明未来在线数字化交易将取代海外代购,最大化惠及国内消费者。坚持整体推进,配合国家财政对基础设施建设的支持,对用于海南自贸港内的投资(含"新基建"项目建设)应持续加大"零关税"的追踪和跟进。[②] 拥有完善服务体系和物流系统的电商平台,将迎来更大发展机遇。RCEP 不仅助推区域一体化发展和开放,而且还将极大推动数字经济繁荣发展,推动大型跨境电商平台发展,国人可以足不出户就能买到物美价廉的进口商品,这对自贸港免税服务业发展形成巨大挑战。

海南自贸港重在打造一个集贸易、投资、金融、科技、医疗、休闲旅游为一体的高水平自贸港[③],推动人流、物流、资金流等要素便捷流通,尤其是大力发展提升数字化新基建建设水平。2020 年 8 月 14 日《智慧海南总体方案(2020—2025 年)》(以下简称《智慧海南方案》),已指出分阶段、分步骤实现构建国际通信开放试验区、精细智能社会治理样板区、国际旅游消费智能体验岛、开放型数字经济创新高地的目标。"智慧海南"要求自贸港建设

---

① 《区域全面经济伙伴关系协定》第 12 章规定,承认电子认证和签名的法律效力、规定了线上消费者合法权益保护及维权渠道、重视线上消费者个人信息安全的保护、防范个人信息泄露、加强网络安全维护,确保数据安全流通和电子信息跨境自由流动,减少各成员的生产和交易成本,提高交易的便捷度和效率。

② 苏铁:《海南自由贸易港零关税政策应如何落地》,《国际税收》2020 年第 11 期。

③ 迟福林:《策论海南自由贸易港》,海南出版社 2020 年版,第 66 页。

超前布局 5G、物联网、人工智能和云计算等新型基础设施,这将推动从制造到产品、技术到应用全面的数字化产业链,并以此为基础引导产业深度融合,对整体产业结构产生深远影响。① 数字化治理和数字化设施等新基建,成为比照 RCEP 超常规建设自贸港重要抓手。全面助力提升促进自贸港数字化、信息化、市场化、全球化融合发展,特别是互联网、物联网、大数据、人工智能等信息技术融合应用,催生和扶持自贸港发展新动力、新潜能、新引擎、新市场、新规制等。还应意识到信息化与市场化、全球化联系紧密,尤其是互联网、物联网、大数据、人工智能等信息技术的应用,关系到自贸港的发展动力、发展能力、发展潜力、发展质量、发展风险等②。加快打造数字经济岛和数字技术岛,使海南自贸港融入新一轮国际数字贸易竞争,提升全球数字资源配置竞争力和影响力。

(三) 对接 RCEP 经贸规则的自贸港制度集成创新法治保障要求

习近平总书记对海南自由贸易港建设作出的重要指示,明确要把制度集成创新摆在突出位置。制度集成创新是推动海南自由贸易港建设的重要途径和发展动力,也是中央为海南自由贸易港建设提出的方向指引。对此,海南自由贸易港必须将制度集成创新摆在自由贸易港建设中的突出位置,尤其要加强法治为核心的重大制度创新机制建设,重大改革必须做到于法有据,制度创新必须立法先行。建设中国特色自由贸易港必须发挥法律的指引和规范作用,做到各项制度创新有法可依。RCEP 的签署将打造成员国之间高水平的开放环境,各成员国之间人员、货物、资本的流通基本实现自由化③。

《海南自贸港法》的出台是海南在自贸港建设过程中,面对一系列的目

---

① 傅国华等:《构建现代产业体系背景下海南自贸港产业结构优化研究》,《海南大学学报(人文社会科学版)》2022 年第 2 期。

② 刘士国:《信息控制权法理与我国个人信息保护立法》,《政法论丛》2021 年第 3 期。

③ 张牧君:《海南自由贸易港建设的目标、挑战及立法应对》,《东南学术》2021 年第 2 期。

标和挑战所形成的法治化制度集成创新成果,但从长期探索和建设道路来看,目前仅有一部《海南自贸港法》作为海南自贸港建设的基本框架法①,缺乏系统的配套制度的自贸港法规体系。在货物贸易制度创新、服务贸易制度创新、投资制度创新、税收制度创新、人员流动制度创新上,与 RCEP 协定要求各成员国实现开放、透明、清晰的投资规则相比,还仍有改进的空间。RCEP 签署后,国际经济形势开始走向了竞争与开放的大环境,海南必须在制度创新上率先突破,打造法治为核心的制度创新集成机制。习近平总书记在 2018 年博鳌亚洲论坛年会上指出,过去中国吸引外资主要靠优惠政策,现在更要靠改善投资环境②。尤其是对于海南这样一个市场和原料两头在外、产业配套不足的欠发达岛屿经济体,只有通过法治建设营造一流的营商环境,才能形成有利于生产要素自由流动的规则和秩序,加快汇聚人流、物流、资金流、信息流等要素。形成比 RCEP 更为便利和开放的人员跨境流动机制、更加宽松的投资准入规则。从而使海南在适应经济全球化进程中保持强大的竞争活力,率先形成国内国际双循环相互促进的新发展格局。

（四） 对接 RCEP 规则的自贸港制度体系

建设高水平自由贸易港的过程,是一个机遇和挑战并存的时期。为了应对国内外复杂多变的经济形势带来的挑战,海南自由贸易港必须要具备制度创新的能力,形成与高标准国际经贸规则相衔接的自由贸易港法规体系③。根据我国对 RCEP 内各国做出的有关关税、投资、跨境服务、人员和货物流通等具体开放性承诺,标志着我国对外贸易的发展进入一个全新的

①　刘亮、邹立刚:《海南自由贸易港立法的框架性制度创新探讨》,《海南大学学报》(人文与社科版)2020 年第 3 期。

②　《习近平出席博鳌亚洲论坛 2018 年年会开幕式并发表主旨演讲》,《人民日报》2018 年 4 月 11 日第 1 版。

③　王晓玲:《国际经验视角下的中国特色自由贸易港建设路径研究》,《经济学家》2019 年第 3 期。

阶段。海南作为我国与东盟各国合作来往的最前沿区域,必须要对 RCEP 各成员方以及 RCEP 成员方之外的其他国家或地区,作出更加包容开放的制度机制,实现人员、货物、运输工具自由便利流通。根据《总体方案》要求,海南要积极对标国际经贸规则,主动适应国际经贸规则的新趋势。RCEP 逐步生效到运行成熟的阶段,为海南各项法律制度的完善、建立以自贸港法为核心,与高标准国际经贸规则相配套实施的成熟规则体系预留创新空间,以此适应国际经济格局变化带来的新机遇和挑战①。此外,在未来海南自由贸易港在全岛进行封关运作后,海南岛全域将成为海关特殊监管区域,将被定义为"境内关外",实行特殊的海关监管制度,但毕竟还是属于我国主权之内。在此期间,海南必然会对当前现有的规范进行调整,为今后海南如何适用我国参与缔结的国际经贸协定提供明确的适用规则。在宪法基本原则和精神的指引下,协调处理好《海南自贸港法》和各种国际协定间的关系,努力形成一套系统全面、科学规范并与先进国际经贸规则相适应的自贸港法规体系,为海南实现最高开放水平的自由贸易港建设目标奠定基础。

(五) 对接 RCEP 规则的自贸港公职人员队伍国际化建设新要求

"法律的生命在于实施",而 RCEP 规则的强大规则红利效应释放,也需要一个完善的国内政策法规配套落实机制。RCEP 是中国通过多方协商谈判、综合各种利弊权衡下达成的一项区域多边自贸安排,理应具有契约文本的法律约束力,中国作为国际上适格的国际法主体,自然受到规则效力的约束。因为守法概念上的广泛外延,不仅包括社会主义法律体系下的国内法渊源,也包括对我国有效力约束的国际法渊源。政府等公职部门机构及人员队伍是推动 RCEP 在自贸港落实的首要关键主体,应当主动承担起推广及宣传 RCEP 规则文本的主体任务。RCEP 一系列的开放和优惠政策,

---

① 吴昊、于昕田:《RCEP 签署后的东亚区域合作未来方向》,《东北亚论坛》2021 年第 6 期。

加之全国统一大市场建设的不断推进,使得海南政策红利的释放会造成一定的阻力。面对来自国际上的强有力竞争,海南自贸港已不再是唯一的"政策福地"。但从大局上看,面对 RCEP 背景下的国际经济新趋势变化带来的挑战,会激发海南自贸港树立紧迫感、危机感和发展干劲,不断转变政府职能、优化服务、推进"放管服"改革。海南自贸港的建设是一个敢闯敢试、勇于试错的过程,海南也具备先行先试的大环境,经过五年的全面深化改革开放,海南当前的干部组织队伍建设经验逐渐丰富,履职能力普遍得到不断提高,2021 年 8 月,海南也出台了《关于建立海南自由贸易港公职人员容错纠错、澄清正名和重新使用典型案例通报发布制度的实施办法(试行)》,明确了可以容错的 1 个前提,7 种情形,为广大海南基层干部在自贸港建设中发挥先行先试,敢闯敢试的创新精神提供了制度保障,增强了自信心,提高了投身于自贸港建设的积极性,在应对新的国际经济秩序新格局带来的机遇和挑战下,"大胆闯、大胆试"为主的改革创新精神将得到释放与激发,自贸港的广大公职人员积极发挥改革创新的时代精神,不断提高自身竞争实力,积极深化推进与东盟各国的经贸合作,以高水平的建设能力实现海南自由贸易港高质量的发展。

三、自贸港对标 RCEP 促进高质量发展立法新挑战

海南已出台《海南省落实 RCEP20 条专项配套措施规定》,领会 RCEP 高水平的经贸规则,形成具有国际高水平经贸规则体系及其法治秩序。同时,还要落实与 RCEP 相关的政策规定,为自贸港顺利封关运作及我国未来进行 CPTPP 签署谈判把握规则话语权提供智慧和方案,使自贸港积极参与"新型全球化"活动,对标与连结亚太、北美、南美协同发展经贸关系而进行先行先试。然而,海南自贸港进行对接 RCEP 经贸规则的压力测试,还存在一些制度上的困境,诸如:

（一）自贸港对标 RCEP 经贸规则的调法调规难度甚大

自贸港本质核心在于实现经济发展自由便利、市场高度开放、产业发展现代化等目标,这要求自贸港要实行更高水平对外开放,更高站位实施制度集成创新。自贸港主动适应国际先进的经贸规则,这是海南自由贸易港区别于国内其他地区的重要特征。注重打造与国际高水平经贸规则相衔接的制度体系,是海南自贸港制度创新的核心之一,实现市场充分开放与自由,是适应国际经贸规则的具体表现。RCEP 有助重构世界经济发展的重心,有利促进疫情之下的全球经济恢复,维护多边贸易体制,完善全球治理以及致力于打造成员国之间高水平的开放环境,各成员国之间人员、货物、资本的流通基本实现自由化便利化法治化环境。《海南自贸港法》已将海南自贸港建设的战略目标和基本制度框架法治化,确保自贸港建设于法有据。在自贸港立法权进一步扩容的趋势下,《海南自贸港法》就如何运用自贸港法规的特殊立法创制和变通权限上,并未具体明晰自贸港立法权的内容范围、规范权限及程序边界。自贸港有关货物贸易自由便利、服务贸易、投资准入、财政税收、人员入出境、跨境资金流动等制度创新方面,与 RCEP 各成员国实现开放、透明、清晰的投资规则相比,仍有不少改进空间,尤其是海南自贸港市场和原料两头在外、城镇化水平低下、产业配套仍不足的欠发达岛屿经济体,更需要营造一流的法治化营商环境,充分保障自贸港诸多生产要素自由流动与便利化交易的法治规则和法治秩序,充分促进人流、物流、资金流、信息流等要素自由便利化流动,促使海南在适应经济全球化进程中保持强大的竞争活力,率先促成国内国际双循环相互促进的新发展格局。因此,面对 RCEP 全新的经贸规则,对自贸港法规体系国际化建设带来的新挑战,将倒逼自贸港更加推进全面深化改革开放,促进自贸港制度集成创新,更加强化自贸港自由便利制度,优化自贸港营商环境。全面准确把握 RCEP 等新一轮国际经贸新规则和新秩序,打破阻碍自由贸易活动的各种壁垒,促进自贸港各种资源要素自由化市场化最优配置,充分对标国际经贸新规则新发展新趋势,构建自贸港法规体系新法治。海南自贸港法规体系的构建更要与时俱进,对标与参照国际高水平经贸规则,打造自贸港经贸规则法治化新高地新标杆。

(二) 自贸港对标国际高水平经贸规则的意识有待强化

构建高度市场化、法治化、国际化的优质一流营商环境,是海南自贸港政策和制度体系的核心内容要求。海南自贸港要对标世界最高水平的开放形态,就需要积极捕捉和吸收国际社会经贸规则的新发展,促使海南自贸港的制度保持足够的国际竞争力。① 海南"三区一中心"战略和建设具有世界影响力的中国特色自由贸易港,亟需构建海南自贸港法规体系。当前"小切口,立短法"立法模式,与对标国际高水平经贸规则发展要求仍存在着很大的差距。海南利用自贸港法规制定权对接 RCEP 贸易规则,促进并提升自贸港法规国际化,构建自贸港"614"制度体系,强化自贸港"零关税"等法治规则,实现高标准、高质量对接 RCEP 贸易规则,由此通过自贸港实施购物免税政策,推进海南国际旅游消费中心建设,全力发展海南支柱经济产业发展,促进海南自贸港高质量发展。

RCEP 经贸规则,是海南自贸港国际化发展的参照物。新冠疫情暴发以来,海南自贸港成为国内旅游消费的新中心,2021 年海南离岛免税店总销售额 601.7 亿元、增长 84%。② 海南自贸港逐渐成为我国游客免税购物的目的地,零关税购物成为自贸港重要名片。海南自贸港与多数 RCEP 成员国一样,具有丰富特色的旅游资源,可以探寻独特的旅游业国际化发展新路径,尤其是充分利用海南自贸港人员进出境自由便利制度及其国际化发展的法治规制,积极创新游客便利机制,推动自贸港旅游业、现代服务业的

---

① 韩龙:《论〈海南自由贸易港法〉对我国法治的重大发展》,《中国高校社会科学》2023 年第 1 期。

② 《海南省人民政府工作报告(2022 年)》,海南省人民政府网,https://www.hainan.gov.cn/hainan/szfgzbg/202201/6da8f2ca08ce440792389398d9a78459.shtml。

国际化发展升级。高度开放的 RCEP 规则体系,打开 RCEP 成员国市场空间,各成员国频繁往来、规则共识及其地缘优势,促进 RCEP 区域更加市场化国际化发展。自贸港将充分利用《海南自贸港法》第十条有关自贸港法规制定权的立法优势,构建海南自贸港法规体系,加快促进海南自贸港国际化发展,打造优质的市场化、法治化、国际化的一流营商环境。

（三） 自贸港对标国际先进经贸规则的法律新挑战

自贸港作为我国面向全球领域高度开放和自由便利化的开放型经济区,必须要打造与国际高水平自贸港相接轨的经贸规则[①]。RCEP 促成亚太区域经济一体化的发展新格局,成为亚太区域经济一体化的国际高水平的经贸规则。海南自贸港不仅落实和履行 RCEP 规则,还要更加努力创新和发展国际经贸规则,对标 CPTPP、DEPA 等更高水平经贸规则,扩大和提升海南自贸港国际影响力。同时在对接国际高标准经贸规则,比如 RCEP、CPTPP 等方面,自贸港可以充分利用法律、政策和制度优势,争做国内对外开放的新标杆,通过更高水平的开放合作来弥补经济总量短板。[②]

只有顺应 RCEP 引领下的自由贸易规则变革新趋势,才能创新更高更多更有影响力的自贸港先行先试的政策和法规。RCEP 有关贸易便利化、服务贸易、电子商务、自然人移动、投资准入方面规定,将分步骤取缔各成员国所实行的关税和非关税壁垒,并在服务贸易中逐渐实现自由便利,打造宽松便利、人员范围广泛的跨境自然人移动机制、创造区域内自由、便利和具有竞争力的投资环境,这正是 RCEP 显现出高水平国际经贸规则的显著特征。世界上成功的自贸港都有天时地利人和等诸多决定因素,吸纳运用国际高水平经贸规则创新本土立法体制机制,全面推进国际化等经验,成为不

---

① 迟福林:《加快建立海南自由贸易港开放型经济体新制》,《行政管理改革》2020 年第 8 期。

② 张方波:《金融开放助力海南自由贸易港建设:当前进展、面临挑战与纵深推进》,《海南大学学报(人文社会科学版)》2022 年第 4 期。

可忽视的他山之石借鉴之道①。

对标 RCEP 全面、现代化、高水平的经贸规则框架,海南自贸港需要在财税、海关监管程序、金融和投资领域等,推进更多开放,果断实施更多更深入的制度集成创新改革。面对 RCEP 高水平国际经贸规则新挑战,仅仅依靠解放思想和十足勇气是不充分的,更需要获得中央更多更大的立法授权,然而,国家层面对海南自贸港授权调法调规和《海南自贸港法》创设的授权立法机制,仍然存在授权覆盖面受限、权限严格受限、事项较为单一等特点,难以满足打造更高水平开放体系新格局的需要和推进自贸港封关运作的法治供给需求。因而,更需要创新自贸港贸易投资自由新体制新活力,进一步扩大对于自贸港的授权立法权限,创新授权立法模式,优化授权立法监督机制,打造自贸港自由便利新机制新优势。

(四) 自贸港涉外法治建设仍亟待国际化发展路径

建设海南自贸港,立足探究特色发展之路。自贸港建设需要"蹚出一条敢闯敢试"的国际化发展道路,中央"12 号文件"和自贸港总体方案都将国际化作为打造海南国际一流营商环境的目标导向,自贸港涉外法治体系将是迈向国际化道路的重要路径。当下海南自贸港法治建设更亟需重视国际化的视角和路径,关注涉外法治建设,探寻自贸港国际化发展的法治路径。高水平开放,将有效推动自贸港国内法治与涉外法治理念融合发展。②建设海南自贸港,更注重国内法治和涉外法治两个大局,主动将自贸港国际化治理路径,融入全球治理体系,推动自贸港法治环境国际化发展。正是如此,自贸港强力推进优化国际商事法律服务,构建商事纠纷多元化解工作机制,完善国际商事争端解决中心制度和国际法治人才队伍建设等方面,加大适应经济全球化、国际关系法治化、国际经贸治理体系活动秩序民主合理化

---

① 刘云亮:《中国特色自贸港法规体系构建论》,《政法论丛》2021 年第 6 期。
② 刘云亮、卢晋:《RCEP 经贸规则与中国特色自贸港法治创新研究》,《济南大学学报(社会科学版)》2023 年第 1 期。

的新形势新规制新秩序新要求。

RCEP 核心内容在于构建 15 个成员国贸易投资自由便利的多边机制，实现零关税、零壁垒、零补贴的高度市场化、高度贸易自由化的经济一体化区域。实现 RCEP 人流、物流、资金流、信息流自由便利流通。这些属性特征，正与海南自贸港国际化发展相一致的属性要求，海南积极加快打造具有世界影响力的中国特色自由贸易港。RCEP 也成为海南自贸港加强东盟各国贸易往来、文化交流的主动开放窗口，但随之而来的与东盟市场主体产生的投资贸易法律纠纷也可能会增多，需要一批熟悉 RCEP 关税制度，尤其是有关 RCEP 成员国贸易投资争端解决机制内容的涉外公共法律服务团队。同时，也需要自贸港敢于对标更多高水平的国际经贸规则，积极参与国际经贸活动规则治理活动，深度参与国际合作，显现海南自贸港涉外法治话语权。

四、自贸港对标 RCEP 经贸规则立法路径

当前国际贸易竞争已从传统的生产资料转向规则制定权的争夺，在国际贸易中掌握更多国际经贸规则重构主导权的一方，能引导规则制订的方向，使其更符合自身经济发展和政治诉求，从而获得更多"国际经贸规则重构收益"。[①] 在 RCEP 加速区域经济融合不断深化和"一带一路"倡议的稳步推进的背景下，海南拥有国内开放型经济发展的重大"试验田"优势以及国内面向与 RCEP 各成员国合作最前沿的有利地缘位置，这有助于将海南的资源特色优势转化为具体的发展优势，围绕海南全新的战略定位和独特的自然地理环境，将海南打造成我国面向印度洋的西向开放和面向东南亚以及南太平洋开放的新高地，立足于 RCEP 全方位生效为发展契机，以自贸港先行对接 RCEP 规则促升 RCEP 协定升级为重要抓手，探寻海南自贸港

---

① 孙丽等：《中国构建面向全球高标准 FTA 网络：主要进展、战略定位与路径创新》，《东北亚论坛》2023 年第 3 期。

国际化发展的法治新对策。法治创新推动新发展,以《海南自贸港法》为引领、促进和保障中国特色自贸港建设,推动融入高质量发展的法治新秩序新构建。借鉴 RCEP 高水平经贸规则国际经验,探寻自贸港高水平开放,促进高质量发展的法治路径等对策。构建与 RCEP 各国高水平的区域经济合作平台,提升海南在区域经济合作中的地位,打造开放层次更高、营商环境更优、辐射作用更强的开放新高地,更好地助力自贸港建设升级。

(一) 构建对标 RCEP 高水平国际经贸规则的自贸港法规体系

《海南自贸港法》已为构建海南自贸港法规体系奠定了重要基础。对标经贸规则,积极打造自贸港法规体系,也是自贸港法治建设的重要内容。自贸港法规体系构建,是产业结构和经济发展实现国际化的重要支撑。海南自贸港既要聚焦国际全球化视角,彰显海南自贸港发展定位,又要凸显对标 RCEP 经贸规则的主动性和协调性,融入高水平国际经贸规则,充分显现自贸港发展开放型经济体制。

立法创新是自贸港制度集成创新的法治保障根本要求。创新立法有助推动自贸港新政策、新制度和新法治,构建自贸港法治体系的新秩序。自贸港立法先行,重在探寻自贸港立法体制创新,保证改革创新的路径获得法治保障。海南要发挥自贸港立法优势,充分融合国际投资贸易规则的新发展和新方向,创造一个制度型开放、有利于全方位吸引 RCEP 各成员国进驻自贸港投资兴业的法治环境。对标 RCEP 协定规则,落实贸易投资自由化便利化政策,同时建立健全营商环境法规体系,完善产权保护制度,兑现在 RCEP 中做出的知识产权全面保护承诺,严格规范公正文明执法。[①]

结合 RCEP 有关与数字经贸发展的电子商务章节,探索如何运用自贸港立法权制定适应数字经贸活动的新规则新法治。在中央授权范围内研究

---

① 陈晨:《RCEP 框架下中国新发展格局的塑造》,《华南师范大学学报(社会科学版)》2021年第 4 期。

制定《海南自由贸易港跨境数据安全有序流动管理规定》,在全国试点放宽部分非敏感性数据的跨区域流动。此外,借鉴东盟各国与海南文化和习俗的相似性,融入海南各民族间的文化交流元素,应当利用好民族自治地方的自治权,发展提升海南本地民族特色产业的国际影响力,铸牢中华民族共同体意识提供法治保障,制定有关推动民族文化产业发展,鼓励民族地区对外开展国际经济文化交流的民族产业发展自治法规,加深与东南亚各民族的经济文化往来,扩大海南黎锦服饰等优秀文化遗产迈向国际化道路,提升岛内民族地区国际化建设水平。

(二) 借鉴浙江省涉外经贸法治建设成功经验

浙江省作为国内建设法治中国示范区的重点省份之一,自中国加入WTO 以来,浙江省涉外经贸法治建设走在全国前列,为中国特色社会主义涉外经贸法治建构提供了值得借鉴的示范性经验。早在 2003 年 7 月,浙江省委省政府统筹国际国内大环境,围绕浙江发展的具体实际,进一步发挥浙江综合优势,系统性提出了"八八战略"①,作为推动浙江发展的顶层设计。2006 年,浙江省制定通过了《中共浙江省委关于建设"法治浙江"的决定》,为浙江适应以 WTO 为代表的国际贸易规则新体系,加快开放型经济新体制提供了法治保障。多年来,浙江省以"八八战略"为顶层设计,深入推进法治浙江建设,以完善开放型经济法律促进机制特别是以中国"入世"为契机,积极配合国家开展大规模的法律、法规清理工作,在省内也积极开展地方性法规和规章的法规体系创新工作,履行中国"入世"承诺,确保自身法规机制与 WTO 开放要求相符,以此推动了涉外经贸法治建设取得重大进展。2021 年 3 月 16 日,杭州市人民政府关于印发《中国(浙江)自由贸易试验区杭州片区建设方案的通知》,明确了以数字贸易为核心,确定了打造贸

---

① 即系统提出进一步"发挥八个方面的优势,推进八个方面的举措"的"八八战略",要求进一步发挥浙江的环境优势,积极推进基础设施建设,切实加强法治建设、信用建设和机关效能建设。

易创新发展先行区的主要任务和措施,通过承接 RCEP 带来的经贸规则红利,推进在数据交互方面的国际合作,提高数据流动安全可信度,推行数据分类监管政策,开展商务数据跨境流动试点,为数字经济、人工智能、智能制造等提供跨境数据有序流动的便利。① 现如今,在中国加入 WTO 二十周年,"双循环"的新发展格局不断推进的背景下,加快海南自贸港的压力测试工作和涉外经贸法治建设,落实好 RCEP 协定规则,事关中国成功加入 CPTPP 实现再一次"入世"的重大战略目标。海南自贸港应以法治浙江建设的基本路径为参照,借鉴浙江省全面对接 WTO 规则的成功涉外法治建设经验,立足于中共海南省委研究制定的"一本三基四梁八柱"战略框架②。因此,围绕海南自贸港开展对接 RCEP 规则的法治创新方向,深入研究 RCEP 关于电子商务、竞争政策、知识产权等新兴领域的创新议题,思考如何将其转化到地方法规体系之中,促进和提升本区域营商环境实现高质量优化发展。坚持习近平法治思想、经济思想、外交思想的科学指导和"一本三基四梁八柱"的实践基础,开展海南涉外经贸的立法体制创新及制度创新,努力建立与 RCEP 贸易投资规则相衔接的制度框架和监管模式,加快打造法治化、国际化、现代化的营商环境,争取凭借高水平的对外经贸法治建设工作,提升自贸港参与全球经济治理的能力和国际竞争力。

(三) 完善自贸港与 RCEP 相适应的国际商事纠纷化解机制

RCEP 协定不仅确立了统一、高效且自由便利的货物贸易规则,并结合各国发展水平和产业模式对 RCEP 的规则体系,进行了合理的差异化建构,

---

① 谢卓君、杨署东:《全球治理中的跨境数据流动规制与中国参与——基于 WTO、CPTPP 和 RCEP 的比较分析》,《国际观察》2021 年第 5 期。

② "一本三基四梁八柱"即"1348"战略框架,指的是以习近平总书记对海南自贸港工作建设的重要批示为顶层设计,以《中共中央 国务院关于支持海南全面深化改革开放的指导意见》《海南自由贸易港建设总体方案》《海南自贸港法》为制度根基,以全面深化改革开放试验区、国家生态文明试验区、国家重大战略服务保障区、国际旅游消费中心为战略定位,以政策环境、法治环境、营商环境、生态环境、经济发展体系、社会治理体系、风险防控体系、组织领导体系为稳固支撑。

而且也规定了关于投资促进、投资保护以及争端解决机制的内容。《海南自贸港法》明确海南探索建立多元化解纠纷机制,提供国际商事仲裁、国际商事调解等多种非诉讼方式化解纠纷,建立国际经济贸易仲裁机构和国际争端解决机构①。2020 年 6 月海南省人大常委会通过《海南省多元化解纠纷条例》②,明确建立国际商事纠纷多元化解机制。2021 年 1 月,最高人民法院发布《关于人民法院为海南自由贸易港提供司法服务和保障的意见》③,明确解决涉外民商事纠纷机制,创建调解、仲裁、诉讼等纠纷化解方式有机衔接的"一站式"机制。这些内容,很大程度上符合 RCEP 有关商事争议解决规则的要求。海南自贸港初步构建国际商事纠纷化解机制,现在关注的问题,在于如何进一步完善与 RCEP 商事争议解决规则相协调、相适用,推进自贸港国际商事纠纷多元化解机制更加国际化。海南省各级人民法院应加强对于 RCEP 争端解决机制章节内容的认知,对于因履行 RCEP 投资章节的内容发生争议时,更应深入研究 RCEP 争端解决机制与我国《民事诉讼法》有关协议管辖和专属管辖有冲突的内容,包括商事主体间约定不同国别的民商事法律在海南自贸港适用选择问题、纠纷双方和管辖法院之间对于东盟各国商事法律的查明义务分配问题等,形成国际商事纠纷解决机制的制度集成创新的司法案例。

RCEP 有关投资纠纷的争端解决机制,是建立在 WTO 贸易争端审理和裁决机制及其核心原则基础之上,RCEP 与 WTO 都十分注重采取磋商或以斡旋、调解或调停等灵活便捷方式解决成员国贸易争端。虽然 RCEP 投资章节尚未规定 ISDS 条款,但在争端解决方式上进一步创新了 WTO 的路径和模式,RCEP 第 19 章节第 2 条着重强调了要构建一套既灵活又高效的程

① 参见《海南自贸港法》第 54 条。
② 参见《海南省多元化解纠纷条例》第 15 条。
③ 2021 年 1 月 15 日,最高人民法院发布《最高人民法院关于人民法院为海南自由贸易港建设提供司法服务和保障的意见》,分七个部分三十条,明确了人民法院服务保障海南自由贸易港建设的总体要求及重点领域的具体举措。海南省人民政府网,https://www.hainan.gov.cn/hainan/5309/202101/34aa00cbab8c4d9380a7fa883ee82110.shtml。

序规则,并且确保透明度,用来处理本协议框架内出现的任何争议。据此,海南自贸港更要与时俱进凸显商事纠纷解决的国际性和专业性特色标准,推进国际商事审判、国际商事仲裁、国际商事调解等多元纠纷解决方式的相互协调、互为补充的科学机制,推进纠纷解决模式与新加坡等国际知名自贸港纠纷解决机制接轨。成员国应逐步开放仲裁市场,积极地承认和执行符合国际条约和惯例的外国仲裁裁决,引入外籍仲裁员调解员,促进自贸港商事仲裁活动和商事调解规则的国际性。简化自贸港跨境服务负面清单,改变境外律师在自贸港内开展涉外法律服务受限的困境,扶持培育涉外法律服务市场。此外,海南自贸港应充分利用实施 RCEP 之契机,修改岛内与 RCEP 精神不相符的地方法规,构建与 RCEP 灵活高效争端解决方式相适应的非诉化商事纠纷解决机制,提升自贸港商事纠纷解决的国际影响力和专业性。

(四) 优化与 RCEP 相适的开放包容的自贸港法治环境

习近平主席在中国—东盟建立对话关系 30 周年纪念峰会上指出,中国与东盟合作的成就,得益于双方地缘相近、人文相通等得天独厚的条件,也离不开彼此积极顺应时代发展潮流和做出的正确历史选择。[①] 海南自贸港拥有优越地缘优势和良好交通便利条件。就 RCEP 成员国地理位置而言,海南正处 RCEP 中心区域,不仅是地处南海的重要战略要地,也是我国三大侨乡之一,具有独特的侨务资源优势,拥有浓厚的南洋文化气息。东盟国家人口、经济、规模、产业、需求既有相同也有差异,这种共性和差异性决定了海南与东盟合作必须立足国别实际和需求,制定"一国一策"的合作思路。[②] 目前,海南拥有 100 多万归侨、侨眷,同时拥有 300 多万琼籍华人华侨聚居

---

① 《习近平出席并主持中国—东盟建立对话关系 30 周年纪念峰会》,《人民日报》2021 年 11 月 23 日第 1 版。
② 王胜、黄丹英:《RCEP 背景下深化中国(海南)与东盟开放合作的策略》,《海南大学学报(人文社会科学版)》2022 年第 4 期。

在 RCEP 各成员国尤其是东南亚地区,并在东南亚地区具有较大的影响力。近年来海南与 RCEP 各成员国频繁的贸易往来,在经贸往来频繁度、国际合作创新度、经贸规则对接精准度上仍存在较大的发展空间。海南自贸港建设和管理,应发挥海南著名侨乡人文优势和开放包容的人文精神,积极全面参与东南亚各国打造的中南半岛经济走廊、澜沧江—湄公河合作机制等区域国际发展合作经验,构建与东盟地区更广泛和长期的互联互通机制,打造形成东南亚利益共同体充分发挥相互间的互补优势

（五） 对接 RCEP 助推建设具有世界影响力的中国特色自贸港

RCEP 是目前全球经济体量最大的自由贸易区,其成为当今世界影响力最大的自由贸易协定。海南自贸港积极推动实施 RCEP 机制,以此促升自贸港在 RCEP 的影响力。海南建设中国特色自贸港,充分彰显我国对外开放水平最高的经济区域效应,这要求海南自贸港不仅要推进更高水平开放,主动对接更高开放水平标准,推动自贸港高质量发展的国际经贸规则要求,做好高水平开放的风险压力测试,为 2025 年底实现封关运作全面做好准备工作和战略对策应对。《海南自贸港法》第 3 条明确聚焦自贸港的"中国特色、国际经验、海南定位、海南优势、改革创新、风险防范"等关键词,成为自贸港建设的主题词。自贸港国际化发展的法律定位,是当前经济全球化的深刻体现。区域经济一体化的发展,促使各国在经济制度和法律制度上不断进行借鉴与交流,推动国际经贸规则趋同化发展的新趋势。海南自贸港将努力承担我国高水平开放型经济建设和实现制度集成创新新高地任务,唯有加强国际合作,以 RCEP、CPTPP 高水平开放新格局,促进自贸港建设更加具有世界影响力和竞争力的新机制。对标 RCEP、CPTPP,是建设具有世界影响力的中国特色自由贸易港的国际化路径选择。对标国际高水平经贸规则,是自贸港推进制度集成创新机制的重要路径,实现自贸港法规体系内容创新,推动自贸港高质量发展,建设具有世界影响力的中国特色自贸港。

中国特色自贸港以人类命运共同体理念,主动参与全球贸易规则治理体系,借鉴欧盟、世界贸易组织等国际高水平经贸规则创制机制,促进国际经济治理规则形成共识,构建统一有序、平等互惠的国际经贸规则法制新格局,促成全球经贸治理新秩序。海南自贸港立法权优势,积极创制自贸港对标国际经贸规则的法规体系,重在关注实现贸易投资自由便利化,推动自贸港贸易投资负面清单法治化、泛南海命运共同体建构、国际旅游消费中心建设、加速人民币国际化等。海南自贸港需要加强与地缘位置相近的广西(南宁)、云南(昆明)等边境自贸试验区互动往来,共同促成"中南半岛经济走廊""澜湄合作机制""泛南海合作经济圈"三者互联互通、发展互鉴的区域国际合作双循环的重要节点。全面落实 RCEP 机制,推进构建海南自贸港法治体系,促成自贸港国际合作创新法治新秩序新机制,奉献出"人类法制命运共同体"相适应的国际经贸法治规则的中国特色自由贸易港新贡献。面对各种单边主义和孤立主义思潮的挑战,更需要自贸港高质量发展,促进国际多边贸易机制和充分发展国内国际经济双循环,推动实施人类命运共同体理念,践行打造互利共赢、包容合作的自由贸易体系和市场公平竞争环境的全球贸易价值理念。

第三节　自贸港对标 CPTPP 规则立法创新路径

习近平总书记"4·13重要讲话"发表以来,海南积极探索推进建设中国特色自贸港。五年来,海南自贸港建设已实现从顺利开局到进展显著再到蓬勃展开。在全面推进中国式现代化进程的道路上,海南既要建设成为具有世界影响力的自由贸易港,也要主动承担为我国加入更高水平的自由贸易协定(FTA),拓展我国的自由贸易区提升战略,融入更高水平的全球自贸网络进行压力测试的关键任务。2023 年 4 月,中国商务部提出,中国已经完成了对于 CPTPP 的所有条款进行研究和评估工作。这是我国继签署加入 RCEP 以来,在制度型开放战略上的又一重大开放战略措施,对于打造

"国内国际双循环"的新发展格局,统筹推进我国国内法治和涉外法治建设,完善社会主义市场经济具有十分建设性的意义。当然,我国在加入CPTPP的谈判过程是十分充满挑战性的,面临着规则门槛高、部分成员谈判要价高、成员意见不统一等问题,而且CPTPP主导国日本由于地缘政治博弈的缘故,加之深受美国极端贸易主义思潮的影响,也对中国加入CPTPP持负面的质疑和反对态度。在我国局部的改革开放综合试验平台进行高标准的贸易投资自由便利化实践,开展压力测试,积累创造性经验,把握中国在CPTPP谈判过程的话语权至关重要。国内部分自贸试验区对标国际高水准经贸的先行先试工作,已积累的部分经验基础,海南自由贸易港是中国最大的改革开放试验区,同时也是一个拥有特殊经济功能的平台,结合特殊的政策优势和较为灵活开放的改革自主权,用好用足自贸港立法权的特殊优势,更好地服务于我国参与高水平经贸协定的战略需要。

一、自贸港对标CPTPP规则法治基础

构建面向全球高标准的自由贸易网络,不断推进制度型开放的"双循环"的新发展格局,中国申请加入CPTPP是适应全球高规格经贸制度发展新趋势和落实国内全面深化改革新要求的根本体现。基于CPTPP经贸规则的高起点、高开放和高标准的特征,给中国形成了一定加入阻力,需要发挥中国特色自贸港作为对接国际高水平经贸规则的最前沿和压力测试试验田的关键作用。作为试验田的国内高水平自贸区或自贸港,可以探索与CPTPP等国际贸易规则应用的一致性。[1] 自贸港特殊的战略地位、特殊法权优势、先行先试的制度基础以及叠加RCEP政策效应,有助于降低中国加入CPTPP的难度。面对CPTPP这样开放水平世界最高的经贸规则,现阶段由海南自贸港承担试点工作是必要的,既有利于提高我国

---

[1] 冯巧根:《CPTPP下的价值链攀升路径与行为优化》,《财会通讯》2021年第19期。

开放水平,也有利于加速海南自贸港建设成型。[1] 同时,通过海南自贸港为国家试行 CPTPP 相关规则,也倒逼自贸港创新涉外经贸法治体系,成为"双循环"格局的重要交汇点,服务于国家自由贸易港建设的重大开放战略。

(一) 自贸港战略地位特殊性是开展 CPTPP 压力测试的重要条件

海南自由贸易港封关运作,重点发展投资和贸易自由化,并集贸易、投资、跨境资金流动等多方面于一体的,有着国际竞争力的自由贸易港。海南自贸港尚未做足 CPTPP 关于高级经贸规则的压力测试,当前自贸港的制度创新侧重于货物贸易自由化便利化,在数字贸易、服务贸易等方面的制度型开放水平较低。[2] 随着海南自贸港政策制度体系建设逐步形成,自贸港法规体系建设成效显著。作为我国面向全世界的高水平对外开放的窗口,自贸港在货物和服务贸易的自由便利化高于我国与其他国家签署的任何双边或者多边自由贸易协定。党的二十大报告提出,要稳步推进规则、规制、管理、标准等制度型开放,加快海南自由贸易港建设,扩大面向全球的高标准自由贸易区网络。[3] 在推进制度型开放的战略进程中,自贸港对标 CPTPP 经贸规则是我国融入国际高标准自贸区网络,扩大面向全球的自贸网络体系的新趋势新需要。当前,对标 CPTPP 重点领域经贸规则,是自贸港封关运作前压力测试的重点任务。海南自贸港对标 CPTPP 重点领域的经贸规则不仅是促进海南自由贸易港经济发展的重要一环,更是我国构建面向全球高标准的自由贸易区网络,全面深化我国改革开放的内在要求。根据《自贸港方案》对于海南自贸港建设的规划部署,对于自贸港封关运作工作

---

[1] 裴广一、陶少龙:《海南自贸港建设视域下中国加入 CPTPP 路径思考》,《学术研究》2023 年第 3 期。

[2] 彭兴智、张礼祥:《海南自由贸易港建设推动南海区域经济合作的策略研究》,《国际贸易》2023 年第 1 期。

[3] 习近平:《高举中国特色社会主义伟大旗帜 为全面建设社会主义现代化国家而团结奋斗——在中国共产党第二十次全国代表大会上的报告》,《人民日报》2022 年 10 月 26 日第 1 版。

任务和体系建构提出了明确要求,提出 2025 年底前适时启动全岛的封关运作。具体的要求在于 2023 年底前具备封关运作的硬性条件、2024 年完成封关运作的各项准备工作,2025 年底前完成封关运作的目标任务。毫无疑问,2025 年以后,海南自贸港的自由贸易便利化程度达到甚至超出 CPTPP 自由便利化水平,是打造全球最高开放水平形态,建设中国特色高水平自贸港的必然要求,将成为我国未来参与更高水准的经贸协定的试验田和催化剂。在封关运作实现之前,海南自贸港的政策和制度体系尚未完全建构,暂不具备全面对标 CPTPP 协定的制度环境和法治基础,但是自贸港在法治实践方面不断努力,旨在与国际高标准经贸规则匹配,并且还在不断深入,贸易和投资自由化的策略也在不断地加强和实施,封关运作前的工作任务和压力测试任务已取得了阶段性进展,对 CPTPP 谈判过程中可能遇到的难点重点问题,也开始展开了针对性的探索性试验,这也是在当前国际环境下自贸港开展 CPTPP 规则试验的有利条件。

由此可知,如果说 RCEP 的签署和加入 CPTPP 是中国新时代改革开放融入全球最高水平开放标准的一次战略实践,那么建设海南自贸港作为国家对外开放的重大战略,则是在为中国制定、引领和对接国际经贸规则做长期性的规则试验。借鉴欧美等发达资本主义经济体的成熟经验,之所以能在国际经贸格局中主导国际规则制定的话语权,主要原因之一在于区域规则和标准的统一,例如北美自由贸易区、欧盟等统一的大市场。我国要在复杂的国际局势中提升自身竞争力,亟待做到自身规则与标准与国际统一。从我国具体的国情和发展的实际情况来看,做到全国性的规则与 CPTPP 为核心的国际标准接轨存在诸多困境。以 21 个自贸区和海南自贸港作为我国打造高水准开放模式的新体现,注重与 CPTPP 全方位的规则和标准体系对接,待制度体系发展成熟时向全国范围内推广,形成独创性的借鉴经验,为形成全国范围内的统一大市场,加快我国在 CPTPP 中的谈判进程,实现第二次"入世"发挥自贸港独特的开放优势和政策优势。

（二）地方立法权多重性和灵活性是对接 CPTPP 规则的法治基础

海南自贸港立法权拥有不同类型的立法权,国家在赋予海南经济特区立法权的基础上,结合自贸港建设的实际需要授予海南自由贸易港法规制定权,这在全国所有的特殊经济功能区域中是独有的一项专属立法权,也是我国授权立法模式的进一步优化完善,是我国立法制度的一次重大发展创新。《海南自贸港法》在后续的实践和完善中,应当继续以《宪法》和《立法法》为依据,明确授权依据及授权界限,构建立法程序规范,完善立法监督机制,强化立法风险意识和立法责任意识,保障海南自贸港建设良性发展。① 自贸港法规是最为体现海南自贸港建设实际和国际化特征的一项立法权种类,与经济特区法规立法权的最大区别在于,自贸港法规立法权内容更加聚焦且创新,具有开放性的功能特点,不仅能够符合国际自贸港立法的普遍性特点,也能结合海南实际制定具有针对性和聚焦性的规范内容。2021 年 6 月 10 日通过的《海南自贸港法》,其立法目的和定位决定了自贸港法规的功能属性,是以自由与开放为主要特征的立法价值理念。同时,自贸港法规也是自贸港法治体系的核心,其开放性的基本属性有助于海南自贸港积极践行对标国际高水平经贸规则,融入全球经济治理体系之中。自贸港法规的较大自主创制性和变通性权限,可以使海南大胆行使改革自主权,推出更多具有世界性示范意义的制度集成创新成果。自贸港法规制定权的运用要更加体现出开放性和国际化的内容,借鉴国际先进经验,注重将符合自贸港发展的高水平经贸规则,实现本土性的创造性转化,实现国际普遍性和本土创制性的有机结合。② 尤其是《海南自贸港法》第 10 条授予海南省人大及常委会在遵守宪法规定,法律、行政法规基本原则的前提下,在

---

① 刘子宜:《海南自由贸易港授权立法模式发展与完善》,《法律适用》2023 年第 3 期。

② 在地方立法权中,海南除了省级和设区的市级人大及常委会的立法权外,还有自治地方的自治条例、单行条例以及经济特区法规制定权。2021 年 6 月 10 日《海南自贸港法》通过后,全国人大常委会创造性规定了"海南自由贸易港法规"这一全新的立法形式,为海南自贸港建设过程中的立法需求提供新的路径。

立法创制和变通权限上可以涉及国家法律保留的条款,这将为海南自贸港以对标全球最开放水平为发展导向,是自贸港开展高水平压力测试,参与高水平自贸协定的谈判与衔接提供充足的上位法依据,在国内率先完成对接CPTPP等先进性国际经贸规范的国际合规性测试。[①]

CPTPP 经贸规则高起点、高开放和高标准的特征,成为我国未来对接更高水准经贸规则的目标导向。自贸港是我国不断拓展对外开放,深度融入全球经济治理体系的试验田和新高地,成为我国对接高标准国际经贸规则,主导和引领国际经贸规则话语权与西方博弈的主阵地。近年来,在新冠疫情和俄乌冲突的双重负面叠加下给全球经贸格局造成了一定冲击,以美国为首的西方国家不断发起反全球化行动,不断输出以民主价值观同盟的单边主义理念,拉拢亚太诸多经济体筑墙围垒,企图以"经济脱钩""科技脱钩"等经济霸权模式,将中国在国际经贸体系中边缘化。为了应对这一不利局面,我国积极推进自由贸易试验区升级和探索建设中国特色自贸港的对外开放战略,积极借鉴国际高水平经贸制度,应对西方主导的国际政治经济体系的话语权施压和适应区域经济一体化的趋势。

习近平总书记在第五届中国国际进口博览会上指出,实施自由贸易试验区提升战略,加快建设海南自由贸易港,发挥好改革开放综合试验平台作用。目前,海南自贸港高水平开放的经济体制建设效果显著,已基本实现从顺利开局到进展显著再到蓬勃展开的良好局面,封关运作工作也在稳步推进。营造法治化、国际化的营商环境,是建立自贸港经贸法治秩序的根本所在,推进法治创新是创建中国特色自贸港政策和制度体系的新优势、新趋势。RCEP 生效后,海南积极发挥独特的改革试验田优势,制定并实施《海南省落实〈区域全面经济伙伴关系协定〉(RCEP)20 条行动方案》,加强与RCEP 成员国的贸易投资往来,扩大海南自贸港的经贸伙伴合作圈,逐步扮

---

① 刘云亮、卢晋:《中国特色自贸港对接 CPTPP 经贸规则的可行性基础及法律对策》,《西北民族大学学报(哲学与社会科学版)》2022 年第 6 期。

演着深化中国与东盟经贸合作的关键枢纽。因此,中央授予海南自贸港特殊的授权立法模式下形成的法治创新优势,为对接 CPTPP 规则提供了创新空间,且海南自贸港地方法规体系的建设将积极探索"小切口,短快灵"的特点,立法内容更加贴合实际和发展所需,具备聚焦性、可操作性和灵活性。事实上,自《海南自贸港法》颁布实施以来,海南始终坚持以立法先行和改革创新相同步,积极主动用好自贸港法规制度权,吸收借鉴了 CPTPP 中关于投资促进和公平竞争相关的规则,促进自贸港立法与国际规则相接轨,与中国特色与海南实际相衔接。截至 2023 年 6 月 10 日,海南省人大及其常委会已颁布实施自贸港法规一共 24 件,涉及海南自贸港的投资贸易、产业发展、市场监管、生态保护、营商环境、民生保障、公平竞争等诸多领域,海南自贸港法规体系建设已取得初步成效。所以,在以现行有效的 24 部海南自贸港法规为基础大胆推进立法创新,坚持法治先行,以提高立法质量和立法效率为前提,更加注重探索性、创新性、引领性的立法,对标 CPTPP 等高水平规则特点,发挥地方立法的自主性、创造性和精准性,以高水平立法推动 CPTPP 部分可行性规则在海南先行试验,稳步推进压力测试。

二、自贸港对标 CPTPP 规制知行

(一) 自贸港与 CPTPP 体系架构共性识别

目前,国内学者普遍认为,CPTPP 无论是开放程度,还是涉及领域都比 RCEP 更高更广,尤其在国有企业、电子商务(跨境数据流通)、知识产权、劳工政策等协定内容上,对国内基本政策和法律制度形成很大挑战。在逆全球化不断抬头,国际政治经济格局动荡加剧,全球产业链加速"去中国化"的国际多重复杂因素背景下,中国积极申请加入 CPTPP,探索在自贸试验区和自贸港进行 CPTPP 规则压力测试,表明了中国不断践行区域多边主义,推进自身标准、规则、管理、制度与国际经贸规则体系相衔接的决心。[①]

---

① 王婧:《CPTPP 的特点、影响及核心规则比较对接》,《全球化》2022 年第 5 期。

在国际规则国内化方面,对照 CPTPP 等高标准规则体系,进行国内制度调整是制度型开放的主要内容。[1] 中国特色自贸港的建设与以 CPTPP 为代表的高水准国际自贸协定的法律属性有着一定差异,前者是由一国的国内法所调整和规制,后者则是需要缔结国际条约来明确各成员国间的权利义务及协调各方利益。但两者却有着相似的战略背景和任务使命,在所涵盖的领域范围和价值内涵方面也有着诸多共同点,在以自由便利为核心的贸易投资制度和新兴领域为导向的制度型开放领域上,两大自由贸易战略都有着某种程度上的联系和融合点。两者都致力于适应世界经济政治的深度变化和全球多边贸易体系的重构、调整转变自身产业结构和对外贸易战略、推动区域经济一体化的新格局以完善全球高标准的自由贸易网络[2]。虽然在美式贸易规则主导下的 CPTPP 规则,在一定程度上有着与主导国国家战略有关的政治意图,企图在国际贸易规则的话语权上对中国进行全方位的规锁。即便如此,中国也在积极尝试加入 CPTPP 对接更高标准的经贸规则,通过先在特定经济功能区域进行规则试验的压力测试,在先行先试的基础上总结分析对接 CPTPP 规则的经验与难题,待成熟时在国内逐步对政策和法律制度进行相应的改革,以为在后续加入 CPTPP 的关键性谈判工作中取得实质性进展。CPTPP 所倡导的全方位自由开放理念与海南自贸港打造最高水平开放形态的内涵是相通的,CPTPP 作为一项由主权国家达成的国际自贸协定,面对的是不同国家的经贸制度和法律体系,而自贸港作为面向全球主动开放的新高地,要利用好"境内关外"法律地位,构建一套与内地法律制度具有明显差异的自贸港经贸法律制度,通过《海南自贸港法》的授权下构建开放型的自贸港法规体系,融合国际间不同法系的法制内容,以更好地适应国际经贸规则重构的趋势[3]。

---

① 全毅、东艳:《以中美经贸政策协调为契机构建国际协调性体制——基于"目标—主体—机制"框架的分析》,《国际贸易》2022 年第 12 期。

② 钱学锋、裴婷:《后疫情时代的全球贸易治理与中国的战略选择》,《国际商务研究》2022 年第 6 期。

③ 于鹏等:《RCEP 和 CPTPP 的比较研究与政策建议》,《国际贸易》2021 年第 8 期。

　　在 2022 年召开的全国海关工作会议上,海关总署主要负责同志指出:"将积极促进对外开放平台建设,将在部分自贸试验区先行先试 CPTPP 部分规则,将实施海南自贸港监管框架方案,推动'一线放开,二线管住'扩区试点,扎实推进全岛封关运作。"①通过发挥海南自贸港法规特殊立法权限,以制度集成创新为核心的法治引领,加强与国际经贸规则衔接。自贸港法规立法权的开放属性可为海南适应不同标准的国际经贸规则提供先行先试的条件,中国也可以在特定经济功能区域进行先期性改革的基础上加入现代化、国际性、互惠性的区域双边或多边自贸协定。对海南自贸港和CPTPP 的规则体系和涵盖内容进行梳理,发现两者作为构建最高水平开放的新格局新标准基本形式,有着如下相似特征:

　　首先,内容覆盖较为广泛。不仅涉及传统的投资贸易领域,也会涉及数字贸易、知识产权、环境保护等新兴议题。无论是《海南自贸港法》还是《自贸港方案》,其覆盖内容和议题与 CPTPP 协定 30 章的内容结构设计都较为相似,内容结构都较为体系化和标准化。CPTPP 共 30 章的内容包含了传统的商品要素议题和新兴领域的议题,内容上来看,涉及了初始条款及基本定义、货物贸易、服务贸易、投资、政府采购、知识产权、国有企业、自然人出入境、环境、电子商务、劳工、竞争政策等领域,全面达到了高水准国际自贸协定的开放标准。《海南自贸港法》和《自贸港方案》所涵盖的内容和议题虽然没有 CPTPP 那样严密高标准的规则体系,但也基本符合对标全球最高开放水平形态的基本形式,《海南自贸港法》以专门法的形式确定了自贸港建设和管理相关的各项基础开放制度②,其内容体系由贸易、投资、运输往来、跨境资金流动、人员进出等五大自由便利外加一项数据安全有序流通的制度体系构成,其基本制度和规制范围基本与 CPTPP30 章中涵盖的议题类似。

---

　　① 孙霞云:《2022 年全国海关工作会议召开》,《中国海关》2022 年第 2 期。

　　② 各章节内容包含总则、贸易自由便利、投资自由便利、财政税收制度、生态环境保护、产业发展与人才支撑、综合措施等。

其次,《海南自贸港法》所确立的以投资贸易自由便利为重点的系统性开放的基础制度。该制度主要体现在"一线放开,二线管住"的前提下①,对货物贸易实行以"零关税"为基本特征的自由便利化规定;对服务贸易实行"既准入又准营"为基本特征的自由便利化措施;在市场准入逐步实施市场准入承诺即入制,严格落实"非禁即入",对外商投资实行国民待遇加负面清单管理制度,中央有关部门也发布了极简版的《海南自由贸易港外商投资准入特别管理措施(负面清单)》。这些规定与 CPTPP 核心规则中的高度关税减让模式、全面负面清单的服务贸易和市场准入管理措施、负面清单加国民待遇的外商投资准入管理、严格的产权保护等规则高度协同,初步实现了自主式开放的中国特色自贸港与协定式开放的国际自由贸易区超前对接。

再者,海南自贸港和 CPTPP 所涵盖和调整的范围都超出了传统的经贸议题。两者都突破了以投资贸易为主导的国际经贸范畴,涉及到了边境后的规制领域,重视制度型开放对区域发展的重要性。海南自贸港和 CPTPP 虽都以打造高度自由化的投资贸易制度为核心,但两者的制度体系都涉及到了环保、知识产权、竞争政策、数字贸易等新兴领域的边境后重点议题,当今国际经贸规则的变革方向逐步向边境后措施倾斜,CPTPP 是国际上首个内容涉及到国有企业、知识产权、劳工标准、环境保护等新兴领域议题的自贸协定,代表着当今国际高水平经贸规则的模板示范。《海南自贸港法》共8章57条内容,包含了投资、跨境服务贸易、跨境资金流动、人员进出、运输的自由便利内容,构建现代化产业体系、打造税收优惠环境和数据流通安全便利体系等多元化的规定,既适应了全球经济要素国际化发展的趋势,也积极主动借鉴并对标以 CPTPP 代表性的区域多边自贸协定的开放制度,并根

---

① "一线"指的是海南自贸港与全世界的联通,岛内实行更自由便利的贸易投资政策。"二线"指的是海南自贸港与内地的联通,要在海南自贸港与内地之间进行适度管制,目的是保障国家贸易管制政策的统一和做好与内地税制落差的衔接。

据中国特色的本质进行制度集成创新①。

此外,海南自贸港与国际上其他自由贸易港相比,其涵盖内容涉及到了边境后的新兴领域。这是全球其他自贸港的法律制度中几乎很少涉及到的内容,体现了中国特色的自贸港对当今自由贸易港模式的丰富与创新。这一方面海南自贸港与 CPTPP 也有共性之处,例如以环境保护为例,CPTPP 在第 20 章中专门规定了环境议题,旨在构建高标准的环境保护规则,强调加强臭氧层、海洋环境、生物多样性、低碳排放等方面的保护,属于现有自贸协定中首创性地规定了环境保护条款。《海南自贸港法》以专章的形式规定了生态环境保护内容,旨在构建最严格的生态环境保护制度,为自贸港的建设发展提供生态宜居的环境基础,中央"12 号文件"也规定了海南将逐步淘汰燃油汽车的使用,逐步推广新能源环保汽车的使用。纵观全球以资本主义为核心特征的自由贸易港,较少在本国关于自贸港的立法内容中设定环境保护章节。相反,在资本的利益驱动因素下,使得某些以避税为主的自贸港为片面追逐经济效益而忽视了环境保护。

由此可知,海南自贸港与 CPTPP 之间的内在联系和共性特征,是实现两种开放模式高水平深度对接的关键基础,CPTPP 经贸合作圈的推进与扩容也需要一些国家内部设立的特殊功能经济区域,作为相互政策叠加的关键节点和战略支持。自贸港作为制度型开放的试验场,拥有较为广阔的地域面积和充足的法制授权,加之较少管制的市场环境,在遵循国内基本制度和上位法规定前提下,依托其特殊授权的新型立法模式,是能够将自身的经贸法律法规体系与 CPTPP 国际规则体系实现充分融合,提升自贸港的国际竞争力和国际化发展水平②。

(二) 自贸港率先推动 CPTPP 规则的先知先行

从当今的国际形势来看,受到俄乌冲突等众多因素叠加影响,经济全球

---

① 崔凡:《国际高标准经贸规则的发展趋势与对接内容》,《学术前沿》2022 年第 1 期。
② 聂新伟、卢伟:《海南自贸港:制度型开放的基础和使命》,《开放导报》2022 年第 3 期。

化进展遭受了史无前例的逆流冲击,国际经济和民生发展问题逐步被上升为政治化问题较为明显,俄乌冲突常态化趋势下所带来的脱钩断链、拉拢站队与单边主义思潮已经严重冲击全球经济贸易体系。特别是以美国为首的守成大国与中国为首的新兴大国间的博弈仍会长期持续,以 WTO 为核心多边贸易体制改革短期难以见成效,在此背景下,以区域化经济合作为主的"新型经济全球化"模式不断深入,以 CPTPP、RCEP 为代表的区域自贸协定不断涌现,尽管反映了未来全球经贸规则发展的基本走向,但双边或多边为主的区域自贸协定的开放水平带有协议性和局部性等特点,与 CPTPP 和 RCEP 为主的国际自由贸易区不同,中国特色自贸港不具备双边或多边关系为基础的国际经贸合作关系,是面向全球高度开放的主动平台,其设立基础来源于国内统一的规范部门法,聚焦于打造具有全球性、包容性以及不区分具体经济体单向主动开放的特殊经济功能区域①。目前,CPTPP 作为全球高度开放、规则水平领先的国际自贸协定,海南自贸港封关运作之后将成为全球面积最大的自由贸易港,两者加强制度对接可以说是推进经济全球化和国际贸易发展新高度的主要路径。由于我国与 CPTPP 文本内容存在较大的制度差异,通过海南自贸港的压力测试功能,实现加入 CPTPP 的目标还是存在一定难度,因此,通过区分自贸港与 CPTPP 的差异有助于明晰具体制度障碍,实现关键领域谈判的新突破,以高水平的压力测试不断积累开放经验。

1. 中国特色自贸港先知 CPTPP 的制度特征

无论是国家类型还是不同性质的区域经济组织,都会因其所倡导的制度规范理念差异而产生不同类型化的制度主导结构,所以不同国家制度主导下的制度规范也会有所不同,国际经贸制度既是服务于本区域成员国的利益追求,也是区域主导国推行自身所主导的规则标准的根本方式。由于制度主导国所推行的经贸规则导向而导致自身主导的经贸伙伴群体的规则

---

① 陈利强:《"一带一路"涉外法治研究 2022》,人民出版社 2022 年版,第 18—19 页。

体系构建,CPTPP 和海南自贸港分别由日本和中国各自所代表的制度模式为建构,由于不同制度主导下的开放标准不同,使得这两大高水平开放的制度形态呈现出差异化的规则特色①。CPTPP 由日本主导推动下而成立,所形成的经规则内容呈现准入门槛高、目标要求强等特点,迎合了更多发达国家所要求高标准经贸规则要求。CPTPP 的前身"跨太平洋伙伴关系协议",是美国主导下而建立的一项遏制中国崛起的制度工具,其最初主要目的是通过向全球输入美式模式的经贸规则,企图将美国国内法国际化,从而主导高门槛的贸易规则的制定,试图将中国排除出当今世界的经贸格局之外,以实现非传统的政治博弈目标。美国退出后,在日本主导下成立的 CPTPP 虽搁置了部分争议较大的条款,但仍然保持着前身 TPP 的大部分核心条款,其中以国有企业、竞争政策、知识产权、数据流通等领域设置高门槛规则,大多呈现以美式模式为核心的制度特点,体现了一定的资本利益最大化的价值理念。例如国有企业规则中的高度信息披露机制、非商业援助规则、国有企业定义的扩大化认定等体现了"资本本位"主义的制度倾向,未完全考虑不同经济体的发展水平和规则可承受性,一定程度上淡化了传统 WTO 机制下的公平公正、协商一致的自由贸易体系。日本推动形成 CPTPP 的逻辑路径,通过适应新兴领域的高水准规则,来充分展示出自身的制度主导优势,以自身主导的 CPTPP 规则,引领未来亚太区域经贸规则一体化趋势以及 RCEP 生效实施后的经贸规则发展走向,提升在亚太区域经贸规则变革的制度话语权和影响力②。

海南自贸港和 CPTPP 有着本质差别,海南是中国特色的自贸港,与世

---

①　所谓"自由贸易区"(Free Trade Area, FTA),是指两个以上的主权国家或单独关税区通过签署协定,在世贸组织最惠国待遇基础上,相互进一步开放市场,分阶段取消绝大部分货物的关税和非关税壁垒,改善服务和投资的市场准入条件,从而形成实现贸易和投资自由化的特定区域。"自由贸易园区"(Free Trade Zone, FTZ),指在某一国家或地区境内设立的、实行优惠税收和特殊监管政策的小块特定区域。FTA 是由双边、区域或多边协定形成的较大的特定区域,主要规制"边境措施"。

②　王卓:《介于 TPP 和 CPTPP 之间的印太经济框架——美国的另起炉灶、日本的追随与中国的应对》,《东北亚经济研究》2022 年第 5 期。

界大多数自贸港不同,是当今全球唯一的社会主义性质的自贸港,彰显了中国特色社会主义的制度优势。《海南自贸港法》明确了海南自贸港的投资、贸易、运输、跨境资金流动、人员进出的自由便利制度,真正落实"一线放开,二线管住,岛内自由"的开放新要求。我国设立海南自贸港的基本初心,就是通过实行更加自由便利的投资贸易政策,加强与国际高水平经贸规则相接轨,以表明我国不断完善对外开放的水平和高度,维护全球多边贸易治理体系的态度和决心。从制度本质和规则要求来看,CPTPP 更加强调全面进步性和门槛要求性,开放水平和范围也以双边协定要求为主。中国特色自贸港立足于打造最高开放水平形态的新要求,在落实安全监管和风险防范的基础上,不区分任何经济主体实行内外一致、宽松便利的市场准入制度,以"零关税""跨境服务负面清单管理""外资既准入又准营""市场准入承诺即入制"为核心的开放、灵活和包容的政策法治环境,成为推动区域经济合作共同体的多边合作"双循环"枢纽,并坚持着"以人民为中心"的发展理念,强调与世界各国实现互联互通、民生幸福,让全世界人民通过参与中国特色自贸港建设的开放实践,共享中国改革开放的新成果,体现了"构建人类命运共同体"的伟大理念。

2. 中国特色自贸港先行 CPTPP 规则内容

自贸港和 CPTPP 两者在规则定位上有着显著区别,前者致力于在法治先行的轨道上发展成为具有世界影响力的中国特色自贸港,后者作为国际上具有代表性的巨型贸易协定,以更高标准、更宽领域的国际投资贸易规则,引领未来全球自由贸易规则体系革新的新方向。但两者对传统的投资贸易自由化议题都有着相似的开放性承诺,涉及竞争政策、数字经贸、环境保护、知识产权等新兴议题也积极聚焦,由于当前自贸港的政策制度和法律体系还处在初步构建阶段,与 CPTPP 各成员国实行"一步到位式"的开放性规则模式不同,海南自贸港实行的是"渐进式开放"的规则推进模式,实行商品货物零关税、所得税低税率、税制简并化的模式①。从传统的经贸规则议题看,在货物贸易规则上,CPTPP 与自贸港都实行"全面零关税"制度,但 CPTPP 各成员的商品零关税水平已达到 99.5%,海南自贸港在封关前实行零关税商品正面清单管理,在列入零关税目录的商品种类里占 CPTPP 零关税商品种类未达到 30%,其中有许多商品与自贸港的重点产业有关。在服务贸易和投资准入领域,自贸港和 CPTPP 都创新了各自的清单管理方式,在跨境服务贸易上都实行负面清单管理,2021 年 7 月 26 日商务部发布的《海南自由贸易港跨境服务贸易特别管理措施(负面清单)》和 CPTPP 都将跨境服务贸易与商业存在清晰划分,并统一列出国民待遇、市场准入、当地存在、金融和电信服务跨境贸易的管理措施。CPTPP 对于跨境服务贸易和市场准入的负面清单管理更加全面细致,对电信和金融等专业服务领域进行专章规定,并取消了外资的业绩要求和股比限制,真正做到了全面的市场准入国民待遇+负面清单管理的自由化规则措施②。

　　在新兴领域议题的规则内容,往往涉及制度型开放的重点内容,包括电子商务、环境保护、知识产权、竞争政策等议题,CPTPP 在竞争政策、知识产权、电子商务(跨境数据流通)上的规则要求明显要严于《自贸港方案》和《海南自贸港法》及配套法规的规定,环境保护议题上海南自贸港的创新性内容与 CPTPP 的规则类似。例如,在电子商务领域,CPTPP 第十四章电子商务章节规定了数字贸易的定义类型,鼓励数字产品在线交付以及免征数字产品关税,也在 CPTPP 第 14·13 条规定了禁止数据本地化的条款,强调信息和数据充分流通和运用。电子商务作为未来自贸港现代服务业的重要组成部分,《自贸港方案》明确了发展数字贸易,在扩大数据领域开放进行探索,在实现数据和信息自由流动上,《海南自贸港法》持谨慎观望态度,第42 条规定在确保安全监管前提下,实现数据跨境的安全有序流通,对数据

---

① 李宜钊、魏诗强:《海南自由贸易港高质量发展研究》,《公共管理学报》2022 年第 4 期。

② 王跃生等:《国经济对外开放的三次浪潮及演进逻辑——兼论 RCEP、CECAJ、CPTPP 的特征和影响》,《改革》2021 年第 5 期。

流通原则性的规定也为改革创新预留一定空间。同时，与CPTPP数字产品"零关税"规则相比，自贸港当前的"零关税"政策主要还局限于传统贸易领域，未完全拓展到数字新兴领域。

在知识产权内容上，海南自贸港和CPTPP的规则内容都重视知识产权的保护，相比较而言，CPTPP对知识产权的权利保护范围和标准较为严格，对知识产权的保护标准较为明确具体，CPTPP知识产权保护规则CPTPP总体上代表了知识产权保护的国际最高标准和未来发展方向，其在传统知识产权保护、新型知识产权保护、知识产权保护程序、知识产权保护责任等方面制定了更高标准，对我国而言在规则对接上也更具挑战性。[①] 海南自贸港对知识产权权利类型的保护标准相对统一与平衡。CPTPP对知识产权的保护设定了专门章节，规定了详细的规则保护条款，除了创新对于知识产权保护的权利范围，在保护传统的知识产权例如著作、商品、专利等的基础上，也将权利保护种类扩大到声音、气体等新兴领域，而且进一步延长知识产权的权利保护期限，更加重视运用刑事手段打击侵害商业秘密和数字化产品权利的侵权行为。《海南自贸港法》在第23条里规定了保护自贸港内的权利主体的知识产权，建立健全知识产权领域的信用分类监管和失信惩戒措施，依法追究知识产权的侵权行为。《海南自贸港法》确立的知识产权基础性保护条款，海南省人大常委会也运用自贸港法规立法权制定颁布了《海南自由贸易港知识产权保护条例》(以下简称《条例》)，《条例》借鉴了域外知识产权保护的先进经验，积极适应国际知识产权保护的经贸规则重构新趋势，回应国家关于知识产权保护的需求并结合自贸港建设实际，立足海南特色，规定了与自贸港建设相适应的知识产权保护条款，进一步优化了知识产权保护的内容方式。总体来看，《条例》的主要内容基本还是遵循参照我国《著作权法》《专利法》《商标法》《反不正当竞争法》等上位法内

---

① 李猛：《海南自由贸易港知识产权法治保障体系构建：国际经验借鉴与路径探索》，《国际贸易》2023年第5期。

容,未完全真正用足自贸港法规立法权的突破性创制或变通功能,在权利保护种类和期限上作出进一步的创新性规定,也未创造性的规定知识产权侵权的公益诉讼制度。自贸港还未达到 CPTPP 知识产权保护的高标准要求,相比于 CPTPP 第 18 章知识产权章节规定的对于侵害商业秘密、数字版权等行为不考虑金额和规模,一律适用刑事制裁的规定,海南自贸港对于港内知识产权的保护与侵权惩戒措施运用上更加兼顾平衡性,强调科学合理适用知识产权侵权惩罚性赔偿方式①。

3. 中国特色自贸港制度型开放对标 CPTPP 规则体系

在对两者的制度特征、规则内容进行分析比较后,在此基础上本部分将对这两种不同的开放模式进行规则特征的差异化分析。由于利益诉求、国家战略定位、对国际经贸规则的发展影响等多重因素,使得两者在规则的体系化标准化程度以及与国家战略的出发点上呈现较大差异。首先,规则的体系化标准化构建存在差异性,CPTPP 规则强调了各成员国的国内履约义务,要求成员国加快进行国内法律制度的改革以符合协定的义务要求。CPTPP 保留了 TPP 中大多主要条款,是美式经贸规则的模式版本,引领了当前国际经贸规则的发展趋势,而且还被作为高水平自贸协定的模板广泛推广,为近些年达成的区域自贸协定提供了思路借鉴与内容参考,所以在规则构建的体系化标准化程度上体现出较高的国际先进水平。海南自贸港虽拥有较好的政策和法治基础,《海南自贸港法》授予了海南较大的改革自主权,能够积极主动对标国际高水平经贸规则,在国际化建设上创造出更多制度集成创新的特色成果。由于海南自贸港尚处在初步建设阶段,在对标 CPTPP 等国际高水平经贸规则上还处在探索阶段,涉外法治体系建设起步较晚,无先例遵循且缺乏可参照的国际性经验,对 CPTPP 规则进行压力测试的具体任务清单也还未出台。

---

① 李婧等:《对标国际:海南自贸港先行先试 CPTPP 的探索》,《区域金融研究》2022 年第 12 期。

其次，《海南自贸港法》第 10 条授权海南拥有制定自贸港法规的立法权限，为海南对标 CPTPP 高水平经贸规则进行开放性压力测试奠定了先行先试的法治基础。自贸港法规立法权的创制范围仅限于投资、贸易及管理活动事项，未具体明确到许多新兴领域的发展议题，加之在立法权限和内容条款上的语义模糊性，难以界定其的具体内涵和程序要求，使海南在运用自贸港立法权加强与高水平经贸规则的衔接，发挥制度集成优势时会存在改革创新与法治优先的内在紧张关系①。

此外，两者的战略意图和发展定位不同。CPTPP 虽是一个带有经贸合作性质的经济协定，但背后却带有亚太大国战略博弈的色彩，是一个集投资贸易、发展合作、政治目的的战略集合体。CPTPP 对推动亚太区域经济一体化进程起到了决定性作用，可在区域经济一体化进程中也间接加剧了国际间经贸合作关系的不平等性。"区域经济集团化"与"发展不平等性"是当前国际经贸规则体系的显著特征，以美国为中心的西方国家主导形成的高标准排他性的世界经贸规则体系，使得在全球经贸格局中将处于不同发展水平的经济体划分成了核心—半边缘—边缘结构②，掌握全球经贸规则话语权的美国等西方国家处于核心位置。日本等中等发达经济体处于半边缘，其余欠发达经济体处在边缘结构，CPTPP 也包含了部分处在世界经贸体系边缘中的欠发达经济体例，如墨西哥等。由于保留了其前身 TPP 协定的大多主要条款，CPTPP 内容本身也体现出美国想利用"高严苛"的国际经贸规则来制裁中国的政治意图。即使美国不是 CPTPP 的成员国，但也利用其自身的国际影响力与 CPTPP 部分的成员国加拿大和墨西哥，达成了《美墨加协定》(USMCA)》③，推崇美国优先的极端贸易自由主义，USMCA 首次

① 熊勇先：《论海南自由贸易港制定权及其行使》，《暨南学报》2022 年第 8 期。
② 陈柏峰：《中国式法治现代化的中国特色》，《法制与社会发展》2023 年第 2 期。
③ 被称为美墨加协定"毒丸条款"的规定在协定第 32 章第 10 条。条款规定，若美、墨、加三国任意一方与"非市场经济国家"签署自由贸易协定(FTA)则其他协议伙伴有权在 6 个月后退出协定，并以新的双边协定取而代之。该条款增加了与第三国缔结贸易协定的壁垒，违背了国际法中不干涉第三国权利与义务的基本原则。

在双边经贸协定中加入非此即彼的排他性选择条款,运用美国自身强大的综合实力,限制了加拿大与墨西哥缔结其他自贸协定的自主性①。这一操作直接影响了两大经济体在 CPTPP 加入程序中对中国制度性权力的行使方式,与此同时,CPTPP 当前的主导国日本在乌克兰危机发生后选边站队的倾向也愈发明显,进一步加大了中国加入 CPTPP 的难度。海南自贸港的建设是中国打造高水平对外开放新格局,实现以制度型开放为核心推动区域经贸合作的国家战略,海南自贸港承担着国家建设"三区一中心"的战略使命,也是构建新发展格局的重要交汇点,对于扩大面向全球的自由贸易网络格局,精准对接 CPTPP 经贸规则并深度融入 CPTPP 自贸合作圈具有重要意义。党的二十大报告关于加快海南自贸港建设的论述,表明了我国将加快海南自贸港建设的全新重大决策部署。由此可知,海南建设中国特色自贸港的现代化实践,将更多聚焦于开放型经济制度的完善和对先进国际经贸制度的借鉴,淡化地缘政治博弈的消极要素,打造一个面向全球高度自由便利的开放综合平台,进一步扩大中国面向亚太乃至全球开放的国际经贸合作圈,以促进区域间的经贸合作与开放发展。

三、自贸港对标 CPTPP 经贸规则发展空间

自贸港对标 CPTPP 经贸规则,是封关运作前压力测试任务的重要聚焦对象。2023 年《海南省政府工作报告》提出:用好自贸港与 RCEP 的政策叠加优势,先行先试 CPTPP 等国际高标准经贸规则,更好服务和融入新发展格局,以更大力度推进自贸港国际化建设。对于海南自贸港而言,对标高水平经贸规则关系到压力测试工作的质量成效。目前,海南自贸港对标 RCEP 经贸规则,已出台了相关专项性政策措施,除了少数领域外基本没有衔接上的困难,已初步实现双向的规则叠加效应②。CPTPP 是一个全面涵

---

① 廖凡:《从美墨加协定看美式单边主义及其应对》,《拉丁美洲研究》2019 年第 1 期。

② 刘云亮、卢晋:《RCEP 经贸规则与中国特色自贸港法治创新研究》,《济南大学学报(社会科学版)》2023 年第 1 期。

盖传统性产品和要素议题以及新兴制度型开放议题的现代化巨型协定,其广度和深度大大超出了《海南自贸港法》所确立基础性的开放体系和授权规制范畴,给海南自贸港的压力测试任务带来一定程度上的制度困境,主要体现在以下两大方面。

（一）商品和要素自由流动等传统经贸议题

1. 货物贸易自由

货物贸易自由主要由统一的关税减让和货物进出口监管的非关税壁垒构成。就关税减让规则而言,CPTPP 实行的是协定生效后立即"零关税"商品达到 80% 和最终"零关税"商品达到 99% 的高标准要求。在消除非关税贸易壁垒上,实行更加便利化的海关监管程序以及不断消减商品进出口的技术性壁垒,一定程度上体现了零关税、零补贴、零壁垒的自由贸易新特征。从贸易投资自由便利化经贸规则的深度和广度上看,CPTPP 目前都超过了还尚未实现封关运作的海南自贸港。相较于"一步到位"式的 CPTPP 零关税模式,海南自贸港的关税制度难以立即达到全面"零关税"的高标准要求,而是划分为了封关运作前后的不同分类范围,《海南自贸港法》第 28 条规定了海南自贸港在封关运作前实行正面清单为主的监管模式,对部分商品实行零关税;封关运作后开始实行负面清单管理模式,对进口商品实行征税目录管理,列入进口商品征税目录之外的实行零关税的制度安排。在实现封关运作前,海南已出台了三张零关税清单,分别为企业生产自营的进口设备负面清单、企业运营自用的交通工具及游艇正面清单、企业生产原辅料正面清单。目前的零关税商品种类与 CPTPP 规则相比还有较大差距,而且海南本土居民进口消费品正面清单也迟迟未出台,这与全面零关税的货物贸易规则标准并不相符。《海南自贸港法》第 28 条和第 13 条分别规定了封关运作后进口商品征求目录和海南与境外的货物进出口禁止、限制清单,由国务院相关部门会同海南省政府制定。面对 CPTPP 如此高度自由便利的货物贸易零关税规则,中央有关部门和海南省在落实前述目录和清单的规定时,会存在诸多制度上的对接困境以及自贸港法规体系建构对于国际高水平贸易规则吸收的规则承受力考量,难以根据不同发展阶段自贸港对标国际最高贸易便利化的规则标准,来厘定征税目录和进出口商品清单的具体范围。

2. 跨境服务贸易自由

逐步消除跨境服务贸易壁垒,扩大服务贸易自由便利化水平是经济全球化不断深入发展的根本表现形式,也是 WTO 多边贸易体制未来发展完善的重点方向。自由贸易港和国际高标准自贸协定的开放水准不仅体现在货物贸易,也更多体现在服务贸易领域。CPTPP 协议跨境服务贸易条款延续了 TPP 的跨境服务贸易条款,搁置了服务贸易中的跨境交付、政府采购、知识产权、透明度与反腐败等一般条款,以及针对金融服务、电信服务、邮政服务和环境服务的特定部门条款,对跨境服务贸易的规范比现有双边和区域 FTA 更全面和细致。[①] 根据 CPTPP 的服务贸易规则和承诺事项可知,可以发现与相同类似的自贸协定(RCEP)相比,服务贸易制度和开放领域大大超出 RCEP 服务贸易开放水平。CPTPP 在跨境交付、境外消费、商业存在和自然人移动方面的准入模式和国民待遇水平较为宽松便利和开放透明,除负面清单列出的涉及国家安全和监管政策外,几乎不设准入门槛和附加条件,这代表了全球跨境服务贸易的高水平模范[②]。海南自贸港是我国首个实行跨境服务贸易负面清单管理的省域,体现了海南不断适应国际经贸规则的主流发展趋势。商务部发布的跨境服务贸易负面清单涉及海南跨境服务贸易的 11 个门类和 70 项管理措施,在建筑、医疗、教育、增值电信、市场调查等服务行业进一步扩大开放水平,但与 CPTPP 涉及的服务业范围相比,仍有进一步优化的空间。一是 CPTPP 服务贸易涉及领域不仅包括跨境交付、自然人移动、境外消费,也包含了跨境商业存在的服务贸易提供方

---

① 全毅:《CPTPP 与 RCEP 协定框架及其规则比较》,《福建论坛(人文社会科学版)》2022年第 5 期。

② 张慧智、汪君瑶:《双循环发展格局下中国加入 CPTPP 的政治经济思考》,《东北亚论坛》2021 年第 3 期。

式,并将投资和服务贸易用统一的负面清单概括规制,而海南自贸港跨境服务贸易的提供方式并不包含商业存在方式。在特定重点领域,例如法律、会计、互联网等还存在一定限制,而且海南自贸港缩减服务贸易的动态调整配套措施尚未建构,加上缺乏与高水平开放相匹配的负面清单整合能力。未来随着 CPTPP 服务贸易规则的动态调整或成员主体扩容,该负面清单可能也会面临更新调整的问题,这给海南自贸港的制度集成创新水平带来一定难度。二是对于不同国别的跨境服务贸易资格互认问题,CPTPP 的专业服务附件规定了应相互承认各成员国的专业资格,便利服务提供者专业资格的许可和互认程序的义务性条款。《海南自贸港法》第 47 条规定了海南对境外的专业资格认定实行单向认可管理,CPTPP 要求的放宽和扩大对于服务贸易专业资格的认定规则,对于海南自贸港实行服务贸易专业资格单向认可制度增加了一些潜在难度。目前海南发布的《境外人员专业资质认定目录清单》,仅有注册计量师、勘察设计工程师、资产评估师等部分行业可实行专业资格单向认可,认定资格种类较为单一且数量较少,对于专业性程度较高的法律、金融、注册会计师等专业资格认定暂未列入,这确实给海南自贸港对接 CPTPP 服务贸易规则调整,创新自身贸易投资规则体系的压力测试工作提出了外部压力。

3. 投资自由

CPTPP 是一个高水平的贸易投资自由化协定,代表了当今贸易投资自由化和国际经贸规则发展的方向,被认为是第二代 FTA 的模板。[1] CPTPP 的投资规则要求以完全化的负面清单方式开放缔约方的大部分市场领域,在市场准入方面要求取消资本自由流动的限制,大幅度开放投资市场,对落实国民待遇和政策法规透明度的要求较为严格。要求成员国不得对投资者进行业绩要求、当地成分、技术本地化等歧视性措施,取消外商投资的股权

---

[1]　王跃生、杨丽花:《区域贸易协定赋能双循环新发展格局构建》,《中国特色社会主义研究》2022 年第 4 期。

和数量限制,包括高级管理人员及董事会成员任职资格上的国籍限制。海南自贸港在投资领域的规则内容上,国家发改委和商务部专门针对海南自贸港出台了相比于内地和其他自贸试验区,更为简版的外商投资负面清单以及市场准入负面清单,海南省政府也制定颁布了《海南自由贸易港实施市场准入承诺即入制管理规定》,全面取消审批和许可,是国内首个率先实行"市场准入承诺即入制"的省份。总体来看,专用于海南自贸港的外商投资负面清单和市场准入负面清单与 CPTPP 规定相比,还需进一步放宽准入门槛。例如在外商投资股权限制以及法定代表人任职的国籍要求上,仍有一定精简的空间,在市场准入承诺即入制的规定上,极简审批的适用范围还有待进一步扩大,投资自由便利化水准和营商环境优化仍充满挑战性。此外,在对外商投资实行"非禁即入"的市场准入管理模式下,对海南自贸港的市场监管能力也提出了诸多挑战,海南自贸港对标 CPTPP 规则,对投资和服务贸易实行一体化负面清单管理的高标准市场准入制度。由于当前还尚处在封关运作准备期内,海南自贸港的社会信用监管体系建设不完善、事中事后监管能力有待提升、外商投资国家安全审查不健全等诸多弊端,也会带来一定的系统性风险。[①]

(二) 新兴领域等制度型开放议题

1. 法规体系的开放性标准议题

海南自贸港法规体系与国际通行经贸制度的衔接性,是推进制度型开放的重要一环,CPTPP 较为注重缔约国国内法律法规与自身规则体系的高度吻合性,强调规则的可执行性和义务约束,重视缔约国对 CPTPP 协定的国内履行义务。[②] 根据 CPTPP 的加入谈判规则要求,申请加入一方需作出接受协定义务的承诺说明,包括说明如何构建高标准的市场准入制度,并围

---

①　彭兴智、张礼祥:《海南自由贸易港推动南海区域经济合作的策略研究》,《国际贸易》2023 年第 1 期。

②　张乃根:《中国特色自贸试验区建设的国际法问题》,《国际商务研究》2023 年第 1 期。

绕协定中的关税减让、投资与服务贸易规则、国有企业、劳工标准、政府采购及竞争政策等领域的规则,作为申请加入方国内法律法规改革的参考。由于不同经济体间内部法律制度相互不兼容,会成为阻碍投资贸易自由便利化的制度性成本,这说明我国加入 CPTPP 必须接受自身规则与高标准经贸规则相接轨的制度型开放条件,自贸港作为我国对接高标准经贸规则的高水平开放试验地,是国内实现制度型开放的前沿高地,应利用好自贸港法规制定权的开放属性,做到引进国际经贸制度与遵循国内法相统一,实现国际经贸规则的本土化法制创新。然而,海南自贸港在推进规则、标准等制度型开放的水平还不够深入,与 CPTPP 的规则标准相比还有一定差距,并未做好在法规体系建构上开展对接 CPTPP 规则的高阶段压力测试工作,海南自贸港利用自贸港法规立法权制定的 19 部自贸港法规中,主要侧重于投资贸易领域,对于数字经济、产业标准规制方面的制度型开放涉及程度还不足,与《海南自贸港法》第 9 条规定的海南自贸港要主动适应全球经贸规则发展重构和全球经贸治理体系革新的制度型开放新要求还有一定差距[1]。

2. 数字经贸议题

数据作为引领和推动全球数字经济发展的新型要素,更是海南自贸港实现数字化、网络化、智能化建设的关键性基础,数据领域的开放也是当今全球最高水平开放标准的重要衡量指标。CPTPP 数字贸易条款代表了当前高水平数字贸易规则的发展方向,主张跨境数据自由流动,反对数据存储本地化措施,倡导数字贸易产品永久免关税。[2] 数字经贸规则包含了跨境数字贸易与跨境数据流通规制等内容,CPTPP 关于数字经贸领域的内容规定,是一个集数字贸易、国家安全、隐私保护、监管方式及法律适用的综合性条款,包括在促进数字贸易发展措施、数字产品非歧视性原则、无纸化贸易、

---

① 韩龙:《论海南自由贸易港法对我国法治的重大发展》,《中国高校社会科学》2023 年第 1 期。

② 刘斌、甄洋:《数字贸易规则与研发要素跨境流动》,《中国工业经济》2022 年第 7 期。

个人信息保护、跨境传输信息、源代码、监管政策等方面达成一致意见。明确了缔约方在商业领域可实现数据跨境自由流通,禁止数据本地化,体现了全球数字贸易与数据治理规则的较高水准。《海南自贸港法》第42条建立安全有序便利的数据流动规则,对接CPTPP数字经贸规则,在实现数字贸易自由便利化上,不存在法规对接上的困境,但在跨境数据流通与数据本地化上,存在与上位法相抵触的法制冲突障碍。扩大数据领域开放是海南开放型经济体制建设的重要一环,是全方位融入全球高标准的数字经济治理体系的应有之义。在以CPTPP这一代表着国际较高水平的数据跨境传输规则体系,对海南自贸港的数据流动治理法律规制现状进行审视,当前海南还未充分用好授权立法、法律保留、经济特区法规变通等法制权限,构建既能精准对接国际数字经贸治理规则又体现中国特色,兼顾海南实际的自贸港自由便利跨境数据流通的法律规制体系。

3. 劳工标准议题

CPTPP劳工标准继承1998年《国际劳工组织宣言》的内容,又脱钩于1998年《国际劳工组织宣言》和基本公约的内容。[①] CPTPP协定首次以专章形式规定了劳工权益保障议题,并在投资领域明确了加强劳工权益保障的相关规定,规定投资方不得通过降低劳工保障水准来吸国际资本入驻本国,大大提高了劳工人权保障的国际水准,包括规定了劳工结社权和集体谈判权。《海南自贸港法》第46条规定,海南对外籍人员工作许可实行负面清单管理,极大便利海南自贸港对国际劳动资本的引入。在负面清单模式下,海南自贸港的外籍劳工劳动保障标准,也应符合国际高水平经贸规则的用工标准,尤其是针对外籍劳动者权益争端的协调解决机制构建上,应出台相应的法规和政策措施。CPTPP部分劳工规则条款,例如结社权和集体谈判权,与我国基本法律制度主流意识形态存在较大冲突,对于劳工问题,

---

① 冯春阳:《WTO框架下劳工标准的合法性研究——基于欧盟加强企业关于强迫劳动尽职调查的贸易政策》,《哈尔滨工业大学学报(社会科学版)》2022年第2期。

CPTPP 设"劳工章节"要求缔约方不得弱化劳工法对劳工的保护,以此来关注投资对发展的促进作用并提升企业的社会责任感。① 自贸港即使拥有对标试验性的自贸港立法权,在现阶段也难以直接实现规则对接,而且劳工结社权、集体谈判权,与海南自贸港的中国特色本质有一定冲突。有关劳动争端、磋商、劳动法规执行等条款,与海南自贸港的政策和管理体制也有较大差异,特别是在以自由便利为核心的海南自贸港法律法规体系框架下,如果对国际劳工权益保障过于偏重化,则大大提高外商投资的成本,从而降低投资的积极性。如何构建一套既符合国际高水平劳动者保护规则,又体现中国特色劳动法精神,并兼顾外商投资者自主管理权的自贸港利益协调均衡机制,十分考验海南自贸港敢闯敢试的改革创新能力和国际化治理水平。

四、自贸港对标 CPTPP 经贸规则立法创新对策

当前,对标 CPTPP 重点领域经贸规则,是自贸港封关运作前压力测试的重点任务,应对 CPTPP 总体规则与海南自贸港的政策和法律制度,进行全面解读、分析对比、总结异同以及聚焦自贸港对标 CPTPP 规则的难点堵点,提出相应法律对策。形成以下结论:第一,海南自贸港与 CPTPP 在规则文本结构、议题覆盖领域、规则调整范畴上有高度相似之处,但在制度主导模式、规则标准特征、核心内容上有明显差异性;第二,海南自贸港在运用自贸港立法权促进对标 CPTPP 经贸规则过程中的难点堵点,不仅在以贸易投资为重点的传统经贸议题,而且在法规标准、知识产权、数字经贸、劳工保障标准等制度型开放新兴议题方面,也存在一定的制度困境;第三,为了应对海南自贸港对标 CPTPP 经贸规则的制度挑战,应结合我国现行法律制度与 CPTPP 的主要差距,在法治层面进行理性应对,发挥自贸港法规立法权的试验性功能和开放性属性,以法律移植和适应性调整相结合方式,实现

---

① 黄琳琳:《论国际投资条约的可持续发展转变及其困境》,《上海对外经贸大学学报》2019年第 4 期。

CPTPP 规则的本土化转变,加快实现自贸港封关运作工作的稳步推进。同时,重视与国内自贸试验区的法治双向交流与自贸港人文法治建设,扭转我国在加入 CPTPP 谈判工作中,面临的各成员国制度型权力行使的非对称局面,积极融入全球高标准的经贸制度体系。因此,海南自贸港对接 CPTPP 经贸规则的压力测试工作是一项涉及面较广、挑战性较强的综合性课题。虽然本文围绕 CPTPP 中的几大关键规则和海南自贸港的制度体系进行归纳、分析和综合性对比,总结出了海南自贸港在对接以 CPTPP 为引领的国际高水平经贸规则上的差异和难点,并从自贸港试验性立法,探索对 CPTPP 成员进行制度性权力分解的法治角度,提出了一些制度性对策,但由于篇幅和时间限制等,难以聚焦关键问题进行全面论证。例如数据跨境流动、国有企业竞争中性原则、知识产权保护标准,是海南自贸港对标国际经贸规则,构建符合自身特色法治体系的难点堵点。对接 CPTPP 经贸规则背后的一些地缘博弈,美国主导推动下形成的印太战略经济框架,是否会影响海南自贸港封关运作的准备性工作以及海南自贸港与东盟各国的经贸往来尚未展开探讨。

海南自贸港需要结合 CPTPP 重点条款的特点,从经贸、法治、人文、发展合作等方面提出相应的策略。在 RCEP 协定不断推进落实和海南对接 RCEP 所形成的规则标准基础上,进一步叠加海南自贸港和 RCEP 规则的制度衔接效应,扩大海南自贸港的自贸朋友圈,防止我国被排斥在亚太经济一体化合作体系之外。加强自贸港与自贸试验区的战略联动,自贸试验区是自贸港建设的基础,率先对接 CPTPP 等经贸规则,推进制度型开放,加强沟通协作与常态化交流,为我国加入 CPTPP 扩大国际自贸合作圈提供制度集成创新的经验参考。聚焦自贸港对接 CPTPP 经贸规则的难点困境,开展对于加入 CPTPP 相关的调法调规工作。调整我国法律、行政法规与 CPTPP 规则相冲突的部分规定在自贸港的适用,为自贸港利用特殊立法权对标 CPTPP 经贸规则的压力测试工作去除法律法规障碍。自贸港不仅发挥为国家试验国际经贸制度的战略功能,更要为打造符合中国核心利益,适合中国国情的区域经贸规则体系进行制度集成创新创造,自贸港拥有比经济特区、自贸试验区更为开放和更高权限的法治理念和立法授权,能够为中国主导国际经贸规则重塑总结经验和创造条件,未来在加入 CPTPP 的新一轮谈判上发挥更大的积极作用。

（一）以法律移植和本土化改造相结合对标 CPTPP 经贸规则

受美式经贸规则植入的 CPTPP 综合性自贸协定,对中国推进制度型开放带来诸多改革压力,但协定的主流价值理念和核心规则条款是符合我国推进高水平对外开放,扩大面向全球的自贸区网络发展战略的。海南自贸港独特的功能定位和特殊的开放性政策,将成为我国对接更高水平国际经贸规则的压力测试主战场和桥头堡,聚焦自贸港对接 CPTPP 条款的难点堵点,以《海南自贸港法》为引领,重视以制度型开放为核心的开放型法治建设,努力先行先试部分 CPTPP 高标准经贸规则,以点带面促进全国性的改革与发展。开放性和国际化是海南自贸港的基本属性,《海南自贸港法》第1 条开宗明义点明了海南自贸港将构建开放型经济体制,打造更高水平开放格局的立法目的。《海南自贸港法》第9 条明确了海南要积极主动适应国际经贸规则的变革趋势,积极开展国际交流与合作的发展使命。这两种基本属性在《海南自贸港法》中予以确立,这为海南自贸港对接 CPTPP 经贸规则的试验性立法工作奠定了主基调,主要体现在以法律移植和本土化改造相结合的法治创新思路①。鉴于 CPTPP 是一个对全球经贸规则体系和亚太区域经济一体化,都有广泛影响的高标准协定,其许多规则条款是海南自贸港在封关运作前在立法领域进行先行性探索。例如 CPTPP 的电子商务、知识产权、竞争政策、投资争端解决等规则,都是海南自贸港在打造以《海南自贸港法》为基础的地方法治体系,应当创造性借鉴。CPTPP 在贸

---

① 童光政、赵诗敏:《论海南自由贸易港法规的开放性属性》,《海南大学学报(人文社会科学版)》2023 年第1 期。

易、投资以及其他规则领域,体现出的全球引领性高标准的经贸特色,总体上与海南自贸港的国际化与开放性特征基本吻合,自贸港打造开放型经济体制和对标国际高水平经贸规则的实践路径,亟待探索将 CPTPP 部分超前性规范移植,吸收纳入自贸港法治体系之中,推进自贸港法治体系建设与国际最高水平经贸制度体系相衔接相融合,依据《海南自贸港法》授权立法创新机制对接 CPTPP 经贸规则,是发挥法律移植功能价值的实际运用①。实现国内法对外开放是法律移植的四大必要性之一,是推进改革开放的应有之义。海南自贸港"三区一中心"的战略定位和打造具有世界影响力的中国特色自贸港的长远目标,决定了海南亟需在研究、对比与分析 CPTPP 有关规则的标准性与差异化基础之上,构建与"境内关外"法律地位相符合的中国特色自贸港涉外经贸法规体系。CPTPP 主要涉及边界内开放议题,致力于重塑全球多边经贸治理体系,有助提升拓展海南自贸港法治体系建构的法律移植目标性与包容力。因此,自贸港封关运作之际的压力测试,关键要素在于如何积极对接迎合 CPTPP 经贸规则的制度性条款,融入全球高标准自由贸易网络,推进开放与有益的涉外法律移植与自贸港本土特色化法治融合。

海南建设中国特色社会主义的自由贸易港,其特殊地缘区位和制度开放等优势条件,决定了海南自贸港的法治特色,所以在自贸港的立法内容中吸收融入 CPTPP 经贸规则,要符合《海南自贸港法》第 3 条规定的自贸港建设新要求新定位,在借鉴国际先进经验的同时,尤其要注重符合中国特色和海南实际情况,兼顾本土化需要,做到"入乡随俗"特色化。《总体方案》规定的海南自贸港在 2025 年封关运作前的阶段性目标,其中一项就是要初步构建自贸港的地方法治体系,构建与 CPTPP 高水平规则相适应的自贸港法规体系的开放型法治新目标,确实需要一个循序渐进的压力测试过渡期,分阶段分步骤统筹推进自贸港涉外法治和本土法治一体化建设,促成与内地

---

① 刘云亮:《中国特色自贸港法规体系建构论》,《政法论丛》2021 年第 6 期。

政策法律制度有差异,彰显自贸港制度集成创新优势的法治特色体系①。因此,海南自贸港先行先试 CPTPP 规则之际,解放思想,推进制度集成创新,促成自贸港法规体系优化升级,加快打造法治化、国际化、现代化的自贸港优质营商环境,提升海南自贸港的世界影响力,自贸港法规体系优化升级应保持国际化视野。根据制度型开放建设的实际需求,全方位、宽视野、多角度地去追踪把握区域双边多边经贸制度的动态调整和变革,以在全球具有引领性、创新性的经贸规则为对标导向,结合中国特色自贸港改革发展的实际需要进行制度创制,既要修订与 CPTPP 规则兼容难度大的地方法规,又要紧密结合国家有关海南自贸港发展战略定位,推进构建与高水平经贸规则相适应的自贸港法治体系建设,以此达到《海南自贸港法》第 9 条规定的"主动适应国际贸易规则的发展趋势和全球经济治理体系改革新趋势"的国际化建设新要求。

（二）运用自贸港法规制定权促进对标 CPTPP 经贸规则

2023 新修订的《立法法》确立了自贸港法规制定权,进一步完善了授权立法的权限类型。自贸港法规不应局限于地方法规的定位,而是聚焦到国家层面对于特殊功能经济区的法律制度建构及整体的制度型开放战略。随着全球生产力发展和投资贸易方式的不断革新,经济全球化也呈现多元式发展的特色。CPTPP 高标准经贸制度体系引领下的自由贸易新成果新模式,往往是整合了缔约国之间不同的经贸制度文本,对贸易、投资、发展、环境、电子商务、知识产权、劳工保障、透明度及反腐败、食品药品安全监管等领域逐一渗透②。如前所述,海南自贸港功能定位,注定了实行与内地有差

---

① 《海南自由贸易港建设总体方案》指出:建立以海南自由贸易港法为基础,以地方性法规和商事纠纷解决机制为重要组成部分自由贸易港法治体系,营造国际一流的自由贸易港法治环境。

② 林创伟等:《高标准经贸规则解读、形成的挑战与中国应对》,《国际经贸探索》2022 年第11 期。

别的高水平开放经贸法律制度,自贸港法规立法权是海南对标全球最高开放水平标准的法制基础。在 CPTPP 主导的全球经贸制度不断更新与发展下,自贸港法规的立法保障功能,有助于解决对标 CPTPP 规则的具体领域厘定衔接问题。2023 年修改的《立法法》,积极回应了我国《宪法》序言确立的改革开放基本国策和互利共赢开放战略,是对自贸港放胆行使改革自主权顺应 CPTPP 高水平规则检验的法治保障,也是体现我国《宪法》的国际性特征①。从地缘发展的角度上,海南自贸港通过其"境内关外"的法律地位,可以强化与 CPTPP 各国的经贸合作,扩大其自贸经济圈,为封关运作后成为我国国内国际双循环的重要关键枢纽创造诸多可行性条件,自贸港法规的开放性和试验性功能发挥着重要的制度功能。

自贸港法规的制度性功能,是海南自贸港促进对标 CPTPP 经贸规则的制度性保障。《海南自贸港法》第 10 条规定海南自贸港在投资、贸易及其管理活动上有立法创制和变通的权限,并可触及国家法律保留的领域。从法条语义外延内涵来看,自贸港法规立法权对贸易、投资及相关管理活动事项的调整,相关管理活动有着广泛的外延含义,应做符合自贸港开放型经济地位的广义解释,不宜仅理解为投资贸易有关的活动。自贸港法规涵盖《自贸港方案》五大自由便利、一大安全有序制度以及产业发展和税收优惠等领域。由此可知,利用自贸港法规立法权的创制或变通权限,可为我国加入 CPTPP 应做出的相应具体制度改革进行先行性立法。结合封关运作的实际法治需求,有选择性的根据 CPTPP 的相关规则进行本土化改造,例如以 CPTPP 实行对货物贸易 99% 免税规模的规则为标准,在封关运作后,利用自贸港法规立法权限创制"零关税、低税率、简税制"的自贸港特殊税制安排;以 CPTPP 实行国民待遇加负面清单的服务贸易和投资准入制度,以《自贸港方案》规定的各类清单动态调整机制,以自贸港法规的形式予以细化规定,以 CPTPP 高度自由便利的市场准入制度为参照,配套出台具体的

---

① 廖凡:《中国式现代化的国际法内涵》,《武大国际法评论》2023 年第 1 期。

《海南自贸港事中事后监管规定》，以法治手段防范投资领域的外部风险；在数字贸易、知识产权和劳工标准等可能涉及法律保留的领域，应结合自贸港国际化发展的实际需要，积极争取全国人大常委会、国务院的批准。考虑在变通《网络安全法》《数据安全法》《个人信息保护法》关于数据和个人信息跨境流通规制内容，出台《海南自贸港网络与数据管理条例》，探索在商业数据领域打造安全自由便利的自贸港数据流通制度。在知识产权保护领域，可考虑变通《著作权法》《专利法》关于权利保护范围和期限时效的规定，推动自贸港适应知识产权保护国际化要求，但要结合中国实际兼顾权利保护和鼓励技术传播间的均衡。在劳工问题处理上，CPTPP 劳工条款与我国劳动保障制度未来改革方向一致的内容，加快出台《海南自贸港劳动纠纷处理条例》，规定涉外劳动关系纠纷的灵活处理方式，并借鉴 CPTPP 透明性的非歧视性规定，可考虑在国际劳动就业市场上率先消除就业年龄限制的隐性歧视性壁垒，打造外国人工作许可负面清单管理制度，自贸港国际劳工争端协调处理机制。当然，行使自贸港法规立法权促进对标 CPTPP 经贸规则，也要考虑自身的制度承受力和未来法治创新的预留空间，自贸港法规是海南对接高水平国际经贸规则，融入全球经贸治理体系的制度载体，为了始终体现自贸港法规高水平开放的功能属性，在与国际经贸制度体系的衔接上也应做一些适应性调整，坚持"宜粗不宜细"的原则。通过"小快灵"的立法特点，适时根据封关运作压力测试任务的实际需要不断进行动态调整，保持其动态灵活性和系统开放性特色。

（三）强化自贸港自贸区的法治协同

建设中国特色自贸港是基于国内 20 个自贸试验区建设的基础和经验总结，进行新一轮全面深化改革开放战略的全新战略部署。虽然自贸区与自贸港在功能定位和制度模式上有着本质差别，但两者的目标使命都是助推我国不断融入全球经贸治理体系，促进我国制度型开放建设的战略安排。以上海自贸区为例，自 2013 年国家开始实施自贸区发展战略时，上海作为国内首个自贸区,在开创负面清单管理、深化放管服改革、单一窗口建设、地方立法创新等方面,做出了诸多在国内首创的改革创新成果①。上海自贸区在对标国际先进贸易规则,推进我国开放型经济建设,提供了许多可复制可推广的成功经验,海南自贸港在对接 CPTPP 重点领域经贸规则的法治创新实践进程,应积极吸收借鉴上海建设社会主义现代化建设引领区的先进经验,发挥浦东新区法规立法权和自贸港法规立法权的特殊创制和变通功能,加强立法协同合作,以适应国际经贸规则重构的趋势。事实上,在 2023年 4 月 2 日,海南自贸港已和上海自贸区达成了框架协议,分别就加强战略联动、打造制度型开放优势、推广制度创新成果、加强立法领域交流合作等合作内容达成一致协议。因此,海南自贸港应在此基础上,就率先对接CPTPP 高标准经贸规则的先行先试立法工作,根据对接 CPTPP 经贸规则的重点内容、如何将 CPTPP 规则进行本土性转化以及对接后的立法风险防范问题,积极开展立法调研与评估的协同交流与合作,构建常态化的涉外经贸立法沟通交流机制。具体而言,在 CPTPP 的规则框架下,应在扩大对外开放格局,融入国际自由贸易区网络的涉外性立法,发挥出自贸港法规和浦东新区法规的引领与保障作用。自贸港法规与浦东新区法规,是《立法法》为适应国家全面深化改革,推进高水平开放而新增的两种开放性法规种类②,上海作为社会主义现代化建设引领区,而海南作为具有世界影响力的自贸港,结合两种不同的区域发展定位和特色功能,以对接国际经贸规则,加快制度型开放建设作为重点领域立法,强化两地的法治工作经验交流,将自贸港法规立法权和浦东新区法规立法权实践运用的立法新实践新成果进行互为分享与借鉴,缓解海南自贸港对接 CPTPP 经贸规则压力测试过程面对的法治创新阻力,共同打造适应高标准国际经贸规则的开放型经贸法规体系。

---

① 胡加祥:《我国自由贸易港建设的法治创新及其意义》,《东方法学》2018 年第 4 期。

② 童卫东:《修改立法法,加强和改进新时代立法工作——立法法修改的背景和主要内容解读》,《中国法律评论》2023 年第 2 期。

（四）对标 CPTPP 优化自贸港法治环境

推进 CPTPP 谈判工作,加速区域经济一体化进程,需要海南自贸港政策和法治的开放性优势,提供充足的法治保障。自贸港先行先试对接 CPTPP 部分经贸规则,是我国加入 CPTPP 的重要方式之一。海南自贸港面向太平洋、印度洋全面开放的中转枢纽和背靠内地 14 亿人消费大市场的独特优势,以打造"两个总部基地"为契机,即中国企业进入亚太区域的总部基地和亚太企业,进入中国市场的总部基地建设,深化与 CPTPP 各成员国的贸易互联互通和人文交流。加入 CPTPP 是一个多方权力进行博弈的过程,能否成功加入还是取决于 CPTPP 成员国的权力行使态度,通过赋予海南自贸港较大的改革自主权,打造更高质量、更加创新超前的制度集成创新成果。在封关运作前,发挥海南独有的离岛免税、"一负三正零关税"清单、企业和个人 15% 所得税优惠、加工增值货物增值内销免关税等政策效应,待封关运作后实行等同于甚至高于 CPTPP 规则范围的开放性规则,释放中国改革开放的最新发展成果,以吸引 CPTPP 主要成员国入驻海南,分享 14 亿人口消费市场的超规模经济效益,这也是中国加入 CPTPP 的重要谈判筹码[1]。2023 年 3 月 29 日在海南举行的博鳌亚洲论坛全球自由贸易港发展论坛上,海南自贸港联合内地 19 个自贸试验区和国际上一些知名的自贸港（区）共同发起全球自贸（区）港伙伴关系倡议,倡导在投资贸易、现代化交通网络建设、数字经济以及围绕规则、标准、管理和规则制度型开放领域加强交流合作,这也是海南自贸港签署的首个以自贸伙伴关系为核心的国际友城合作备忘录[2]。在此基础上,海南自贸港可充分利用博鳌亚洲论坛的对外交流合作机制,完善海南自贸港对外经贸交流、国际合作,做好博鳌亚洲论坛与 CPTPP 区域自贸合作网络的互动效应,推动论坛助力海南

---

① 迟福林:《对标最高水平开放,加快制度集成创新》,《人民日报》2023 年 3 月 31 日第 10 版。

② 《全球自贸区（港）伙伴关系倡议启动》,《海南日报》2023 年 3 月 30 日第 A01 版。

自贸港融入国际高标准自由贸易区网络,实现面向东盟、北美、南美乃至世界的开放性市场提供更多机遇,打造一个开放包容、公平公正和非歧视的自贸港法治环境。

另外,要进一步用好用足海南独有的面向 59 国免签的入境政策,用好自贸港第七航权开放政策,推动与 CPTPP 各成员国的互联互通。随着后疫情时代防疫措施的优化调整,海南自贸港已恢复对 59 国实施免签入境海南的政策,海南的 59 国免签政策除了越南之外已经包含了 CPTPP 所有的成员国,宽松便利的免签政策更有助于叠加自贸港政策制度和 CPTPP 经贸规则的双重效应,加速汇集 CPTPP 各成员国的人流、物流、信息流、资金流等优质国际资本汇聚海南自贸港。因为为了推动 CPTPP 谈判工作的实质进展,中国通过在境内划出一部分领土,释放一定的经济主权,构建专门的自贸港经贸法规体系,作为自贸港与国际接轨的先行基础,通过自贸港平台来作出符合 CPTPP 规则标准的开放承诺,让 CPTPP 各成员国通过自贸港实行的各项自由便利法律制度,分享到中国改革发展的最新红利,才会动摇各成员国在区域经济一体化合作中,向美国靠拢站队的倾向,一定程度上扭转 CPTPP 成员国在加入程序上对中国的非对称权力行使①。

(五)促成自贸港对接 CPTPP 数据规则新机制

海南自贸港政策和法治的开放性优势,在于提供充足的法治保障,强化自贸港对标 CPTPP,有助推进我国 CPTPP 谈判工作,加速区域经济一体化进程。对接高水平经贸规则是海南自贸港最高开放水平形态的根本表现形式,也是自贸港法治体系建设的重点。当前 RCEP 全面生效对中国的开放型经济体制建设的影响是全方位且高度深入的,以 RCEP 经贸规则为标准参照,深化国内经贸法律体系改革也是实现中国高水平开放的重要内容。RCEP 规则在中国的全面落地生效,给国内大部分区域在服务贸易与投资

---

① 郝荻:《CPTPP 加入程序中的制度性权力及中国内应》,《世界经济研究》2022 年第 11 期。

准入上带来诸多开放优惠的政策红利,使得国内几乎所有区域都能享受到与自由贸易试验区类似的自由便利优惠经贸政策。因此,自贸港应在国内履行实施 RCEP 经贸规则上要对接得更快、更早、更超前,更要在对接RCEP 规则的基础上,进一步积极主动对标以 CPTPP 为代表性标准的更高水平经贸规则,这样才更能突出自贸港与国内一般地区以及其他自贸试验区的根本差异,彰显自贸港的"全方位"试验田功能和最高开放水平标准的特殊功能定位。

海南已率先在国内初步对标了 RCEP 的部分重点规则并取得初步制度成效,是中国践行 RCEP 协定的改革先行区。在此基础上,自贸港先行先试率先对接 CPTPP 经贸规则,成为我国加入 CPTPP 的重要探索路径之一。海南自贸港作为国内对接国际高水平经贸规则的前沿高地,应在对接RCEP 经贸规则的基础上,进一步对标更高开放水平的 CPTPP 协定,CPTPP 是 RCEP 开放模式的升级版,RCEP 规则体系与海南自贸港政策制度的先行叠加成效为自贸港适应 CPTPP 高标准经贸文本,构建更高水平开放的自贸港法规体系奠定了一定的制度基础。鉴于 CPTPP 大部分成员国也是 RCEP 的成员,规则建构模式上两者也有一定的相通性,海南自贸港可根据 RCEP 和 CPTPP 的文本内容进行分析比较,梳理出对中国当下法律制度影响较大的规则领域,同时也是中国未来经济体制改革的关键领域,进行本土法治化的制度集成创新改良。例如以跨境数据流动为例,这是中国数字经济未来改革发展与创新的重点,也是中国加入 CPTPP 所面临的制度堵点和自贸港法治创新的目标导向。RCEP 在禁止数据本地化、合法公共政策例外的基础上,明确了有条件的跨境数据流动自由,CPTPP 则规定了"最大限度的数据跨境流动自由",体现了美式数字治理模式的单边优先理念。海南自贸港可结合两种不同的数据流动模式,以《海南自贸港法》为基础,以"数字命运共同体"理念为遵循,构建一套高于 RCEP 开放水平,接近CPTPP 开放标准,且比 CPTPP 更为科学合理的自贸港跨境数据流通规则体系,待封关运作后分阶段实行等同于甚至高于 CPTPP 规则标准的开放性规则,释放中国改革开放的最新发展成果,以吸引 CPTPP 主要成员国入驻海南分享 14 亿内地消费市场的超规模经济效益,在封关运作前,发挥海南独有的离岛免税、"一负三正零关税"清单、企业和个人 15% 所得税优惠、加工增值货物增值内销免关税等政策效应,实行等同于甚至高于 CPTPP 规则范围的开放性规则,释放中国改革开放的最新发展成果,加速汇集 CPTPP 各成员国的人流、物流、信息流、资金流等优质国际资本汇聚海南自贸港。

第四章 中国特色自贸港对标
RCEP 数据规则规制

RCEP 历时 8 年、31 轮正式谈判,于 2020 年 11 月 15 日正式签署,2022 年 1 月 1 日在东盟六国[1]和中国、日本、澳大利亚、新西兰四个非东盟成员国率先生效。商务部国际司解读 RCEP 自贸区称:RCEP 是一个现代、全面、高质量、互惠的大型自贸协定[2]。RCEP 覆盖全球 29.3% 经济体量,27.4% 贸易总额以及 30% 人口,是全球范围内最具发展潜力的自由贸易协定之一,为我国参与亚太区域经贸合作带来了契机。除序言和及四个附件之外,协议分为二十个章节,主要内容涵盖投资、贸易、海关、卫生、知产、竞争等多个领域,涉及范围极广。2021 年 4 月 15 日,中国向东盟秘书长正式交存 RCEP 核准书。这标志着中国正式完成 RCEP 核准程序[3],成为 RCEP 首个完成核准协议的缔约国,这充分彰显了中国政府对开放区域贸易、参与多边主义的决心。RCEP 的贸易便利化程度远超传统区域贸易协定,其货物贸易整体自由化水平超过 90%,不仅高于 WTO 标准,而且规避了亚太区

---

[1] 东盟六国成员国包括柬埔寨、老挝、越南、泰国、新加坡、文莱。

[2] 《商务部国际司负责同志解读〈区域全面经济伙伴关系协定〉(RCEP)之一》,中国商务部,http://kz.mofcom.gov.cn/article/jmxw/202011/20201103016338.shtml。

[3] 《中国向东盟秘书长正式交存〈区域全面经济伙伴关系协定〉(RCEP)核准书》,中国政府网,http://www.gov.cn/xinwen/2021-04/17/content_5600238.htm。

域内规则制定和管理中的"意大利面条碗"效应①。

海南建设高水平的中国特色自由贸易港,服务于我国建立开放型经济新体制,推动形成更高层次改革开放新格局,促进社会主义市场经济平稳健康可持续发展的总目标②。随着信息技术的发展,以电子商务行业迎来了跨越式发展,成为国际贸易的新常态。疫情"意外"加速了整个世界的数字化进程。目前,在全球服务贸易中,超半数已经实现了数字化。同时,在跨境货物贸易中,通过数字化平台完成的交易量大约也有一成多。数字贸易依托较少物理接触、信息公开透明和流程标准化等优势,打破了传统贸易模式的时空限制、减少了冗杂的中间环节,对于催生数字产业化、拉动产业数字化、推进治理数字化具有重要作用,已然成为数字经济和实体经济的重要组成部分。据商务部发布的《中国数字贸易发展报告 2021》显示,我国已经成为全球最大的跨境电商零售出口国、全球最大的 B2C 跨境电商交易市场,是全球电子商务生态链最为完整的国家之一。RCEP 数字贸易规则主要集中于电子商务章节,电子商务章节作为 RCEP 独立章节,是亚太地区在电子商务领域首次达成的巨大成果,也是我国高质量实施 RCEP 的重点发展任务。数字贸易同时涉及货物贸易和服务贸易,是海南自由便利化建设的重点任务。海南应当用好自由贸易港政策与 RCEP 规则的叠加优势,联通国内国际两大市场,尽快取得建立面向东盟区域性市场的重要突破,为我国内陆发展数字贸易提供"自由贸易港方案"。根据商务部等 6 部门《关于高质量实施〈区域全面经济伙伴关系协定〉(RCEP)的指导意见》(以下简称《RCEP 指导意见》),发挥海南自由贸易港政策和 RCEP 的叠加效应是我

---

① Jagdish Bhagwat,i "U.S. Trade Policy:The Infatuation with Free Trade Agreements," in Hagdish Bhagwati and Anne Krueger, eds. The Dangerous Drift to Preferential Trade Agreements, Washington,D.C.:American Enterprise Institute for Public Policy Research, 1995."意大利面条碗"效应是指在特惠贸易协议下,各个协议的不同的优惠待遇和原产地规则就像碗里的意大利面条,一根一根地绞在一起,剪不断,理还乱。这种现象被贸易专家们称为"意大利面条碗"现象或效应。

② 参见《海南自贸港法》第 1 条。

国因地制宜用好 RCEP 规则,提升营商环境的重要举措①。我国高质量实施 RCEP 协议与自由贸易港建设存在天然的适应性,RCEP 协议高标准国际经贸规则与自由贸易港特殊政策优势相结合,有望发挥"1+1〉2"的叠加效应。

第一节　RCEP 数字贸易规则界定

一、RCEP 数字贸易规制内容

（一）数字贸易的界定

新一轮科技革命席卷全球,数字贸易规则也逐渐演变为独立于货物贸易和传统服务贸易的数字贸易规则②。随着互联网技术的发展,数字贸易规则始终是国际贸易谈判最活跃的话题之一。虽然全球尚未对数字贸易的界定形成统一的国际共识,但经过多年的探索与谈判,国际数字贸易规则围绕 WTO 框架下形成的基础性规则,以双边或多边的自贸协定形式持续稳定发展。

从国际组织来看,经济合作与发展组织(OCED)对数字贸易的概念进行了界定,主要是指"以数字或实物交付的数字化商品和服务贸易,涉及消费者、企业和政府"。世界贸易组织(WTO)对数字贸易规则的讨论通常在电子商务框架下进行,并未严格区分"电子商务"和"数字贸易"的概念③。

---

① 《关于高质量实施〈区域全面经济伙伴关系协定〉(RCEP)的指导意见》:落实好海南自由贸易港相关方案和政策措施,深入研究 RCEP 规则条款及缔约方市场准入承诺,推动在发展现代服务业、提升制造业等方面更快发展。实施好海南自由贸易港跨境服务贸易特别管理措施(负面清单)。

② 钊阳、桑百川:《对标高标准国际经贸规则优化外商投资制度环境》,《国际贸易》2019 年第 10 期。

③ 岳云嵩、霍鹏:《WTO 电子商务谈判与数字贸易规则博弈》,《国际商务研究》2021 年第 1 期。

WTO 较少使用"数字贸易"而更多采用"电子商务"这一概念,即"通过电子方式生产、分销、营销、销售或交付货物和服务"。在 2015 年的时候,联合国贸易和发展会议(UNCTAD)就阐述了电子商务的概念,即"通过计算机网络进行的购买和销售行为"。从国际上对电子商务的定义上可以了解到,电子商务涵盖了通过数字方式交付的实物商品以及无形产品或服务。2020年 3 月,OCED、WTO、国际货币基金组织(IMF)联合发布《数字贸易测度手册》,将数字贸易定义为"所有以数字方式订购和以数字方式交付的国际贸易",在 OCED—WTO—IMF 概念框架下,数字贸易按照交易模式划分为数字订购货物及数字交付货物。数字订购货物引用了 OCED 关于电子商务的定义[1],数字交付贸易则引用了 UNCTAD 工作组提出的可数字化交付服务的概念。根据美国国际贸易委员会(USITC)在《全球数字贸易:市场机遇与主要贸易限制》所给出的定义,数字贸易是指任意一家公司通过互联网进行产品和服务的交付,以及如智能手机和互联网传感器等相关产品的交付。

　　基于国际的视角,有学者认为,由于数字经济本身的超强变化性和所处经济发展阶段的不同,目前各国对"数字贸易"和"电子商务"概念理解和术语选择有所不同,但实际上从其涵盖议题等方面考察,二者并无本质区别[2]。笔者对此表示赞同,电子商务与数字贸易的区分,主要源自于不同国别、国际组织、区域贸易协定术语的选择。对电子商务和数字贸易概念的理解和术语选择的不同,一定程度上反映了各国数字发展水平的差异,也表明了中美等相关国家在此议题上关注点和外延的不同。国际数字贸易的概念方兴未艾,存在着许多亟待填补的空白。自由贸易协定谈判受参与国权力

---

　　①　电子商务是发生在开发网络上包含企业之间(B2B)、企业和消费者之间(B2C)的商业交易。

　　②　黄家星、石巍:《〈区域全面经济伙伴关系协定〉电子商务规则发展与影响》,《兰州学刊》2021 年第 5 期。

动态的影响,且存在路径依赖性(协议遵从之前达成的共识)①。在数字经济这一新兴领域,由于没有原有规则的束缚,路径依赖的影响极弱。《WTO数字经济报告(2021)》中指出:在缔约方内,中国和美国从数字驱动的数字经济中获取利益方面表现突出。中美同为全球数字贸易强国,在比较优势方面存在些许差异。从经济实力角度来看,美国基于自身在跨境数字服务领域的显著引领地位,在相关规则中明确采用数字贸易概念,侧重于数字化交付内容及服务的相关规则。中国基于自身在电子商务平台领域的全球优势地位,在相关规则中明确采用电子商务概念,侧重于以网络为媒介的传统贸易的新交易平台的相关规则②。

从中国国内来看,传统观点通常将数字贸易与电子商务区别开来,认为数字贸易通过利用数字技术进行产品的开发与生产,并且通过互联网和信息化技术向消费者进行销售的过程。这种贸易模式的服务和交付都是通过数字化完成,成为一种创新的贸易形式。这种观点存在一定的道理。根据中国商务部发布的《中国数字贸易发展报告2021》③,数字贸易作为一种创新的贸易模式,得益于信息通信技术的迅猛发展。这种模式的核心在于数据的快速流动,依托于先进的网络基础设施。我国《"十四五"电子商务发展规划》采用了和《电子商务法》相一致的定义,认为电子商务是指通过互联网等信息网络销售商品或者提供服务的经营活动④。通过对比可以发现,我国对数字贸易的界定更侧重于强调贸易的数字化形式,并着重强调了

---

① Amokura Kawharu, "The Admission of Foreign Investment under the TPP and RCEP," Journal of World Investment & Trade 16, no. 5-6(2015):1058-1088.

② 东艳:《国际经贸规则重塑与中国参与路径研究》,《中国特色社会主义研究》2021年第3期。

③ 《中国数字贸易发展报告2021》将数字贸易定义为"以数据资源作为关键生产要素、以现代信息网络作为重要载体、以信息通信技术的有效适用促进效率提升和结构优化的一系列对外贸易活动"。其中,数字交付贸易可细分为数字技术贸易、数字服务贸易、数字产品贸易和数据贸易;数字订购贸易分为跨境电商交易的货物和服务。

④ 参见商务部、中央网信办、国家发展改革委在2021年10月9日印发实施的《"十四五"电子商务发展规划》。

交易数据流通环节。数字化服务和产品在数字贸易中的核心地位,已获得国内社会的普遍认可。数字贸易依托互联网进行数据的自由流动,基于大数据、区块链等电子信息技术应用,在数字经济的时代背景下不断发展。从我国数字贸易起源于传统的电子商务活动,拓宽于开展跨境电子商务的实践来看,数字贸易确实与传统的电子商务存在一定差异。由于数字贸易具有高度国际化特性,随着数字贸易本身业态的不断发展,越来越多的机构和组织倾向于认为:数字贸易涵盖了商品和服务中的以数字或实物方式交付的数字化交易。《"十四五"电子商务发展规划》也指出:我国应推进数字领域国际规则构建。推动以商品交易数字化为核心的国际经贸规则体系,同时涵盖服务贸易的数字化,并确保数字基础设施的兼容性和安全性。可见,电子商务已经突破了传统意义上的实体货物贸易,我国电子商务也正朝着囊括服务贸易数字化的数字贸易方向发展演化。

（二）RCEP 有关数字贸易规则的规制内容

随着互联网技术的高速发展,数字贸易已然成为国际贸易政策制定和贸易规则谈判的重要着力点。也有学者指出,目前区域贸易协定（*Regional Trade Agreements*,*RTAs*）数字贸易规则主要集中在电子商务章节中[1]。和其他 RTAs 相类似,RCEP 以电子商务谈判为切入点,拓宽了亚太地区参与数字贸易多边协定谈判的内容。由于数字贸易规则体量的庞大性和内容的复杂性,RCEP 数字经济规制的直接体现于第 12 章（电子商务）中,其他规则散落在原产地规则、货物贸易、服务贸易、海关程序和贸易便利化、知识产权等各个章节。

从 RCEP 电子商务规则来看,电子商务章节作为 RCEP 独立章节,是亚太地区在电子商务领域首次达成的巨大成果,该章节以促进电子商务发展

---

[1]　王蕊等:《从 CPTPP 与 RCEP 差异看我国应对数字贸易规则竞争的思路》,《国际贸易》2022 年第 3 期。

使用、营造信任环境、加强有关合作为原则和目标。根据 RCEP 第 12 章第 2 条的规定,RCEP 电子商务规则旨在加强缔约方之间的协作,促进电子商务的国际化使用,并在全球范围内为其营造一个相互信任和充满信心的外部环境。RCEP 电子商务章分为五节,共 17 个条款,主要针对贸易便利化、营造有利的外部环境和跨境数据问题三个方面进行规制。跨境电子商务是数字订购贸易中货物交易的主要开展形式,也是 RCEP 电子商务规则所主要的规制对象。贸易便利化规制主要针对传统电子商务的货物贸易模式,跨境数据流动问题实则属于数字贸易的专属范畴。对于数字订购贸易跨境电商服务交易的行为,RCEP 第 12 章第 3 条第五款也明确指出,影响以电子方式交付所提供服务的措施,应遵循第八章(服务贸易)的内容。可见 RCEP 电子商务规则已经突破了传统意义上的电子商务,存在与数字贸易规则相交融的特征。

根据前述国际国内有关数字贸易的界定和分析,数字贸易可根据贸易形式和贸易对象的数字划分为不同类型。RCEP 虽未对数字贸易做明确承诺,但数字贸易强调在国际或国内发展有形的货物贸易,包含数字产品或服务的跨境交付、通过数字化技术提供货物或在线服务的跨境电商、数字化技术与传统产业融合的跨境技术服务贸易等无形的服务贸易。从 RCEP 除电子商务以外的其他数字贸易规则来看,数字订购贸易中跨境电商货物交易的原产货物和原产材料的采购涉及 RCEP 原产地规则的内容,跨境电商货物交易的跨境交付行为,涉及 RCEP 海关程序和贸易便利化措施规则的内容。数字订购贸易跨境电商服务交易,应适用 RCEP 服务贸易规则的内容。此外,虽然 RCEP 电子商务章节并未对数字产品待遇做出明确规定,但包括数字技术贸易、数字产品贸易和数据贸易在内的数字交付贸易,同样会涉及 RCEP 知识产权保护章节的相关规定。

数字贸易规则范围的广泛性,是高水平国际经贸规则所具备的普遍特征。为了实现我国数字贸易规则的国际化接轨,更加全面地实施有关 RCEP 对于数字贸易的规制内容,本书所探讨的 RCEP 数字贸易规则并不会止步于分析协议电子商务规则相关内容。笔者认为,RCEP 数字贸易规则既包含了数字订购贸易的全过程,又包含数字贸易所侧重的无形数字交付贸易,更涉及数字贸易所特有的数据跨境流通问题。

二、RCEP 数字贸易规制原则

(一) RCEP 数字贸易开放包容性原则

在单边主义抬头、贸易保护主义盛行的国际背景下,RCEP 协议的签订被视为是自由贸易与多边主义的一大胜利。RCEP 作为亚洲的动能战略,不是统合性的自贸区整合方案,实施后的协议能与现存的 FTAs、成员间的双边投资协定相共生而非取而代之[①]。由于 RCEP 参与成员的广泛性,缔约方经济发展水平也存在较大差距,因此 RCEP 的互惠属性更为突出,高质量与包容性并行不悖[②]。RCEP 协议自开篇就强调兼顾发展中国家,尤其是关注欠发达水平经济体当前所处的经济发展水平和利益诉求。RCEP 数字贸易规则的价值和意义,在于促进区域内数字经贸的发展,进一步"缩小区域内发达国家和发展中国家之间的经济差距"[③],在电子商务规则中,RCEP 的开放性与灵活性体现在规则设定中的诸多"倡导性规定""例外规定"与"过渡性规定"。倡导性规定体现在 RCEP 文本使用"考虑""鼓励""致力于"等倡议性术语的高频率性。考虑到主权国家存在各自的数字监管的需要,在处理计算设备的位置和跨境电子信息传输等敏感数据问题时,RCEP 创设了"实现合法的公共政策目标"及"保护基本安全利益"的例外条款,RCEP 例外条款的规定充分凸显了协议对国家数据与网络主权的尊重。此

---

① Pasha L. Hsieh, Building the RCEP: Legal and Political Implications,. Proceedings of the Annual Meeting, Published by the American Society of International Law, 113(2019):367-370.

② 顾欣、韦柳馨:《RCEP 视角下推进长三角地区开放型经济高质量发展的路径与对策研究》,《现代经济探讨》2022 年第 3 期。

③ Kazushi Shimizu, The ASEAN Economic Community and the RCEP in the World Economy, Journal of Contemporary East Asia Studies, Vol;. 10, No. 1, 2021, p. 19.

外,RCEP"渐进性自由"的指导原则优先考虑 RCEP 经济体的异质性,并指示该协议应包括适当形式的灵活性,包括特殊和差别待遇规定。具体而言,为了保障发展中国家和欠发达国家维护数据安全和数字贸易发展的需要,RCEP 通过为柬埔寨、老挝等国家设置合理过渡期为各缔约方提供了更为宽松的履约空间。RCEP 特殊与差别待遇实际削减了发展中国家对标国际高水平经贸规则的压力。

(二) RCEP 数字贸易强制性原则

RCEP 数字贸易广泛的"高标准"规则,有利于在区域内形成政策互信、规则互认、企业互通的效果,将大大促进数字贸易的发展。协议统一规范区域数字贸易规则的做法,也大幅缓解了国内企业因采用不同的国际贸易标准及贸易协定而面临的不确定性风险。RCEP 文本虽然承继了大量原则性表达,但是通篇还是以具有强制性的规制性条款为主。据统计,RCEP 协定871 项义务清单,约束性义务 701 项,鼓励性义务 170 项①。RCEP 适度的强制性体现在渐进式推进的义务性规定条款,这些条款大量使用"应当""不得"等用语。例如,其第 12 章第 6 条第一款:"除非其法律和法规另有规定,一缔约方不得仅以签名为电子方式而否认该签名的法律效力。"此外,强制性还体现在对排除适用条款明确设定特定条件。如前所述,RCEP 虽然对数据跨境传输设置了"合法公共政策目标"和"保护基本安全利益"两大例外条款,但是又通过所谓的反规避性条款(anti-circumvention provisions)②的反歧视性、反变相限制规范,限缩了"合法公共政策目标"的使用条件③,以防止缔约成员国对例外条款进行随意解释和恶意滥用。

---

① 《高质量实施 RCEP,助力东亚合作行稳致远》,中国网,http://www.china.com.cn/opinion2020/2023-01/09/content_85048425.shtml。

② Daniel Magraw & Raddhika Venkatrarman, Virtual Water, Embodied Carbon and Trade Law: Conflict or Coexistence, Trade, Law and Development, Vol. 10, No. 2, 2018, p. 283.反规避条款要求:"该措施不以构成任意或不合理的歧视或变相的贸易限制的方式适用"。

③ RCEP 第 12 章第 14 条第三款(一)及第 15 条第三款(一)。

（三）RCEP 数字贸易合作性与发展性原则

由于数字贸易特别是跨境电子商务存在国际跨区域性的特征,单边措施无法释放所有的潜在利益。数据治理的目标显然不能单凭本国法予以实现,更要注重与他国的协调合作①。RCEP 继续遵循"东盟方式"的合作原则②,在主动寻求开放的同时,同样重申了开展交流与合作的重要性。协议长远发展的设计、灵活性的原则以及体制机制给南半球经济一体化建设提供了新思路③。协议第 12 章第 4 条要求缔约方围绕电子商务领域,通过积极参加地区和多边论坛等方式,就共同帮助中小企业克服适用电子商务的障碍等多个方面交流协作。RCEP 第十六条还创设了电子商务对话机制,该机制为各缔约方在适当时开展合作提供了有效形式,其作用不仅在于分享经验、增强对话,还包括合作内容的具体安排,探讨电子商务的前沿问题,并通过第 20 章第 8 条(一般性审议)的机制不断丰富完善 RCEP 数字贸易规则的内容。RCEP 电子商务对话机制的以其独特的合作包容性缓解了缔约方普遍存在的异质性的矛盾,并为 RCEP 数字贸易规则的可持续发展奠定了基础。RCEP 不是一种超越性或颠覆性的概念,而是亚洲区域经济合作机制不断演进的结果④。RCEP 数字贸易规则的发展性原则体现在:对于贸易便利化措施、海关关税等电子商务传统议题,RCEP 数字贸易规则基本建立在 WTO《贸易便利化协定》与电子商务的国际公约和示范法基础之上,规则的具体的工作内容计划进行相对应的调整。WTO 未能协商成功的禁止数据本地化、跨境数据流动等高标准数字贸易规则前沿议题,RCEP 数字贸易规则围绕 WTO 框架下形成的基础性规则实现了创新发展。

---

① 李墨丝:《CPTPP+数字贸易规则、影响及对策》,《国际经贸探索》2020 年第 12 期。

② "东盟方式"的主要内涵是指成员平等、协商一致、不干涉内政、和平共处。

③ Pasha L. Hsieh, Building the RCEP: Legal and Political Implications,. Proceedings of the Annual Meeting, Published by the American Society of International Law, 113(2019): 367-370.

④ 贺平、周峥:《亚太合作与中国参与全球经济治理》,上海人民出版社 2015 年版,第 149 页。

三、自贸港对标 RCEP 数字贸易规制理念

(一) 自由贸易港对标 RCEP 数字贸易规则的价值认知

1. 自由贸易港自由便利制度的价值理念认知

党的十九届六中全会以来,中央的决策部署和战略布局使海南具备实施全面深化改革和试验最高水平开放规则的政策优势。分步骤、分阶段建设自由贸易港是习近平总书记亲自谋划、亲自部署、亲自推动的改革开放重大举措①。自由贸易港建设借鉴国际经验,具备开展试验最高水平开放政策的独特优势。自由化便利化是全球知名自贸港的普遍性特征,自贸港作为当今世界最高水平的开放形态,往往也集中体现了一定时期全球经贸治理的最高标准②。海南自贸港将我国国内市场与国际市场连接和国内 14亿人的经济腹地相联通的关键地理枢纽,其自身的开放属性决定了其建设本身,需要积极将国际高水平经贸规则实现本土化连接的特殊发展需求。自由贸易港自由便利化的制度安排是海南对接 RCEP 开放规则的理论基础,发展以数字贸易为重点的信息产业和高新技术产业,是自由贸易港对标 RCEP 数字贸易规则开展跨境电子商务的内在动因。

我国自贸区就是开展 RCEP 高水平规则试验的前沿阵地。在我国全面推动构建国内国际"双循环"发展格局的背景下,有学者指出要构建我国自贸区与国际自贸区之间的"双自联动"机制,以求通过我国自贸区的特色优势产业引领,实现高水平实施 RCEP 协议及高质量共建"一带一路"的创新实践③。相对于国内自贸区制度创新的"可复制、可推广性",海南自由贸易港更加突出对标国际高水平经贸规则,通过构建高水平对外开放的政策制

---

① 参见《海南自由贸易港建设总体方案》。

② 张磊、徐琳:《更高标准经贸规则对上海探索建设自由港的启示》,《国际商务研究》2020年第 5 期。

③ 周金凯:《自贸试验区与 RCEP 产业合作的分析路径与实施策略》,《当代经济管理》2022年第 11 期。

度体系,率先建立起开放型经济新体制,全面实现对外开放①。

自由贸易港的自由便利化属性与 RCEP 的开放性原则本质上保持一致。全面提升贸易投资自由便利化水平的目标,是 RCEP 与海南自由贸易港的建设的共同任务。提升投资的促进、保护、便利化和自由化,逐步实现货物贸易和服务贸易自由化和便利化,是 RCEP 协议第三条所规定的目标。"以贸易投资自由化便利化为重点,持续优化法治化、国际化、便利化的营商环境和公平统一高效的市场环境。"是海南建设自由贸易港的重要任务。《自贸港方案》指出,海南自由贸易港的制度设计以贸易投资自由化便利化为重点。海南自贸港的自由便利化制度②,破除了传统服务贸易中的各项壁垒。《自贸港方案》明确将数字贸易列为亟需重点发展的高新技术产业。作为我国海关特殊监管区域,开展跨境电子商务是海南发展数字贸易的重要形式和内容。海南实行自由便利的贸易政策,意味着有望形成连接国内外、自成体系的市场,电子商务企业可以更好地从国际、国内、自产三个渠道备货,在供给方面相对充足③。不论是在 RCEP 生效之前,还是全岛封关运作之后,海南自贸港关于自由便利化的制度安排,都包含着许多优惠政策和措施,能够直接助力岛内的跨境电子商务企业的发展。"一线放开""零关税"等优惠政策为开展跨境电商活动提供了莫大的便利,海南封关运作后,大多数商品在海南自贸港享受免税待遇,同时,进口环节的税费转移到零售环节,以销售税的形式征收。

2. 自贸港数据安全有序流动对标 RCEP 规则要求

海南自由贸易港提出"614"制度设计,推动五个自由便利与一个安全有序流动。《自贸港方案》围绕数据安全有序流动明确专项制度安排,聚焦

---

① 迟福林:《加快建立海南自由贸易港开放型经济新体制》,《行政管理改革》2020 年第 8 期。

② 主要包括五大方面:贸易、投资、跨境资金流动、人员进出、运输往来自由便利化。

③ 郭永泉、邓颖颖:《自贸港建设背景下的跨境电商"新商机"》,《海南日报》2020 年 7 月15 日。

数据领域开放,培育数字经济。《海南自贸港法》第42条规定,国家支持海南自由贸易港探索实施区域性国际数据跨境流动制度安排。所有政策制度都表明海南自贸港是国家加快数字化发展,建设数字中国的关键一环。海南自贸港作为我国数字化建设的优势片区,应当引领国家数字化探索方向,这也是海南自贸港率先对标 RCEP 高水平数字贸易规则应有之义。

RCEP 第8章附件二的规则,主要强调了公共电信网络服务的接入使用、互联互通。RCEP 规定:跨区域服务提供者有权使用当地公共电信网络和服务传输信息[1]。RCEP 不断总结创新,再结合当前中国—东盟贸易协定有关于电信方面的规则,进一步规定了关于国际海底电缆系统、网络元素的解绑以及国际移动漫游等规则。这些规定将有利于推动区域内信息通信产业的协调发展,促进电信产业创新融合。与各成员已签署的协议相比,RCEP 首次纳入了号码携带、网络元素的非捆绑等规则[2],实属开放公共电信服务领域规则的一大创新。开放电信服务是实现数据跨境流动的前提,《自贸港方案》规定海南积极开展国际互联网数据交互试点,有序开放通信资源和电信业务。可见方案之规定契合了 RCEP 开放公共电信服务数据,实现互联互通的目标。

由于国际数据要素价值潜力尚未有效激活,RCEP 第12章第14、第15条数据本地化禁止规则,本质上要求各缔约成员国开放通过电子方式跨境传输电子商务数据,并不得将计算设备的位置作为进行商业行为的前置条件。《自贸港方案》基于数据安全有序流动的制度设计的需要,对数据本地化作出了限制[3],其制度设计的本意是为促进数据领域"一线"放开的同时,

---

[1]　参见 RCEP 第8章附件二第4条第三款。

[2]　孟夏、孙禄:《RCEP 服务贸易自由化规则与承诺分析》,《南开学报(哲学社会科学版)》2021年第4期。

[3]　《自贸港方案》规定:允许实体注册、服务设施在海南自由贸易港内的企业,面向自由贸易港全域及国际开展在线数据处理与交易处理等业务,并在安全可控的前提下逐步面向全国开展业务。

保障数据领域"二线"管住①。方案设计仅允许实体注册且服务设施在岛内的企业开展国际数据业务,数据流动制度设计离 RCEP 数字贸易规则高水平开放的要求还存在一定的差距。当然,限制的主要原因是海南自贸港目前仍处于建设的初级阶段,自由贸易港作为特殊的经济区域也尚未封关运作,存在风险防控的需要。海南自贸港对标 RCEP 数据本地化禁止规则打造自贸港数据安全有序流动机制,应当发挥海南省大数据管理局数据管理的基础作用,持续创新体制机制,通过分步骤分阶段的方式有序开放电子商务数据跨境流动。RCEP 协议对于开放电子商务数据、实现跨境数据相互共享的高水平规则,也将倒逼海南自由贸易港实施更加开放便利化的数据制度安排。

（二）自贸港对标 RCEP 促进数字贸易新发展

RCEP 统一规范缔约方数字贸易规则的做法,除了能给我国国际贸易带来降低跨境交易成本,扩大交易规模,实现行业规模化发展、产业转型升级的正向效应,也会对海南自贸港招商引资产生了一定的竞争压力。面对我国全面实施 RCEP 协议后将引发产业链竞争加剧等一系列挑战,海南自贸港宜直面跨境电子商务存在的风险和挑战,努力构建数字贸易法治化、精细化、智能化的治理格局。

1. 自贸港对标 RCEP 亟需畅通市场要素自由流动渠道

RCEP 能够加速推进各缔约国间资本、数据等要素的跨境自由流通,对中国扩大开放和产业核心竞争力的提升带来帮助。持续优化要素市场化配置改革,是我国深化改革开放的长久性目标任务。市场体系是由商品及服务市场、资本、技术、数据等多个要素市场构成的有机整体。在我国持续优化要素市场化配置改革过程中,要素市场化配置范围有限,要素流动机制阻塞,要素价格形成机制不健全的问题仍然存在。要素自主有序流动是发挥

① 吴士存:《海南自由贸易港未来及全球定位》,广东人民出版社 2021 年版,第 140 页。

市场配置资源决定性作用的表征。自贸港对接 RCEP 高水平数字贸易规则,应当首先畅通市场要素自由流动渠道。跨境电子商务"六体系"①的建设内容与要素市场化配置改革的内容相契合。《海南自贸港法》总则指出,各类生产要素跨境自由有序安全便捷流动为海南自贸港建设提供支撑作用。开展数字贸易尤其是跨境电子商务活动以完善的数据流、资金流、货物流"三流合一"为基础。海南发展数字贸易、建设开放型数字经济高地无法脱离货物供给、数据流动、资金周转等市场要素配置的关键环节。

物流基础设施的建设水平,是支撑各国数字货物贸易发展的重要前提和基础。跨境电子商务特别是跨境电商货物贸易的供应链以高效便捷的物流体系和广泛部署海外仓为核心。在"货物流"方面,过长的国际物流周期、较多的流转环节,极大降低了跨境电商企业的成交量。此外,跨境电子商务还普遍存在物流成本高、效率低的先决问题。物流时效慢、运输成本高、卖家货损率高、卖家满意度低是基础设施不完善带来的痛点。云计算、AI、VR 等互联网新技术革新了传统的物流方式,为了实现供应链上下游的高效整合,智能物流是未来数字贸易发展的新动向。RCEP 倡导在区域内实施便利贸易投资的新技术、新设备、新模式应用。海南自贸港连接内陆市场,且是我国面向东亚的重要门户及枢纽,但海南岛与大陆的交通便利化水平还有待提高,高昂的交通成本将成为阻碍物资进出流动的消极因素②,因此应当全面提升交通一体化水平的同时,优先布局仓储、物流等全球数字贸易基础设施,紧密连接海外厂商、电商企业与消费者,为国内电商平台的企业全球化经营创造条件,将海南自贸港打造成一个集国际物流、仓储、分拨、转运为一体的物流高地。

移动互联网的发展是制约各国数字贸易发展的主要因素。数据作为新型生产要素,是数字化、网络化、智能化的基础,并逐渐演进为生产要素。在

---

① "六体系"包括信息共享、金融服务、智能物流、电商信用、统计监测和风险防控体系。

② 石建勋、徐玲:《新发展格局下海南自贸港建设与发展战略研究》,《海南大学学报(人文社会科学版)》2022 年第 2 期。

"数据流"方面,低效率的数据跨境传输方式将大幅降低跨境电商开展的时效性,但高度开放的跨境电子商务活动又对我国数据安全、网络安全乃至国家安全产生了一定的风险和隐患。有学者指出,数字技术的无边界性使得核心技术持有方能大幅降低贸易往来的边界成本,RCEP 域内容易出现核心技术持有方在跨境电子商务过程中"赢者通吃",相对弱势一方利益受损的潜在威胁①。海南自由贸易港打造数据安全有序流动机制,应当平衡信息放开与监管两大职责,放开市场基础数据,保护出境关键数据,探索数据利用的新模式。

在"资金流"方面,跨境支付行为往往受到出入汇率、信用等多方面因素影响,不但使消费者权益难以得到有效保障,而且跨境支付互认极难实现。有学者建议基于人民币国际化的大趋势,建议将海南自由贸易港、RCEP 与"三位一体"人民币国际化策略进行有机结合②,以此增进人民币的跨境使用和自由流通。海南自由贸易港便利跨境投资贸易资金流动,应当进一步推动新型国际贸易结算便利化,鼓励跨境电子商务活动使用人民币计价结算,发展以电商离岸金融业务为代表的金融创新业务。

2. 自贸港对标 RCEP 推动产业链数字化升级

随着科技的进步,数字技术与产业融合将更加紧密,数字贸易终将成为未来贸易的主要形式。RCEP 多数缔约成员在全球产业链分工中多处于中下游,RCEP 成员国之间的区域价值链连接十分脆弱,他们目前的国际参与也十分有限。从全国范围来看,我国的人口红利持续缩减,传统低端劳动力资源正加速枯竭,我国在全球供应链重构过程中陷入被动③,劳动密集型产业正在向东南亚转移。此外,由于电子商务对价值链重组存在引导作用,

---

① 李宏兵等:《RCEP 框架下跨境电子商务国际规则比较及中国对策》,《国际贸易》2022 年第 4 期。

② 李猛等:《论海南自由贸易港与国内国际双循环新发展格局的战略对接》,《经济体制改革》2021 年第 4 期。

③ 郭周明、张晓磊:《高质量开放型经济发展的内涵与关键人物》,《改革》2019 年第 1 期。

RCEP 生效实施有望推动新一轮产业革命。RCEP 基于区域原产地累积规则放开了区域原材料采购的便利性,有助于缔约成员间通过跨区域整合资源、互补性资源互换的方式加强区域分工协作、提升区域整体的上游竞争力。这使得我国产业链重构还同时面临日韩澳等国家中高端产业挤压、商品贸易的竞争。在原产地累积原则下,国内企业在产品生产及产业链上下游之间可以灵活选择成本低、产品质量好、具有竞争力的合作伙伴,导致众多相似商品充斥中国市场,加剧国内市场产业链竞争。逐渐凸显出的相关问题,更加迫切需要我国推动产业链布局的完善升级,通过产业数字化和数字产业化的形式为数字贸易的发展提质扩容。

传统贸易模式存在交易成本高、交易效率低、可贸易水平差的限制,鼓励支持我国传统外贸企业借助"跨境电商"的"快车道",实现数字化转型是我国发展数字经济的一大重点任务。海南自由贸易港建设面临"低起点"与"高目标"的矛盾。不但产业结构不甚合理,产业基础也较为薄弱①。海南目前产业结构中第一、第二产业比例基本相同,一二三产业结构不协调,产业结构不合理,经济技术发展水平不高,经济复杂性指数偏低。电子商务作为贸易的新模式,其自身的特性能使其与一二三产业加速融合,全面推动海南旅游、运输行业的数字化改造,大力发展智慧物流、智能体育等领域实现数字化转型,不但有利于持续创新自贸港自由便利化新业态,更能够有效推动自贸港产业链供应链的数字化升级。

《"十四五"电子商务发展规划》大力支持数字产业链在全球范围内的布局,并且推动全球电子商务供应链的一体化发展。海南自贸港建设重点发展物联网、AI、区块链、数字贸易等高新技术产业,以现代产业体系为支撑。《海南省"十四五"时期产业结构调整指导意见》要求海南自由贸易港优化产业布局,提高产业开放度,增强产业竞争力。RCEP 数字贸易规则可大力促进海南现代服务业、高新技术产业及旅游业的发展,并利用数字经济

---

① 吴士存:《海南自由贸易港未来及全球定位》,广东人民出版社 2021 年版,第 19—20 页。

的边际效应带动海南旅游业、现代化农业的发展。考虑到 RCEP 协议生效对全球产业链、价值链产生动态调整、结构重组的影响,海南自贸港应抢抓 RCEP 生效实施的机遇,通过数字化赋能的方式协同推进数字产业化和产业数字化,加入产业链转型升级的"快车道"。具体而言,自贸港产业可结合区块链、5G、大数据等信息技术拓宽领域,促进海南传统零售企业等优势产业数字化转型,助推电子商务、旅游业线上线下融合,国内外市场融合发展,为数字贸易的开展创造有利条件。

3.自贸港对标 RCEP 亟需破解数字贸易人才供给难题

习近平总书记指出,人才是第一资源。创新之道,唯在得人。数字贸易发展的核心在于创新,创新驱动本质上是人才驱动。随着数字化信息的迅猛发展,中国的电子商务出现新业态和新模式,其中电商产业链正在日益完善和成熟。有越来越多的普通人、明星通过直播带货的方式进行网络营销。但跨境电子商务相关业务同时涉及外语、国际贸易、法律法规等多领域专业知识,对电子商务主体的综合要求更高。RCEP 部分发达成员国对部分关键技术的垄断和人才实施严格管控,这使得我国数字贸易的高质量发展面临诸多"卡脖子"的问题。强化人才支撑对于加快培育我国跨境电子商务优势主体具有重要保障作用,深化电子商务新业态新模式急需培养并引进一批高质量复合型专业型人才。

中国跨境电商企业提高本土化程度的关键是培养本土化人才,海南自贸港"招商引资"的关键,也在于解决电子商务人才供需矛盾突出问题。海南制造业比重低、产业链较短,农业人口较多,规模化贸易主体的欠缺不利于自贸港开展跨境数字贸易。在数字经济领域,中小企业很容易随着价值链参与度的加深而被锁定在以数字化为基础的生产网络端[①]。海南的企业特别是新增企业的规模往往偏小,难以享受 RCEP 协议有效整合企业的产

---

① 裴莹等:《RCEP 视域下中国数字平台畅通双循环的理论机制与政策建议》,《改革》2022 年第 11 期。

业链布局至区域内,从而释放区域整体对外贸易潜力的红利。针对此类问题,海南自贸港应扩大 RCEP 贸易主体规模,通过孵化人才的方式扩大自贸港 RCEP 贸易主体的队伍。为了发挥全岛优势,有学者建议地方政府实施下沉农村电子商务,利用电子商务的手段转变农业经贸方式,实现"农村电商"与"丝路电商"的叠加效应,发挥"三农"在加速构建双循环新发展格局中的作用①,以此破解数字贸易人才供给急缺的难题。

海南自由贸易港注重发展人才治理的创新举措。《海南自贸港法》第 44 条规定海南自贸港创新人才培养和发展模式,建立科学合理的人才引进、认定、使用和待遇保障机制,以解决自由贸易港发展所需高端紧缺人才的供给矛盾。海南实施特色的人才引进政策,宜加快构建数字贸易专业化、社会化、国际化的人才培养模式,发挥人才"虹吸效应"。除了严格按照《海南自贸港法》《自贸港方案》的规定,落实已有的个人税务优惠制度,还应当从住房、落户、子女教育、配偶工作等多个维度为数字贸易人才提供全方位的政策支持。海南自贸港应当发挥海南侨务资源优势,通过完善的政策保障吸引更多海外留学归国青年从事跨境电子商务产业。充分利用人员跨境流动自由便利政策和 59 国免签政策,引入和汇聚更多外来创新型人才。此外,还应当加快构建"政产学研"的联合培养体系,支持院校和企业在有关跨境电商领域联合培养更多创业型和实用技能型人才。

第二节　自贸港对标 RCEP 数据流动规则发展

一、RCEP 数据流动规则创新

数字经济时代下,开展跨境贸易离不开公共网络互联与数据跨境流动

---

① 曾文革、李俊如:《中国地方政府实施 RCEP 电子商务规则的现状、问题与展望》,《重庆邮电大学学报(社会科学版)》2022 年第 4 期。

的作用①,但当下各国对跨境数据流动的规则要求不尽相同。RCEP 在整合已有"10+1"自贸协定的基础上凝聚 15 国共识,填补了东亚多边体制下数据跨境流动规则的空白。RCEP 涉及数据流动自由便利的规定集中于电子商务章节,并在中小企业、电信服务和金融服务的议题中有所涉及,存在诸多亮眼之处。

（一）　畅通金融服务信息数据,实现自由转移

RCEP 旨在打造高度开放的金融国际市场环境,新金融服务、自律组织等规则的引入,无一不体现着 RCEP 协议开放金融服务的理念。我国商务部解读称 RCEP 金融服务附件代表了我国金融现有的最高承诺水平②。畅通金融服务数据渠道,促进金融信息的安全有序流通,有助于预防发生系统性金融风险,为金融市场创造公平开放、稳定透明的环境。不同于对电子商务的管理,为了维护金融体系完整和稳定,金融服务通常采取审慎监管的原则。RCEP 要求保障金融服务提供者为日常运营所需而进行的跨国电子化信息转移和处理③。其本意是将缔约方所采取的措施限定在合理、客观和公正的范围内,不得构成任意或不当歧视,或变相限制对金融投资或金融服务贸易。

（二）　开放公共电信服务数据,实现互联互通

开放电信服务是实现数据跨境流动的前提。RCEP 第八章附件二的规则主要强调了公共电信网络服务的接入使用、互联互通。RCEP 规定跨区

---

① 沈玉良等:《塑造面向数字贸易的国际经贸新规则》,《中国经济时报》2019 年 11 月 8 日第 5 版。

② 《商务部国际司负责同志解读〈区域全面经济伙伴关系协定〉(RCEP)之二》,商务部网站,http://www.mofcom.gov.cn/article/i/jyjl/m/202012/20201203020283.shtml。

③ RCEP 第 8 章附件一第 9 条:二,一缔约方不得采取下列措施阻止:(一)其领土内的金融服务提供者为进行日常营运所需的信息转移,包括通过电子方式或其他方式进行数据转移;或者(二)其领土内金融服务提供者进行日常营运所需的信息处理。

域服务提供者有权使用当地公共电信网络和服务传输信息①。RCEP 不断总结创新,再结合当前中国—东盟贸易协定有关于电信方面的规则,进一步规定了关于国际海底电缆系统、网络元素的解绑以及国际移动漫游等规则。这些规定将有利于推动区域内信息通信产业的协调发展,促进电信产业创新融合。与各成员已签署的协议相比,RCEP 首次纳入了号码携带、网络元素的非捆绑等规则②,实属开放公共电信服务领域规则的一大创新。

(三) 规制电子商务信息数据,保护相关权益

明确数据相关权益的保护是 RCEP 及 CPTPP 等巨型自由贸易协定电子商务议题下共通的内容。RCEP 电子商务章节,是亚太区域内首次达成的范围全面、水平较高的诸边电子商务规则成果。③ RCEP 保护数据相关权益的目的在于为电子商务创造有利的环境,协议整合了电子商务环境下的相关权益,将其分为线上消费者保护、线上个人信息保护以及非应邀商业电子信息④三个部分。保护数据相关权益,保障数据合法使用流通的理念也在我国国内法中有所体现。通过对比可以发现:RCEP 第 12 章第 7 条第二款线上消费者保护情形的内容,与《电子商务法》第 17 条⑤相差无几。RCEP 第 12 章第 8 条个人信息保护规则,与我国《民法典》第 1034 条和《个人信息保护法》关于保护自然人个人信息的相关内容大同小异,RCEP 第 12 章第 9 条"非应邀商业电子信息"条款,与《个人信息保护法》第 24 条关于

---

① 参见 RCEP 第 8 章附件二第 4 条第三款。

② 孟夏、孙禄:《RCEP 服务贸易自由化规则与承诺分析》,《南开学报(哲学社会科学版)》2021 年第 4 期。

③ 商务部新闻办公室:《商务部国际司负责同志解读〈区域全面经济伙伴关系协定〉(RCEP)之三》,中国自由贸易区服务网,http://fta. mofcom. gov. cn/article/rcep/rcepjd/202011/43622_1.html。

④ 非应邀商业电子信息指出于商业或营销目的,未经接收人同意或者接收人已明确拒绝,仍向其电子地址发送的电子信息。非应邀商业电子信息显然涉及线上个人信息的保护及线上消费者权益。

⑤ 《电子商务法》第 17 条:电子商务经营者不得以虚构交易、编造用户评价等方式进行虚假或者引人误解的商业宣传,欺骗、误导消费者。

自动化决策的规则设计不谋而合。除了以上与国内法保护数据相关权益相类似的部分,RCEP 从个人和企业两个主体出发,要求每一缔约方应当发布其向电子商务用户提供相关权益保护的信息,包括个人如何寻求救济的事后措施以及企业如何遵守任何法律要求的事前措施。保护电子商务相关权益更加细化的规则是 RCEP 高水平数字贸易规则的一大亮点。

二、自贸港对标 RCEP 数据流动规则创新

为了引领支撑海南自由贸易港实现高质量发展,《智慧海南方案》要求海南强化创新驱动与智慧赋能,努力构建智慧海南总体架构的"四梁八柱"①。《RCEP 指导意见》指出,高水平履行电子商务规则有助于推动贸易投资高质量发展,是我国高质量实施 RCEP 协议的重点任务。对标 RCEP 电子商务规则能够有效助力"数字海南"建设。

(一) 有助构筑海南自贸港开放型数字经济创新高地

我国高质量实施 RCEP 电子商务规则,国内电商企业是最大的受益者。RCEP 统一规范区域数字贸易规则的做法,将大幅缓解国内企业因采用不同的国际贸易标准及贸易协定而面临的不确定性风险。协议推广电子传输关税豁免及贸易便利化措施,大幅降低了跨境电子商务交易成本,有助于扩大电子商务交易规模。2020 年 1 月 17 日,由商务部联合其他六部委印发的相关文件②,将海南全岛纳入跨境电商零售进口试点范围。海南具备开展跨境电子商务的优势,鼓励发展电子商务新业态、新模式。《智慧海南方案》为海南设定了构筑开放型数字经济创新高地的战略目标,提出聚焦产

---

① "四梁"指国际信息通信开放试验区、精细智能社会治理样板区、国际旅游消费智能体验岛、开放型数字经济创新高地四个战略定位;"八柱"包括打造 5G 和物联网等新型基础设施、提升国际信息通信服务能力、创新现代化治理和智慧监管新模式、构建立体防控智慧生态治理体系、优化国际旅游消费服务智慧化体验、推动数字政府和智能公共服务创新、加快优势产业数字化转型、数字新产业做优做强等内容。
② 《关于扩大跨境电商零售进口试点的通知》(商财发〔2020〕15 号)。

业数字化和数字产业化两大主攻方向,加快推动新型工业、特色农业等优势产业数字化转型。海南正全面推进中国(三亚)跨境电子商务综合试验区和中国(海口)跨境电子商务综合试验区建设。《智慧海南方案》要求在区内,对标 RCEP 电子商务规则,对三亚、海口综试区的建设实施提出了新的要求。对标 RCEP 电子商务规则,能够有效促进海南传统零售企业等优势产业数字化转型,助推海南数字产业做优做强,促进电子商务的多模式发展,上下游产业链的融合,以及国内与国外市场相结合。

(二) 有助促进海南政府数字化转型

RCEP 电子商务规则旨在创造有利于开展电子商务的外部环境。RCEP 第 12 章第三节对缔约方政府保护数据相关权益、实施透明监管、保障网络安全提出了高水平要求。海南对标 RCEP 电子商务规则,有助于优化海南电子商务治理体系,提高政府电子商务监管服务的能力与水平。《智慧海南方案》强调实施数字政府和智能公共服务建设工程。2022 年 7月 15 日,海南省人民政府办公厅印发《关于海南省政府数字化转型总体方案(2022—2025)》①,对标 RCEP 电子商务规则,促进海南政府数字化转型,建设海南服务型政府存在极大的促进作用。

(三) 有助打造海南国际游客旅游购物中心

国际旅游消费中心是国家赋予海南"三区一中心"的战略定位之一。《智慧海南方案》指出,海南创建国际旅游消费智能体验岛,综合运用多元化信息技术,拓展以智慧旅游为核心的融合服务消费新场景、新体验,全面对接和服务国际国内两个市场,塑造海南智能化、多元化、个性化高端旅游服务品牌。全面实施 RCEP 协议有助打开我国面向东南亚的国际市场。跨

---

① 该方案要求海南着眼于自由贸易港建设最高水平的开放形态,坚持"管得住、放得开"的要求,健全数据共享和业务协同机制,不断提升政府履职的数字化、智能化水平。

境服务贸易是电子商务的重要内容,对标 RCEP 电子商务规则是海南打造国际旅游消费中心的新机遇,有助于开拓我国"丝路电商",探索开发"跨境电商+离岛免税"海南模式,促进旅游消费与跨境电商相互促进的局面形成,将海南自贸港打造成为跨境商品贸易的集散中心与国际游客旅游购物中心。

以电子信息技术的方式,进行信息的跨境传输信息,是 RCEP 电子商务章节的前沿开放内容。RCEP 区别于 CPTPP、USMCA、DEPA 等协定,以及数字壁垒、数字本地化方面的规制宽松的情况下,RCEP 域内容易出现核心技术持有方在跨境电子商务过程中"赢者通吃",相对弱势一方利益受损的潜在威胁①。与规则严苛的 CPTPP 和 USMCA 相比,设定相对宽松的 RCEP 协议存在更多的例外规定和可变通的空间。开展高度开放的跨境电子商务活动,存在国家安全、网络安全、数据安全、交易安全、生物安全、进出口商品质量安全和有效防范交易风险和个人信息权益保护的需要。海南对标 RCEP 电子商务规则,同时存在以网络和数据安全风险为重点的多重风险,打造数据安全有序流动机制是海南对标 RCEP 电子商务规则的重难点。

海南全力推进海口、三亚综试区进行跨境电子商务试点,全岛是跨境电商零售进口试点范围,数据流动可支撑自由贸易港贸易、投资、跨境资金、人员进出、运输往来和数据安全自由流动。"至 2023 年底,信息基础设施向高速、泛在、智能方向升级,便捷畅达的国际化通信环境基本确立",是《智慧海南方案》对海南数字化建设提出的阶段目标。海南应当落实"开放与监管"并重的理念,通过将监管部门与各市场主体之间有效对接,实现企业、服务机构与政府监管部门间的信息互联互通,增加透明度,打造信息共享体系。在逐步放开的同时,完善并达到数据安全有序流动的目的。建立健全的数据流动风险信息采集、评估、分析、预警以及相关处置制度,对数据失序

①　李宏兵等:《RCEP 框架下跨境电子商务国际规则比较及中国对策》,《国际贸易》2022 年第 4 期。

带来的相关经济风险进行有效防控,降低在数据存储、支付交易以及网络安全技术方面的风险,与产品安全、贸易摩擦、主体信用等交易方面的风险,并确保国家、网络、交易和商品质量四个方面的安全。

三、自贸港对标 RCEP 数据流动规则创新路径

自由贸易港是当今世界最高水平的开放形态,也集中体现了一定时期全球经贸治理的最高标准[①]。海南自贸港具备政策制度、地理区位等多重独特优势。《RCEP 指导意见》已明确指出海南要发挥自贸港政策和 RCEP 的叠加效应的方向。RCEP 高水平开放的数字贸易规则,为海南创新数据跨境安全、自由流动的制度设计指明了更为具体的建设路径。

(一)建立宏观审慎的数字金融管理体系

从地理区位的角度分析,海南地处中国与东盟十国交界的中心位置,背靠内陆广阔的消费市场,面向东盟最前沿的海外市场,是两个市场的重要交汇点,具备开展离岸金融的天然地缘优势。

1.重点发展数字金融产业

服务贸易数字化是国际发展的新趋势,数字金融产业是全球服务贸易中附加值最高的一种贸易方式,数字金融能够在最短时间内促进自由贸易港建设地区资金融通[②]。可见发展数字金融产业是顺应国际数字服务贸易的必然结果。通过观察 RCEP 中国服务具体承诺减让表,可以看出金融服务的市场准入限制最为冗杂,这说明我国对金融开放的态度趋于保守。中央政策支持海南自贸港先行先试,率先实施金融业开放政策,《海南自贸港法》第 50 条规定,为海南探索金融改革创新提供了法律依据。海南在率先

[①] 张磊、徐琳:《更高标准经贸规则对上海探索建设自由港的启示》,《国际商务研究》2020 年第 5 期。

[②] 曹晓路、王崇敏:《中国特色自由贸易港建设路径研究——以应对全球数字服务贸易规则变化趋势为视角》,《经济体制改革》2020 年第 4 期。

落实金融业开放政策方面大有可为。纵观全球知名自由贸易港,大力发展以金融为代表的现代服务贸易,也是迪拜、新加坡、中国香港的成功经验和共同发展趋势。海南建设全能综合型自由贸易港,应当把握数字金融服务于实体经济的发展态势,以离岸金融为突破口,发展以跨境数据贸易为核心的数字服务贸易产业,不断提高金融服务在海南自贸港的附加值。

2. 建立宏观审慎的金融管理体系

金融开放是自 GATT 以来亘古不变的话题。RCEP 金融服务附件规则同样要求缔约方监管机关提供宽松、便捷的金融监管环境。RCEP 相比其他自贸协定(Free Trade Agreements,FATs)更显包容性,在第 8 章第 4 条认可了金融服务审慎措施的效力,金融审慎措施的规则,为成员国维护自身金融稳定和金融监管预留出国内法规制的空间[①],此外 RCEP 还别有新意地通过"金融服务例外"条款[②],强化了他国遵守本国法律法规的要求。金融服务领域的试错成本高、负面冲击大,且金融数据涉及的利益风险及价值潜力远高于电子商务数据,更具敏感性。出于保护国家安全及个人隐私的目的,数据跨境流动在金融服务领域的监管措施更为审慎。RCEP 关于金融监管的规定,一方面提高了金融服务的效率,另一方面降低了由于数据跨境流动而产生的风险。

面对复杂多样的现代金融交易产品和日新月异的金融衍生产品,建立宏观审慎的金融管理体系,是海南平衡金融开放与金融监管两种价值的不二法门。为了切实做到既"放得开",又"管得住",海南宜创新金融监管手段,革新金融监管模式。具体而言,可通过金融监管平台与政务信息平台的建设,提高金融信息流转过程的监管效率;通过创新金融监管保护措施,赋予金融投资者充分的救济路径。此外,海南还应当加快落实 RCEP 金融服务透明度规则,在提供公正公开、高效便捷的金融环境的同时,防范化解系

---

① 张方波:《RCEP 金融服务规则文本探析与中国金融开放》,《亚太经济》2021 年第 5 期。

② 参见 RCEP 第 8 章附件一第 8 条。

统性金融风险,为海南营造出更加安全稳定的金融投资环境。

（二）扩大通信资源建设,逐步开放电信服务

如前所述,开放电信服务,实现缔约方公共网络的接入使用、互联互通是 RCEP 电信服务附件的主要内容。RCEP 以打造开放互通、国际互联的通信环境为目标,《海南自贸港法》也为海南有序开放通信资源业务指明了方向。

1. 有序扩大通信资源建设

RCEP 开展公共电信服务的前提是公共电信网络建设。有学者指出我国目前电信基础设施的滞后性,已经无法适应数字化发展的需要,严重阻碍了数据流动①。有序扩大海南通信资源,旨在通过广泛部署通信设备扩大数据收集的广度,合理配置市场通信资源与稀缺资源,不但能促进自由贸易港产业数字化转型,而且为海南自贸港数据跨境自由流动提供有力支撑。通过新型基础设施的建设和国际通信服务设施的部署,可以扩大自贸港的通信资源。在岛内建设新型基础设施,有助优化投资贸易的外部环境,吸引RCEP 成员企业在海南落户。海南要充分借助 5G、区块链等科学技术的前沿优势,从而构建一个全面接入、感知、标识、计算的新一代智能信息基础设施。前沿部署包括建设国际互联网数据专用通道、国际海缆登陆站、区域性国际通信出入口局,探索部署新型互联网交换中心等在内的国际通信服务设施,不断提升海南国际信息通信服务能力。

2. 扩大通信业务开放

在 RCEP 通信服务方面,我国提交的服务具体承诺减让表,通过正面清单的方式对开放速递、电信和视听三个部门作出了具体承诺,主要的市场准入限制在于外资的持股比例。实践中,外资股比限制及业务禁止的要求,极大打击了外资企业落户当地并开展业务的热情,导致对外开放的实际效果

---

① 刘俊敏、郭杨:《我国数据跨境流动规制的相关问题研究——以中国(上海)自由贸易试验区临港新片区为例》,《河北法学》2021 年第 7 期。

并不理想。《自贸港方案》明文规定,海南要"安全有序开放基础电信业务与增值电信业务,逐步取消外资股比等限制。允许企业面向海南、全国乃至国际开展在线数据处理与交易处理等业务。"海南宜在《总体方案》扩大通信业务开放的思路设计基础之上,对标 RCEP 电信服务附件具体规则与中国服务承诺减让表内容,将有关措施具体落实。2021 年以负面清单的形式去规制自贸港的跨境服务贸易,并在清单上列举了 70 项特别管控措施。在信息传输、软件和信息技术服务业领域,主要针对电信业务、国际通信业务、互联网新闻信息和信息搜索服务做出了六项具体限制。同时应当持续完善负面清单建设,逐步放宽在电信服务领域的特别管理与限制。

（三）发展跨境电子商务,培育数字经济

为了促进电子商务,创造信任的环境,以 RCEP、CPTPP、USMCA 为代表的 FTAs 均将电子商务视为重要议题予以规定。海南与 RCEP 主要成员国业已形成良好的贸易往来,海口海关发布的统计数据显示,2021 年,海南对 14 个 RCEP 成员国进出口总额高达 580.8 亿元,占海南外贸总值的 39.3%。[①] 为了进一步发展跨境电子商务贸易,培育数字经济,海南应当从以下两个方面着手:

1. 推广贸易便利化措施

RCEP 电子商务议题包括跨境信息传输及关税、线上消费者及个人信息保护、网络安全及监管框架等主要内容。在电子商务领域的数据流通规则中,RCEP 鼓励贸易便利化,提倡通过新型数字化手段提升贸易效率,如无纸化贸易,电子认证和电子签名;RCEP 鼓励成员国通过数字化手段,改善贸易管理和程序的规定与我国《电子商务法》第 73 条促进电子签名、电子身份等国际互认的规定相一致。RCEP 提倡新型数字化手段的规定,能够突破海南海关现行监管措施,加快投资贸易的自由便利化发展。

---

① 吴力:《叠加 RCEP 效应海南自贸港如虎添翼》,《国际商报》2022 年 1 月 28 日第 1 版。

2.保护电子商务主体权益

贸易便利化是促进电子商务的根本目的,但不受约束的数字化进程必将给相关主体的权益带来一定隐患。RCEP强调通过成员国的干预为电子商务创造有利环境,深化了电子商务情景中主体权益的保护措施,如规定每一缔约方应当采取或维持线上消费者保护、线上个人信息保护、非应邀商业电子信息及监管的法律框架或措施。RCEP保护线上消费者及个人信息的规则,也与《海南自贸港法》第42条规定及《个人信息保护法》的宗旨相符,海南应充分运用授权立法、地方立法、特区立法等多重立法手段,细化RCEP保护线上消费者的"相当性标准"及线上个人信息保护的"透明度"安排,将保护线上消费者及个人信息、规制非应邀商业电子信息的理念加以推广和落实。

第三节 自贸港对标 RCEP 数字规则创新规制

RCEP数字贸易规则包括通过电子方式跨境传输信息、线上消费者保护、网络安全等主要内容。《RCEP指导意见》倡导地方政府高水平履行电子商务规则,推动跨境电子商务高质量发展。鼓励电子商务平台企业全球化经营,支持各综合试验区结合本地实际创新发展。2022年1月8日,海南省政府颁布了关于具体落实RCEP的方案,在货物贸易、服务贸易、双向投资等方面提出了诸多建议。相较于我国其他地方政府,海南建设自由贸易港独具特殊立法改革权限,自由贸易试验区"先行先试"的定位目标使其在对标RCEP高水平数字贸易规则时,存在具备多重叠加优势,有利于创新跨境电子商务的发展路径。RCEP数字贸易规则是体量庞大的国际协定规则,海南自贸港应当分为以下三个方面逐个对标。

一、优化自贸港数字贸易便利化通关环境

RCEP协议推广电削减关税及非关税壁垒、推广贸易便利化措施,大幅削减了跨境电子商务贸易成本,能够有效提升数字贸易的规模。海南自由

贸易港实施"一线放开、二线管住"①的政策,货物贸易和服务贸易数字化是数字贸易发展的基石。RCEP 作为区域贸易协定的典范,电子商务规则主要适用于依托互联网平台达成跨境电商货物贸易及服务贸易。跨境电子商务是数字贸易的主要业态和模式,也是海南自贸港数字贸易的重要开展形式。RCEP 协议在贸易、投资、市场准入等领域的开放性规则,也将倒逼海南自由贸易港实施更加开放便利化的制度安排。海南自由贸易港对标 RCEP 数字贸易规则发展跨境电子商务,应当持续优化自贸港数字贸易自由便利化措施,同时高标准高质量实施海关通关数字化机制,以自由便利化的通关及营商环境提升本土中小企业层级,培育一批兼具资源配置力和创新驱动力的数字贸易领军企业。

（一）持续优化自贸港数字贸易自由便利化措施

削减关税和贸易壁垒是提升货物贸易自由便利化的要点。贸易投资便利化作为一个普遍性命题,所有国家都希望吸引资本、技术、人才、货物及服务,并对抗外商投资所引发的潜在劣势②。数字订购贸易可分为跨境电商交易的货物和服务。RCEP 协议基于双边议价模式,要求通过立即减免和 10 年内逐步降税的方式实现区域内 90% 以上的货物零关税,放开原材料采购的原产地规则,又进一步推动了协定缔约方削减或取消区域内国家原产商品的关税。RCEP 全面削减关税及非关税减免措施的规则使有学者提出,随着 RCEP 协议在我国的生效实施,我国自贸区的试验价值将变得相对有限③。但海南自贸港在货物贸易方面就已经实行了"零关税"政策,推动了货物贸易的自由便利,跨境电商在海南自贸港不仅免税政策的扶持,还加

---

① "一线放开"是指海南自由贸易区与境外之间的经济活动充分自由;"二线管住"是指货物进出海南自由贸易区要进行有效管控。

② See generally David Conklin and Dan Lecraw, 'Restrictions on Foreign Ownership during 1984—1994:Developments and Alternative Policies'(1997)6(1)Transnatl Corp 1.

③ 李世泽等:《RCEP 对中国(广西)自由贸易试验区建设的影响及其对策》,《广西社会科学》2022 年第 2 期。

工增值免去 30% 关税的优惠政策、"两个 15%" 低税政策,有着更大的发展空间。通过跨境零售进口的贸易方式,可以极大丰富海南自贸港商品供给,使得跨境零售进口与离岛免税在商品品类准入和消费人群等方面形成优势互补。

为了有效应对 RCEP 全面实施对海南自贸港关税制度的下行压力,持续发挥海南自贸港"零关税"政策的优势,2022 年 11 月 17 日,海南省商务厅发布了《RCEP 项下海南出口优势产品清单》《RCEP 项下海南进口优势产品清单》及《海南自由贸易港"零关税"优势产品清单》"三张清单",以帮助企业厘清海南自贸港税收优惠政策与 RCEP 关税减让规则的比较优势,挖掘 RCEP 关税减让红利,进一步发挥两者的叠加效应。通过梳理可以发现,与 RCEP 相比,海南自贸港对货物实行的"零关税"政策更为优惠,共有 1674 个商品种类。其中,交通工具及游艇优势产品 92 个品类,原辅料优势产品 241 个品类,自用生产设备优势产品 1341 个品类[①]。可见自贸港税收优惠政策仍存在较大的比较优势。根据《自贸港方案》的设计,海南自贸港拟在 2025 年之前建立"一负三正"的清单[②]。"对弈性"税制竞争是全球自贸港博弈的重点,为了对标迪拜、新加坡等国际知名自贸港,加快中国特色自由贸易港建设,海南自贸港应当持续发挥"零关税、低税率、简税制"的特殊税制安排,与 RCEP 关税减让规则所产生的叠加效应,进而赢得出口商品的市场竞争力。

跨境服务贸易是数字贸易的重要内容,也是跨境电商数字化发展的态势之一。在疫情的冲击之下,全球服务贸易大幅萎缩,服务贸易发展国别更呈现出分化的趋势[③]。在服务贸易方面,除 WTO 规定的权利义务外,RCEP

[①] 《海南发布"三张清单"助企挖掘 RCEP 政策红利》,中国政府网,http://www.gov.cn/xinwen/2022-11/17/content_5727640.htm。

[②] 负面清单是对企业进口自用设备零关税负面清单管理,负面清单之外商品的全部免税。制定三个正面清单,是对进口运营用的交通工具,对进口用于生产自用或两头在外模式进行生产加工活动所消耗的原辅料,及岛内居民消费的进境商品,三个正面清单之内的全部免税。

[③] 李俊:《全球服务贸易发展指数报告 2020》,台海出版社 2021 年版,第 72—75 页。

各个缔约方成员约定取消包含数量限制、市场准入等在内的非关税措施,同时优化进口许可程序、简化进出口手续、降低相关费用,并就其他非关税壁垒展开进一步磋商①。数字经济化潮流下,我国在数字货物贸易中显露优势,但数字服务贸易仍与欧美发达国家存在一定差距,且对增值服务领域的市场准入长期保持着较为谨慎的态度。从已开放行业的数量来看,中国服务业开放水平仍然低于日本、韩国、澳大利亚等国家②。在 RCEP 中,中国服务业开放态度依然很保守,采用了与 GATS 一样的正面清单的方式对服务贸易做出了具体的承诺,并计划在 RCEP 生效后 3 年内不提交不符合措施的承诺表。海南作为我国加快自主开放步伐的核心平台,始终贯穿市场自由的理念,在服务贸易方面坚持"既准入又准营"的政策。海南是目前国内唯一已实现先后颁发两份负面清单③来分别放开"外资准入"和"跨境服贸"的地区,2021 年以负面清单的形式去规制自贸港的跨境服务贸易,并在清单上列举了 70 项特别管控措施。但是与国际知名自由贸易港相比,清单所规定的项目仍较多,RCEP 与 CPTPP 同时要求成员针对"外商准入"与"跨境服贸"基于负面清单对外做出放开承诺,CPTPP 更是将外商投资与跨境服务贸易两张负面清单合二为一。国际服务贸易谈判模式,朝着负面清单方式转变并存在合二为一趋势的做法,意味着海南应当在扩大外资准入领域、提高跨境服贸开放水平,探索发展计算机信息服务、金融服务等新兴领域方面提升对外开放的水平和程度。对照我国在 RCEP 中的服务贸易开放承诺表,进一步压缩负面清单内容,弱化负面清单限制强度,加快形成跨境服务投资贸易一体化负面清单。应《"十四五"服务贸易发展规划》的要求,海南自贸港还要持续推进服务外包数字化高端化,扩大与 RCEP 成员国 ITO(信息技术外包)业务规模、大力发展,与 RCEP 成员国 KPO(知识流程

---

① 王孝松、周钰丁:《RCEP 生效对我国的经贸影响探究》,《国际商务研究》2022 年第 3 期。

② Ping, H., & Chen, S. (2013). RCEP and China's Asia-Pacific FTA Strategy. China International Studies, 40, 138-158.

③ 《海南港外商投资准入特别管理措施(2020 年版)》与《海南自由贸易港跨境服务贸易特别管理措施(2021 年版)》分别于 2021 年 2 月和 8 月生效实施。

外包)和BPO(业务流程外包)的新模式创新发展,与RCEP成员国之间的数字服务贸易。

(二) 高标准高质量实施海关通关数字化机制

数字贸易常见的跨境电子商务不同于传统电子商务模式,通过数字化平台具备同时涉及报关活动和国际贸易合同的特征,跨境电子商务进出境货物管理模式依赖于优良的海关监管环境。因此高标准实施海关程序、高质量发展通关数字化机制,是发展跨境电子商务的重要途径。RCEP推广应用信息技术、预裁定、抵达前处理、信息技术运货物放行等,促进海关程序有效管理和货物快速通关内容,是落实WTO框架下《贸易便利化协定》第一部分的具体表现。RCEP简化通关与物流时效等便利性条件,打破了中国同东南亚跨境电商交易的时空限制,将为跨境电商创设更为广阔和便利的交易空间。

在海关程序方面,RCEP第四章的规定简化了海关通关手续,降低了海外物流仓储建设成本,大幅提高了跨境物流效率。在贸易便利化措施方面,RCEP第12章第二节(贸易便利化)细化了RCEP第四章(海关程序和贸易便利化)第12条的内容。RCEP第12章提倡无纸化贸易、认可电子认证和签名的作用,使得普通跨境电商交易仅需遵循电子认证原则即可,此前的窗口纸质办公的业务模式也将逐渐被取代。在物流时效方面,RCEP进一步提高了海关程序中的时间要求。要求货物到达并提交了相关的海关通关信息后,应在48小时内尽快予以放行。对易腐货物和快运货物,RCEP也将通关时限缩短至"货物抵达并且提交放行所需信息后的六小时"。

持续提高贸易便利化程度,是推进数字贸易发展的重要举措。RCEP所倡导的多样贸易便利化措施,主要旨在实现贸易手段的数字化。在落实RCEP原产地规则方面,海南自贸港积极开放原产地证书,极大地节约了企业进出口时间成本。有关报道显示,为了让RCEP的原产地规则有效实施,截至2022年6月30日,海口海关已发放93份RCEP原产地证书,总额达到 762 万美元。海口海关还建立了一套符合 RCEP 原产地管理要求的信息化系统,该系统的原产地证书自动审批功能,可以实现全年无休的"即报、即审、即领",审核效率提升至"秒级"①。在 RCEP 协议生效之前,早于 2000 年生效的《海关法》就允许交易电子信息,作为跨境电子企业结售汇凭证。为了全面落实 RCEP 电子商务贸易便利化措施,深入推进"无纸化贸易",海南自贸港应当发挥建设"数字海南"基础优势,一方面积极推广 RCEP 所提倡的信息技术与贸易便利化措施,促进 B2B 合同、运单、支付凭证和发票电子化,优化结汇和退税服务,最大限度保障通关物流环节单证无纸化,将电子签名、电子认证等信息技术应用至预裁定、抵达前处理等海关程序中,以此压缩通关时间,从而提升海南跨境物流效率,实现海关程序的信息化升级;另一方面加快部署数字化新型基础设施,通过软硬件设施的迭代升级不断提高数字贸易的效率。此外,还应积极拓展海南国际贸易"单一窗口"特色应用,建立完善跨境电子商务主体认证体系,积极推进与 RCEP 成员国"经认证的经营者(Authorized Economic Operator, AEO)"②互认合作试验,以此推进实施更多贸易便利化措施。

对于跨境电商企业而言,口岸物流便利度和通关效率是关键因素。海南实施海关监管特殊区域制度,完善保障口岸建设和安全③。《海南自贸港法》第 15、16 条规定海南自由贸易港实行通关便利化政策,简化货物流转流程和手续。在与货物贸易相配套的海关监管模式方面,海南自贸港海关实施低干预、高效能的监管。海南在 2025 年全面实现封关运作后,将实施"一线放开、二线管住、岛内自由"的差异性货物贸易制度,将对自由贸易港进口征税商品目录以外的货物,免征进口关税。以联运提单交付的转运货物

---

①　洪涛:《充分利用三大平台,海南开放步入新征程》,中国商务新闻网,https://www.comnews.cn/content/2022-07/22/content_13575.html。

②　RCEP 第 12 章第五条规定"每一缔约方应当考虑包括世界海关组织在内的国际组织商定的方法,致力于实现旨在适用无纸化贸易的提倡",AEO 制度是世界海关组织(WCO)于 2005 年度制定通过了《全球贸易安全与便利标准框架》的核心制度。

③　参见《海南自贸港法》第 11、12 条。

不征税、不检验。对实施"零关税"的货物,海关免于实施常规监管。目前,海口海关已经实施了多项便利化措施,包括针对跨境电商商品的"先入区、后检测"政策,以及为跨境包裹通关提供的"一站式办理"服务,旨在简化流程,提升效率。据有关数据显示,2022年上半年,海南省口岸进出口整体通关时间压缩至37.35小时、1.04小时,均优于全国平均水平,同比分别压缩43.6%、50.5%[①]。《海南自由贸易港营商环境重要量化指标赶超国内一流实施方案(1.0版)》提出持续压缩进口通关时间,并设定了"到2025年:进口通关时间压缩至19小时左右"的目标。海南应当持续巩固压缩整体通关成效,主动对标迪拜、新加坡、中国香港等国际高水平自由贸易港通关便利化水准,通过完善便利化的海关程序提高通关时效,为开展跨境电子商务创造有利条件。

二、打造自贸港便捷智能化数字贸易体系

市场开放的自由化和便利化必须辅以适当的监管措施,这些措施是确保市场开放有效进行的保障。中国特色自由贸易港发展以跨境电子商务为典型的数字贸易的同时,不仅强化注重自由便利化,而且应更加关注对市场开放的规制,确保有序和规范的市场环境。RCEP第12章第三节对缔约方政府保护数据相关权益、实施透明监管、保障网络安全提出了高水平要求。我国向WTO提交的关于电子商务的改革提案,明确提出加强有关电子商务的监管并促进传统电子商务发展。在全球治理的背景下,法治既包括国内治理所依托的国内层面的法治,又包括管理跨国事务和国际事务的国际法治,两个层次间的相互作用密不可分[②]。海南自贸港应当从创新数字贸易监管体系与优化数字平台建设两个维度出发,打造自由贸易港便捷智能化数字贸易体系,不断提升自贸港数字贸易的便捷智能化水平。

① 国家发展改革委:《降低实体经济企业成本,海口海关多举措压缩通关时间降低企业通关成本》,https://baijiahao.baidu.com/s? id=1744397046538213747&wfr=spider&for=pc。
② 赵骏:《全球治理视野下的国际法治与国内法治》,《中国社会科学》2014年第10期。

（一） 对标 RCEP 创新自贸港数字贸易监管体系

不同国家有着不同的市场准入政策、投资政策与服务贸易政策,这对非本国企业开展跨国业务树立了无形的贸易壁垒。尽管各国国内监管政策通常以保护消费者、劳动者、环境、公共卫生等社会利益为目的①,但国内监管仍可能给国际贸易带来负担。RCEP 开放数字贸易,通过"计算设施的位置""跨境电子传输信息"的前置性禁止规定②,放宽了进行缔约成员间进行跨境商业行为的限制。同时对岛内企业机构采取低干预、高效能的监管模式以促进"岛内自由",大幅降低了跨境电商企业的合规成本。2021 年 12 月 16 日,海南省市场监督管理局又印发了《跨境电商常见经营行为合规指引》,该指引囊括跨境电商商事登记合规、网络交易合规、广告行为合规、知识产权保护、消费者权益保护等多个方面常见经营行为的合规性指引,为优化海南自贸港数字监管体系作出了有益探索。为了进一步优化跨境电子商务营商环境、不断提升政府电子商务监管能力和水平,创新自由贸易港电子商务监管体系,可以从以下三个方面着手做出探索:

第一,数字化赋能政府治理。RCEP 为市场主体开展跨境电子商务活动提供了宽松开放高效的"数字化"环境,高标准数字贸易规则要求缔约方政府创新政府数据治理机制,不断提升公共服务的数字化水平。电子商务监管的"数字化"特性,首先要求政府首先实现智能转型,应当率先对标 RCEP 数字贸易规则实现自身的"数字化"建设。海南自贸港全力深化"放管服"改革,打造智能化服务型政府。数字化赋能自贸港政府治理,一是要持续深化"简政放权",优化电子商务监管模式,不断降低跨境电商服务的

---

① See Carsten Fink &Marion Jansen, Services Provisions in Regional Trade Agreements: Stumbling or Building Blocks for Multilateral Liberalisation?,in Patrick Low & Richard Baldwin, Multilateralizing Regionalism: Challenges for the Global Trading System 221(Cambridge University Press 2009).

② RCEP 第 12 章第 14 条第二款:缔约方不得将要求涵盖的人使用该缔约方领土内的计算设施或者将设施置于该缔约方领土之内,作为在该缔约方领土内进行商业行为的条件。第 15 条第二款:一缔约方不得阻止涵盖的人为进行商业行为而通过电子方式跨境传输信息。

准入门槛;二是要有序开放数据共享,拓宽数据要素的使用场景;三是要以公共服务数字化的方式,不断提高政府"互联网+政务服务"的效能。《智慧海南方案》强调实施数字政府和智能公共服务建设工程。随着 RCEP 的生效实施,电子商务将成为大众创业、万众创新的新通道,数字化赋能政府治理将使电子商务成为便民服务的新方式,打造自贸港线上教育、远程医疗等线上基础民生服务供给有效提升政府服务能力和治理水平。海南省人民政府办公厅于 2022 年 7 月 15 日印发《关于海南省政府数字化转型总体方案(2022—2025)》[①],公共服务的数字化还体现在推动数字城乡融合发展、打造智慧共享的新型生活等多个方面。数字化赋能政府治理,能够有效提升政府的治理能力和水平,是创新自由贸易港数字贸易监管体系的基石。

第二,创新数字监管体系。为了构建可信交易环境、保障市场公平竞争,海南建设与国际接轨的数字监管体系,要加快实现监管理念、监管手段、监管模式的"国际化"。数字经济背景下的金融风险波及范围更广,当下传统的分业监管模式并不适用于数字贸易新兴业态的发展。创新自贸港数字监管体系,首先要构建事前事中事后全链条监管框架。RCEP 第 12 条第二款要求缔约成员方对电子商务实施相对宽松的监管政策,并降低了跨境电子商务的准入门槛。RCEP 出台前我国就对电子商务实施包容审慎的监管模式。RCEP 协议生效后,为了落实 RCEP 自由开放的规则理念,创新数字监管体系应当加强数据交易平台建设和监管,把行业自律、平台规制放到和监管同等重要的位置,鼓励平台建立争议在线解决机制,进一步提高电子商务纠纷解决效率、降低维权成本;其次要改革监管手段,通过大数据、AI 等科技化手段开展专项监管抽查,提升对"低报价格""伪报品名""伪报贸易方式"等跨境电商涉及走私的违法行为的精准查处能力;最后要创新电子商务监管模式,探索线上闭环监管、非接触监管、信用监管等新型方式。以

---

① 该方案要求海南着眼于自由贸易港建设最高水平的开放形态,坚持"管得住、放得开"的要求,健全数据共享和业务协同机制,不断提升政府履职的数字化、智能化水平。

信用监管为例,《海南省"十四五"社会信用体系建设规划》提出实施"信用+开放型经济"工程。自贸港可探索"互联网+信用"的新监管模式,在跨境电商综合服务监管平台上建设跨境电商信用子系统,建立跨境网络交易信用评价体系和信用监管措施清单,推动跨境电商平台、入驻商家、物流企业做出信用承诺并纳入信用档案,通过跨境电商和从业人员的信用记录构建电子商务全流程监管框架。

第三,优化多元主体合作机制。我国《电子商务法》第 7 条①规定我国建立电子商务协同管理体系。不同于传统监管模式,除了合规性审查之外,共享经济的理念同样适用于电子商务监管中。如前所述,随着新一代信息技术发展,我国电子商务的业态模式快速更迭。面对更为复杂的数字贸易参与主体及对象,政府传统监管模式与手段日益显得力不从心。RCEP 成员国敏锐地意识到了这一点,协议强调为电子商务创造有利环境,打造宽松便利的环境,不但需要政府创新电子商务监管体系,还需要社会多元主体共同参与。多元主体合作的协同监管模式,能够有效地解决跨境电子商务商品质量、跨境服务贸易知识产权保护等问题。海南自贸港一方面要提升协同联动监管能力,进一步加强线上线下一体化的跨部门、跨区域联合执法和跨境执法协作,推进数字化、网络化和平台化监管,强化监管的及时性、有效性和威慑力;另一方面,要激发企业参与跨境电子商务综合试验区建设的主动性和创造性,鼓励建立行业自律体系,加速形成电子商务和谐、自律、互助的新生态。

（二）　对标 RCEP 优化自贸港数字平台建设

RCEP 第 12 章虽然未就电子商务载体平台建设做出具体规定,但同样重申了开展交流合作的重要性。RCEP 第 12 章第 4 条要求缔约方围绕电

---

① 《电子商务法》第 7 条:国家建立符合电子商务特点的协同管理体系,推动形成有关部门、电子商务行业组织、电子商务经营者、消费者等共同参与的电子商务市场治理体系。

子商务领域,在国际论坛既有合作倡议的基础上,采用积极参加地区和多边论坛等多种方式,就克服电子商务的障碍、帮扶中小企业等多个方面开展合作。海南优化自由贸易港 RCEP 载体平台建设可以考虑以下三个方面:

第一,大力推进电子商务综试区建设。电子商务综试区建设有助于吸引国内外优质跨境电商企业及其上下游供应链企业入驻园区,打造线下产业园区平台,实现跨境电商集聚发展。2020 年 1 月 17 日,商务部联合其他六部委印发的相关文件,将海南全岛纳入跨境电商零售进口试点范围,可以大力发展跨境电商零售进口模式业务。中国(三亚)跨境电子商务综合试验区和中国(海口)跨境电子商务综合试验区,作为海南自由贸易港对标试验 RCEP 高水平数字贸易规则的重要载体平台,存在跨境电商"两平台、六体系"的框架支撑①,更是发展的重中之重。全面实施 RCEP 对三亚、海口综试区的建设实施提出了更高的要求。充分发挥综试区 RCEP 国际合作产业园的功能,能够有效促进海南传统零售企业等优势产业数字化转型,助推海南数字产业做优做强,促进电子商务线上线下融合、产业链上下游融合、国内外市场融合发展。《中国(海口)跨境电子商务综合试验区实施方案》将发展跨境电子商务综合示范区发展平台、跨境电商综合服务监管平台作为海口综试区发展的重要任务。建设跨境电子商务综合服务共享平台是两区的共同目标。大力推进电子商务综试区建设,能够为海南进一步落实RCEP 电子商务规则、制定相关法规政策提供有效的试验性保障。海南自贸港推进电子商务综试区建设宜形成"一区多园"的格局部署,通过汇集生产、运输、销售等全流程各类跨境电商企业,打造完整的产业链和生态圈。在数字服务市场准入、国际规制对接等方面先行先试,开展数字营商环境评价。

第二,利用好海南自贸港贸易展会合作平台。RCEP 以"发展"与"合

---

① 跨境电商"两平台"包括跨境电商线上综合服务平台和线下产业园区平台;"六体系"包括信息共享、金融服务、智能物流、电商信用、统计监测和风险防控体系。

作"为导向的电子商务价值目标,符合包括我国在内的各方数字经济发展的现实需求。在区域合作方面,山东、江苏、天津等地已率先以地方政府身份与缔约国或企业签署合作协议、建立合作示范区、开展交流会博览会等活动。海南的自由贸易港政策安排优于 RCEP 相关规定,有条件进行更高水平合作。《海南自贸港法》第 9 条明确要求海南应主动对接国际经贸规则,积极开展跨区域合作。未来海南将建成具有世界影响力的国际旅游消费中心,根据《海南自贸港法》和《RCEP 指导意见》的指示,海南自由贸易港应当加强区域贸易协作,积极通过举办中国消费品博览会发挥全球消费精品展示平台作用,开展博鳌亚洲论坛加强区域数字贸易国际合作,发展"数字丝绸之路"为我国数字贸易提供更加广阔的市场空间。

第三,增强适应 RCEP 的数字贸易平台建设。无论是跨境电商还是搜索引擎,共享平台亦或是移动应用商店,数字贸易的主流业态均以数字贸易平台建设为前提,数字服务提供商主要是通过形成专业或综合性全球化的数字贸易平台来聚集供需双方[1]。建设数字化平台是协助 RCEP 缔约成员国外贸企业实现数字化转型、发展跨境电子商务业务的基础路径。数字贸易平台是开展跨境贸易的重要载体和媒介,数字营销模式能有效降低跨境电商企业推广新产品的边际成本,在平台内嵌入线上销售的数据沉淀和数据分析功能,能使跨境电商企业能够借鉴同行的运营经验,把握消费者的行为习惯和消费动向。

跨境电子商务线上综合服务平台建设,有助于推进线上线下互动融合发展,能够有效保障平台内跨境电商"1210""9610""9710""9810"进口与出口环节在新模式的发展下高质量运行[2]。海南自贸港通过智能化新途径,为电商企业搭建共用型的交易平台、监管平台和服务平台,目前为了让

---

[1]　黄庆平、李猛:《探索建设自由贸易港中的数字贸易发展策略》,《管理现代化》2020 年第 5 期。

[2]　跨境电商 1210(保税跨境贸易电子商务)、9610(跨境贸易电子商务)、9710(跨境电子商务企业对企业直接出口)、9810(跨境电子商务企业对企业出口海外仓)实为我国海关代码,用于区分跨境电商不同的出口模式。

企业把握 RCEP 的机遇"走出去",从而融入 RCEP 的大市场,海南专门成立了 RCEP 企业服务中心,通过"双服务中心"来搭建双向投资服务平台,以供企业进行政策咨询。为了进一步增强适应 RCEP 的数字贸易平台建设,海南自贸港宜通过数字贸易在线平台,打造跨境电商企业的品牌价值,通过大数据、区块链应用高度汇集全球电子商务优势资源、通过提供全面高质量的服务吸引更多在线消费者进行数字交易、通过在线数据共享和智能化的手段持续创新、降本提效,增强适应 RCEP 的数字贸易平台建设。

三、构筑自贸港开放型数字创新高地

海南自由贸易港强化创新驱动与智慧赋能,构筑我国开放型数字经济创新高地。RCEP 对海南自由贸易港的自由便利化制度构建指引了方向,RCEP 数字贸易规则有利于构筑海南自贸港开放型数字创新高地。海南对标 RCEP 数字贸易规则应当在自由贸易港原有法律的基础上,构建与自贸港建设相适应的国内电子商务法律框架,充分发挥制度集成创新和特殊立法权限,优先探索 RCEP 的鼓励性义务和数字贸易前沿议题,通过政策、法律与制度集成创新的综合措施,着力构筑海南自由贸易港开放型数字创新高地。

(一) 构建自由贸易港数字贸易法规体系

与 CPTPP 要求缔约方严格维持《1996 年电子商务示范法》或《联合国关于在国际合同中使用电子通信公约》的原则,搭建国内电子交易框架①有所不同,RCEP 第 12 章第 10 条兼顾了监管与开放两大价值,要求缔约国成员可以在国际公约的框架下对电子商务进行规制,以此倒逼国内关于电子交易的相关法律法规不断完善。从文本内容来看,RCEP 第 12 章节较少直接涉及传统电子商务法的内容,多为原则性表述,对开放跨境电子商务行为

---

① 参见 CPTPP 第 14 章第 14 条第一款。

的规定较为宽泛。没有规定电子商务的经营主体,也未涉及电子商务合同的订立、效力、履行、变更与终止、法律责任等内容。据前文所述,RCEP 第12 章第 14、15 条数据本地化禁止规则同样存在着原则之外的例外规定,因此存在较大的解释和变通余地。

深化制度性开放的关键,在于实现国内法律法规与国际经贸规则的接轨。国际条约必须转化适用为国内法,才能真正惠及企业并发挥实效,因此立法过程要注意与国内现行法律的适应性,协调国内法与国际法的关系。尽管中国网络信息安全及数字贸易领域的法律框架基本形成,但与 RCEP 等国际高水平 RTAs 相比差距显著,存在开放程度有限,碎片化现象严重等问题。此外,中国对 RCEP 市场准入方面,不仅承诺开放更多市场领域,还大幅提高了现有承诺领域的开放水平,这对监管和执法效应提出了新挑战[1],RCEP 高标准数字贸易规则作为"外在推力"对我国国内相关规则制定和完善提出了新的要求,对标 RCEP 数字贸易规则有助于加速推进我国数字贸易合规化进程。《"十四五"数字经济发展规划》明确提出要"完善数字贸易促进政策,加强制度供给和法律保障"。《"十四五"电子商务发展规划》也指出,我国应推进数字领域国际规则构建,积极参与以电子商务为核心的数字领域国际规则制定。为了充分提升我国参与全球治理和规则制定的能力和经验,不仅需要增加我国在国际数字贸易规则制定中的参与度和话语权,更要积极提炼与输出符合中国核心利益和一致的数字贸易国际规则"模板"或"方案"[2]。

海南打造我国"三区一中心"的区域战略定位,使其更易对标落实RCEP 协议。海南自贸港地方立法权的多重性和聚焦性,使其存在对标RCEP 的法治优势。高度现代化、市场化、国际化的自贸港法规体系,是海

① 李富昌等:《RCEP 助推跨境电商产业链与供应链融合机制研究》,《商业经济研究》2022年第 17 期。
② 罗施福、孟媛媛:《RCEP 对电子商务的规制:规则、影响与中国因应》,《中国海商法研究》2022 年第 3 期。

南自贸港分阶段、分步骤实现自贸港政策和制度体系的发展目标之一,聚焦投资贸易自由便利,迎合国际贸易发展新趋势,亟待促成与国际经贸新规则相适应的自贸港法规体系①。《自贸港方案》提出构建海南自由贸易港法治体系。《海南自贸港法》明确了海南建设自由贸易港的多项目标,包括贸易、投资、跨境资金流动等方面的自由化便利。此外,该法第7条和第10条的内容,赋予了海南独特的立法权限,进而打造了海南特有的优惠政策。海南自由贸易港实行国际上最为开放的投资贸易政策,自由贸易港法治体系以国家立法为基石,以中央授权立法为保障,同时包括地方立法和特区立法的等多种立法手段。海南制定自贸港数字贸易法规,应当与自由贸易港建设的定位和目标、RCEP高水平数字经贸规则的国际化走向相适应。发挥地方特殊立法改革权限,暂停相关法律实施,提前做好调法调规工作,使得海南自贸港涉外经贸法规体系与RCEP体制精准对接,以适应自贸港高水平规则高标准发展的法治引领、促进和保障新要求。

放眼全国,目前中国各地方政府多以RCEP数字贸易规则为背景,制定地区电子商务或自由贸易区促进方案,但未能真正结合RCEP数字贸易规则条款逐条实施②。与国内其他地方相比,自由贸易港的多重立法途径,使得海南存在更易推进RCEP高水平数字贸易规则内容,进行国内法转化与适用的优势。在RCEP于我国全面推开的背景下,为了打造海南独具特色的自由贸易港数字贸易法规体系,畅通RCEP政策制度落地通道。海南自贸港全面实施RCEP数字贸易规则,要充分发挥自由贸易港制度集成创新的先行作用,不能拘泥于区域内的一般类别发展措施,应通过多重立法措施率先试验RCEP数字贸易规则鼓励类义务。此外,为了着力建设海南"两个总部基地"③,还应在数字规则立法过程中,赋予海南自贸港总部企业相关

---

① 刘云亮:《中国特色自贸港法规体系构建论》,《政法论丛》2021年第6期。

② 曾文革、李俊如:《中国地方政府实施RCEP电子商务规则的现状、问题与展望》,《重庆邮电大学学报(社会科学版)》2022年第4期。

③ 海南"两个总部基地"建设是指海南加快打造中国企业进入东盟的总部基地和东盟企业进入中国市场的总部基地。

政策的更大的制定参与权,牢牢抓住数字贸易法规体系"国际化"的新标准,以总部经济的聚集助力海南自贸港数字贸易和离岸金融的快速发展。

（二）创新对标 RCEP 的自由贸易港数字贸易机制规制

为了包容协议欠发达缔约方,RCEP 设定的数字贸易规则还较为宽松。RCEP 对数字贸易的主要内容做出了规定,却对 CPTPP 及 USMCA 所重点关注的数字产品非歧视待遇和源代码问题予以保留,仅在其他条款中为此预留了一定的电子商务对话空间。RCEP 在 12 章第 16 条中承认诸如数字产品待遇、源代码等内容,是当前逐渐凸显的前沿议题。RCEP 各缔约方也正通过推进协作、深化对话的方式,对这些电子商务的前沿内容做出探讨及规定。有学者指出,RCEP 数字贸易规则面临高标准对接的问题[1]。一方面,RCEP 的包容性构建使得该协议对数字贸易的某些前沿议题持保留意见;另一方面,以美国为首的发达国家纷纷,推出符合自身经济利益的数字贸易规则,试图在国际数字经济化浪潮中谋取话语权与主动权,中国正面临以高标准著称的 CPTPP 和 USMCA 等数字贸易"美式规则"的下行压力。

在深化改革的过程中,自贸区应重点研究 RTAs 规则的新内容,以政策创新和制度集成创新推动数字经济高质量发展。对符合中国改革方案的应加快对接,对某些针对中国的条款也应探索应对之策,防止中国被排除在国际经贸新规则之外[2]。习近平总书记在第五届中国国际进口博览会的致辞中指出,我国积极推进加入 CPTPP 及 DEPA,扩大面向全球的高标准自由贸易区网络[3]。这表明,中国并不会止步于已达成的 RCEP 协议,正在寻觅对接更高水平的国际经贸规则。李猛等学者指出,海南自由贸易港对国际

---

① 梁昊光、焦思盈:《RCEP 框架下数字经济合作与区域经济治理研究》,《国际经济合作》2022 年第 4 期。

② 覃丽芳:《国际经济新形势下中国自由贸易试验区建设发展研究》,《创新》2019 年第 6 期。

③ 《习近平在第五届中国国际进口博览会开幕式上发表致辞》,《人民日报》2022 年 11 月 4 日第 1 版。

循环的支撑示范作用体现在参与国际规则体系重构之上,要以自由贸易港为机遇和平台,率先接轨或加入以 CPTPP 为代表的新一代国际贸易协定,为我国国际循环奠定制度基础①。海南自由贸易港对标 CPTPP、DEPA 等高水平国际经贸规则,从宏观层面上看,契合了新型经济全球化的发展动向,从作用上分析,海南自由贸易港先行先试的区域定位能为我国未来加入 CPTPP 等规则更严格的 RTAs 积累经验。在当前国际贸易环境面临中美贸易摩擦、乌克兰危机持续、新型冷战思维逆行等众多问题的背景下,自贸港主动对标 CPTPP,争取早对标早主动,就能早化被动弱势为有势或优势②。RCEP 电子商务章节并未包含反竞争行为、跨境数据流动的位置,亦或是在线争议解决及其他和电子商务发展和使用相关的事宜,这些内容见诸未来电子商务对话③。海南具备对标 RCEP 亮点规则的区位、制度、法律等多重优势,应当在全面推进 RCEP 数字贸易主体规则落地的同时,通过颁布政策和法律法规的多重方式,就 RCEP 予以保留的这些新兴问题及与数字贸易发展和使用相关的其他事项做出有益的探索与试验。一方面为我国对标更高标准的 CPTPP 协议做好准备;另一方面,先行测试适用 CPTPP 等经贸规则有可能产生的风险、利益和相关因素的变化等情况,以便及时制定相应的风险防控措施机制,并积累制度集成创新经验。

《RCEP 指导意见》支持各综合试验区结合本地实际创新发展。自由贸易港在 2025 年封关运行,全岛可以实现低成本和壁垒对接国际高水平经贸规则。海南省人民政府办公厅关于印发《海南自由贸易港进一步优化营商环境行动方案(2022—2025 年)》的通知指出,海南要对接国际高标准经贸规则,探索先行先试 CPTPP、DEPA 等高水平国际经贸规则。CPTPP、DEPA

---

① 李猛等:《论海南自由贸易港与国内国际双循环新发展格局的战略对接》,《经济体制改革》2021 年第 4 期。

② 刘云亮、卢晋:《中国特色自贸港对接 CPTPP 经贸规则的可行性基础及法律对策研究》,《西北民族大学学报(哲学社会科学版)》2022 年第 6 期。

③ Shen Minghui, The Role and New Issues of RCEP in the Promotion of East Asian Regional Co-operation, 93 CHINA INT'l Stud. 141(2022).

的电子商务前沿议题,主要体现在属数字产品待遇及相关问题、源代码、数字身份、新兴趋势和技术等内容。虽然这些前沿内容在国际上仍存有一定争议性,但海南自由贸易港以国际知名自由贸易港为发展目标,应当提前对这些前沿议题做出试验和部署。具体而言,海南自贸港应发挥制度集成创新的优势,在提高跨境服务开放水平、接轨国际高标准电子商务前沿议题、推动跨境数据自由流动、跨境职业资格互认等方面做到先行先试。以 RTAs 所普遍规定的跨境电子传输信息为例,CPTPP、USMCA、DEPA 均对禁止数据本地化作出了更严格的限制。《海南自贸港法》为海南探索数据跨境流动提供了法治保障,海南完全有条件对标更高水平的跨境数据流动标准,打造比 RCEP 更开放的跨境数据流动模式,为国家逐步完善数据跨境流动管理的规制体系提供可循经验。

第五章 中国特色自贸港对标 CPTPP 数据规则规制

第一节 自贸港数据安全有序流动制度目标

一、中国数据立法现状及政策导向

(一) 网络信息安全领域的法律框架基本形成

早在 RCEP 协议出台以前,我国就曾先后出台《国家信息化发展战略纲要》《"十三五"国家信息化规划》《网络空间国际合作战略》等指导性文件①,强调增强网络互联、促进信息互通,深化国际网络安全和信息技术的交流合作,共同推进互联网技术的创新发展。2020 年 4 月 9 日,中共中央国务院印发《关于构建更加完善的要素市场化配置体制机制的意见》明确将加快培育数据要素市场作为一项重点内容②。2021 年 6 月 10 日,第十三届全国人民代表大会常务委员会第二十九次会议通过《数据安全法》,该法对数据做出了类型化处理,与《网络安全法》相配合实施,强化了国家数据安全的战略定位。同年 8 月 20 日,十三届全国人大常委会第三十次会议通过了《个人信息保护法》,自此我国互联网和信息数据安全领域的基础性法

---

① 黄庆平、李猛:《探索建设自由贸易港中的数字贸易发展策略》,《管理现代化》2020 年第 5 期。

② 《关于构建更加完善的要素市场化配置体制机制的意见》,中国政府网,http://www.gov.cn/zhengce/2020-04/09/content_5500622.htm。

律法规体系基本形成,数据保护的环境也初见雏形。

（二）数据跨境流动国家立法工作亟待细化

《中共中央关于制定国民经济和社会发展第十四个五年规划和二〇三五年远景目标的建议》中对我国发展数字经济,推动数据资源开发利用提出了美好的愿景。从 OECD、GATS 关于跨境数据流动的要求来看①,加快完善我国在跨境数据流通方面的法律规定是时代之需。对接国际高水平数字经贸规则离不开国内法与国际法的良性互动,搭建数据流动国内法律框架也是我国参与国际经贸合作的基础。《电子商务法》对跨境电子商务交易规定不够具体明确,且该法主要适用于在中国境内的电子商务活动,仅在第 71 至 73 条对跨境电子商务做出了促进性规定。《数据安全法》虽然提纲挈领地确立了数据分类分级保护制度,但规定较为笼统,存在监管部门职能叠加的问题。2022 年 9 月 1 日,由国家互联网信息办公室颁布的《数据出境安全评估办法》(网信办第 11 号令)正式实施,该办法主要规制数据处理者向境外提供在中国境内运营中收集和产生的重要数据和个人信息的行为,对《数据安全法》指代不明的"重要数据"给出了定义。该办法的出台改善了我国缺乏数据跨境管理的专门办法的困境,是我国数据跨境流动领域的一大突破,但该办法的法律层级较低,《数据安全法》《网络安全法》《个人信息保护法》也缺乏相关下位法和配套细化措施。我国仍需不断完善数据跨境流动和隐私保护规则,使国内数据立法主动适应国际高水平经贸规则。

二、自贸港对标国际数据流动规则适应性

《自贸港方案》围绕数据安全有序流动明确专项制度安排,聚焦数据领

---

① 经济合作与发展组织(OECD)是最先提出"跨境数据流动"的国际组织,在其 2013 年更新的《关于隐私保护和跨境个人数据流动的指南》中规定成员国应采取合理恰当的步骤确保个人数据的跨境流动,除非跨境数据违反国内隐私立法的特别规定,否则成员国不应限制跨境数据的流动,也不得以保护隐私等为由刻意施加法律限制。《服务贸易总协定》(GATS)是 WTO 协定的重要成果,在电信服务附件中也要求成员国保证跨境传送信息。

域开放,培育数字经济。《海南自贸港法》第42条规定,国家支持海南自由贸易港探索实施区域性国际数据跨境流动制度安排。所有政策制度都表明海南自贸港是国家加快数字化发展,建设数字中国的关键一环。海南自贸港作为我国数字化建设中的优势片区,应当引领国家数字化探索方向,这也是海南自贸港率先对标RCEP高水平数字贸易规则的题中应有之义。

RCEP第8章附件二的规则主要强调了公共电信网络服务的接入使用、互联互通。RCEP规定:跨区域服务提供者有权使用当地公共电信网络和服务传输信息①。RCEP不断总结创新,在结合当前中国—东盟贸易协定中有关电信方面的规则,进一步规定了关于国际海底电缆系统、网络元素的解绑以及国际移动漫游等规则。这些规定将有利于推动区域内信息通信产业的协调发展,促进电信产业创新融合。与各成员已签署的协议相比,RCEP首次纳入了号码携带、网络元素的非捆绑等规则②,实属开放公共电信服务领域规则的一大创新。开放电信服务是实现数据跨境流动的前提,《自贸港方案》规定海南积极开展国际互联网数据交互试点,有序开放通信资源和电信业务。可见方案之规定契合了RCEP开放公共电信服务数据,实现互联互通的目标。

由于国际数据要素价值潜力尚未有效激活,RCEP第12章第14、15条数据本地化禁止规则,本质上要求各缔约成员国开放通过电子方式跨境传输电子商务数据,并不得将计算设备的位置作为进行商业行为的前置条件。《自贸港方案》基于数据安全有序流动的制度设计的需要对数据本地化作出了限制③,其制度设计的本意是为促进数据领域"一线"放开的同时,保障

---

① 参见RCEP第8章附件二第4条第三款。

② 孟夏、孙禄:《RCEP服务贸易自由化规则与承诺分析》,《南开学报(哲学社会科学版)》2021年第4期。

③ 《自贸港方案》规定:允许实体注册、服务设施在海南自由贸易港内的企业,面向自由贸易港全域及国际开展在线数据处理与交易处理等业务,并在安全可控的前提下逐步面向全国开展业务。

数据领域"二线"管住①。方案设计中仅允许实体注册且服务设施在岛内的企业开展国际数据业务,数据流动制度设计离 RCEP 数字贸易规则高水平开放的要求还存在一定的差距。当然,限制的主要原因是海南自贸港目前仍处于建设的初级阶段,自由贸易港作为特殊的经济区域也尚未封关运作,存在风险防控的需要。海南自贸港对标 RCEP 数据本地化禁止规则,打造自贸港数据安全有序流动机制,应当发挥海南省大数据管理局数据管理的基础作用,持续创新体制机制,通过分步骤分阶段的方式有序开放电子商务数据跨境流动。RCEP 协议对于开放电子商务数据、实现跨境数据交互共享的高水平规则,也将倒逼海南自由贸易港实施更加开放便利化的数据制度安排。

三、《海南自贸港法》数据流动规则解读

(一) 关于数据流动管理制度

随着信息技术和人类生产生活交汇融合,各类数据迅猛销长、海量聚集,数据日益成为基础性战略资源和数字经济的关键要素。跨境数据流动在促进经济增长、加速创新、推动全球化等方面发挥了积极作用。但是数据跨境流动也可能带来安全风险。重要数据出境可能会危害国家安全,经济安全和公共利益等:个人信息与信息主体权利密切相关,如果接收国个人信息保护不充分,很可能会造成个人信息被滥用、泄露等,从而侵害个人信息权益。因此,数据跨境流动需要在确保安全的前提下依法有序进行。《网络安全法》第 37 条规定,关键信息基础设施的运营者,在中华人民共和国境内运营中收集和产生的个人信息和重要数据应当在境内存储。因业务需要,确需向境外提供的,应当按照国家网信部门会同国务院有关部门制定的办法进行安全评估;法律、行政法规另有规定的,依照其规定。《数据安全

---

① 吴士存:《海南自由贸易港未来及全球定位》,广东人民出版社 2021 年版,第 140 页。

法》第31条规定,关键信息基础设施的运营者,在中华人民共和国境内运营中收集和产生的重要数据的出境安全管理,适用《网络安全法》的规定;其他数据收集者在我国境内收集的各种重要数据涉及出境安全相关问题,可以由网信部门会同国务其他部门共同制定解决办法。《个人信息保护法》对个人信息跨供应当符合的条件作了规定,即通过国家网信部门组织的安全评估;经专业机构进行个人信息保护认证;按照标准合同与境外接收方订立合同,约定双方的权利和义务;法律,行政法规或者国家网信部门规定的其他条件。中华人民共和国缔结或参加的国际条约、协定,或者按照平等互惠原则,处理外国司法或者执法机构关于提供个人信息请求的,可以按照其规定执行。个人信息的处理方应当采取必要措施与手段,对于向境外提供个人信息以及境外信息接收方在处理个人信息的相关活动时,达到该法所认定的个人信息保护标准作出相应保障。

《自贸港建设总体方案》提出,建立健全数据出境安全管理制度体系,健全数据流动风险管控措施。要在确保数据流动安全可控的前提下,扩大数据领域开放,创新安全制度设计,实现数据充分汇聚,培育发展数字经济。2025年前的重点任务是便利数据流动。在国家数据跨境传输安全管理制度框架下,开展数据跨境传输安全管理试点,探索形成既能便利数据流动又能保障安全的机制。2035年前的重点任务是实现数据安全有序流动。创新数据出境安全的制度设计,探索更加便利的个人信息安全出境评估办法。开展个人信息入境制度性对接,探索加入区域性国际数据跨境流动制度安排,提升数据传输便利性。积极参与跨境数据流动国际规则制定,建立数据确权、数据交易、数据安全和区块链金融的标准和规则。目前,一些自贸协定,如《全面进步的跨太平洋伙伴关系协定》《日本—欧盟经济伙伴关系协定》《美墨加贸易协定》《区域全面经济伙伴关系协定》等大都包含"数字贸易或电子商务"相关章节,对数据流动作出专门安排。此外,欧盟等一些国家和地区在个人信息跨境流动方面,实行充分性保护认定的"白名单制度",即对于符合其充分性保护认定的国家或者地区,允许个人信息传输到该国家或者地区。国家支持海南自贸港积极探索、实施区域性国际数据跨境流通制度建设,积极推动数据跨境流动,推动数字经济发展。

（二）关于扩大通信资源和业务开放

增值电信业务,是指在公共网络基础设施的基础上提供相关电信与信息服务,并进一步拓展并开发现有基础电信业务。目前,信息通信业已成为我国国民经济的支柱性产业,其中具有节约能源、产业链长、附加值高的增值电信业务,已经成为所有新兴支柱产业当中成长最快,发展潜力巨大的领域,并且能极大程度上拉动国民经济的增长。海南自贸港作为高水平开放型经济体,电信领域将不断推进各项开放举措,以开放促改革、促发展,优化外商投资营商环境,吸引更多外资企业进入。《自贸港方案》提出,有序扩大通信资源和业务开放。开放增值电信业务,逐步取消外资股比等限制。允许实体注册、服务设施在海南自由贸易港内的企业,面向自由贸易港全域及国际开展在线数据处理与交易处理等业务,并在安全可控的前提下逐步面向全国开展业务,安全有序开放基础电信业务。开展国际互联网数据交互试点,建设国际海底光缆及登陆点,设立国际通信出入口局。国家发改委、商务部 2020 年 12 月发布《海南自由贸易港外商投资准入特别管理措施(负面清单)(2020 年版)》,其中关于信息传输、软件和信息技术服务业的特别管理措施有:一是,除在线数据处理与交易处理外其他增值电信业务,均依照《自由贸易试验区外商投资准入特别管理措施(负面清单)》执行,其中增值电信业务中外资股比不超过一半(电子商务、国内多方通信、存储转发类、呼叫中心除外);允许实体注册、服务设施在海南自由贸易港内的企业,面向自由贸易港全域及国际开展互联网数据中心、内容分发网络等业务。基础电信业务仅限于我国入世承诺中承诺开放的部分,并且必须由中方控股。二是,禁止投资互联网新闻信息服务、网络出版服务、网络视听节目服务、互联网文化经营(音乐除外)、互联网公众发布信息服务(上述服务中,中国"入世"承诺中已开放的内容除外)。

第二节　自贸港对标 CPTPP 数据流动规制内容

一、CPTPP 数据流动规则

RCEP 和 CPTPP 同为亚太区域内两大区域自由贸易协定,双方存在诸多"重叠"之处,却又具有较多差异化特征。如前所述,RCEP 在包容性和高质量之间形成了平衡,但也有国外学者认同 RCEP 的贸易投资条款和 CPTPP 相比略显局限的观点①。事实上,CPTPP 在业已废止的 TPP 基础之上,继承了后者的框架和价值,被认为是当今最先进的数字贸易监管规则,并且已被用作框架对亚太地区随后签订的协议具备参考价值。RCEP 在构建数字贸易规则方面,正是建立在 CPTPP 的框架基础之上。② RCEP 数字贸易规则实现了对 CPTPP 的继承和发展。在内容覆盖方面,CPTPP 的数字贸易规则几乎涵盖了该领域所有的核心内容,CPTPP 第 14 章节与 RCEP 第 12 章在无纸化贸易,电子认证和电子签名、消费者保护等电子商务传统议题上基本类似,差异性主要体现在 RCEP 新增了 CPTPP 所没有的"电子商务对话"条款,但对 CPTPP 所规定的数字产品待遇和源代码等议题予以保留,CPTPP 要求给予数字产品非歧视性待遇,允许网络自由接入并禁止强制共享源代码,RCEP 对于这些前沿问题并未做出明确要求。在跨境传输信息方面,CPTPP 电子商务章节在设置高标准规则的同时,措辞更为严厉,例外条款设置更为严苛。CPTPP 与 RCEP 均允许基于合法的公共政策目标,对跨境数据流动采取不符措施,但 CPTPP 却缩紧了对于合法公共政

---

① Peter A. Petri and Michael G. Plummer, "East Asia Decouples from the United States: Trade War, COVID-19, and East Asia's New Trade Blocs," PIIE Working Paper 20-0, 2020, pp. 6-9.

② 黄贵:《RCEP 数据本土化的禁止性规范及其例外条款》,《国际经济法学刊》2022 年第 3 期。

策的限制条件①。严苛的规则设置充分反映了协议名称的全面和进步性；在电子关税方面，CPTPP 延续 TPP 规定，要求永久免征电子传输关税，RCEP 则要求维持目前免除电子传输关税的现行做法，时刻与 WTO 发展保持一致；在争端解决方面，CPTPP 电子商务章节适用协定争端解决机制，而 RCEP 规定电子商务所产生的任何事项，不得诉诸该协议的争端解决，但可将该事项提交至 RCEP 联合委员会。

二、CPTPP/USMCA/DEPA 数字贸易规制比较

在全球数字贸易协同发展的趋势下，RTAs 数字贸易相关的条款激增的原因是"多边贸易体系更新数字贸易规则的步伐缓慢"②。RTAs 电子商务规则对传统内容规定存在类似性。由于利益的复杂性和价值认同的差异性，不同 RTA 对数字贸易规则的侧重点也有所不同，进而导致了具体规定的细节和约束力也有所差异。此外，由于 RTAs 实际参与成员国的数字经济发展水平参差不齐，在数字贸易的部分高开放性前沿议题上，也产生了截然相反的态度。

（一）RCEP 与 CPTPP 数字贸易规则的比较

RCEP 和 CPTPP 同为亚太区域内两大区域自由贸易协定，双方存在诸多"重叠"之处，却又具有较多差异化特征。如前所述，RCEP 在包容性和高质量之间形成了平衡，但也有国外学者认同 RCEP 的贸易投资条款和

---

① CPTPP 第 14 条规定：本条中任何内容不得阻止一缔约方为实现合法公共政策目标而采取或维持与第 2 款不一致的措施，只要该措施：（a）不以构成任意或不合理歧视或对贸易构成变相限制的方式适用；及（b）不对信息传输施加超出实现目标所需限度的限制。

② Mark Wu, Digital Trade-Related Provisions in Regional Trade Agreements: Existing Models and Lessons for the Multilateral Trade System, Int'l Ctr. for Trade & Sustainable Dev., Inter-Am. Dev. Bank, 2017.

CPTPP 相比略显局限的观点①。事实上,CPTPP 在业已废止的 TPP 基础之上继承了后者的框架和价值,被认为是当今最先进的数字贸易监管规则,并且已被用作框架对亚太地区随后签订的协议具备参考价值。RCEP 在构建数字贸易规则方面,正是建立在 CPTPP 的框架基础之上②。RCEP 数字贸易规则实现了对 CPTPP 的继承和发展。在内容覆盖方面,CPTPP 的数字贸易规则几乎涵盖了该领域所有的核心内容,CPTPP 第 14 章节与 RCEP 第 12 章在无纸化贸易,电子认证和电子签名、消费者保护等电子商务传统议题上基本类似,差异性主要体现在 RCEP 新增了 CPTPP 所没有的"电子商务对话"条款,但对 CPTPP 所规定的数字产品待遇和源代码等议题予以保留,CPTPP 要求给予数字产品非歧视性待遇,允许网络自由接入并禁止强制共享源代码,RCEP 对于这些前沿问题并未做出明确要求。在跨境传输信息方面,CPTPP 电子商务章节在设置高标准规则的同时,措辞更为严厉,例外条款设置更为严苛。CPTPP 与 RCEP 均允许基于合法的公共政策目标,对跨境数据流动采取不符措施,但 CPTPP 缩紧了对于合法公共政策的限制条件。严苛的规则设置充分反映了协议名称的全面和进步性;在电子关税方面,CPTPP 延续 TPP 规定,要求永久免征电子传输关税,RCEP 则要求维持目前免除电子传输关税的现行做法,时刻与 WTO 发展保持一致;在争端解决方面,CPTPP 电子商务章节适用协定争端解决机制,而 RCEP 规定电子商务所产生的任何事项,不得诉诸该协议的争端解决,但可将该事项提交至 RCEP 联合委员会。

(二) RCEP 与 USMCA 数字贸易规则的比较

RCEP 与《美墨加三国协议》(USMCA)的差异主要源自于协议缔约方

---

① Peter A. Petri and Michael G. Plummer, "East Asia Decouples from the United States: Trade War, COVID-19, and East Asia's New Trade Blocs," PIIE Working Paper 20-0, 2020, pp. 6-9.

② 黄贵:《RCEP 数据本土化的禁止性规范及其例外条款》,《国际经济法学刊》2022 年第 3 期。

国情与所面临的国际形势不同,这直接导致了两者贸易核心诉求存在明显差异。USMCA 由美国主导制定,旨在修正原《北美自由贸易协议》(NAFRA),其数字贸易章节与 CPTPP 条款结构相似、规则重合度高,且该协议摒弃了规则设定的包容性,标准水平更高,范围更为全面,因此 USMCA 被美国政府标榜为"21 世纪最高标准的贸易协定"。USMCA 进一步强化和提升了美式数字贸易规则的标准和约束力。在内容覆盖方面,USMCA 的数字贸易规则更具深度和约束性。USMCA 在 CPTPP 广泛数字贸易规则的基础上,新增了交互式计算机服务、公开政府数据、互联网的接入和使用等新内容;在跨境传输信息方面,USMCA 建立了最严格的管理机制,除了同 CPTPP 一样限缩了"通过电子手段跨境传输信息"合法公共政策的例外,严格禁止数据本地化措施并删除了 RCEP 计算机设备所在地的例外条款。RCEP 则遵循跨境数据流动的渐进性原则,承认数据跨境流动的价值 USMCA 禁止数据本地化条款,实质也直观反映了以美国为首的发达国家与发展中国家在缔造数字贸易规则上存在的巨大分歧。在源代码和数字产品非歧视待遇的新问题上,USMCA 取消了 CPTPP 第 14.17 条第 2 款和 CPTPP 第 14.4 条第 4 款对产品源代码与自产品非歧视待遇的限制,要求开放更大范围的源代码,将数字产品的非歧视待遇扩大至广播等敏感部门,而 RCEP 暂无相关规定。在电子关税和争端解决方面,USMCA 同样要求永久免征电子传输关税,且没有规定适用于电子商务的争端解决机制。

（三）RCEP 与 DEPA 数字贸易规则的比较

2020 年,新加坡—智利—澳大利亚协定签署了独立的数字贸易协议,该协议作为全球首份专用于规制影响数字经贸措施的独立协议,构成了 WTO 成员方对全球数字贸易监管模式的最新发展[①]。与其他 CPTPP、

[①]　Matra Soprana, "The Digital Economy Partnership Agreement(DEPA): Assessing the Significance of the New Trade Agreement on the Block," Trade, Law and Development 13, no. 1(Summer 2021):143–169.

RCEP 将电子商务和数字贸易问题,作为更综合的贸易谈判中的一个分支不同,《数字经济伙伴关系协定》(DEPA)采用模块化结构组织,全文与数字贸易相关,共分为 16 个章节。协议更专注于数字贸易的谈判准则,与 RCEP 相比规则更严格、数字贸易的议题内容更广泛。虽然 DEPA 和其他正在实施的 PTAs 在内容和语言上都趋于一致,但是在许多其他情况下,差异性实际上反映在每个条款实际的范围、深度之上。在内容覆盖方面,除了与 RCEP 的重叠部分之下,DEPA 还在 CPTPP 的基础上创新性规定了数字身份及新型趋势和技术等内容,以探索人工智能、数据创新等领域的新问题。在跨境传输信息方面,DEPA 第 4.3.2 条规定跨境数据流动包括个人信息,而 RCEP 对此未予明确界定。在海关关税上,DEPA 要求不得征收关税,不存在 RCEP 暂时维持免税的现行做法。在计算设施的位置方面,RCEP 与 DEPA 均认同存储非强制本地化,DEPA 第 4.4.3 条要求在合理限度内实现合法公共政策目标,且剔除了 RCEP 保护基本安全利益的例外条款。在贸易便利化措施方面,DEPA 与 RCEP 均提倡无纸化贸易,但 DEPA 对于电子支付系统的规定更为细致,且囊括了电子发票的规定。在争端解决方面,DEPA 除了设立联合委员会和联络点,还在第 14 章节的附件中单独规定了调停和仲裁机制。

三、自贸港对标 CPTPP 数据规制风险与规制创新

(一) 自贸港对标 CPTPP 数据规制风险认知

与美国全面放开数据流的理念不同,中国对跨境数据自由流动采取审慎态度。RCEP 遵循跨境数据流动的渐进性原则,承认数据跨境流动的价值。虽然数据红利只有在完全互通和共享的前提下才得以全部释放,但并不意味着所有国家都能完全放开对数据流动约束[1]。跨境数据流入存在价

---

[1] 洪俊杰、陈明:《巨型自由贸易协定框架下数字贸易规则对中国的挑战及对策》,《国际贸易》2021 年第 5 期。

值观渗透、网络攻击等风险,跨境数据输出又存在国家秘密、公民个人信息泄露的可能。

1. 防控网络与数据安全风险

RCEP 第 12 章第 13 条提倡缔约方认识到有关计算机安全事件主管部门能力建设及合作机制的重要性。对于跨境电子商务,RCEP 虽然设置了不得阻止为进行商业行为而通过电子方式跨境传输信息的原则,但同时也设定了例外准则,主要包括"实现合法公共政策目标"和"维护基本安全利益"这两个基本准则。RCEP 的例外准则为各个成员国实施网络与数据安全风险防控措施预留了余地。如何合理限制数据本地化措施,成为目前跨境电子商务领域重点关注的问题之一。有学者指出,我国能否实行高标准数字贸易规则,关键看能否规避跨境数据自由流动规则和计算设施位置规则对我国治理能力、法律体系和管辖权行使的冲击和不利影响①。我国《数据安全法》第 5 条表明,数据安全工作作为国家安全的重要内容,已然上升至国家战略和重大政策方针。从我国国家主权和国家安全的角度出发,安全可靠的网络数据环境,仍是数据开发利用的基本前提。保障数据安全符合我国向 WTO 提交的改革提案强调的发展中国家的立场,是我国数据立法的总基调。

着力打造国家重大战略服务保障区,是中央赋予海南经济特区改革开放新使命。防范和化解系统性风险是《自贸港方案》的制度设计,也是《海南自贸港法》明文规定的综合措施之一。数据安全有序流动和防范化解系统性风险制度集成创新,是《海南自由贸易港制度集成创新行动方案(2020—2022 年)》明确提出的重点行动任务之一。《海南自贸港法》在总则中指出:海南自由贸易港建设,以贸易投资自由化便利化为重点,以各类生产要素跨境自由有序安全便捷流动和现代产业体系为支撑②。第 42 条

---

① 贺小勇:《率先建立与国际运行规则相衔接的上海自贸试验区制度体系》,《科学发展》2020 年第 3 期。

② 参见《海南自贸港法》第 4 条。

规定,国家支持海南自由贸易港探索实施区域性国际数据跨境流动制度安排。打造数据安全有序流动,是海南建设具有中国特色自由贸易港的重要任务。海南扩大数据开放以流动风险安全可控为前提,《自贸港方案》要求海南深入贯彻实施网络安全等级保护制度,重点保障关键信息基础设施和数据安全,健全网络安全保障体系,提升海南自由贸易港建设相关的网络安全保障能力和水平。建立健全数据出境安全管理制度体系和数据流动风险管控措施。RCEP对数据和信息的界定区分较为模糊,其第12章第14、15条并未对"商业行为"的定义、"传输信息"的内容与"基本安全利益"的范畴做出说明,数据跨境传输具体实施细节仍较为模糊,存在较大的解释变通空间。海南应当在我国《网络安全法》与《数据安全法》的指导之下,落实数据分级分类保护制度,通过多种立法手段将对标RCEP数据流动自由的抽象规则具体化,灵活保障自由贸易港数据流通安全。

海南要加大数字贸易规则的压力测试力度,建立健全电子商务网络安全与数据跨境传输防护机制。根据《"十四五"电子商务发展规划》的指引,在安全可控的前提下分层次、分领域探索跨境数据流动。主要来说,一是确认有关数据的相关准则和规则,如数据确权、数据交易、数据安全等;二是支持电子商务相关企业研究多属性的安全认证技术,充分发挥密码在保障网络信息安全方面的作用。指导电子商务企业树牢安全生产意识,完善安全风险治理体系,提升安全生产工作水平。三是优化完善跨境数据流动监管机制。完善重大金融风险预警功能,加强电子商务企业数据全生命周期管理,建立相应管理制度及安全防护措施。四是要实行数据分级分类管理制度。开展数据出境安全评估能力建设,保障电子商务领域重要数据、个人信息的有序安全流动。

2. 保护数据相关权益

实现贸易便利化是促进电子商务发展的根本目标,但不受约束的数字化进程,必将给相关主体的权益带来一定隐患。跨境电商业务同境外电商业务最大的区别在于,其涉及多个国家,其中相关贸易环节也更为复杂。当前跨境电商运用的问题集中在售后服务环节。如何保证产品的品控,如何精确传达商品的到货周期以及退换货服务,是当前继续解决的难点问题。有鉴于此,RCEP 协议统一了保护数据相关权益的共识,弱化了有关分歧,在电子商务章节对于线上消费者的权益和信息保护也做了规定,将消费者权益保护的共识作为双边跨境电商业务合作提供了法律保障。

　　保护电子商务相关权益更加细化的规则,是 RCEP 高水平数字贸易规则的一大亮点。RCEP 电子商务第三节力图通过数据相关权益保护以此营造有利于电子商务的外部环境。协议整合了电子商务环境下的相关权益,规定每一缔约方应当采取或维持线上消费者保护、线上个人信息保护、非应邀商业电子信息及监管的法律框架或措施。RCEP 第 12 章第 7 条第二款将电子商务消费者保护从"相当保护水准"细化为"免受欺诈和误导行为的损害或潜在威胁"。RCEP 第 12 章第 8 条增加了线上个人信息保护的"透明度"安排,且强调线上个人信息保护的合作机制。RCEP 第 12 章第 9 条"非应邀商业电子信息"条款,类似于欧盟《一般数据保护条例》(GDPR)用户的"被遗忘权"①。

　　《海南自贸港法》第 42 条规定海南自由贸易港依法保护个人、组织与数据有关的权益。RCEP 保护线上消费者及个人信息的规则与《海南自贸港法》第 42 条的规定相符。虽然《海南自贸港法》没有对数据有关权益做出具体的分类和规定,但保护数据相关权益,保障数据合法使用流通的内容,可见于在我国多部国内法中。保护线上消费者权益是我国《电子商务法》所明文规定的电子商务经营者的义务。我国保护自然人个人信息的具体内容可见于《民法典》第 1034 条至第 1039 条。《个人信息保护法》第 24 条关于自动化决策的规则,实质就是我国对于 RCEP 非应邀商务电子信息的法律规定。除了以上与国内法保护数据相关权益相通的内容,RCEP 深

---

　　① 《一般数据保护条例》特别指出,在其个人信息不再有合法之需时要求将其删除或不再适用的权利,如当时使用其数据信息是基于该公民的同意,而此时他/她撤回了同意或存储期限已到,则其可以要求删除或不再适用该数据信息。

化了电子商务场景下主体权益的保护措施,从个人和企业两个主体出发,要求每一缔约方应当发布其向电子商务用户提供相关权益保护的信息,包括个人如何寻求救济的事后措施以及企业如何遵守任何法律要求的事前措施。①

数据作为数字经济时代的基础性战略资源,为适应数字贸易发展的新趋势,探索跨境数据流动在保证国家网络安全的基础上逐步实现商业、旅游数据自由便利传输,同时放宽对于数据本地化认定的分类标准。② 为了使跨境电商消费者享受物美价廉的商品和更好的服务,海南应当完善电子商务相关消费者权益保护制度,包括退、换货机制,消费者赔偿机制以及消费者隐私保护政策等。对数据安全进行制度的集成创新,寻求对于个人信息安全出境的评估方案,进行个人入境信息的系统性对接。充分运用授权立法、地方立法、特区立法等多重立法手段,深化《海南自贸港法》数据权益保护相关规则,细化 RCEP 保护线上消费者的"相当性标准"及线上个人信息保护的"透明度"安排,将保护线上消费者及个人信息、规制非应邀商业电子信息的理念加以推广和落实。

(二) 自贸港对标 CPTPP 数据规制创新路径

1. 提升数据安全有序制度认知

《自贸港方案》提出自贸港"614 制度",指出数据安全有序流动,其顶层设计在于"有序扩大通信资源和业务开放。开放增值电信业务,逐步取消外资股比等限制。允许实体注册、服务设施在海南自由贸易港内的企业,面向自由贸易港全域及国际开展在线数据处理与交易处理等业务,并在安全可控的前提下逐步面向全国开展业务。安全有序开放基础电信业务。开展国际互联网数据交互试点,建设国际海底光缆及登陆点,设立国际通信出

---

① 彭德雷、张子琳:《RCEP 核心数字贸易规则及其影响》,《中国流通经济》2021 年第 35 期。
② 刘云亮、卢晋:《中国特色自贸港对接 CPTPP 经贸规则的可行性基础及法律对策研究》,《西北民族大学学报(哲学社会科学版)》2022 年第 6 期。

入口局",显现出海南自贸港数据安全有序的基本格局方向。《数据安全
法》确实对中国在数据法律规范方面起到了重要作用,但是政府在确保数
据安全和有序方面的监管能力,与大型科技公司在数据控制方面的能力相
比,似乎还存在一定差距,尤其是有关个人数据保护存在明显不足。国际数
据安全的关注点,重点聚焦个人敏感数据。个人敏感数据是各国根据本国
国民的习惯、各国的文化、生物数据等而产生的区别于其他国家的特有数
据。个人敏感数据最大的价值,在于可以准确预测出数据生产者的行为模
式与习惯。因此,各国对于个人敏感数据的管控都是十分严格的。个人敏
感数据泄露与保护风险防控,关键在于自贸港可否建立一个维护当事人的
基本权利与自由的数据安全秩序。比如有关政治观点的数据泄漏后,被别
有用心之人进行篡改、恶意解读以伺机进行"政治攻击"。基因数据和个人
医疗信息的泄露确实可能引发基因歧视,进而会带来严重的社会伦理和生
物伦理问题。欧盟作为当前数据安全保护最高水平,有着高水平的法律法
规[1]对个人敏感数据进行保护。针对合法收集、处理个人敏感数据的情形,
借鉴《一般数据保护条例》的保护机制:"允许个人享有随时撤回和被遗忘
救济的权利保护机制,数据服务提供方不得提起知情权抗辩"。对于数据
授权,个人敏感数据可以享受随时撤回的特权,在数据服务方经同意收集或
者从其他途径获得的个人敏感信息,应当提供数据主体对于个人敏感数据
随时撤销其同意的权利,但其不具有溯及力[2]。在被遗忘权条款中,规定数
据主体对个人敏感数据拥有立即撤销同意要求删除的权利,除非有其他法
律规定或者公共医疗领域的公共利益进行的数据处理[3]。我国对于个人敏
感数据的界定标准还未明确,对敏感数据的分级乃至脱敏制度都未有清晰
的规制,更不要说商业数据的安全,这使得自贸港对数据安全的进一步建设

---

①　被广泛适用的有《关于涉及个人数据处理的个人保护及其此类数据自由流通的第 95/
46/EC 号指令》和《一般数据保护条例》。

②　General Data Protection Regulation. Act13(2)(c),Act14(2)(d).

③　General Data Protection Regulation. Act17(1)(b),Act17(3)(c).

于法无据。对于数据安全的认识，如果还停留在个人敏感数据以及商业敏感数据保护层面，相较于自贸港的高水平数据安全来说就过于保守。

2.逐步放开流通国际商用数据

2021年6月29日，海南文昌至香港春坎角的海底光缆系统已调试成功，并且已经运用到实践当中。这条首次连接海南与香港的海底光缆，加强了海南自贸港与香港的通信联系，极大提升了数据信息流通效率。海底光缆在全球互联网架构中扮演着关键角色，类似于"中枢神经系统"。为了满足自贸港对数据安全和有序流动的需求，应利用信息技术和地理位置的优势，加强5G网络和数据中心等基础设施建设，推动信息项目发展。这将促进跨境数据流动和数据贸易，在海南形成产业聚集效应，助力海南成为亚太地区的全球信息交流中心。光缆传输是当前世界数据贸易的主流方式，其具有稳定快速的优点，但是也存在造价昂贵，交互点与交互点进行直联的缺点。海南享有一个得天独厚的优势——文昌航天城。文昌航天城是我国航天科技重点研究中心，基于航天科技，自贸港是否可以开通专用的数据交互卫星，专门为自贸港数据流通、交易提供支持。卫星作为数据交易的优势要远远大于光缆，首先卫星进行数据交互自由度要远高于光缆，只要交互点建立与卫星的通信连线即可进行数据交互，卫星数据接收装置也存在在海底进行施工的问题，相较于光缆更有利于保护环境。其次，卫星成本也要低于光缆。发射一颗通讯卫星即可满足自贸港数据跨境流动，无需铺设多条国际海缆。卫星信号收发设备的造价要低于海底光缆，自贸港数据流通使用专用的数据卫星，要比海底国际海缆更加有利。

3.提升自贸港数据开放度的安全便利化水平

大数据时代显现社会系统充分分享海量数据，实现社会个体数据、公权力掌控的社会治理数据，均可实现安全有序下的更加自由便利流通。数据开放与保护是相辅相成的，只有保护到位才能开放，开放后才能进行到位的保护。自贸港数据开放要有胸怀，不能因为开放而放弃安全问题。数据开放在创造巨大价值的同时，也会引发一定的风险，开放数据本身有可能泄露国家秘密、商业机密和个人隐私;开放数据被误用或滥用后会损害公共利益及第三方利益;开放数据由于质量问题会对数据使用者和社会造成损失①。如何平衡政府数据开放的效用与风险,已经成为一个亟待解决的重要课题②。实证研究表明,与泄露机密信息(如个人信息和商业秘密)相关的风险,已经成为政府部门拒绝开放共享其数据的主要理由③。自贸港数据开放,不应当因为数据开放有潜在风险而保守。开放是必然,是自贸港开放型经济的根本要求。对于风险要正确地看待,做好相关预案即可降低风险所带来的损害。《自贸港方案》提出"开展国际互联网数据交互试点,建设国际海底光缆及登陆点,设立国际通信出入口局"。事实上,除自贸港外,上海自贸区临港新片区正在进行国际互联网数据交换的试点项目。目前,中国大陆已建成 8 条连接国际区域的海底光缆,设有 4 个国际互联网登陆点以及 8 个国际通信业务出入口局。海南自贸港金融服务、跨境电商、软件与信息服务外包、跨境物流、国际文化交流、跨国总部办公等外向型产业主体跨境数据流动,亟需国际互联网数据交互点,优化自贸港完善的网络服务与更开放的国际网络环境。自贸港创造数据开放应当先行先试,真正做到数据流通自由便利。除限制流通的数据,其他数据可以自由流通。只有放开数据安全有序流动,才知道自贸港数据流动会产生哪些安全隐患问题,安全风险才能显露出来。因此,可以先选择试行与欧盟《一般数据保护条例》的"白名单"制度,在运行一段时间后,对于数据交易安全管理制度运行积累一定经验后,才确定实施数据交易开放"黑名单"制度,明确禁止交易敏感数据以及涉及国家安全等国际公认禁止交易的数据。

---

① 郑磊:《开放的数据:政府数据开放的中国故事》,上海人民出版社 2018 年版,第 21 页。

② 蒋冰晶、李少军:《包容与合作:大数据时代政府数据开放的行政法治理念》,《河北法学》2019 年第 12 期。

③ See Bernd W. Wirtz, Robert Piehler & Marc-Julian Thomas et al., Resistance of Public Personnel to Open Government: A cognitive theory view of implementation barriers towards open government data, 18 Public Management Review 1335, 1356(2016).

4.数据流通安全便利凸显自贸港超前标准

自 20 世纪末期以来,国际社会就规范数据流动出台了符合时代的规则①。为了规范数据跨境传输和数据跨国贸易,欧盟和澳大利亚等已经发布了相关的文件和指导方针。由美国提出或参与的《欧盟—美国隐私盾协议》《美墨加三国协议》等文件,规定了有关国家与国家之间数据流动的相关细则和操作指南,推动了数据自由流动。我国已重视数字安全治理问题,积极推进国家,先后制定《数据安全法》《网络数据安全管理条例》《数据安全管理办法》等法律法规,明确坚持促进数据开发利用与保障数据安全并重。

数字经济的快速发展使得政府逐渐加强对其重视,已经从单纯追求新技术的转变速率转换为注重新技术的发展质量和安全性。由于集中治理模式具备以治理结果为重心②,强调等级划分、权力集中和服从指挥等特点③,尤其是在数据安全和数据风险防范方面都可以满足政府的所需。因此,将数据集中化治理已经成为国内治理体系建设的主流声音。集中治理模式在数据治理方面能够发挥极大的优势,尤其是在处理数据安全问题时,多部门联合审查能够提升审查效率,扩大有效审查范围,并加速与高技术领域相关的法律法规制定。然而这种集中治理模式可能会降低组织对安全态势变化的适应性和灵活性,使组织难以迅速有效应对安全环节变化带来的问题。此外,治理过程还面临成本过高、工具和方法有限等挑战。还有另一种治理理念,即敏捷治理。敏捷治理这一概念最初出现在世界经济论坛上,用以再

---

① 主要有:《关于隐私保护和个人跨境数据转移的指南》《保护个人享有的与个人数据处理有关的权利以及个人数据自由流动的指令》《通用数据保护条例》等。

② 马伊里:《集中控制与非集中控制:政府再造的一种制度安排》,《探索与争鸣》2005 年第 5 期。

③ 孔繁斌:《行政管理理性化的追求与困境——马克斯·韦伯官僚制理论分析》,《南京大学学报》1998 年第 1 期。

思考第四次工业革命中的政策制定问题。① 学者们在公共管理领域引入"敏捷治理"时,认为"政府正在悄悄进行转型,并将敏捷方法从软件开发应用到其他类型政府问题中"②。从数据安全、数据主权、数字经济发展的角度出发,基于国家与国际情况的综合考虑,敏捷治理模式的构建与落地成为学术界与各个政府的首要选择。自贸港应当作为敏捷治理模式的先行落地试点,利用数据建设的国家政策以及相关国际数据线路、商用服务这些软硬基础设施作为支撑,探索具有中国特色的敏捷治理模式。

第三节　自贸港对标 CPTPP 构建数据新规制

一、自贸港数据安全有序流动规则顶层设计

RCEP 协议全面生效,对于海南而言,这是一个机遇与挑战并存的时代。一方面,RCEP 为海南自贸港对标高水平经贸规则提供了具体内容;另一方面,RCEP 在我国全面推开将会削减海南自贸港制度优势所带来的区域红利。自贸港的"特殊性"要求海南在协议落地生效后,进一步提高制度型开放水平,充分发挥自贸港建设的制度优势和 RCEP 高水平开放的叠加效应。为了完善海南自贸港高效便利、安全有序、开放共享的数据跨境流动规则制度,应当考虑以下三方面内容。

(一) 扩大数字要素的市场化开放

跨境数据自由流动是数字贸易的基础规则。若数据跨境自由流动受阻,则会引发流动效率骤降、流动成本激增等一系列后果,数字贸易的自由

---

① World Economic Forum. Agile governance reimagining policy-making in the Fourth Industrial Revolution[EB/OL]. [2021-11-13]. https://www3.weforum.org/docs/WEF_ Agile_Governance_Reimagining_Policy-making_4IR_ report.pdf.

② Mergel I, Whitford A, Ganapati S. Agile: A new way of governing[J]. Public Administration Review, 2020, 81(01): 161-165.

便利化目标便无从谈起。为了避免因数据断裂、数据孤岛等问题所引发的跨境贸易负面作用，RCEP 支持缔约国间高度自由的电子化数据跨境流通。① 签订 RCEP 协议彰显了我国畅通数据流动渠道，消除数据贸易壁垒的决心。

建立健全安全有序、自由便利的数据流动管理制度，是海南自贸港实现全方位高水平开放格局的重要成分②。《中共中央、国务院关于构建更加完善的要素市场化配置体制机制的意见》将数据视为五大生产要素之一，指出要积极培育数字经济新产业、新业态和新模式，支持构建农业、工业、交通、教育、安防、城市管理、公共资源交易等领域规范化数据开发利用的场景。开放多重数据领域，实现数字化场景应用也是智慧海南建设的战略定位和发展方向③。《智慧海南方案》要求海南全力打造以国际开放互联、数据高效共享、服务便捷普惠、实体经济与数字经济有机融合为特征的新型智慧岛，深入开放数据领域有助于形成海南数据流动自由流动的独特优势。海南作为我国全面深化改革开放试验区，存在对标 RCEP 数据跨境流动高标准规则的政策优势和试验基础，宜通过有序放宽对跨境数据流动管控的方式，进一步加大数字贸易规则的压力测试。

（二）保障数据与网络安全

为了保障主权国家特别是发展中国家和欠发达国家维护数据安全的管

---

① RCEP 第 12 章第 14 条第二款：缔约方不得将要求涵盖的人使用该缔约方领土内的计算设施或者将设施路于该缔约方领土之内，作为在该缔约方领土内进行商业行为的条件；第 15 条第二款：一缔约方不得阻止涵盖的人为进行商业行为而通过电子方式跨境传输信息。

② 《海南自贸港法》第 42 条：海南自由贸易港依法建立安全有序自由便利的数据流动管理制度，依法保护个人、组织与数据有关的权益，有序扩大通信资源和业务开放，扩大数据领域开放，促进以数据为关键要素的数字经济发展。

③ 《智慧海南总体方案（2020—2025 年）》（一）战略定位：围绕海南在国家战略总体布局中的"三区一中心"发展定位，发挥海南改革开放试验田先行先试的政策优势……以国际信息通信开放试验区、精细智能社会治理样板区、国际旅游消费智能体验岛、开放型数字经济创新高地为四大战略定位和发展方向，引领支撑海南自由贸易试验区和自由贸易港实现高标准建设、高质量发展。

控需要,与 CPTPP 禁止数据本地化的规定相比,RCEP 对于计算设备的位置与通过电子方式跨境传输信息,创设了较为宽松的履约空间。RCEP 充分考虑各国监管政策的差异,要求不得将数据存储本地化作为进行跨区域市场商业行为的前置条件,但该国可基于公共政策目标和基本安全利益强制数据存储本地化①。安全、公平、高效的数据流动方式,仍是发展中国家的共同现实需求,RCEP 例外条款的规定充分凸显了协议对国家数据与网络主权的尊重。

虽然数据红利只有在完全互通和共享的前提下才得以全部释放,但并不意味着所有国家都能完全放开对数据流动约束②。数据安全覆盖个人、社会及国家不同层面,跨境数据流入存在价值观渗透、网络攻击等风险,跨境数据输出又存在国家秘密、公民个人信息泄露的可能。我国《数据安全法》第 5 条、第 6 条表明,数据安全工作作为国家安全的重要内容,已然上升至国家战略和重大政策方针。着力打造国家重大战略服务保障区,是中央赋予海南经济特区改革开放新使命,从我国国家主权和国家安全的角度出发,安全可靠的网络数据环境仍是数据开发利用的基本前提。保障数据安全是我国数据立法的总基调,根据《海南自由贸易港总体方案》的规定,海南扩大数据开放以流动风险安全可控为前提。RCEP 协议第 12 章第 14、15 条并未对"商业行为"的定义、"传输信息"的内容与"基本安全利益"的范畴做出说明,存在较大的解释变通空间。海南可通过多种立法手段,对标 RCEP 数据流动自由的框架,将 RCEP 的抽象规则具体化,在安全可控的前提下分层次、分领域探索跨境数据流动,灵活保障自由贸易港数据

---

① 参见 RCEP 第 12 章第 14 条规定。二、缔约方不得将要求涵盖的人使用该缔约方领土内的计算设施或者将设施置于该缔约方领土之内,作为在该缔约方领土内进行商业行为的条件。三、本条的任何规定不得阻止一缔约方采取或维持:(一)任何与第二款不符但该缔约方认为是实现其合法的公共政策目标所必要的措施,只要该措施不以构成任意或不合理的歧视或变相的贸易限制的方式适用;或者(二)该缔约方认为对保护其基本安全利益所必要的任何措施。其他缔约方不得对此类措施提出异议。

② 洪俊杰、陈明:《巨型自由贸易协定框架下数字贸易规则对中国的挑战及对策》,《国际贸易》2021 年第 5 期。

流通安全。

(三) 积极寻求国际合作

由于跨境数据流动存在国际跨区域性的特征,单边措施无法释放所有的潜在利益。数据治理的目标显然不能单凭本国法予以实现,更要注重与他国的协调合作[1]。RCEP 在主动开放的同时,同样重申了开展交流与合作的重要性。协议的合作机制不仅在于分享经验、增强对话,还包括共同帮助中小企业克服适用电子商务的障碍、技术援助、多边论坛机制等具体安排[2]。RCEP 第 12 章第 4 条要求缔约方就电子商务的多个方面开展合作,第 16 条更是通过确立对话机制为第 4 条开展合作提供了有效形式。《海南自贸港法》第 9 条[3]明确海南应主动对接国际经贸规则,积极开展跨区域合作。海南作为我国深化改革开放的"桥头堡",也是"海上丝绸之路"的重要节点,具备同沿线国家和地区开展国际交流合作的独特优势。海南宜通过加强与 RCEP 缔约方关于数据流通领域的深层次交流协作的方式,提升我国在东亚数字贸易领域的话语权,为自贸港建设和我国参与国际数字治理创造机会和条件。

二、自贸港对标国际经贸规则构建数据流动法规体系

(一) 持续强化自贸港数据安全制度

"硬法""软法"相结合实现现代数字治理格局。数据只有流通才能产生价值,数据流通需要强化数字资源安全保护。我国与数据安全有关的法律法规为《个人信息保护法》《数据安全法》《网络安全法》和《关键信息基

---

① 李墨丝:《CPTPP+数字贸易规则、影响及对策》,《国际经贸探索》2020 年第 12 期。
② 黄家星、石巍:《〈区域全面经济伙伴关系协定〉电子商务规则发展与影响》,《兰州学刊》2021 年第 5 期。
③ 《海南自贸港法》第 9 条:国家支持海南自由贸易港主动适应国际经济贸易规则发展和全球经济治理体系改革新趋势,积极开展国际交流合作。

础设施安全保护条例》,是数据安全流通的"硬法"。硬法对于数据安全的复杂性是无法面面俱到的,需采取"硬法"与"软法"相结合,则更适合自贸港当前数据安全发展的需求。当下在数据定位不清、数据治理过于原则、数据运营缺乏统一性、法律保障措施不足的情形下,"软法"方式可以灵活、弹性地探索数据权益的层次划分、个人信息的精细化保护、"红旗规则"与"避风港原则"适用、重要数据的目录管理机制、数据中心的知识图谱索引、数据资产评估、数据生产要素统计核算、区域数据质量管理、数字认证等问题①。数据安全立法作为硬法,由国家强制力保障实施,有相应执法程序保障,使"硬法"与"软法"共同构成数字治理现代化体系。

法律与技术融合一体化,数据类型具有多样性、广泛性的特点,无法"一刀切"规制。所以,对数据进行分级分类的做法是当前数据管理的重要工作,这也是对数据收集、存储、加工、使用、提供、交易、公开等行为进行精细化、差异化管理的前提。数据分级分类标准的制定,需要立足于行业技术标准,同时也不应脱离法治体系,在法治思维的指导下进行标准的制定工作。对数据分级分类应当综合考虑相关法律或规范性文件,保证数据分级分类制度的制定,在法治体系内有法可依,并大幅度提升制度的稳定性与灵活性、闭合性与开放性之间的动态平衡。这其中包括法律法规《网安法》《数安法》、国家标准《信息系统安全等级保护定级指南》、各地方政府数据分类分级指南等。要充分考虑不同领域内数据所存在的共性问题,例如敏感度、数据规模、隐私保护等,使得设计的数据分级分类标准体系框架更具通用性与稳定性;还应充分认识到在不同应用环境当中,数据使用存在的个性问题,标准体系框架在制定时不能忽视体系框架的开放性问题。在此基础上,探究自贸港数据分级分类及其安全标准规则制度,推动构建自贸港有关国家安全数据安全有序流动的法治规则。对于可能危及国家安全的数据,如医疗、金融、石油、电力等敏感行业的专业数据,建立相应的风险评估

---

① 杨力:《论数据安全的等保合规范式转型》,《法学》2022 年第 6 期。

机制,并相应设置类型数据黑名单限定,限制部分数据的流通。对于不涉及国家秘密,对国家安全不构成威胁,但属于敏感行业的数据,建立自贸港数据白名单制度,白名单当中的数据在进行备案后即可自由流动。对于其他非敏感行业数据,不存在威胁国家安全的数据即可完全放开自由流通,不予进行任何限制。自贸港结合实际情况,制定相关数据分类依据和安全标准细则,充分考虑自贸港现代产业发展的数据行业惯例,推出自贸港数据安全监管标准,实现自贸港数据安全法治化。

(二) 推进自贸港数据流通安全制度透明化机制

需要强调的是,数据安全的立法前提在于把控数据安全规则,目标在于维护国家安全。要充分凸显自贸港数据安全重点内容、各领域各层次数据安全规则的透明度。这就要求体现出数据立法的安全性、安全规则透明度及其安全规制综合性,着重解决自贸港数据安全流动的制度设置问题,尤其是涉及国家安全、公共安全问题。鉴于绝对安全是不可能的,应该接受一定残留风险[1]的存在,平衡安全与发展的关系。关于自贸港数据跨境安全便捷流动的要求,经济合作与发展组织(OECD)概括为四种基本类型:不设管制、事后问责、以安全保护为条件的流动、以专门授权为条件的流动[2]。自贸港数据跨境流动,关键建立"数据出口管制制度"是不符合自贸港建设初衷,也是对自由开放限制,与自贸港自由开放的高水准相违背。数据跨境依靠互联网进行传输,不存在所谓数据"海关"来进行许可。因此,自贸港数据跨境数据安全评估制度将符合要求。基于重要数据将会涉及国家安全、公共安全、个人隐私,对于重要数据认定,由行业主管部门进行,并制定相应标准。

---

[1] 我国国家标准《GB/T25069—2010 信息安全技术术语》的 2.3.26 将"残留风险"界定为"在实现防护措施之后仍然存在的风险"。

[2] OECD,Trade and Cross-Border Data Flows,January 2019, pp. 16-21, https://doi.org/10.1787/b2023a47-en.

我国通信卫星数据加密技术,作为当前世界最先进的技术,量子通信加密技术已经是世界独一无二的加密技术,完全可以保障自贸港数据流动的安全问题。在制度层面,外层空间的相关制度研究还存在大量的空白。自贸港适用专用数据交互通信卫星,就要遵守目前国际所公认规则。根据《外空条约》第 2 条和《关于各国探索和利用包括月球和其他天体在内外层空间活动的原则条约》①(以下简称《月球协定》)第 11 条,外空及其自然资源是全人类的共同财产,任何国家不得通过使用或占领将外层空间包括天体据为己有。《月球协定》第 11 条进一步规定,开发天体自然资源一旦可行,缔约国应当协商确立国际制度,其基本宗旨是在发达国家和发展中国家之间公平分享惠益。虽然这些条约、协定并未被世界范围内所有国家批准,但却是目前世界上公认度最高的。在外层空间相关制度研究方面,美国走在了世界前列,自贸港可以向其学习。在此方面的探索,可以先适用我国对于外层空间管理的相关规定,以及国际公约的规定。卫星作为数据传输的中转站,是否需要明确管辖权属于我国的问题、数据传输是否需要涉及保险业务等实践性问题还需再进行探索。

(三) 自贸港数据开放制度进一步完善

自贸港数据一定要实现跨境流动,同时又要有着良好的数据保护制度。当前数据安全有序流动的最理想方式,是对于数据保护的自主权各个国家均公开放弃,以国际共识或国际协定对数据在各国和地区间的流动安全进行约束。在此就可以在自贸港数据开放制度借鉴"第三方原则"。美国法院在处理有关于第三方平台取证的案例时,通常使用"合理隐私期待"作为判断标准,并形成了"第三方原则"。根据这一原则,如果犯罪嫌疑人或被

---

① 中国 1983 年 12 月 30 日加入《关于各国探索和利用包括月球和其他天体在内外层空间活动的原则条约》,1988 年 12 月 14 日加入《关于营救宇航员、送回宇航员和归还发射到外空的实体的协定》,1988 年 12 月 12 日加入《空间物体所造成损害的国际责任公约》,1988 年 12 月 12 日加入《关于登记射入外层空间物体的公约》。

告将信息传递给第三方平台,他们在主观上被认为已不再有合理的隐私期待。因此,执法机构在向第三方取证时,犯罪嫌疑人或被告不能依据美国宪法第四修正案主张隐私权。简而言之,如果信息是自愿披露给第三方的,原则上就不再享有合理的隐私期待。相比之下,我国的个人信息保护制度在吸收国际经验的同时,结合国内实际情况,建立了一套既符合时代需求又解决中国实际问题的制度规则。

我国《民法典》第四编第六章规定了个人信息的范围,我国"个人信息保护不以隐私信息为限,对于不具有隐私性的个人信息,信息主体仍然可能享有值得保护的重大利益。"①因此,这些数据的收集和共享可以被视为一种新型的信息权,体现为人格尊严与思想自由权的延伸,即公民拥有控制自己数据信息的权利。我国《民法典》第 1033 条规定,除法律另有规定或者权利人明确同意外,任何组织或个人不得处理他人的私密信息。自贸港数据开放后,对于安全问题可以采用当前数据安全治理最为大家所推崇的"零信任网络访问"(ZTNA)。零信任是一种相对较新的网络安全方法,迁移到 SASE 平台可以使公司获得零信任功能。使用零信任网络访问,企业可以详细地查看和控制访问公司应用程序和服务的用户和系统。零信任的核心要素是安全性基于身份的访问决策,这使其更适合移动工作人员,但需要更多级别的身份验证,例如多因素身份验证和行为分析。零信任网络访问模型可以确保用户只能访问授权的应用程序,而不能获得一般的网络访问权限。这种安全模式既可以在保证数据开放自由流动的同时,又提高了数据安全级别,适合自贸港未来数据开放自由流通的需求。自贸港关于数据自由流通的政策规制可以围绕 ZTNA 技术来制定,同时要吸纳相关技术人员参与政策规制的制定,充分利用法律与技术一体化,彰显中国方案。基于我国现有大数据相关技术,完全有实力参与到国际数据流通规则的制定。

---

① 李承亮.:《个人信息保护的界限:以在线评价平台为例》,《武汉大学学报(哲学社会科学版)》2016 年第 4 期。

欧盟虽是数字经济的幼儿,却是数据监管的巨匠[1],欧盟作为对当前数据流通规则影响最大的国际组织,有关大数据的相关技术并不如我国,尤其是自贸港应当充分发挥优势,利用陵水商用海底数据中心的运行经验,制定自贸港独有的数据流通规则,进而达到示范法的标准,向世界推行中国治理之路。

(四) 自贸港数据安全引领国际数据安全治理

当前世界范围内在数据跨境流动方面,各国从其立法与执法实践作为出发点,呈现出一种十分明显的对抗态势:一方面是从国内立法层面出发,就其国家主权对其管辖地域进行超越地域界限的扩展,为方便本国调取域外数据维护其国家安全提供管辖权依据,彰显国家数据主权的"长臂管辖";另一方面是从推动数据本地化措施的实施层面出发,限制他国对本国数据的调取与监控,以保护该国公民或相关实体组织的个人或财务数据安全为目的,防止其他国家以各种理由或方式的监视和调取数据信息,并赋予其国内相关监管机构对于相关数据的管辖权,充分体现国家数据主权的属地管辖。从总体国家安全观到数据安全,从技术民族主义到网络强国,强调提升自我技术能力以抵御外来危险的安全防御思想,是中国数据防御主义的认知建构基础[2]。当今的跨境数据流动不仅指涉公民个人数据权利和企业数据权的保护,也会超越这些社会性问题而指向国家主权这一国家运行的基础,迫切需要中国坚持数据安全流动为先的基本立场,弱化和消除其对主权产生的负面影响。由于现行国际法规范体系,缺乏受到国际广泛承认的可执行的数据权利标准,关于数据主权的域外要求,或解决主权冲突的诉求,也陷入了多利益攸关方主义与多边主义的争论之中。通过国际贸易条

---

[1] 金晶:《欧盟的规则,全球的标准? 数据跨境流动监管的"逐顶竞争"》,《中外法学》2023年第 1 期。

[2] 刘金河、崔保国:《数据本地化和数据防御主义的合理性与趋势》,《国际展望》2020 年第6 期。

约调整数据跨境流动法律关系是国际上较为通行的做法。中国已经具备相当丰硕的技术成果,理应主动、迅速地融入到国际沟通之中,以主动权赢得规则制定权,推动制定数据跨境流动的国际条约或国际治理框架,建立健全电子证据跨境取证等国际协调机制,充分表达中国在网络空间的权益诉求。如今讨论的数据跨境流动不仅指有关公民个人数据权利与企业数据安全的保护问题,也会超出这些社会性基础问题的范畴,进而涉及到国家主权这一有关国家正常运转的关键性问题,这就迫切地需要数据安全坚持以流动为先的基本立场,从而弱化并趋向于消除数据跨境流动对国家主权所造成的负面影响。由于现行国际法规范体系的限制,可以得到国际广泛认定并具有可行性的数据权利统一标准的制定是十分困难的。在域外范围,有关数据主权的需求,或者说是在解决国与国之间的主权冲突的相关诉讼,均陷入了多利益攸关方主义与多边主义的博弈之中①。当前,国际上调整数据跨境流动法律关系的通常做事,是通过国际条约或者贸易协定的方式。近些年,经过不断发展,我国在数据技术方面已经取得了丰硕的成果,并具有相当的技术优势,对于国际数据沟通理应主动并迅速地融入其中,以中国特色自贸港数据安全流动规制的主动权,进而赢得国际上数据治理规则制定的主导权,推动国际通行数据跨境流通国际公约制定和实施或建立相关治理体系,健全电子证据跨境取证国际协调机制,加强互信和合作,以保护自身和全球数据网络空间的安全和稳定,充分表达中国特色自贸港数据网络空间的权益及相关诉求。

三、自贸港对标国际经贸规则促成数据流动新规制

RCEP 电子商务章节是在亚太区域内首次达成的范围全面、水平较高

---

① 何傲翾:《数据全球化与数据主权的对抗态势和中国应对——基于数据安全视角的分析》,《北京航空航天大学学报(社会科学版)》2021 年第 3 期。

的诸边电子商务规则成果①。通过对比发现,为了包容协议欠发达缔约方,RCEP 设定的数字贸易规则还较为宽松。RCEP 对电子商务的主要内容作出了规定,但却未能涉及 CPTPP 及 USMCA 所关注的当前数字产品非歧视待遇和源代码问题,仅在其他条款对此预留了一定的电子商务对话②空间。为了把握全球产业链重构过程的世界经贸规则制定权,中国应当主动对标更高水平的数据流通规则。海南省人民政府办公厅关于印发《海南自由贸易港进一步优化营商环境行动方案(2022—2025 年)》的通知(琼府办函〔2022〕183 号)指出,海南要对接国际高标准经贸规则,探索先行先试 CPTPP、DEPA 等高水平国际经贸规则。自贸港的制度特殊性要求,海南不能止步于 RCEP 的实施,还要探索试验 CPTPP 等 FTAs 的压力测试,形成海南独具特色的跨境电子商务贸易体系。相较于我国内地其他地区,海南已然具备对标 RCEP 亮点规则的区位、制度、法律等多重优势,《海南自贸港法》也为海南数据安全有序流动奠定了法治基础。海南应当在全面推进 RCEP 数字规则落地的同时,着眼于 RCEP 未涉及的内容,打造中国特色数据跨境流动管理模式,为国家逐步完善数据跨境流动管理的规制体系提供可循经验。

---

① 《商务部国际司负责同志解读〈区域全面经济伙伴关系协定〉(RCEP)之三》,中华人民共和国商务部,http://sydney.mofcom.gov.cn/article/jmxw/202011/20201103017728.shtml。

② RCEP 引入利益相关方对话机制的目的是为了给数字领域尚未达成共识的争议内容与其他协议未规定的事项预留空间。

第六章　中国特色自贸港对标国际
经贸规则风险防控

第一节　自贸港竞争政策对标国际
经贸规则风险防控

自由贸易港建设重在创新体制,增创新优势。营造自由贸易港优质营商环境,急需强化推行实施竞争政策。在政府治理和法治政府,如何规制政府权力清单、责任清单和企业贸易投资的负面清单,成为实施强化竞争政策的重要实施路径。在海南自由贸易港建设中培育市场的规训权力,就必然要求在坚持"中国特色"的原则上实施负面清单管理,强化竞争政策基础地位,最大程度上扩大市场权力的空间边界。① 市场治理和法治市场,则是推进实施强化竞争政策的重要领域和具体路径平台。社会治理和法治社会,又是孕育和培育竞争政策实施环境氛围的关键所在,其将直接影响和涉及社会各界各阶层对竞争意识、竞争文化等市场竞争环境理解认识等等。

政府、市场与社会治理,更加需要法治化推动其治理成果的制度化、规范化、秩序化和市场化。市场化机制,在于构建明确社会资源配置的市场决定性作用和强化实施竞争政策的重要性。海南自贸港建设过程中,之所以出现市场动力不足和部分制度创新缺乏市场主体认可等问题,主要的原因

---

① 张晖、郭庆宾:《海南自由贸易港建设的空间生产逻辑》,《地理科学进展》2022 年第 5 期。

就在于有为政府和有效市场未能充分有效结合起来。① 上述有关政府、市场和社会治理及其法治化,其核心就是强化竞争政策,确认和维护资源配置的市场决定性作用。因此,强化实施竞争政策,成为政府、市场和社会治理及其法治化保障的核心内容,防范和化解强化实施竞争政策的各种风险,也由此成为自由贸易港建设的防范化解的重点风险对象。自由贸易港强化实施竞争政策,更需关注和防范由此引发的有关风险。

一、自贸港竞争政策实施机构风险评估防控

自由贸易港实施强化竞争政策,最为核心的问题构建社会资源配置的市场决定性作用。强化竞争政策的实施路径尽管有许多,但最终影响和决定性的因素就是构建强有力的竞争政策审查机制。构建和实施竞争政策,将会引发一系列的法律效应,也将产生相应的法律风险问题。诸如设立海南自由贸易港公平竞争审查委员会,该机构主要负责审查和实施竞争政策、反垄断法和反不正当竞争法执法、外商投资的国家安全审查等工作。监管部门作为公平竞争的"守夜人",更需要坚持竞争政策的基础性,既规范企业行为,又规范政府行为,营造公平、透明、可预期的营商环境;需要坚持竞争政策与其他政策并行,既防止非此即彼,又防止混为一谈,以竞争政策协调统领其他政策;更需要坚持以公正监管促进公平竞争,既做到无事不扰,又做到无处不在,立规矩、明底线、严法度、儆效尤。②

作为兼具行政机关属性和竞争政策领域的专业性机构,竞争主管机构是保证公平竞争审查制度兼具"审查"与"评估"两项职能的核心。③ 设立自由贸易港公平竞争审查委员会,其最大挑战就是强化竞争政策实施,提升

① 李宜钊、魏诗强:《海南自由贸易港高质量发展研究》,《公共管理学报》2022 年第 4 期。
② 万鹏龙:《巩固竞争政策的基础性地位　深化金砖框架下的地方实践》,《中国市场监管报》2021 年 11 月 17 日。
③ 叶光亮等:《政策评估视角下的公平竞争多元审查机制》,《社会科学战线》2023 年第 4 期。

和确认公平竞争审查委员会主体定位及其权限,尤其是在有关"滥用行政权力排除、限制竞争"方面的"强力""强行"等效力问题。这种挑战性任务,来自于该机构能够赋予其在强化实施竞争政策方面,享有怎样"至高无上"的权威与权限。为此,设置自由贸易港公平竞争审查委员会,其具有独特属性,既不同于一般的行政机构定位,又不归属于行政机构体系系列,依《反垄断法》第9条规定,国家反垄断委员会的职能未列明有关"竞争政策"审查事项。尽管2016年6月国务院印发《关于在市场体系建设中建立公平竞争审查制度的意见》已经在第五部分,就"健全公平竞争审查保障措施"内容,明确指出"国务院反垄断委员会要发挥职能作用,组织、协调、指导反垄断工作,研究拟订有关竞争政策,组织调查、评估市场总体竞争状况,为推进和逐步完善公平竞争审查制度奠定坚实基础"。表明"谁制定、谁清理"作为公平竞争审查制度的基本原则,但反垄断委员会的定性及其定位仍是不变的。问题是自行清理主体若仍坚持自身正确无误,反垄断委员会又"组织、协调、指导"而认定该主体有误,协调不下或坚持不该不清理,反垄断委员会可否有权作出具体的认定或裁定意见书,认定该机构出台的政策等规范性文件,有损公平竞争政策,裁定其无效。倘若赋予反垄断委员会享有此项权力,将导致产生相应的行政体制的制衡风险,容易使反垄断委员会成为该行政机构的"上一级政府",具有强大"监督权",这就是强化竞争政策的实施机构设置定位的风险问题。

无论根据传统国际贸易理论,还是根据新国际贸易理论、制度经济学理论,自由贸易港本质上是一种新的制度供给,涉及经济、社会、行政、法律治理方式的根本变革。[①] 自由贸易港创新体制新优势,强化竞争政策势在必行,公平竞争审查委员会倘若是自由贸易港强化竞争政策的"组织、协调、指导"机构,倘若该机构仍是定位于《反垄断法》第9条,那么该机构是否能

---

① 夏锋:《中国特色自由贸易港治理体系框架建构和制度创新》,《经济体制改革》2020 年第 4 期。

够适应自由贸易港建设所需？能否满足自由贸易港营造优质营商环境所需？强化竞争政策的实施机构，不仅仅涉及强化竞争政策的"组织、协调、指导"机构问题，而且还涉及竞争政策的具体公平竞争审查机构和具体竞争执法机构问题，如何界定自由贸易港强化竞争政策的实施机构的协调职能、审查裁定机构、竞争执法机构的性质与类型、权限，将直接影响到自由贸易港强化竞争政策的实施主体体系设置问题，也对自由贸易港理顺政府与市场关系和行政执法体制问题形成很大影响。界定和划分这三大机构的设置定性和权限，将对自由贸易港行政机构及其行政执法形成新的挑战和产生新的风险。强化竞争政策，实施公平竞争审查，划分协调机构与审查机构之间主管分工范围和管辖权限，成为重构反垄断执法新体制的基本前提，也是防范和化解协调机构、审查裁定机构、竞争执法机构之间矛盾的重点问题。这三大机构设置最大的风险，在于防范将公平竞争审查机构设置或演变成为其他行政机构的"上一级"行政机构，避免公平竞争审查机构"变味"成"竞争政策"的法务机构，成为行政之外之行政审查。

二、自贸港竞争政策实施内容风险评估防控

自由贸易港实施强化竞争政策所引发的风险，并不仅局限于强化竞争政策的实施主体设置所产生的风险，强化竞争政策的实施内容也会引发一定的风险，引发政府职能、监管具体情形及其市场"竞争失真"等等。追求公平且有效竞争的竞争政策，成为我国驱动内生力量、激发市场活力以及防范法律风险的重要工具。[①] 一个国家实施强化竞争政策，重在推行市场自由竞争机制，打造真正市场化运作的市场法治和法治市场体系。我国改革开放政策实施四十多年了，习近平总书记总结我国改革开放 40 年积累的"九大"宝贵经验，指出我们现在所处的是一个船到中流浪更急、人到半山

[①] 赵丰：《欧盟数据驱动型企业扼杀式并购的监管发展及启示》，《电子政务》2022 年第 6 期。

路更陡的时候,是一个愈进愈难、愈进愈险而又不进则退、非进不可的时候。改革开放已走过千山万水,但仍需跋山涉水,摆在全党全国各族人民面前的使命更光荣、任务更艰巨、挑战更严峻、工作更伟大。这不仅仅指明了我们更要继续前行,不惧险阻,迎难而上,而且释明了我们前行使命更光荣,任务更艰巨,挑战更严峻。

防控和化解我们前进道路之风险,成为我们当下所面临的要务。如果说改革开放四十年来,我国许多改革开放的措施都是"摸着石头过河",还有"石头垫底"可依,如今新时代新征程,我们新的改革已进入"深水区",已无"石头垫底"的保底依靠,将在市场经济的大海大潮中自由自主邀游。全球经济正在经历巨大的变化,保护主义、单边主义抬头,经济全球化和多边主义和自由贸易体制等受到很大冲击,世界经济一体化下的竞争政策也存在较大差异。我国实施强化竞争政策,一方面是顺应世界经济一体化发展和经济全球化进程所需,推进我国社会资源的市场决定性作用,充分发挥竞争政策的调节市场功效,不断完善我国社会主义市场经济。另一方面在强化竞争政策实施过程中,仍需要确保我国社会主义市场经济的发展特色,推进社会主义市场经济机制实施。因此,我国进一步改革开放的立场更明确、态度更坚决、力度更加强力。正如习近平总书记在进口博览会上,明确我国将更加进一步"营造国际一流营商环境",将"全面深入实施准入前国民待遇加负面清单管理制度","将尊重国际营商惯例,对在中国境内注册的各类企业一视同仁、平等对待",中国"营商环境只有更好,没有最好"①表明我国不仅坚定不移实行扩大和深化改革开放政策,而且将不断努力改造优化环境,将营商环境国际化、便利化、法治化和优质化,营商环境"没有最好,只有更好"。

强化竞争政策的实施内容,最敏感便是界定政府干预市场的边界和权

---

① 习近平:《共建创新包容的开放型世界经济——在首届中国国际进口博览会开幕式上的主旨演讲》,《人民日报》2018 年 11 月 6 日第 1 版。

限,这也是实施竞争政策的风险所系。自由贸易港是全球最开放的经济平台,建设自由贸易港就需要创新最开放的经济平台机制,运行最充分最透明最自由的公平竞争机制。自由贸易港的核心要素在于"自由","自由"的现实表现是自贸港贸易、投资、跨境资金流动、人员进出、运输来往的高度自由便利,这需要通过自贸港法规以法律形式保证市场发挥主要作用,摒弃父爱主义,理顺政府与市场的关系,减少政府对自由竞争的限制。① 因此,自由贸易港防控和化解强化实施竞争政策的风险,核心问题在于如何划定和明确政府干预市场的权限、情形、程序及其信息披露等等规则。这正是自由贸易港强化竞争政策的实施重点内容,评估和监控强化竞争政策的实施内容,具体情形将涉及公平竞争审查、竞争审查第三方评估机制、竞争中立政策、行政性垄断排斥制度、经济性垄断执法体制、激励竞争机制、产业规划与竞争政策导向协调、促进竞争文化培育机制、竞争政策国际适用与合作等等,海南自由贸易港需要内外兼修,协调自由贸易港的竞争政策与产业政策,确立以《海南自贸港法》及配套性法律制度为基础的竞争立法框架,持续推动自由贸易港竞争法实施机构的改革,并以提升港内经营者公平竞争意识、积累竞争政策国际谈判经验等方式,向国际传递自由贸易港公平竞争规则,从而让竞争政策基础地位得以确立,真正发挥海南自由贸易港在新发展格局中的关键性作用。② 这些与强化竞争政策实施有关的制度,在实施之前都有必要进行风险评估,并拟定相应的防控对策,等等。

三、自贸港竞争政策实施客体风险评估防控

自由贸易港强化竞争政策的实施风险,不仅仅来自实施主体机构设置和实施内容的风险问题,而且还与实施客体的风险。实施竞争政策的客体

---

① 童光政、赵诗敏:《论海南自由贸易港法规的开放属性》,《海南大学学报(人文社会科学版)》2023 年第 1 期。

② 徐则林:《"双循环"下海南自由贸易港的特殊定位与实现路径》,《中国流通经济》2021年第 11 期。

风险,则指竞争政策的实施主体机构在就具体竞争政策内容付诸实施所具体适用的对象,如具体的市场主体,具体表现为市场中的国内外各类主体。国家强化实施竞争政策的直接受体当然是辖区内的各类企业主体,无论何种企业属性、类型和国别,也不分企业设立时间和业界,都同等地适用竞争政策的规制和调节,表现出所属的市场营商环境具有统一公平效应,充分彰显充分自由竞争的市场环境氛围。通过垄断防范、企业商业模式改进构建企业发展层面的风险防范机制,从竞争政策、监管机制出发进行纵向垄断甚至双轮垄断引起的中小企业发展受困,新的企业创新者进入市场难度大的风险防范。①

强化竞争政策适用客体的风险,主要是指所有的市场主体在适用竞争政策之际,仅仅就企业主体本身的市场竞争机遇公平性而言,本是无可厚非,更重要的是针对各个具体的适用客体所涉及风险属性、情形、时期及其适用范围等,分析其定性、归属、相关性、可控性及其对策适用性等等。

自贸港强化竞争政策的实施客体风险,更多关注实施客体的可控性和实施效应的评估机制。海南建设自贸港,打造我国对外开放新高地。一方面国家将不断推进海南全岛自贸港建设角,加快探索建设中国特色自由贸易港进程;另一方面也要加强深化改革创新,持续深化试行差别化探索,进行适当加大各类措施适用的压力测试,发挥制度创新和措施实施的应对性效应,及时分析把控自贸港建设的各类风险防控范,并适时应对推出相应防控应对措施,确保中国特色自由贸易港对外开放举措顺利实施,以此带动形成我国更高层次改革开放新格局。

第二节　自贸港对标国际经贸规则立法风险防控

当下,国际经贸规则正在发生深刻发展变化,主张实施"零关税、零壁

① 任保平、张陈璇:《中国数字经济发展的安全风险预警与防范机制构建》,《贵州财经大学学报》2022年第2期。

垒、零补贴"的"三零"规则正在成为一个重大发展趋势。关注国际经贸规则的发展趋势及其强调对标最高水平国际经贸规则,成为构建开放型经济新体制的"高标准高质量"的要求。自贸港建设的根本目标尽管是打造开放型经济新体制,对标高水平经贸规则是其发展必然趋势,关键是我们把握在推进对标国际经贸规则的立法规则和立法进度的精度与平衡,防控认知国际经贸规则的准确性与偏见性的差异,防止认知存在重大理解瑕疵或重大误解。有关国际经贸规则探索与价值判断,更需把握其所价值追求和实现目标路径要素,实现守正创新及其相关风险防控。自贸港对标高水平国际经贸规则,更重要在于适时推进重大改革措施制度的先行先试,探究改革进程的风险情形防控及化解。这些需要构建与国际相衔接的服务业规则、规制、管理、标准等,形成与服务贸易高质量发展相适应的政策与制度体系。① 同时,更需要高度重视与其相关的风险防控的立法规制。

一、自贸港对标国际经贸规则认知瑕疵风险防控

对标国际经贸规则的前提,是充分准确理解和认知其内涵及其外延,尤其是适用的情形条件和国情环境。认知国际经贸规则,首当其冲下先把握其本质内涵及其内在要求。经贸规则源自经贸活动的自由与便利属性规则,各国所关注和认可接受的是经贸规则自由便利公正的精神实质,由于各国政治、经济、法律、社会和文化等制度存在较大差异,导致对贸易活动规则的理解认知和适用也存在较大不同,极大不利于推动发展国际经贸活动。有些国家甚至采取双重标准,实行适用不同的国际经贸规则标准。国际经贸规则作为国际上层建筑的组成部分,其性质和发展变化是由国际生产分工及分配模式这一国际经济基础决定的。② 事实上,国际经贸规则出现了

---

① 迟福林:《对标国际高水平经贸规则　构建新发展格局下的服务贸易创新发展》,《财经界》2022年第1期。

② 东艳:《国际经贸规则重塑与中国参与路径研究》,《中国特色社会主义研究》2021年第3期。

"美式模板、欧式模板、亚太模板"代表性自由贸易协定规则的"三分天下"格局。美国力推《跨太平洋伙伴关系协定》《跨大西洋贸易与投资伙伴关系协定》等区域经贸协定,使得主要经济体在全球经贸新规则构建方面竞争进一步加剧。特朗普上任后,美国转向通过双边经贸谈判来重塑国际经贸规则体系,强调美国利益至上的单边主义。学界有关"多边"(multilateral)"单边"(unilateral)"双边"(bilateral)"三边"(trilateral)"诸边"(plurilateral)"少边"(minilateral)等表述,并形成了多边主义、少边主义、单边主义等具有特定内涵界定。边数成为各国关注国际经贸规则的一个要素之一,也是当下显现各国在国际经贸合作中,合作参与方各自的理念、利益和偏好的表现。① 正是如此,对标国际经贸规则,则需要先甄别其"边数"及其内涵、核心价值,界定其是否存在歧义,等等。诸如美国往往凭借其世界最强的软硬实力,扮演着国际经贸规则的缔造者和破坏者的双重角色,其从GATT、WTO 贸易规则体系,到后来叫嚣废除多边双边,主张美国利益至上,其理论架构、内容体系及规则形式无不显现"美式霸权"特色,充分体现国际政治利益中的美国自身利益价值机制。② 基于此,我们如果不加全面深入分析和甄别其价值内容,就简单接受对标此类吻合美国单边价值利益的"国际经贸规则",将导致国家在经贸活动中出现重大损失,即产生对标国际经贸规则的风险。

自贸港对标国际经贸规则,更多强调国际经贸活动的发展趋势和前指导向的趋同趋向。自贸港经贸活动国际化、法治化和便利化,更多主张推进开放型经济体制,倡导经贸活动及其规则多边多元化发展,也不会奉行也不接受美国式的单边主义。自贸港更多尝试主导对接多边贸易规则和机制,充分倡导在国际经贸活动当中,寻求更多的合作对象、议题及合作形式上合理地运用双边和区域方式,逐步强化规则话语权。同时,自贸港应当看到现

---

① 陈拯:《说辞政治与"保护的责任"的兴起》,《世界经济与政治》2018 年第 6 期。
② 肖冰:《国际经贸规则改革的美国基调和中国道路选择美国角色:双重性》,《上海对外经贸大学学报》2021 年第 4 期。

有形势下中美两国各自争取欧盟、日本及其他重要经济体的经贸态度、西方等国"要价"应对，由此产生相应风险防控、对价措施、发展导向等应对之举。

有关国际经贸规则的理解认知，基于"边数"而变，却不囿"边数"而解。探索国际经贸规则的核心价值，更需把握其对价新要素。诸如有 15 个缔约方参与的 RCEP 设置了 RCEP 部长会议与 RCEP 联合委员会两级机构，并对决策规则、RCEP 联合委员会程序规则以及附属机构等内容作了更为详细的规定，体现了较高的制度化程度，显现了少边主义治理工具的 FTA 或区域贸易协定已普遍涵盖了制度性规定。再如多边主义的 WTO 除体现了涵盖成员的广泛性外，还强调规则普遍适用，也隐含着高度制度化的特征，即规则的执行得到贸易政策审议机制和争端解决机制等制度的保障。这一系列举措，表明维护多边主义的前提下重视少边选项的运用也是构建新发展格局、积极参与国际经贸秩序变动进程的现实选择。[①] 由此可见，"边数"虽可以彰显该国际经贸规则的影响力，却不是判断其是否完全接受的唯一标准，而关键在于探索对标国际经贸规则的具体内容要求，与我国经贸活动利益相融合的问题，研判我国国内对外开放进程的推进、共建"一带一路"的经贸合作对策，自贸港对标重塑国际经贸规则的前提与基础。

自贸港具有构建开放型经济体制的先行先试优势条件，考量对标国际经贸规则的要素虽较多，但中国特色自贸港发展战略定位及《自贸港总体建设方案》所明确目标，已经勾画出其对标国际经贸规则的架构。在确定适用国际经贸规则方面，各有关成员国依据各自实际情况，开展相应对标的风险评估，并结合本国发展对外经贸活动战略，作出对标国际经贸规则的具体对策方案。诸如当下美国逆全球化思潮蔓延，有退出全球化迹象。我国正大踏步全面深化改革开放的新时代，推动我国积极参与国际经贸规则新变革，完善 WTO 贸易规则新修订，化解强制性争端解决机制的遗留问题，

---

① 钟英通：《国际经贸规则的边数选择现象与中国对策》，《国际法研究》2021 年第 5 期。

使其更加顺应发展中国家成员的公平需求和解决差别待遇适用问题。① 当下 WTO 机制面临许多实施困境,区域贸易协定大幅增多导致世界贸易体系呈现"碎片化",WTO 贸易争端调停者的公信力受损,重构 WTO 机制的呼声骤起,呈现出更多的不同国家意志主张,各国有关国际经贸规则的博弈更加突出,这也形成一定程度风险挑战和发展机遇。

准确分析把握和判断国际经贸规则的核心价值,直接涉及自贸港甄别标准和考量因素。《海南自贸港法》第 9 条规定"国家支持海南自由贸易港主动适应国际经济贸易规则发展和全球经济治理体系改革新趋势,积极开展国际交流合作",指明海南自贸港主动对标国际经贸规则的发展方向。事实上,海南自贸港正在积极对标 RCEP 和 CPTPP 为代表的国际经贸高水平高标准规则,主要聚焦对标国际经贸活动更加开放更加彰显包容发展高质量的制度型,聚焦自贸港产业政策、竞争政策、营商环境等方面的开放水平先进标准,尝试推进自贸港"包容性利益"发展重构国际经贸规则。自贸港构建"614"制度,以开放、自信、有为的姿态作为参与国际贸易规则重构的积极主体,不仅积极容纳国际经贸活动的敏感问题讨论先行先试,而且更需要主动提出对接和发展完善国际经贸规则的内容,更加有力地开展围绕对标国际经贸规则制定相应的自贸港法规,进而优化自贸港营商环境,为国际经贸新规则的形成作出中国特色自贸港担当。海南自贸港具有先行先试机制的优势地位,自贸港对标国际经贸规则,更要强化风险防控意识和注重自贸港对标国际经贸规则的"中国特色"。

二、自贸港对标国际经贸规则有失守正风险规制

美国多年主导国际经贸规则,国际经贸活动的往往都充满了美国最强的软硬实力要素,呈现了国际经贸规则体制的美国因素,尤其是彰显美国在

---

① 范思立:《国际经贸规则正从经济之争转向制度之争》,《中国经济时报》2021 年 9 月 8 日第 1 版。

国际经贸活动的规则制定者和破坏者的双重角色,导致美国在国际经贸活动及其规则适用时,存在典型的双标现象问题。自贸港对标国际经贸规则,一方面积极融入现行国际经贸规则秩序当中,对标国际高水平经贸规则;另一方面也要清晰意识到国际经贸规则的影响因子众多,其国际多元多边多要素等情形,显现出经贸活动影响力。如此可见,自贸港对标国际经贸规则的考量因子,涉及内外要素、对标与自立、融入与修立、调整与适应等等问题。当下许多国家共同关注国际经贸最新议题,聚焦数字经济、人工智能等国际经济发展的新动态与新业态,这些新领域新规则也成为不少国家共同关注其共知、共识、共享的规制贸易新秩序。

高标准国际经贸规则,更多表现于近年来各类区域经贸协定当中、标准明显高于 WTO 规则水平的协定条款。[①]自贸港积极推进制度型开放,核心要求是实现国内规则体系与高标准国际经贸规则的衔接适配,加速融入全球经济治理体系的伟大变革的新时代,积极对接高标准国际经贸规则,稳步推进制度型开放,既要不断提升在全球经济治理中的话语权,提升海南自贸港国际影响力,增强我国在全球经贸合作新格局中主动性和主导力,同时,又要充分彰显高标准对标国际经贸规则的"中国影响力"重大意义,在守正创新中实现包容发展的更高水平、更深层次的制度型开放发展。面对RCEP、CPTPP、DEPA、USMCA 等诸多新型国际经贸规则形式,其显现了自贸港需要对世界开放承诺水平的要求更高、边境规则向边境后规则更多更大拓展、区域化经贸规则更加发展向超大型转化,聚焦全球大部分重要经济体的经贸规则,尤其是充分结合中国特色,发展促成具有世界影响力的海南自贸港体制特色优势,彰显守正创新的底气。

海南自贸港创建制度型开放新机制,取决于两个方面认知和做法。即一方面是各国政府为了自身经济发展而对外开放实施积极主动的创新型政

---

①　刘晓宁:《对接高标准国际经贸规则的重点领域、现实差距与路径选择》,《经济体制改革》2023 年第 6 期。

策措施法律法规新规制;另一方面则是依据有关国际条约协定等的要求而采取与外源性的对接型政策措施法律法规调整。这两方面的双向认知及其态度主张,凸显有关国际组织、国际经贸协定的规则影响力和执行力,也是界定制度型开放程度高低的关键性因素。[①] 这两者之间寻求平衡与协调发展,集中体现出自贸港对标高水平国际经贸规则的"守正"与"创新"关系,当下国际经贸规则最集中于国际货物贸易、服务贸易、数字贸易、电子商务、知识产权、竞争政策、生态环境标准、劳动力保护等方面,海南自贸港将聚焦这些领域开展相应的调法调规等立法活动,促成相应领域的规则认同和守正创新甄别。海南自贸港 2022 年 RCEP 生效实施以来,地处 RCEP 区域中心的海南自贸港具有独特优势,海南与其他成员国贸易合作关系的不断取得新发展。在外贸方面,2023 年,海南与 RCEP 成员国进出口 800.9 亿元,较 RCEP 生效前的 2021 年增长 37.9%,高于全国 33 个百分点,海南企业与 RCEP 成员国贸易已成为对外投资的主要目的地。2023 年,海南对 RCEP 成员国实际投资 21.29 亿美元,同比增长 117%,占全省对外投资总额 54.8%。[②] 从积极融入 RCEP 经济圈,探寻自贸港对标国际经贸规则的实践经验。由此,协调把握自贸港对标国际经贸规则的"国际与国内"和"守正与创新"关系,关注自贸港国际经贸活动的风险防控问题,探索实现各种利益平衡协同发展的"中国实践"。

自贸港倡导"一线放开、二线管住和岛内自由"的"零关税、零壁垒、零补贴"的"三零"原则,自贸港自由便利制度和创新体制的开放型经济理念,注定了海南自贸港将成为我国"三零"、数字贸易、竞争中立、政府采购等领域对标国际高标准经贸规则的先行先试排头兵,先行与创新、守正与防控等辩证关系,成为自贸港作为排头兵所需面对的问题。诸如海南自贸港与东

---

① 张彩云、孙宇:《对接高标准国际经贸规则推动中国制度型开放》,《中国外资》2023 年第 21 期。

② 曹马志:《对接国际高标准经贸规则 扩大高水平对外开放》,《海南日报》2024 年 3 月 29 日第 5 版。

盟的合作前景,具有地缘相近、人缘相通、友好交往源远流长的优良传统,与东盟国家港口等基础设施紧密相通相融,可以在促进区域合作与人文交流等领域开展更多务实合作,拓展经贸合作新空间,同时也存在着更多竞争挑战和发展机遇。产业互补、业态叠加、优势互补等,成为海南自贸港融入RCEP 经济圈的发展机遇。海南自贸港更加积极对标新加坡的开放经验,强化开放的包容发展态势,多层次、多领域、多渠道的有效合作,更加主动融入全球经济体,加快提升口岸建设数字化发展水平,能够提升经济发展韧性和活力。

　　对标国际经贸规则的斗争,涉及各种力量的角斗与平衡。合理估值及其科学确定对标国际经贸规则,成为当务之急。当前国际经贸新规则呈现出对外开放承诺水平的要求更高、由边境规则向边境后规则拓展、区域化发展的趋势。对标国际经贸规则,其本身就是对我们现行经济制度的挑战问题,事实上许多国际经贸规则有的条款,诸如国有企业条款,是否会改变我国社会主义市场经济体制的属性,尤其值得斟酌考量。还有一些涉及如数字贸易中的数据自由流动条款、严格产业补贴政策、竞争中立条款、劳工条款等,是否会冲击我国企业与经济以及我国数字经济发展的承受能力,也非常值得深入探究。① 我国社会主义市场经济的基本特性,公有制经济基础,注定“国有企业”条款适用的特殊性和特色性。国有企业条款“给予商业考虑”要素是合理的根本要求,厘清政府与企业、市场与企业的关系,减少政府对企业、市场的不当干预和补贴,这也符合我国国有企业改革的基本方向。自贸港对标国际经贸规则,也是各类风险与机遇的并存,自贸港法治规则“守正”与“创新”,聚焦各类要素研判与路径选择。国际经贸活动规则与秩序的焦点,聚焦于国际政治力量、国际经济格局等国际制度决定力。主张各国对外交往的立足点是安全最大化,国际秩序的建立与维持主要取决于

---

① 单文宣:《论习近平法治思想与国际经贸规则理念的融合》,《海关与经贸研究》2024 年第1 期。

大国间的权力平衡,国家的权力是国际制度的决定性因素。① 国际经贸活动及其规则的法治秩序,源自国际制度各要素相互作用,以及国际制度权力结构的反作用反制衡融合力。国际法治内生于国际权力结构的产物,国家间权力分配极大地影响着国际法律制度的出现、各具体领域国际法律制度的存在及其性质等,国际法只有反映国际权力结构时,才有存在和得到国家遵守的可能性。② 自贸港对标 CPTPP、DEPA 等国际高标准经贸规则,是实现自贸港经贸活动规则、规制、管理、标准等制度型开放的重中之重。

党的二十届三中全会《决定》指出,开放是中国式现代化的鲜明标识。必须坚持对外开放基本国策,坚持以开放促改革,依托我国超大规模市场优势,在扩大国际合作中提升开放能力,建设更高水平开放型经济新体制。③在推进稳步扩大制度型开放方面,把积极对接国际高标准经贸规则,作为首要任务抓手,《决定》指明产权保护、产业补贴、环境标准、劳动保护、政府采购、电子商务、金融领域等领域,实现规则、规制、管理、标准相通相容,打造透明稳定可预期的制度环境。海南自贸港积极参与世界贸易组织的多边贸易体制,融入全球经济治理体系改革,争创国际经贸活动规则的实践机遇和话语权,扩大面向全球的高标准自由贸易区网络,对接和构建国际经贸活动通行规则衔接的新规则新秩序。海南自贸港是新时代我国推进高水平对外开放的最前沿,也是我国进一步全面深化体制改革的先行区。强化自贸港对标国际高标准经贸规则,目的是以高水平开放促进构建深层次改革的制度型开放新体制,推进促成起高质量的国内国际双循环体系。国家也专门出台了《全面对接国际高标准经贸规则推进中国(上海)自贸区高水平制度型开放总体方案》,提出在加快服务贸易扩大开放、提升货物贸易自由化便

---

① 孙嘉珣:《涉外法治视角下国际经贸规则形成研究》,《法学杂志》2024 年第 4 期。
② 徐崇利:《新现实主义国际关系理论与国际法原理》,刘志云主编:《国际关系与国际法学刊》(第6卷),厦门大学出版社 2016 年版,第 5 页。
③ 《中共中央关于进一步全面深化改革　推进中国式现代化的决定》,《人民日报》2024 年7 月 22 日第 1 版。

利化水平、率先实施高标准数字贸易规则、加强知识产权保护、推进政府采购领域改革、推动相关"边境后"管理制度改革、加强风险防控体系建设等方面 80 个抓手,①稳步扩大规则、规制、管理、标准等制度型开放。如此可见,对标国际经贸规则更需要聚焦继续推进,提升国际经贸活动及其服务贸易自由化便利化水平、数字贸易和数字治理体系发展、强化货物贸易关税及管理体制改革、经贸规则标准国际化等等。

当下越是强调进一步全面深入改革,推进中国式现代化建设,越要加大注重提升应对重大风险挑战的能力建设。习近平总书记指出,推进中国式现代化是一项全新的事业,前进道路上必然会遇到各种矛盾和风险挑战。特别是当前世界百年未有之大变局加速演进,局部冲突和动荡频发,全球性问题加剧,来自外部的打压遏制不断升级,我国发展进入战略机遇和风险挑战并存、不确定难预料因素增多的时期,各种"黑天鹅""灰犀牛"事件随时可能发生。② 面对国际国内发展的两大格局,强化有关各类风险挑战,尤其是进一步全面改革,扩大不断开放的诸多要素日趋激烈的国际竞争,在不断强化积极对标国际经贸规则中,把握赢得战略主动的发展机遇,又需要不断持续推进全面深化改革力度,海南自贸港全面探索制度集成创新体制,构建完善的制度防范化解风险,全面依法有效应对挑战,构建自贸港法规体系和法治体系,实现危机中探寻发展新机和变局中创新法治新秩序。

三、自贸港对标国际经贸规则先行过度风险治理

海南自贸港强化自由便利创新,推行全面深化改革,聚焦制度集成创新,力主重大改革政策措施先行先试,这是建设中国特色自由贸易港的主流认知。先行先试的发展路径,其实质正是显现了"重大改革制度"风险防范

---

① 《全面对接国际高标准经贸规则推进中国(上海)自由贸易试验区高水平制度型开放总体方案》,中国政府网,http://www.gov.cn。

② 习近平:《关于〈中共中央关于进一步全面深化改革、推进中国式现代化的决定〉的说明》,《人民日报》2024 年 7 月 22 日第 1 版。

化解的要素,需要考量先行先试的风险隐患,将改革的风险通过小范围小规模实施,确保可控可防可化解,实现最大化降低风险导致的损失。

中国特色是海南自贸港的最根本属性,强化"三个坚持不动摇"原则。2022 年 4 月习近平总书记考察在海南考察时强调指出,要坚持党的领导不动摇,自觉站在党和国家大局上想问题、办事情,始终坚持正确政治方向。要坚持中国特色社会主义制度不动摇,牢牢把握中国特色社会主义这个定性。要坚持维护国家安全不动摇,加强重大风险识别和防范,统筹改革发展稳定,坚持先立后破、不立不破。① 改革开放尤其是党的十八大以来,中国特色社会主义法治建设所取得的一系列成就,都是在党的坚强领导下完成的,以习近平同志为核心的党中央不断加快推进改革开放,不断扩大中国特色自贸试验区的改革自主权,正在全面推进中国特色自贸港建设的伟大实践。坚持党的领导原则是海南自贸港用好用足地方立法权的最根本保障,是推进自贸港法治创新的首要原则。坚持中国特色社会主义制度不动摇原则。海南建设自贸港要坚持中国特色,借鉴国际经验,符合海南发展定位。中国特色,成为《海南自贸港法》第 3 条载明的"六个关键词"②之首,已充分表明中国特色的重要定位和中国特色社会主义制度的根本属性。《自贸港方案》也明确了海南自贸港建设要坚持中国特色社会主义道路,以人民为中心。构建自贸港法规体系尽管主张以最高国际经贸规则为对标导向,涉及贸易投资活动等重点领域内容的市场化、法治化、国际化,但是更要彰显完善中国特色社会主义法治体系的自贸港法治创新实践。自贸港创新立法的运用,不仅要借鉴国际经验,更要坚持中国特色社会主义制度,立足海南发展战略定位,强化风险防控的底线思维,确保海南自贸港法治体系建设的正确方向。坚持国家安全不动摇原则。自贸港立法创新是构建开放型经济的迫切需要,是坚持对外开放的基本国策所需,也是对标最高国际经贸规

---

① 习近平:《解放思想开拓创新团结奋斗攻坚克难　加快建设具有世界影响力的中国特色自由贸易港》,《人民日报》2022 年 4 月 14 日第 1 版。
② "六个关键词"即中国特色、国际经验、战略定位、海南优势、改革创新、风险防范。

则的新趋势。海南自贸港在贸易、投资、金融、人员流动、出入境等领域实施一系列自由化和便利化的政策制度。①

上述领域亟需自贸港立法创新,创制相应的法治新秩序,充分体现了对标国际通行做法和经贸规则的新要求。同时,我们在进行多维度、全方位法治创新时,也要强化统筹风险防控,强化风险防控体系建设,提高域外风险识别的能力,尤其是在防范境外意识形态风险渗透、打击走私逃税、涉海违法犯罪等领域的法治创新规制。在维护国家安全的基础和前提下,推进自贸港建设行稳致远,真正做到"既能全面放开,也能有效管住"的法治秩序。稳定和发展国际经贸秩序,亟需不断推进有力有效应对全球经济矛盾和挑战的全球经济治理体系的机制构建。国际经济治理体系的治理理念、治理权力结构、规则制度调整、改革成本分担和改革行动步骤等诸多问题认知分歧严重,发达国家成员、发展中国家就全球经济治理体系的主张矛盾重重,我国提出加快改革开放,合理处理政府—市场与中央—地方关系、促进资源优化配置和推动产业快速升级,为高质量、可持续发展和实现经济现代化注入强大动力。然而,全球经济治理能力活力不足、赤字增多,改革动力和引领力短缺是根源。② 这些将加剧自贸港对标国际经贸规则的传统主导国家改革意愿及与新兴大国强化国际经贸规则改革责任感、紧迫感和能力提升等要素之间的斗争反斗争矛盾,探索共商共建共享原则,推动全球经济治理朝着更加公正合理的国际经贸秩序方向前进,揭示了其中将充满了各类风险与机遇挑战。

海南自贸港选择国有企业和市场经济模式的治理,推进对标国际经贸规则的进程,往往会遇到更多的利益风险与国际社会协调沟通,既要积极回应国际竞争的新特点、新趋势和新规则,又要坚持中国特色,应对"先行先试""分阶段分步骤"(即"两先两分")的斗而不破的策略格局。诸如国内

---

① 刘云亮、卢晋:《对标国际高水平经贸规则的自贸港立法创新研究》,《海南大学学报》2024年第4期。

② 林跃勤:《中国对全球经济治理变革推动引领作用研究》,《亚太经济》2024年第2期。

不少学者认为 CPTPP 有关国有企业的规定要求过严,不利于我国国有企业参与国际经贸竞争,风险挑战严峻。国外学者则更多偏向认为有关国企的规制体系虽有所突破,但仍不足以规制参与国际经贸活动的国有企业经营行为。① CPTPP 规制国有企业的内容,确实明确促进市场经济机制客观运行,但也并非反对和限制国有企业的设立和维持,其倡导充分彰显公平竞争的市场化理念,有助于推进我国继续推动国有企业分类改革和混合所有制改革等企业现代化转型发展,也防范国有企业在对标国际经贸规则体系中被边缘化。CPTPP 强化实施竞争中立和非歧视待遇政策,尤其是在竞争政策、国有企业和指定垄断两个部分,一方面强调规范竞争立法和确保执法公正、透明度及国有企业、非商业援助、产业损害等方面一般要求,特别规定保证国有企业遵循竞争中立原则,防止其商业行为扭曲市场。另一方面则强调缔约方进行竞争立法并确保执法程序公正。② 如此更需确保国内竞争法及相关政策适用于其领土内的所有商业活动,实现保证公平竞争制度的统一大市场大规制大执法大秩序。同时,自贸港应对国内国际经济双循环的内部改革动力和外部开放压力,加快促成自贸港外向型经济体制机制。

海南自贸港建设所遇风险挑战涉及方方面面,其类型也是多元的。不仅产生于对标国际经贸规则实践之中,而且自贸港建设诸项活动之中也存在相应的风险。诸如《自贸港方案》已经规划风险防控体系内容及其相应对策,明确自贸港"制定实施有效措施,有针对性防范化解贸易、投资、金融、数据流动、生态和公共卫生等领域重大风险"。③ 海南自贸港致力规制上述六大领域的重大风险,尤其是聚焦自贸港推进制度集成创新等重大改革。自贸港先行先试的改革举措,也将聚集更多因改革而引发的诸多风险隐患,强化自贸港制度集成创新,围绕此而制定相应的风险防控预案,并划

---

① 陈瑶、应力:《CPTPP 国有企业章节的评价与中国应对》,《宁波大学学报(人文科学版)》2021 年第 2 期。

② 王晓红:《加入 CPTPP:战略意义、现实差距与政策建议》,《开放导报》2022 年 2 月第 1 期。

③ 《海南自由贸易港建设总体方案》,《人民日报》2020 年 6 月 2 日第 1 版。

定其风险防控的"两先两分"模式。"两先两分"法正是海南自贸港建设的
风险防控理念与实践的具体对策措施,"两先"则是试行的探索,是大规模
推行的排头兵和探雷器,其定位设置与功能角色安排彰显了最大化降低风
险。"两分"则是基于"两先"而采取相应的逐步推进、逐步尝试的防控风险
的预知及化解相融合的举措,其功能定位于分解"两先"风险成本,确保实
现"两先"风险可控性和最小性。"两先""两分"融合,显现海南自贸港建
设的风险意识与防控体系,是实现海南自贸港六大领域重大风险防控体系
的重中之重,是推进海南自贸港建设防范诸类"黑天鹅""灰犀牛"事件的可
行之举。实施"两先两分"法,也需要注意把握守正与创新关系的风险防
控,诸如确保原则底线不变。自贸港对标国际经贸规则,强调非歧视开放包
容的多边贸易体制的核心价值观,营造稳定可预见的国际竞争的营商环境。
倡导包容发展中国家利益多赢,化解多边贸易体制困境,促进经济全球化发
展新机制。

　　海南自贸港对标国际经贸规则,要敢于聚焦有效化解"差异化""非市
场化导向"的身份标志,充分彰显"守正创新与先行先试"之发展机遇与风
险挑战,强化国际经贸规则的法治性与国家社会意识形态的分离性之间的
甄别标准。诸如坚决旗帜鲜明地抵制和反对美国为了孤立、边缘、脱钩中国
而不断强化主张将经贸领域利益政治化、意识形态化,甚至不惜一切拉拢西
方势力,构建全面围堵中国发展的各种制度机制及其话语权所形成的"新
国际环境",导致国际社会一些弱势成员,不得不迫于美国淫威而被绑架
"选边站"。如此之势,更加剧海南自贸港对标国际经贸规则,将存在更多
更大更激烈的风险变数态势。风险存在与风险加剧,更要坚定强化对标国
际经贸规则的参与性与话语权的重要性。海南自贸港对标国际经贸规则,
更彰显理性推进的必要性和审慎性,有必要立足当下国际经贸组织规则现
状,积极参与其优化机制治理,理性评估国际组织的"司法化"进程及其法
理公平性,尤其是强化国际贸易大国在国际贸易纠纷解决机制中的规则遵
守约束力和执行力,促升贸易大国的国际贸易规则的"规范与权力"之间效

力影响力。自贸港对标国际经贸规则的风险防控,既要顺势而为,主动融入多重进路的"多边化"方向,又要积极发挥参与国际经贸规则再造和经济全球化规则治理的能动性。同时又要清醒认识到,国际经贸规则的"多边""双边"利益均沾多赢,与某些贸易强国大国"单边"利益强势的巨大矛盾,如此加剧对标国际经贸规则的风险防控难度。国际经贸规则"边数",虽成为对标国际经贸规则考量因素,更重要的是明确认知多边主义仅仅是原则和方向,不是对标的唯一路径标准。

海南自贸港融入国际经贸规则秩序,对标高水平国际经贸规则,需要探索"两先两分"法的中国实践、中国方案,贡献中国智慧。国际高水平经贸规则,其核心价值聚集"促进自由、公平、对等的贸易"宗旨目标。多年来美国将这一目标理解成为满足或符合美国贸易利益的"美国优先""互惠"关系,如此具有明显的双重标准,因此,国际经贸规则内容多引入美国国内或者美国可接受的法律和商业惯例规则,导致当今国际经贸规则的"美国要素"极其浓厚,美国形态主导,美国甚至忽悠更多国家,参与积极围堵、遏制与边缘化中国的相关活动,美国主导的 USMCA "毒丸条款"已将这种动机显现得淋漓尽致。尽管 CPTPP、EJEPA、USMCA 等经贸协定代表着当前国际经贸规则的最高标准,并呈现出覆盖范围扩大、向边境后规则延伸等发展趋势,代表了当前国际经贸规则的最高水平,引领着新的国际经贸规则体系构建。① 尤其是其主张实现跨境数据自由流动和放开数据本地存储限制。诸如 USMCA 还专门设置"数字贸易"章节,EJEPA 主张保护线上消费者隐私和数据安全。这些都是对海南自贸港对接国际数字贸易经贸规则,构建巨大的发展挑战和风险压力。在对接高标准规则的重点领域中,我国在"三零"、数字贸易、竞争中立、政府采购等方面的现行规则与高标准规则仍存在明显差距,而在知识产权、环境保护、劳工标准等方面的规则已接近国

---

① 刘晓宁:《对接高标准国际经贸规则的重点领域、现实差距与路径选择》,《经济体制改革》2023 年第 6 期。

际先进水平。这表明积极争取发展融入更多边的国际经贸协议,促成多边契约造法机制,仍需要坚持开放、包容、合作和支持的态度,遵循非歧视、透明度原则积极推进,促成大国遵守现行有效的国际经贸规则的同时,积极推进国际经贸规则变革。

　　海南建设中国特色自贸港,需要提高风险意识认知能力。事实上,诸多风险挑战,来自我们对风险意识淡薄和认知不足,"两先两分"风险防控更多显现我们对海南自贸港风险防控的外在形态及其内容的具体行动,是外在的风险意识认知能力高水平所现。许多风险却还表现于内在的风险意识认知能力提升机制及其执行力方面,强化执行机制及其执行力,保障党中央的集中统一领导。党的二十届三中全会《决定》指出,"坚持党中央对进一步全面深化改革的集中统一领导",确保党中央领导改革的总体设计、统筹协调、整体推进。[①] 这正是防控化解风险的重要保障机制,一方面要求完善党中央重大决策部署落实机制,确保党中央令行禁止;另一方面不断强化各级党组织负责落实党中央决策部署,充分结合本地区本部门实际情况全面推进改革,切实推进开拓创新,创造可复制、可推广的新鲜经验。同时,强化实施新时代党的群众路线政策方针,充分把握全过程人民民主,聚焦民情、回应民怨、吸收民智、解决民生,科学决策、民主公开、公平公正、系统论证,围绕矛盾、突出重点、改革优化、风险防控。"以钉钉子精神抓好改革落实",落实全面深化改革的决策部署和自贸港总体方案,解放思想、敢作敢为、上下协同、条块结合,树立"全省一盘棋、全岛同城化"系统观念,推动协同发展。

第三节　自贸港对标 RCEP 数字规制风险防控

　　从自由贸易协定的本质来看,所有 RTAs 或多或少都限制国家监管权

---

　　① 《中共中央关于进一步全面深化改革　推进中国式现代化的决定》,《人民日报》2024 年 7 月 22 日第 1 版。

力的行使,以此作为交换的是国家及其公民在全球经贸中获得更大的连通性。在此过程中,国家所面临的最大挑战之一就是如何权衡管理权力让渡与实现 RTAs 的理念和好处,并在两者间实现平衡①。RCEP 数字贸易规则的开放性虽然有助于为电子商务创造有利环境,并促进跨境电子商务的发展,但由于以跨境电子商务为代表的数字贸易存在诸多不确定性因素,各国之间的数字贸易往来及数字投资等数字经济活动蕴藏各种风险,既会在宏观层面上危害国家安全、社会公共利益,也会对微观层面的电子商务主体个人信息、数据财产权在内的企业正当权益等造成危害②。坚持安全可控前提下的数字贸易自由是我国持有的立场,海南自由贸易港建设在"逆全球化""新冷战"思维等外部风险有增无减的国际背景下孕育而生,对标 RCEP 数字贸易规则需要坚持底线思维的基本原则,谨防各类风险防控问题。

一、完善自贸港数字贸易主体监管平台

为了培育跨境营销网络、深化电商平台合作,海南应当在建设完善 RCEP 数字贸易平台的同时,抓住"平台监管"的重点,督促电子商务平台经营者加强对平台内经营者的引导与管理,积极构建以平台为中心的市场自治机制及惩处机制。我国《电子商务法》第 5 条③规定了电子商务经营者所承担的义务及责任。海南自贸港完善数字贸易主体监管平台建设,平台经营者作为一大监管主体应当重点考虑以下几个方面:

保护电子商务相关权益的规则。产品质量、贸易摩擦、主体信用等相关的交易风险是开展跨境电子商务所不可规避的重点风险。RCEP 电子商务

① See Productivity Commission, Bilateral and Regional Trade Agreements: Productivity Commission Research Report(2010) xx,xxix and xxxi.

② 姚树洁、房景:《"双循环"发展战略的内在逻辑和理论机制研究》,《重庆大学学报(社会科学版)》2020 年第 6 期。

③ 《电子商务法》第 5 条:电子商务经营者从事经营活动,应当遵循自愿、平等、公平、诚信的原则,遵守法律和商业道德,公平参与市场竞争,履行消费者权益保护、环境保护、知识产权保护、网络安全与个人信息保护等方面的义务,承担产品和服务质量责任,接受政府和社会的监督。

章节弱化了有关分歧,整合了电子商务环境下的相关权益,规定每一缔约方应当采取或维持线上消费者保护、线上个人信息保护、非应邀商业电子信息及管控的法律框架或措施。RCEP 第 12 章第 7 条第二款将电子商务消费者保护从"相当保护水准"细化为"免受欺诈和误导行为的损害或潜在威胁"。RCEP 第 12 章第 8 条增加了线上个人信息保护的"透明度"安排,且强调线上个人信息保护的合作机制。RCEP 第 12 章第 9 条"非应邀商业电子信息"条款类似于欧盟《一般数据保护条例》(GDPR)中用户的"被遗忘权"①。对于线上消费者保护,自贸港数字贸易平台应当完善包括退、换货机制,消费者赔偿机制以及消费者隐私保护政策等消费者权益保护制度,使跨境电商消费者享受物美价廉的商品和更好的服务。对于线上个人信息保护,自贸港数字贸易主体监管平台要创新数据出境安全的制度设计,开展个人信息入境制度性对接。细化 RCEP 保护线上消费者的"相当性标准"及线上个人信息保护的"透明度"安排。

规范跨境电商平台内设的知识产权保护规则。海南自由贸易港高质量实施 RCEP 数字贸易规则,岛内跨境电商企业是最大的受益者。跨境电商服务的移动化、及时性特征使得其对知识产权保护的依赖程度更高,平台内高效全面的知识产权保护规则能够为电子商务的开展保驾护航。RCEP 虽然未在第 12 章中对与电子商务直接相关的源代码、数字产品待遇等知识产权保护内容上作出规定,但第 11 章除了规定商标、专利、著作权和相关权利等传统知识产权议题外,RCEP 对数字环境下的技术保护、执法强度均超出 WTO 现有框架下的《与贸易有关的知识产权协定》,并简化和统一了部分知识产权确立程序的规定。《电子商务法》第 41 条要求电子商务平台经营者应当建立知识产权保护规则,依法保护知识产权。为了规范跨境电商平台知识产权保护,推进电子商务诚信体系建设,建议自贸港数字贸易主体监

---

① "被遗忘权"具体指:在其个人信息不再有合法之需时要求将其删除或不再适用的权利,如当时使用其数据信息是基于该公民的同意,而此时他/她撤回了同意或存储期限已到,则其可以要求删除或不再适用该数据信息。

管平台引入信用红黑名单的分类分级信用管理方式。对风险程度较低的信用风险予以警示发布；对信用程度差，存在知识产权侵权、制假售假等重大失信行为的企业和个人，列入信用黑名单，通过事前准入禁止，事中加强全面查验、严密监管，保障数字平台内保护知识产权风清气正的网络环境。

二、强化自贸港数据跨境流动风险认知

虽然数据红利只有在完全互通和共享的前提下才得以全部释放，但并不意味着所有国家都能完全放开对数据流动约束[1]。个人数据采集和隐私保护是国内数据治理层面所面临的主要问题。目前世界尚未形成关于数据跨境流动的统一规则，跨境数据流入存在价值观渗透、网络攻击等风险，跨境数据输出又存在国家秘密、公民个人信息泄露的可能。但由发达国家修订贸易规则之后，强塞给大型发展中国家的时代已经过去[2]。2020 年，我国在《全球数据安全倡议》中倡导全世界各国或地区要坚持安全与发展并重的准则，平衡处理各类关系。保障数据安全符合我国向 WTO 提交的改革提案中所强调的发展中国家的立场，是我国数据立法的总基调。从我国《数据安全法》第 5 条、第 6 条来看，数据安全工作作为国家安全的重要内容，已然上升至国家战略和重大政策方针。安全可靠的网络数据环境仍是数据开发利用的基本前提。海南自由贸易港应当谨防数据存储、支付交易、网络安全等技术风险。

由于数据跨境流动限制带来的负面影响巨大，而且并不能真正回应各国的立法初衷[3]，因此 RCEP 遵循跨境数据流动的渐进性原则，承认数据跨境流动的价值。RCEP 第 12 章第 13 条提倡缔约方认识到有关计算机安全事件主管部门能力建设及合作机制的重要性。对于跨境电子商务，RCEP

---

① 洪俊杰、陈明：《巨型自由贸易协定框架下数字贸易规则对中国的挑战及对策》，《国际贸易》2021 年第 5 期。

② Peter K. Yu, TPP and Trans-Pacific Perplexities, 37 FORDHAM INT'L.J. 1129(2014).

③ 国务院发展研究中心对外经济研究部课题组：《服务贸易：开放合作与创新发展》，中国发展出版社 2020 年版，第 255 页。

虽然设置了不得阻止为进行商业行为,通过电子方式跨境传输信息的数据本地化禁止性原则,但也同时规定了存在"实现合法公共政策目标"和"维护基本安全利益"的例外,该例外条款为缔约方保留了一定"自裁性"。不可否认,RCEP 对于数据本地化的规定及数据和信息的界定区分都较为模糊,其第 12 章第 14、15 条并未对"商业行为"的定义、"传输数据"的类型与"基本安全利益"的范畴做出说明,数据跨境传输具体实施细节仍有待细化,存在较大的解释变通空间。从某种意义上来说,RCEP 的例外规定为缔约方实施网络与数据安全风险防控措施预留了余地。虽然我国正在实施的《网络安全法》《网络安全审查办法》对通过电子方式跨境传输信息作出了限制,但整体而言,我国对数据主权和隐私保护的国内法规制仍然处于萌芽阶段,尚未建成体系化的电子数据跨境传输机制。有学者指出,我国能否实行高标准数字贸易规则,关键看能否规避跨境数据自由流动规则和计算设施位置规则对我国治理能力、法律体系和管辖权行使的冲击和不利影响①。

《中共中央 国务院关于构建数据基础制度更好发挥数据要素作用的意见》要求把安全贯穿数据治理全过程,构建数据安全合规有序跨境流通机制。着力打造国家重大战略服务保障区,是中央赋予海南经济特区改革开放新使命。如果无法解决网络与数据安全的先决问题,海南自贸港发展数字贸易将难以与国际接轨,实现数据流动的国际化共享合作更是无从谈起。防范和化解系统性风险是《自贸港方案》的制度设计,也是《海南自贸港法》明文规定的综合措施之一。数据安全有序流动和防范化解系统性风险制度集成创新,是《海南自由贸易港制度集成创新行动方案(2020—2022 年)》明确提出的重点行为任务之一。打造数据安全有序流动,是海南建设具有中国特色自由贸易港的重要任务。海南扩大数据开放应当以流动风险安全可控为前提,有效应对西方发达经济体数据领域"长臂管辖"。在防控自贸

---

① 贺小勇:《率先建立与国际运行规则相衔接的上海自贸试验区制度体系》,《科学发展》2020 年第 3 期。

港数据和网络安全风险方面,《自贸港方案》要求海南有序扩大通信资源和电信业务开放,保障关键数据和基础设施的安全。分步骤分阶段便利数据流动安排。通过建立健全制度体系、创新管控措施并举的方式,不断提高自贸港数据与网络安全的安保能力及水平。

海南自由贸易港应在加大国际高水平数字贸易规则的压力测试力度的同时,建立健全数字贸易网络安全与数据跨境传输防护机制。在制度构建层面上,海南自由贸易港应当安全可控地分层次、分领域探索跨境数据流动。严格落实数据分级分类保护制度,保护利用数据产权,保障电子商务领域重要数据、个人信息的有序安全流动。推进数据出境安全评估能力建设,通过地方立法、特区立法、授权立法等多种立法手段,将 RCEP 跨境数据流动的抽象规则具体化,加强电子商务企业数据全生命周期管理,牢牢把住RCEP 促进跨境电子商务规则的例外条款,灵活保障自由贸易港数据流通安全。在信息基础设施布局层面上,海南自由贸易港应当按照《智慧海南方案》对数字化建设目标的指引,加快部署新型基础设施,积极打通国际互联网数据专用接入通道,提供跨境网络一体化服务,实现信息基础设施向高速、泛在、智能方向升级,建立便捷畅达、安全有序的国际化通信环境。

三、自贸港对标 RCEP 促建国际数据合作监管机制

海南自贸港"境内关外"的特殊区域设置,需要遏制与打击走私、洗钱以及危害国家安全等违法行为。除此之外,自由贸易港更高水平开放的制度设计,使其还将承受 RCEP 缔约成员间国际监管合作机制的下行压力。全球数字治理正面临新的挑战,在国际层面,未来可能在服务贸易、国际征税以及数据主权和安全等领域出现新的国际冲突风险。[1] 数字贸易环境是跨境电商生存的基础,但各国的信息监管框架存在显著差异。为了促进合作并提升合作潜力,RTAs 通常包含有关"监管一致性"和"透明度"的规则。

---

① 李拯:《数字经济浪潮:未来的新趋势与可能性》,人民出版社 2020 年版,第 8 页。

“监管一致性”和“透明度”要求区域市场主体共享公平开放、透明可预期的监管环境。有学者指出,国际贸易壁垒已由关税、配额等边界措施转向监管环境等边境后措施,各国投资贸易合作日益向监管层面转移①。

监管自主权作为国际贸易规则的基本功能,旨在促进外商准入、保护投资并实现外商投资者的预期回报。为了实现这一追求并削减国际贸易的繁文缛节,需要对国家监管自主权加以约束,只有这样才能使监管环境变得更稳定和可期②。在国际监管合作议题上,边境后措施的国际监管合作是高水准 RTAs 的普遍规则设定。以 CPTPP 为例,CPTPP 作为高水平区域贸易协定的典型,将“监管一致性”规则单独成章,在承诺方式、整体架构、重点服务部门的自由化推进、借助“监管一致性”议题,促进服务市场开放等方面均呈现出高标准特征③。CPTPP 要求各成员国应及时明确并公开其监管措施的范围,并鼓励相关监管机构进行监管影响评估。为此,它特别设立了委员会,专门负责磋商、协调、监管工作。USMCA 亦设有“良好监管实践”(Good Regulatory Practice)专章指导美墨加三国开展监管协作。国际监管合作机制作为 OECD 评估监管质量的关键要素④,可降低合规成本、促进贸易自由化,避免利益集团对自由贸易的干扰,但监管一致性谈判过程的缺陷和商定规则,对监管自由裁量权的影响使得该规则备受质疑,尤其当重要的国家政策危在旦夕时,“监管一致性”规则因为涉及国家经济主权让渡问题本身存在一定的局限性,失去过多的自治权便意味着逐渐削减了国家有效治理的效能⑤。以美国为首的发达经济体大量利用监管合作,对知识产权、投资、国有企业等领域的边境后措施进行规制,遏制发展中国家的竞争优势

---

① 李鸿阶:《国际经贸规则调整与福建自贸试验区的政策选择》,《亚太经济》2019 年第 1 期。

② Markus Wagner,'Regulatory Space in International Investment Law and International Trade Law'(2015)36 U Pa J Intl L1,53-54.

③ 杨国华等:《〈跨太平洋伙伴关系协定〉规则研究》,上海人民出版社 2020 年版,第 76 页。

④ 参见 2012 年经济与发展合作组织《监管政策和治理理事会建议》。

⑤ Amokura Kawharu,"The Admission of Foreign Investment under the TPP and RCEP,"Journal of World Investment & Trade 16,no. 5-6(2015):1058-1088.

并提高本国产品的竞争力,发展中国家若盲目对标将产生较大的风险。

海南自由贸易港作为我国对外开放的最前沿,在全面开放的同时深化国际区域监管合作是大势所趋。《自贸港方案》在推进服务贸易自由便利方面也存在相应要求①。海南自贸港在主动开放的同时,亦要筑牢风险防控体系。一方面应当持续开放,全面加强改革开放和执行力度,参照 RCEP 相关规定着重完善国内监管制度;另一方面,应适时参考 CPTPP,寻求监管影响评估的具体措施,并广泛开展国际合作使得监管制度相协调。开展对 CPTPP、DEPA 国际高水平经贸规则下行压力测试,推动完善与自由便利化市场开放相适应、与国际经贸规则相衔接的监督管理机制。

在透明度问题上,RCEP 延续了亚太区域合作的特征。为电子商务创造有利环境的良好保障,RCEP 第 12 章(电子商务)第 12 条(透明度)规则虽然没有明确放开政府数据,但要求缔约方主动公开并依申请公开电子商务实施所一般适用的所有法律政策措施。DEPA 第 13 章将通常被排除于数字贸易章节之外的透明度规则单独列为专门章节,规则内容深化至政府公布、行政程序、复审和上诉、通知和提供信息各个行政行为的具体环节中,实现了对数字贸易透明度规则的创新和飞跃。2006 年 12 月,WTO 总理事会做出《关于区域贸易协定透明度机制的决定》,由此建立起了区域贸易协定透明度机制,并最终使其永久化②。作为源自于 WTO 的重要贸易原则,透明度可解释为"贸易政策与实践及其建立程序的公开和可预期程度"③,其规则制度化的功能包括信息提供、行动授权、制度改进、国别比较、并对履行不力的国家施加压力或制裁等内容④,虽然 RCEP 透明度的规则设定较

---

① 《自贸港方案》要求在告知、资格要求、技术标准、透明度、监管一致性等方面,进一步规范影响服务贸易自由便利的国内规制。

② 钟英通:《国际经贸规则适用的差异化现象及其法律应对》,《环球法律评论》2019 年第 3 期。

③ Collins-Williams, T., and R. Wolfe, "Transparency as a Trade Policy Tool: The WTO's Cloudy Window", World Trade Review, 2010, 9(4): 552.

④ 董亮:《透明度原则的制度化及其影响:以全球气候治理为例》,《外交评论(外交学院学报)》2018 年第 4 期。

为单一,主要仅包括信息提供功能,但在 RCEP 透明度规则却普遍存在于知识产权、自然人临时移动等章节。我国正积极推动加入 CPTTP、DEPA 的进程,扩展透明度规则的功能和运用是我国参与国际竞争过程中不可避免的趋势。徐泉等学者(2021)指出,中国在国际贸易领域存在监管体系透明度较低,信息的公布与交流有待加强、国际标准化参与程度不够且国际认可度不高等问题①。通过对 DEPA 第 13 章(透明度)第 13.2—13.5 条规则的研读可以发现,透明度的实质是保障拟议或实际政策措施能够被公众及时、便捷获取的同时,确保利益相关人充分知悉与本人存在利害关系的法律、法规、程序和行政裁决等信息,并给予利益相关者参与评论、审议和决策的机会。自由便利是自由贸易港建设的灵魂,为了在平衡经济主权的同时扩大贸易开放,海南自由贸易港应当在确保国家与社会安全、防范风险的前提下,探索开放政府数据、个人信息出入境流动等方面的透明度问题。海南自贸港对标 RCEP 透明度规则的同时,有必要构建包含审议、磋商机制的信息交流平台,通过平台的建设增强国内政策的透明度与可获取度。海南还可提前设立监管合作委员会,对 CPTPP 监管合作事项做出提前探索,推进国际监管合作通用技术规范和标准的国际化,有保障地加强与缔约成员间的监管合作机制。

全球贸易正走向数字化的新时代,数字技术和国际贸易投资往来的全面深度融合,使得数字贸易作为一种国际贸易新形式迅速发展。数字贸易是我国参与国际规则竞争的重要抓手,对标国际数字贸易规则是深化对外开放的体现。《RCEP 指导意见》明确指出,高水平履行电子商务规则有助于推动贸易投资高质量发展,是我国高质量实施 RCEP 协议的重点任务。诚如商务部所言,RCEP 是一个现代、全面、高质量、互惠的区域贸易协定,将在贸易领域释放更大的开放空间。从对 RCEP 数字贸易规则的文本分

---

①　徐泉、耿旭洋:《边境后措施国际监管合作发展趋向与问题阐释》,《上海对外经贸大学学报》2021 年第 5 期。

析,可以发现 RCEP 有关数字贸易规则具备议题广、标准高的特征,以开放性、灵活性、适度的强制性、合作性与发展性为基本原则,代表着我国参与国际数字贸易规则的新高度。

在全球数字化浪潮的助推之下,国际数字贸易形成了多种服务内容的主流业态。笔者选取与发挥自由贸易港优势最为相关的跨境电子商务作为主要切入点,但限于文章的篇幅和构架,未能就对标 RCEP 协议发展中国特色自贸港数字贸易的所有模式进行一一评述。RCEP 电子商务规则建立在WTO《贸易便利化协定》与电子商务的国际公约和示范法基础之上,规则的具体内容将随着世贸组织部长会议关于电子商务工作计划的决定进行适时调整,RCEP 所独有的电子商务对话机制,也将对数字贸易的前沿议题进行适时的探讨和发展。本部分仅探讨对标 RCEP 现有的数字贸易规则。

海南自贸港应当强化对标 RCEP 数字贸易规则所带来的加速企业转型和政府治理的正向作用,发展以跨境电子商务为主体的数字贸易。海南应当紧抓 RCEP 协议高水平开放与海南自由贸易港自由便利化建设的契合点,主动发掘自贸港的制度的比较优势,不断创新发展数字贸易的自由贸易港路径。全面发挥自贸港制度集成创新和自贸港特殊立法权限,针对我国内地对标实施 RCEP 高水平经贸规则的难点和痛点发力,形成"1+1〉2"的叠加效应。海南自贸港对标 RCEP 数字贸易规则,应当率先破除货物市场、服务市场、数据、资金、物流等市场要素的流动障碍,跨境电商货物贸易要以"零关税、零补贴、零壁垒"的"三零规则"为发展方向,跨境电商服务贸易要持续简化负面清单内容。将无纸化贸易、电子认证、电子签名等贸易便利化措施贯彻落实到持续推进自贸港货物贸易自由便利、服务贸易自由便利化建设的实践中去。在主动对标 RCEP 数字贸易规则的过程中,应当首先发挥政府数字化治理的作用,通过创新电子商务监管体系及风险防控法治的方式,为自贸港电子商务营造有利的外部环境。其次,还要优化自贸港数字化平台的建设,通过"线上数字化平台"与"线下产业园区"共建的方式引领传统贸易企业实现数字化转型升级,不断推动岛内优化产业链布局,培育并扩大数字贸易人才的队伍建设,形成 RCEP 数字贸易的规模化主体。在构建自贸港数字贸易法规体系的过程中,应当注意国际法与国内法的转化,提前做好调法调规工作,重点对标 RCEP 电子商务规则中的前沿议题,为我国后续申请加入 CPTPP、DEPA 等更高水平 RTAs 做好下行压力测试。当然,在促进开放的过程中,自由贸易港也需谨防各种风险,完善自贸港数字贸易主体监管平台,强化数据跨境流动风险认知,防控与 RCEP 成员国开展国际监管合作机制中的风险。海南建设中国特色自由贸易港,锚定"三区一中心"的战略定位,使海南致力于通过自由贸易港创新制度,为我国发展数字贸易建言献策,努力将我国打造成为全球数字贸易的重要成员之一,积极成为全球数字贸易规则的制定者与引领者。

第四节　自贸港对标人工智能国际规制风险防控

人工智能(Artificial Intelligence,缩写为 AI)是人类社会实现现代化发展的必然之势,其本身即是一种科学技术发展智能化的综合系统协同运作机制,涉及人类生活更自由、更便利、更创新、更协同、更发展的系统技术综合体,其充分显现了探索人类社会发展包容一系列能够推动开发模拟机制、延伸和扩展智能化的机理、系统、包容、便捷、多元、实用、同步及系统的新型应用技术科学。事实上,AI 已经普及到人们的日常生活、工作、出行、交友等活动当中,如常见的表现为推动人们识别智能化的机器人会听(语音识别、机器翻译等)、会说(语音合成、人机对话等)、会看(图像识别、文字识别等)、会思考(人机对弈、定理证明等)、会学习(机器学习、知识表示等)、会行动(机器人、自动驾驶汽车等)等等形态。事实上,AI 理论和智能化发展理念的产生是有一个发展过程的,早在 17 世纪中期,莱布尼茨、托马斯·霍布斯和笛卡儿等共同提出了"形式符合系统"格式化发展模式的设想,这种统一格式的形式要求便是 AI 的"前身",其理念在于统一格式的简单易行高效便捷,诱导人类发展 AI 的向往与梦想。20 世纪初期,乔治·布尔的

《思维规律的研究》、费雷格的《概念文字》以及怀特海和波特兰·罗素的《数学原理》等著作,也进一步描述了数理逻辑研究领域的突破有助揭示了AI推动人类发展的创新认识和实践运用空间前景。20世纪40年代,沃伦·麦卡洛克和沃尔特·皮茨首次提出"人工神经元"概念,揭示了本是纯理论的完备机器可以由人工神经元构成。20世纪50年代,图灵的《计算的机器与智能》一文首次提出了机器智能的概念,预言了创造出具备真正智能机器的可能性。马文·明斯基、约翰·麦卡锡与克劳德·香农在其发起和组织的"达特茅斯会议"上第一次提出"AI"的概念,后人便将此次会议称为"AI的起点"。① 可见AI的发展,次年理念梦想到最终促成,也有近四百年的历史,其实践的成功更是人类实现自我革命、自由便利、创新发展的伟大进程,如今人类实现更多工作、生活环境的AI发展,显现出人类不断持续推进自我解放的实践意义,推动人类生产力不断提升进步发展,释放出更多新质生产力和新活力。

发展AI,是新质生产力的重要抓手,更是当下人类处在新的百年未有之大变局的新发展契机。全面准确认知AI发展新机遇新要求,已是我国推动新质生产力的当务之急。习近平总书记指出"新质生产力是创新起主导作用,摆脱传统经济增长方式、生产力发展路径,具有高科技、高效能、高质量特征,符合新发展理念的先进生产力质态。"②有关AI发展,习近平总书记还专门强调指出,要把握AI等新科技革命浪潮,推进产业智能化、绿色化、融合化,建设具有完整性、先进性、安全性的现代化产业体系。③ 2024年《政府工作报告》明确指出:深化大数据、AI等研发应用,开展"AI+"行动,

---

① 徐艳、红罗敏:《AI的社会风险及其规避之道》,《湖南社会科学》2024年第4期。

② 《习近平在中共中央政治局第十一次集体学习时强调 加快发展新质生产力 扎实推进高质量发展》,《人民日报》2024年2月2日第1版。

③ 《习近平主持召开二十届中央财经委员会第一次会议强调,加快建设以实体经济为支撑的现代化产业体系 以人口高质量发展支撑中国式现代化》,《人民日报》2023年5月6日第1版。

打造具有国际竞争力的数字产业集群。①"AI+"概念首次被写入《政府工作报告》，成为 2024 年《政府工作报告》一大亮点，彰显 AI 已发展成为驱动产业升级和新质生产力发展的关键力量。"AI+"更加强调 AI 创新成果与传统行业、新兴行业的深度融合，以及创造新的发展生态。②"我国经济已由高速增长阶段转向高质量发展阶段，正处在转变发展方式、优化经济结构、转换增长动力的攻关期，迫切需要新一代 AI 等重大创新添薪续力。我们要深入把握新一代 AI 发展的特点，加强 AI 和产业发展融合，为高质量发展提供新动能。"③习近平总书记有关 AI 与传统产业、新兴产业深度融合发展理念，正在加大促进我国产业转型升级发展，推进新质生产力发展。

当下 AI 发展正在快速进入到新时代，尤其是这两年生成式 AI 更是引发大模型的爆发式发展，智能时代正在全面推进发展。我国正全面突破 AI"卡脖子"工程，使 AI 融入更多产业发展的新领域，诸如智能芯片、算法框架、大模型等关键技术已经得到有效突破，智能网联汽车、人形机器人、低空装备等典型产品加速迭代融合发展，智能工厂、智能车间等新模式、新业态不断涌现，信息化、数字化、智能化正深度融入经济、社会、民生等领域。④如何推进充分发展以 AI 为核心的新质生产力，已引起当下人们最强烈的关注与担忧，尤其是探索更多措施机制，加快促进 AI 与产业发展融合发展。党的二十届三中全会《决定》提出，建立未来产业投入增长机制，完善推动新一代信息技术、AI、航空航天、新能源、新材料、高端装备、生物医药、量子科技等战略性产业发展政策和治理体系。⑤ 这更加明确 AI 发展目标、路径

① 李强:《政府工作报告——2024 年 3 月 5 日在第十四届全国人民代表大会第二次会议上》，人民出版社 2024 年版，第 18 页。
② 李猛:《"AI+"赋能新质生产力发展——内在机理与路径探索》，《北京航空航天大学学报（社会科学版）》2024 年第 4 期。
③ 《习近平在中共中央政治局第九次集体学习时强调　加强领导做好规划　明确任务夯实基础　推动我国新一代 AI 健康发展》，《人民日报》2018 年 11 月 1 日第 1 版。
④ 王政:《加速 AI 应用落地》，《人民日报》2024 年 8 月 7 日第 17 版。
⑤ 《中共中央关于进一步全面深化改革　推进中国式现代化的决定》，《人民日报》2024 年 7 月 22 日第 1 版。

及其政策措施的导向。

一、AI 规则国际发展趋势认知

随着 AI 的不断持续发展,人类正在进入一个崭新的时代。同时,AI 也将带来全人类共同面临的全球性潜在的共同风险。各国参与 AI 治理国际合作的需求不断提升,作为一种新的全球治理类型的重要对象,AI 治理虽然正处于不断摸索与深化的初级阶段,但仍面临许多困境,诸如主要体现在全球 AI 发展治理失衡、安全治理失序和文明治理失范。[①] 基于此,我国先后提出了全球发展倡议、全球安全倡议、全球文明倡议[②],正引领世界潮流浩荡大势发展,也为全球 AI 发展提供了一个全面、系统、均衡和可持续的新型治理理念和路径。全球 AI 治理是一个极其敏感和极受全球关注的人类发展共同的议题,探索和寻求 AI 的人类共同认知、认同和认准的治理规则,成为 AI 国际发展的共性、理性和属性规制新秩序。

中国一直是 AI 全球治理的积极倡导者和践行者。2023 年 10 月,中国提出《全球 AI 治理倡议》,系统回答了为什么要加强、如何加强 AI 全球治理的重大时代课题,提出了中国方案,贡献了中国智慧,为凝聚国际社会共识、推进全球共享共治发挥了积极作用。该《倡议》指出,AI 是人类发展新领域,全球 AI 技术快速发展,对经济社会发展和人类文明进步产生深远影响,给世界带来巨大机遇。同时,AI 技术也带来难以预知的各种风险和复

---

① 张东冬:《三大全球倡议与 AI 全球治理的新理路》,《俄罗斯东欧中亚研究》2024 年第 4 期。

② "三大全球倡议",即习近平主席于 2021 年 9 月 21 日出席第七十六届联合国大会一般性辩论并发表重要讲话,提出以"坚持发展优先""坚持以人民为中心""坚持普惠包容""坚持创新驱动""坚持人与自然和谐共生""坚持行动导向"等为主要内容的全球发展倡议。2022 年 4 月 21 日习近平主席在博鳌亚洲论坛 2022 年年会开幕式上的主旨演讲中,提出了以"坚持共同、综合、合作、可持续的安全观""坚持尊重各国主权、领土完整""坚持遵守联合国宪章宗旨和原则""坚持重视各国合理安全关切""坚持通过对话协商以和平方式解决国家间的分歧和争端""坚持统筹维护传统领域和非传统领域安全"的"六个坚持"为主要内容的全球安全倡议。习近平总书记 2023 年 3 月 15 日在中国共产党与世界政党高层对话会上发表《携手同行现代化之路》主旨讲话,提出"全球文明倡议"。

杂挑战。AI 治理攸关全人类命运,是世界各国面临的共同课题。① 2024 年
7 月 1 日第 78 届联合国大会通过了中国主提的"加强 AI 能力建设国际合
作"决议,143 个联合国会员国参加联署,强调 AI 发展应坚持以人为本、智
能向善、造福人类的原则,鼓励通过国际合作和实际行动帮助各国特别是发
展中国家加强 AI 能力建设,增强发展中国家在 AI 全球治理中的代表性和
发言权,倡导开放、公平、非歧视的商业环境,支持联合国在国际合作中发挥
中心作用,实现 AI 包容普惠可持续发展,助力实现联合国 2030 年可持续发
展议程。② 这是聚焦 AI 能力建设的全球第一个共识性文件,具有许多标志
性意义。

欧洲极其关注发展 AI,尤其是强力推进 AI 监管立法。2021 年 4 月 21
日欧盟委员会提出《关于制定 AI 的协调规则并修改相关联盟立法的欧洲
议会和欧盟理事会条例的提议》,2022 年、2023 年欧盟理事会和欧洲议会先
后通过了对以上提议的共同立场文件和谈判立场文件,2024 年 2 月 2 日欧
盟 27 国代表一致通过整合以上三部法律文件的欧盟《AI 法》(EUAIA),并
于 2024 年 3 月 13 日获得欧洲议会批准,成为世界上第一部促进 AI 安全发
展的区域性国际公约,对世界 AI 发展应用和各国 AI 安全立法产生深远的
影响。③ EUAIA 体现了 AI 治理的欧盟行动态度,强烈关注 AI 对个人基础
权利、社会民主法治、环境可持续性等方面的侵犯,划定 AI 的功能性应用的
禁区,诸如禁止采集涉及民众有关生物学分类敏感信息、禁止利用未经授权
采集的面部图像建立人脸识别数据库、禁止在学校或工作场所进行情绪识
别、禁止基于对个人的特点评估对其进行预防性执法干预,以及禁止通过利
用人们的弱点对人进行行为操控等。④ 欧盟更加关注 AI 发展的焦点,在于

---

① 《全球 AI 治理倡议》,中华人民共和国外交部网站,http://www.fmprc.gov.cn。
② 《联大通过中国提出的加强 AI 能力建设国际合作决议》,《人民日报》2024 年 7 月 3 日第
17 版。
③ 皮勇:《欧盟〈AI 法〉中的风险防控　机制及对我国的镜鉴》,《比较法研究》2024 年
第 4 期。
④ 梁桐:《欧盟 AI 法案注重风险防控》,《经济日报》2024 年 3 月 25 日第 4 版。

AI 的风险控制,其充分显现了对待 AI 的相对保守和稳健的态度,强化规制其风险防控,显现出更多的禁止行为规制和责任条款政策偏多。

国际社会也关注和推进 AI 发展,且及时意识到 AI 发展存在的新问题新风险。诸如联合国非常关注和推进 AI 发展,强力推进 AI 的全球治理体系构建。联合国秘书长古特雷斯提出制定《全球数字契约》建议,其目的构建能够创造一个开放、自由、包容和安全的数字未来而服务所有人。其要义有三:一是让 30 亿不能上网的群体获得普遍连接,通过促进数字扫盲,并让妇女和女孩、移民、农村和土著人民有机会进入数字世界来缩小数字鸿沟。二是确保以人为本的数字空间必须保护言论自由、表达自由以及在线自主权和隐私权。三是数据共享促进可持续发展方面具有巨大的、尚未开发的潜力。期待国际社会共同努力支持确保数字时代的安全、包容和变革。[①]国际社会努力之下,有望加速推进 AI 全球化发展进程,尤其是促成 AI 全球治理体系构建的更多共识。积极推动发展 AI,已经是人类社会发展的基本共识,如何进一步提升发展 AI 的政策法律规制,强化国际社会共同推进 AI 全球治理能力和体系建设,成为 2024 年世界 AI 大会暨 AI 全球治理高级别会议发表《AI 全球治理上海宣言》(以下简称《上海宣言》)强烈关注的焦点。强调积极推进研发和释放 AI 在医疗、教育、交通、农业、工业、文化、生态等诸多领域的应用潜力,促进全球 AI 资源开放与共享、交流与合作、以人为本与智能向善发展新规制新秩序。强烈关注重视维护 AI 安全问题,加强各国数据与信息保护政策的互操作性,确保个人信息的保护与合法使用,强化 AI 等相关网络安全,防控 AI 防被误用、滥用或恶用。推动构建 AI 全球治理体系,促成 AI 的测试、评估、认证与监管政策实践的国际标准。发展提升 AI 的社会参与度和公众素养能力,提高 AI 的生活品质与社会福祉。[②]《上海宣言》不仅深刻阐释 AI 全球治理的背景及其必要性、安全性、可靠

[①] 《古特雷斯呼吁为所有人创造一个开放、自由、包容和安全的数字未来》,联合国网站,http://www.un.org。

[②] 《AI 全球治理上海宣言》,《人民日报》2024 年 7 月 5 日第 4 版。

性、可控性和公平性,而且强调只有在全球范围内的合作与努力下,才能充分发挥 AI 的潜力,为人类带来更大的福祉。

二、自贸港对标 AI 国际规则要素风险

海南自贸港积极推进发展 AI,进而提升海南自贸港现代产业体系。大力发展旅游业、现代服务业和高新技术产业,不断夯实实体经济基础,增强产业竞争力新动力新引擎。当下 AI 已经展现出大幅提升社会生产力、深刻重构人类社会的巨大潜力,无论是各国政府还是全球企业,都在积极拥抱 AI。关键问题在于充分认知"AI 非法工具化甚至武器化与让 AI 普惠化"。① 发展 AI 最能彰显新质生产力的潜力和合力,更是全面推进海南自贸建设的捷径和路径。推动 AI 发展,自贸港是推进高水平开放,建立开放型经济新体制的根本要求,更是深化市场化改革,打造法治化、国际化、便利化的自贸港一流营商环境的重要抓手。促进 AI,贯彻新发展理念,全面提升海南自贸港治理体系和治理能力现代化,是自贸港推动高质量发展,建设现代化经济体系的战略选择。自贸港对标国际高水平经贸规则,潜力发展 AI,强力支持经济全球化,是自贸港构建人类命运共同体的实际行动。

全球 AI 是一种人类新革命的新质生产力发展的新手段,海南自贸港建设不仅强化充分发展利用 AI 等高新技术产业与传统产业的融合发展,分享 AI 的开发与分享的最新成果,更重要的是强化防控自贸港建设过程中所产生的风险,尤其是《自贸港总体方案》规定了"制定实施有效措施,有针对性防范化解贸易、投资、金融、数据流动、生态和公共卫生等领域重大风险",其中"数据流动"成为海南自贸港风险防控体系之中最为敏感的防控要素。AI 正是集聚了大量数据,推动大数据交易,涉及数据交易安全及其风险防控的规制问题,成为自贸港 AI 发展的重要环节与领域规制的风险防控要点。探索海南自贸港 AI 创新规制,将充分显现自贸港对标国际经贸规则和

---

① 袁勇:《以开放推动 AI 国际合作》,《经济日报》2024 年 7 月 5 日第 8 版。

构建开放型经济新体制的智能创新服务新保障。探索海南自贸港风险防控相关问题,学者们从金融风险防控、市场风险防控、税务风险防控、授权立法风险防控等方面进行了研究,但是少有学者从全局层面对海南自贸港建设风险防控进行系统研究。海南自贸港建设必须把防控系统性风险放在重要位置,充分识别需防范的各类风险。① 海南自贸港发展 AI,在风险认知及其防控方面,关键在于探究对标全球 AI 规制标准,尤其是借鉴 EU AIA 有关发展 AI 的"禁止性条款情形"等有关规则,结合我国倡导主张(中国提出《全球 AI 治理倡议》《上海宣言》等)原则,显现出海南自贸港 AI 规制的先行先试规则,关键在于分析聚焦对标全球 AI 国际规则要素形式与内容。其要素主要表现如下方面:

一是 AI 数据客体规制要素。AI 的便捷性关键在于最大范围实现数据最充分最广泛的依其算法目的与规则,进行最有效的快速计算安排的实际应用。其核心是在相应的大数据背景下帮助数据"主人"或"客户"实现深度合成、生成相对于成果的服务。诸如我国 2022 年发布《互联网信息服务深度合成管理规定》与 2023 发布年《生成式 AI 服务管理暂行办法》,就指出 AI 实质就是一种有规则、有禁制、有目的的算法规制的深度合成、生成式的创新服务,其最大功效在于将服务进行数据数字创新运用。欧盟实践做法也明确规定"AI 系统可以独立使用,也可以作为产品的组成部分。同时,AI 系统还可以作为中介服务或中介服务的部分提供,如在线搜索引擎、在线聊天机器人等"。② 其显现了 AI 是一种完全创新的数字服务形式,其数字服务基于一定规则运用的数据,显现出算力算法算计的价值威力。自贸港 AI 创新规制的根本要素,在于数据要素要先行识别甄别再行规则。倘若没有差异的或深度科学识别,何以实现准确的系统甄别,又何以实现客观有效实用的算法算力得以应用推广。《自贸港方案》明确提出海南自贸港实

---

① 于涛、罗来军:《海南自由贸易港建设的风险识别与防控》,《海南大学学报(人文社会科学版)》2024 年第 2 期。

② 欧盟《AI 法》序言(12)和(119)。

行数据安全有序流动制度,其推行数据安全有序流动已成为自贸港数字产业发展的重要任务,而安全则是有序流动的前提。① 自贸港数据交易规制强调安全至上,尤其注重自贸港数据跨境流动安全性,涉及如何构建和规制海南自贸港数据流动安全有序,实现自贸港数据交易服务自由便利,以此推动自贸港对标 AI 国际规制,促进自贸港 AI 产业快速发展。

二是 AI 风险等级要素。AI 新时代是人类社会发展的新时代,其发展基础在于人类信任技术发展。技术发展和利用,往往都有一定风险性,人类依赖技术也有相应的信任度。AI 时代的信任须建立在 AI 技术安全确定性的法律管控和社会伦理引领的基础上。技术是 AI 获得可信的载体,技术视角下的 AI 信任建立在人对技术的信任基础上,使人相信 AI 技术属于"似人的技术"。② AI 信任度的认知与应用,已是推进和发展 AI 产业融合的关键要素。测试与评估 AI 的信任度,则来自 AI 实践运用的社会效应和服务价值。AI 本身就是服务升级与深入,其服务产品功能数字化,则揭示了 AI 风险存在一定等级类型。因此,AI 的产品责任风险,只能解决 AI 产品缺陷致害责任问题,不能解决 AI 产品应用不当以及 AI 服务产生的侵权责任问题。AI 技术应用的呈现形态是多样的,既可能以产品形式出现,也可能以服务形式出现,产品责任无法全面涵盖。AI 侵权责任问题大体可以分为产品责任与应用责任两个板块,前者针对 AI 生产研发端的风险损害,解决的是生产者一方的责任承担问题,后者聚焦 AI 部署应用端的风险损害,解决的是提供者、使用者一方的责任承担问题,两者相互补充。③ AI 风险等级规制,也是各国防控 AI 风险的一个重要方式。诸如欧盟《AI 法》采取 AI 风险分级的思路,除了单列的通用 AI 系统,其将 AI 系统分为禁止性风险、高风险和有限风险和最小风险四类。④ AI 风险等级的划定与运用,成为自贸港发

---

① 刘云亮、段怡帆:《国际数据贸易规则下的数据安全法律制度构建——以海南自由贸易港为例》,《山东社会科学》2024 年第 5 期。

② 杨建军:《可信 AI 发展与法律制度的构建》,《东方法学》2024 年第 4 期。

③ 郑志峰:《AI 应用责任的主体识别与归责设计》,《法学评论》2024 年第 4 期。

④ 丁晓东:《AI 风险的法律规制———以欧盟〈AI 法〉为例》,《法律科学》2024 年第 5 期。

展规制 AI 的重要抓手和规制内容。海南自贸港更加关注结合发展目标实际情况,制定与 AI 发展密切相关的法规,建立自贸港 AI 风险等级测试评估体系和科技伦理风险审查等相关制度。

三是 AI 软件道德伦理善恶要素。AI 运行规则,取决于有关算法算力算计的思维程序设计与流程安排。AI 的最大风险,在于无法知悉其算法算力算计的程序设计公正性,尤其是最大隐患在于其适用软件应用被黑客攻击或删除及其替换相关信息。AI 的应用,无论是内在系统程序设置而实现善意运用,还是外在因素"攻入"或恶意植入软件等,导致 AI 最初的推广运用目的被改变。这充分显现 AI 软件适用将产生道德伦理的"善恶"风险问题,基于此,AI 亟需更宽广范围的规制,将其适用的技术性、道德性、伦理性风险控制在可控的最低线。有关 AI 治理,最高频关键词有"AI、社会治理、数据治理、大数据、政府治理、数字治理、风险治理、城市治理、智能治理"等。国内对于 AI 治理的研究侧重"治理"二字。① AI 治理内在系统程序设置问题并不难,往往技术上规制其算法算力算计的程序设计规则,这一切具有相应统一认知和识别的 AI 国际规则,其治理往往是认知力问题,重点在于确保 AI 信息真实性,高度重视防控其虚假信息治理,尤其是一些带有偏见和歧视的语言信息,很可能会放大现实社会对妇女、儿童、有色人种等的不良印象和歧视现象。AI 的外在因素"攻入"或恶意植入软件等情形治理,则最为棘手。因为人类主观恶意植入软件造成的风险更是"难上加难"的防控,尤其是当下盛行的生成式 AI 技术,会极大助长一些深度伪造、伪装人类的外表、声音,形成网络犯罪,AI 根据用户指令生成的内容可能存在违法违规、违反公序良俗等情形,也可能被利用于诈骗等犯罪活动。② 此外,生成式 AI 技术也会因人类主观恶意而适用于网络恐怖主义、生物安全、削弱

① 徐晨飞、王凤珠:《国内外 AI 治理研究热点与发展趋势——基于 Citespace 的可视化分析》,《生产力研究》2024 年第 7 期。

② 李净欣:《引导 AI 为善去恶——各国专家共话 AI 伦理治理》,《上海人大》2024 年第 7 期。

文化多样性等等歧视,如此导致社会产生系统性风险问题。海南建设中国特色自贸港,推动发展 AI 技术产业,是构建开放型经济新体制的必经之路。自贸港聚焦对标全球 AI 国际规则,需亟待规制防范 AI 技术被"恶意植入"而导致损害人类利益的风险。这既是海南自贸港发展 AI 为核心的高新技术产业的重中之重,更是自贸港规制和对标 AI 国际规则的风险防控情形所关注的内容,探索自贸港算法算力算计规则的核心内容和基本制度,研究自贸港多元应用场景利用大数据和算法治理效能的可行性和适应性对策。

四是 AI 信息版权属性要素。AI 信息是发展 AI 最基本的单元,AI 正道在于数据真实性的判断性及其实用性,AI 的成功实践在于以多种形式展现数据与大数据运算的科学真实性的判断。因此,AI 数据真实性问题可能导致由人工智能整理分析的数据结果出现偏差,甚至容易产生 AI 制造"虚假信息"引发社会恐慌情绪,威胁社会稳定。此外,AI 数据版权的法律归属,也存在较大风险防控问题。诸如 AI 数据来源既要充分尊重和取得数据权利人的权利及其授权,又要获得社会发展所亟需实现的数据共享。AI 需要获得的获取行为本身是没有限制的,即使用者可以通过指令要求人工智能从互联网任意获取并整理相关信息,这期间,人工智能极有可能对发布者版权造成侵犯。[1] 再者 AI 整理之后还形成新的 AI,即 AI 之 AI,再次产生新的生成内容(AIGC)的版权归属问题。正是如此,欧盟《AI 法》规定,法律除了要求产品本身满足欧盟关于产品安全的规定之外,还要求 AI 系统承担建立风险管理系统、数据治理、编制和更新技术性文件、记录保存、透明度与向部署者提供信息、人为监督、准确性、稳健性和网络安全保障等额外责任。再如医疗器械的非 AI 部件也许设计不当、自动驾驶汽车的非 AI 部件可能会失灵、升降机和索道的非 AI 部件可能会老化,这有必要规制作为产品零件的非 AI 系统可能更需要风险管理、数据检测、人为检测。[2] 对于被列为高

---

[1]　余海宁:《人工智能赋能国家治理现代化的前景、挑战与优化》,《领导科学论坛》2024 年第 6 期。

[2]　丁晓东:《AI 风险的法律规制———以欧盟〈AI 法〉为例》,《法律科学》2024 年第 5 期。

风险的独立运行的 AI 系统,需要单独规制。这表明 AI 信息属性分类可划分为原始数据信息和再生或派生数据信息,AI 信息处理及其分享、再利用等版权许可风险。智能化时代的场景是由可量化的数据构成,场景为 AI 技术与具象化需求深度交互融合提供载体,实现 AI 技术创新与成果转化同时推进。① 海南自贸港 AI 技术版权规制,成为解决 AI 信息分享、再利用及其版权许可的关键性信息,也涉及海南自贸港对标 AI 信息版权国际规则,进行相应的探索创新 AI 版权新规制。

五是生成式 AI 效能要素。人们对 AI 的运用及其法律规制已经存在不少异议,对生成式 AI 更是有更多的疑惑及其法律堵点困点。2022 年 Open AI 公司研发出的人机互动的聊天机器人 ChatGPT(Chat Generative Pre - trained Transformer),其功能主要显现出具有强大自主学习能力,一经问世便迅速火遍全球。尽管其处于境外,其活动生成规则也不受我国法律监管,但其影响及其法律"预见"效应却引发许多思考。诸如 ChatGPT 生成的 AI 数据来源合法性、海量数据可靠性、大数据关联性、生成结果不良虚假或违法信息责任性等等问题。② ChatGPT 生成的为本,其数据处理阶段本身就存在安全隐患,主要表现风险有"算法黑箱"问题不易解决,其实质上就是一种数学运算,事先创设计算机程序算法规则本身存在合理科学准确全面与否等问题。ChatGPT 算法程序设置,其底层原理和规则往往被 AI 设计者所隐藏,导致一般用户无法直观感受和理解 AI 运行逻辑和过程情形下被动接受 AI 输出的结果。③ 生成式 AI 则更加演变更多的新程序新智能,其具有极强的数据分析和信息编辑筛选特色功能要求,能够在极短时间依据相应程序规则计算出相对标准"答案",实现生成再生成再推进,其生成过程

---

① 戚聿东、沈天洋:《人工智能赋能新质生产力:逻辑、模式及路径》,《经济与管理研究》2024 年第 7 期。

② 程韵:《生成式人工智能模型的法律风险及规制研究——以 ChatGPT 为视角展开》,《网络安全技术与应用》2024 年第 8 期。

③ 谭九生、范晓韵:《算法"黑箱"的成因、风险及其治理》,《湖南科技大学学报(社会科学版)》2020 年第 6 期。

是一种经验总结再提升再生成的持续发展规律,即 ChatGPT 在输出结果过程中基于程序规则只考虑如何能够输出更加"优美",符合人类自然语言表达逻辑的标准话术,而非输出真实且正确的"参考答案"。[1] 海南自贸港对标 AI 国际规则,亟需在上述情形要素中,探索生成式 AI 的伦理规制理念思路,开放与对标 AI 国际规则的最前沿,实现生成式 AI 规则的自贸港创新规制。

此外,还需要充分认知把握 AI 国际要素。发展 AI,必需有国际胸怀,面向全球,实现数据跨境自由才能真正拥有国际市场和处于国际同一起跑线。海南自贸港构建开放型经济新体制,推动"稳步扩大制度型开放,主动对接国际高标准经贸规则,打造透明稳定可预期的制度环境","扩大面向全球的高标准自由贸易区网络,建立同国际通行规则衔接的合规机制,优化开放合作环境"。[2]《自贸港方案》明确了构建数据安全有序流动制度和发展旅游业、现代服务业、高新技术产业的现代产业体系,这明确了海南自贸港建设更加注重发展传统产业与 AI 技术融合推进。数据流是牵引国际数字贸易运作的关键,数字成为国际贸易当事人之间建立法律关系所指向的具体目标,在数字贸易交易过程中涉及数据产权、数据安全、个人隐私等一系列横向法律关系。数据作为贸易标的,承载信息、知识、个人隐私、商业秘密等内容,并涉及不同权利,如收益权、处理权、隐私保护、商业秘密等。[3]国际数字贸易运作涉及数据跨境服务贸易新规制,如何推动自贸港对标 AI 国际数据贸易规则,尤其是如何推动 AI 技术融合发展、类似 ChatGPT 等生成式 AI 诸类型智能化相关的信息规制。尽管《欧洲 AI 法》已经就禁止采集涉及民众有关生物学分类敏感信息、人脸识别数据库、个人情绪识别特点等数据信息。然而,涉及大量数据跨境交易的敏感信息及其核准程序规则

---

① 钭晓东:《论生成式人工智能的数据安全风险及回应型治理》,《东方法学》2023 年第 5 期。

② 《中共中央关于进一步全面深化改革　推进中国式现代化的决定》,《人民日报》2024 年 7 月 22 日第 1 版。

③ 殷敏:《国际贸易数字化变革的国际规制》,《北方法学》2024 年第 2 期。

等情形,也未能有相应规制,在此方面也没有 AI 国际数据贸易规则,各国做法多元化,往往都会有"双标"规矩或"更灵活"规定。这正是海南自贸港对标 AI 国际数据贸易规则的难点和挑战,也是海南自贸港探索构建数据跨境流动制度的焦点、自贸港数据安全有序流动的立足点。

三、自贸港对标人工智能国际规则风险防控对策

有关自贸港对标 AI 国际规则要素风险的上述剖析,主要研究海南自贸港推进对标 AI 国际规则的对策。同时,对标 AI 国际规则要素风险产生情形、国内外风险规制、海南自贸港对标 AI 国际规则要素特色性及其风险防控对策机制等,成为对标 AI 国际数据贸易规则的焦点、难点和抓点。自贸港建设将涉及贸易、投资、金融、数据流动、生态和公共卫生等领域重大风险的化解问题。在具体数据流动方面,将涉及网络安全和数据安全风险防控,亟需面对贯彻实施网络安全等级保护制度,重点强化保障关键信息基础设施和数据安全,健全网络安全保障体系,建立健全数据出境安全管理制度体系,健全数据流动风险管控措施。① 这几年已经有学者们从金融、市场、税务、授权立法等风险防控方面进行了研究,海南自贸港建设必须把防控系统性风险放在重要位置,充分识别需防范的各类风险,统筹兼顾"放得开"与"管得住"的关键在于研判如何实施"管得住",防范化解各类风险是海南自贸港建设必须面对和解决的重要难题。② 自贸港数据安全有序流动的风险防控,直接涉及自贸港有关数据跨境流动的风险防控制度,这也与自贸港对标 AI 国际数据贸易规则的选择、判断与构建密切相关,关系到制定出台海南自贸港 AI 产业融合发展制度规制与规划。深圳在推动 AI 产业融合发展方面,已经有了很大的行动,诸如 2024 年 7 月深圳出台《深圳市加快打造人

---

① 中共中央、国务院:《海南自由贸易港建设总体方案》,《人民日报》2020 年 6 月 2 日第 1 版。

② 于涛、罗来军:《海南自由贸易港建设的风险识别与防控》,《海南大学学报(人文社会科学版)》2024 年第 2 期。

工智能先锋城市行动方案》,提出构建"一超多强总调度"智能算力体系,加快推进深圳先进算力基础设施建设,推动"鹏城云脑Ⅲ"连接全国资源打造核心节点,推进深圳开放智算中心建设。① 深圳开始全面实施加快推进打造 AI 先锋城市行动方案,许多促进 AI 先锋城市的措施正在推出。2020 年 8 月中央印发的《智慧海南方案》提出总体架构包括"四梁八柱"和"地基",2025 年底,以"智慧赋能自由港""数字孪生第一省"为标志的智慧海南基本建成,国际信息通信开放试验区、精细智能社会治理样板区、国际旅游消费智能体验岛和开放型数字经济创新高地的战略目标基本实现。② 事实上,海南自贸港已将数据跨境流动作为海南现代服务业高质量发展的主抓手,把数据跨境流动自由作为海南自贸港更高水平对外开放的显著标志和重点环节。自贸港主张实施数据跨境流动自由面临巨大的风险挑战,其将涉及国家信息安全或公众信息利益风险,导致企业一些商业秘密或重要数据被窃取流失,个人信息也易被泄露,个人隐私权难以得到保障,亟待构建自贸港安全高效的数据管理网纳入《数据安全法》《数据出境安全评估办法》《国家安全法》《电子商务法》以及部分行业法规当中。前两个安全法也都有境流动风险评估防控机制。自贸港对标人工智能国际规则风险防范对策,主要体现在以下五个方面。

首先,推动制定海南自贸港有关数据跨境流动安全及其风险防控监管制度的自贸港法规。当下,我国有关数据跨境流动相关的法律法规现,主要分布于《网络安全法》跨境数据相应规定,其内容深度不足,仅仅限于有关"统筹协调有关部门加强监管"的规定。数据跨境流动立法的模糊性、不完

---

①　中共深圳市委办公厅、深圳市人民政府办公厅印发《深圳市加快打造人工智能先锋城市行动方案》,见于深圳政府网站政策法规。诸如构建人工智能生态系统,打造全栈创新先锋;构建人工智能生态系统,打造全栈创新先锋;畅通数据供给渠道,打造数据跨境先锋;深化全域全时全场景应用,打造场景应用先锋;建设智能驾驶全国示范区;营造开放包容的发展环境等六个方面 22 项内容。深圳政府在线网,http://www.sz.gov.cn。

②　2020 年 8 月推进海南全面深化改革开放领导小组办公室印发的《智慧海南方案》,提出五大重点任务:建设国际信息通信开放试验区,打造精细智能社会治理样板区,创建国际旅游消费智能体验岛,构筑开放型数字经济创新高地,统筹部署智慧海南大脑支撑体系。

备性、不确定性,在一定程度上增加了对其风险管理和司法实践的难度,海南自贸港在数据跨境流动方面尝试创新立法,实施自贸港数据跨境流动监管和风险防控的有效规制,具有较大难度和风险性。[①] 即使海南自贸港实施"一线放开,二线管住,岛内自由"风险防控机制,但是自贸港数据跨境流动风险仍是"数据流"风险属性,其"先行先试"数据跨境流动国际规则又如何实现对标与接轨,仍是亟待创新立法规制。强化通过海南自贸港立法创新模式,推动海南自贸港 AI 产业融合发展的创新立法,规制自贸港有关数据安全和数据跨境流动的专门性地方法规,也可促成自贸港"变通性"立法优势。诸如强化自贸港数据跨境确权、分级分类管理、安全风险防控,规制自贸港数据跨境流动制度集成创新、率先构建数据跨境流动可复制、可推广的"海南经验"等等,完善自贸港数据风险评估机制、评估程序、评估标准等,并规制涉及国家经济安全、重点领域、社会公共利益的数据管控制度,在风险可控前提下推进数据跨境自由流动,等等。

其次,探索构建自贸港 AI 关键核心技术风险防控的安全清单制度。《海南自贸港法》已明确高新技术产业,是海南自贸港的优势特色产业之一,构建自贸港 AI 关键核心技术安全清单制度,更加明确海南自贸港 AI 关键核心技术及其数据跨境流动的审核清单目录及其透明性,强化自贸港数据安全有序流动的自由度与便利度。因为各级政府各部门纷纷实施一系列改革措施,推进市场便利化,从政府办事程序、材料要求、单一窗口、流程透明度、公正公开等具体为民便民措施。[②] 自贸港规制关系经济安全和公共利益的数据,尝试规制健全管控措施、加强安全监测、防范数据风险,提升政府数据治理效能。实施 AI 关键核心技术安全清单制度,更加显现政府及其部门提供更多透明度便利度,明确在跨境数据流动中要重点关注关键核心技术安全问题。制定自贸港 AI 关键核心技术安全清单,是自贸港构建跨境

---

① 李猛、赵若锦:《中国海南自由贸易港风险防控体系构建研究——以更高水平对外开放与国家经济安全利益平衡为视角》,《中国经济学》2024 年第 1 辑。

② 刘云亮:《营商环境法治化三维论》,《政法论丛》2024 年第 3 期。

数据安全有序流动制度的关键性和保障性举措。列明关系国家经济安全和利益的 AI 关键核心技术,有助于确保国家经济安全、科技安全、军事安全、网络安全等领域的外商投资、服务贸易、数字贸易安全发展,强化国家数据安全的风险监管防控。AI 关键核心技术安全清单,涉及数据跨境流动事权规制,开展有效赋权,深化扩权赋能,规制海南自贸港期待拥有较为充分的自主改革权限,以满足其追求的数据跨境流动自由、便利、安全、风险可控的价值诉求。自贸港政府调控与有效市场的平衡,是数据跨境流动规制的主要价值取向,政府管控与行业自律的有效结合,对于推进实现数据跨境安全有序流动具有重要意义。

第三,构建自贸港对标 AI 数字贸易国际规则的风险防控新机制。数字贸易是多国博弈焦点,数字贸易规则是国际经贸新规则的核心内容。数据跨境流动具有跨域性、流动性、风险性等特点,发展自贸港 AI 业态,关键是加快完善平台经济、数据等重点领域基础性制度,充分激发平台、数据等资源要素活力,为实体经济和数字经济深度融合提供坚实保障,促进自贸港平台经济创新发展。强化自贸港对接 AI 国际产业链供应链,加大 AI 全球产业链供应链安全风险,充分综合考量自贸港各类资源的 AI 包容度、融合度、依存度、本地产业特色关联度等等因素。探索自贸港 AI 业态统一高效监管新机制,实现 AI 及其生成式业态的整体性、协同性、系统性和穿透式监管,有效防控和化解自贸港对标 AI 国际规则的风险问题。数字贸易规则虽已形成基于 CPTPP、USMCA 和 UJDTA 的"美式框架",主张数据跨境流动和限制数据本地化措施,更强化发展中平衡高标准和包容性,也注重吸纳欧盟 AI 法关注个人信息隐私保护。《数字经济伙伴协定》(DEPA)为代表的"新式模板",集中体现了新加坡等中小国家在数字治理方面的主要诉求。[①] 自贸港对标 AI 数字贸易国际规则的风险防控新平台,及时监管数据跨境流动

---

① 刘斌、刘一鸣:《国际经贸规则重构与中国自贸试验区发展:对接与联动》,《中国特色社会主义研究》2023 年第 3 期。

中的网络安全、数据安全、信息安全,构筑数据跨境流动网络信息安全防线。海南自贸港正在努力建设"国际信息枢纽"和"智慧海南",打造"全千兆自由贸易港",积极推进国际(离岸)数据中心建设,推动数据跨境流动平台建设。① 要强化建设数据安全中心,提高安全系数。在自贸港数据跨境流动管理中打破信息壁垒、实现资源共享,提升对数据跨境流动的监管效率。防控数据跨境流动风险,建立数据跨境流动争议解决机制,妥善处理因数据跨境流动而产生的冲突和争议,维护数据主体的经济社会安全稳定等,优化自贸港数字营商环境。

第四,强化自贸港实体经济与数字经济 AI 融合发展一体化的风险防控对策。当下全力推动实体经济和数字经济深度融合发展,已是人类社会发展转型不争的事实。习近平总书记指出,"发展数字经济意义重大,是把握新一轮科技革命和产业变革新机遇的战略选择","充分发挥海量数据和丰富应用场景优势,促进数字技术和实体经济深度融合,赋能传统产业转型升级,催生新产业新业态新模式,不断做强做优做大我国数字经济",指出要突出抓好数字经济七个方面工作。② 数字经济关系到国家发展大局,涉及国家治理体系和治理能力现代化建设,尤其强化国家数字经济发展的顶层设计和体制机制创新。AI 技术极大有助推动实体经济与数字经济融合发展,更有助推动新型工业数字化发展,促进数字产业化和产业数字化政策体系等融合发展促进。事实上,我国已经加大促进实体经济和数字经济深度融合的力度,将其作为我国建设现代化产业体系的必然发展路径,不断持续创新推动 AI 技术融合化发展。AI 技术作为推进实体经济和数字经济融合发展的根本形式,它已经充分彰显 AI 的高效、便捷、同步、协同发展的社会

---

① 王霞、牛子萍:《数字经济时代海南自贸港营商环境建设的机遇、挑战及优化方案》,《商业经济》2024 年第 4 期。

② 习近平:《不断做强做优做大我国数字经济》,《求是》2022 年第 2 期。这是习近平总书记 2021 年 10 月 18 日在十九届中央政治局第三十四次集体学习时讲话的主要部分,指出加强关键核心技术攻关、加快新型基础设施建设、推动数字经济和实体经济融合发展、推进重点领域数字产业发展、规范数字经济发展、完善数字经济治理体系、积极参与数字经济国际合作等。

效应,更是揭示未来人类发展的根本趋势。近年来,我国数字经济发展量质齐升,2023 年数字经济核心产业增加值超过 12 万亿元,占国内生产总值比重 10%左右;5G、工业互联网、人工智能等新动能加快发展,传统产业数字化改造纵深推进,智能制造、服务型制造等融合发展新业态新模式不断涌现,为发展新质生产力、建设现代化产业体系注入强劲动力。① 海南自贸港最充分把握数字经济高创新性、强渗透性、广覆盖性的特色,发挥 AI 技术的数字性,充分运用科学准确持续对接实体经济的数字要素,自贸港加大提升大数据及其 AI 技术实践运用能力,推动自贸港社会公共领域中数字化、分散化、杂乱化的信息资源进行搜集、整理并分类,为政策的决策和执行提供了重要的参考。中央“12 号文件”已经明确海南自贸港要统筹实施网络强国战略、大数据战略、“互联网+”行动,大力推进新一代信息技术产业发展,推动互联网、物联网、大数据、卫星导航、人工智能和实体经济深度融合。鼓励发展虚拟现实技术,大力发展数字创意产业。② 推动自贸港政府领导决策更加科学、高效、智能和贴近民生,实现智慧赋能自贸港,强化自贸港人流物流资金流数据流信息流“诸流合一”,实现自贸港公共服务领域的数据共享互通的 AI 在线服务功能。实现实体经济最佳最高效最具社会效应的深度融合发展,最大化实现优化自贸港数字营商环境。

　　第五,坚守自贸港 AI 国际合作的伦理风险防控。自贸港主动参与数字经济国际合作活动,开展数字治理合作的自贸港行动方案。《海南自贸港法》已明确规定“国家支持海南自由贸易港探索实施区域性国际数据跨境流动制度安排”,自贸港构建开放型经济新体制,更加充分利用“一带一路”、上合峰会、博鳌亚洲论坛等有利平台,加强数据跨境流动的国际交流与合作,参与数据跨境流动国际规则的创制,提升我国在数据跨境流动国际

---

①　金壮龙:《健全促进实体经济和数字经济深度融合制度》,《人民日报》2024 年 8 月 20 日第 9 版。

②　《中共中央国务院关于支持海南全面深化改革开放的指导意见》,《人民日报》2018 年 4 月 14 日第 1 版。

规则制定中的话语权和影响力。自贸港主动参与完善数字经济治理体系，尤其是重视和强化 AI 国际合作的自贸港行动，放胆创制自贸港数据规制和 AI 的自贸港规则，促进自贸港 AI 法律法规制度，为提升我国数字经济治理体系和治理能力现代化水平，提供自贸港成功实践经验。习近平总书记在完善数字经济治理体系方面，专门指出"要改进提高监管技术和手段，把监管和治理贯穿创新、生产、经营、投资全过程"，"要完善国家安全制度体系，重点加强数字经济安全风险预警、防控机制和能力建设，实现核心技术、重要产业、关键设施、战略资源、重大科技、头部企业等安全可控"。① 加强构建 AI 国际合作的风险防控机制，就必须强化建立自贸港数据安全有序流动制度，方能推进实施自贸港数据跨境流动自由便利制度，尤其是构建安全可靠的数据基础制度，实现自贸港数据资源市场化、法治化、国际化的一流数据流动机制现代化。

---

① 习近平:《不断做强做优做大我国数字经济》,《求是》2022 年第 2 期。

参 考 文 献

一、著作类

1.《习近平谈治国理政》第三卷,外文出版社 2020 年版。

2.《习近平谈治国理政》第四卷,外文出版社 2022 年版。

3. 习近平:《高举中国特色社会主义伟大旗帜　为全面建设社会主义现代化国家而团结奋斗——在中国共产党第二十次全国代表大会上的报告》,人民出版社 2022 年版。

4.《中共中央关于进一步全面深化改革　推进中国式现代化的决定》,人民出版社 2024 年版。

5. 中共中央党史和文献研究院:《习近平关于中国式现代化论述摘编》,中央文献出版社 2023 年版。

6.《习近平法治思想概论》编写组:《习近平法治思想概论》,高等教育出版社 2021 年版。

7. 刘云亮等:《中国特色自由贸易港立法体制创新研究》,人民出版社 2024 年版。

8. 刘云亮:《失信惩戒法律制度研究》,人民出版社 2023 年版。

9. 刘云亮:《中国特色自由贸易港法治创新研究》,法律出版社 2022 年版。

10. 刘云亮:《建设海南国际旅游岛法律对策研究》,法律出版社 2016 年版。

11. 刘云亮:《中国经济特区立法研究》,南海出版公司 1996 年版。

12. 王瑞贺:《中华人民共和国海南自由贸易港法释义》,法律出版社 2021 年版。

13. 林中梁:《WTO 改革与国际经贸规则重构:WTO 法与中国 2020:WTO laws and China 2020》,知识产权出版社 2021 年版。

14. 袁波等:《中国自由贸易区发展报告.2020》,中国商务出版社 2021 年版。

15. 黄鹏:《世界经济再平衡下的国际经贸规则重构:动因、方向及可能路径》,上海人民出版社 2020 年版。

16. 王燕:《国际经贸规则重塑的二元制度构建》,法律出版社 2020 年版。

17. 陈利强：《中国特色自贸区（港）法治建构论》，人民出版社 2019 年版。

18. 石佑启、朱最新等：《地方立法学（第二版）》，高等教育出版社 2019 年版。

19. 焦慧莹：《国际经贸规则框架下自贸区制度创新》，中国财政经济出版社 2018 年版。

20. 韩逸畴：《WTO 贸易政策灵活性机制研究》，法律出版社 2018 年版。

21. 何军明、丁梦：《"一带一路"背景下中国——东盟关系与自贸区升级研究》，厦门大学出版社 2020 年版。

22. 刘正：《中国自贸区金融创新与法律支持研究》，北京交通大学出版社 2016 年版。

23. 陈立虎：《自贸区法律制度研究》，法律出版社 2016 年版。

24. 林雄：《中国自贸区建设与国际经验》，中山大学出版社 2016 年版。

25. 肖冰：《WTO 争端解决中的中国现象与中国问题研究》，法律出版社 2020 年版。

26. 薛虹：《国际电子商务法通论》，中国法制出版社 2019 年版。

27. 胡戎恩：《中国地方立法研究》，法律出版社 2018 年版。

28. 孙佑海、李曙光：《德国法院与司法制度》，法律出版社 2020 年版。

29. 王名扬：《英国行政法》，北京大学出版社 2016 年版。

30. 俞子荣等：《RCEP：协定解读与政策对接》，中国商务出版社 2021 年版。

31. 李拯：《数字经济浪潮：未来的新趋势与可能性》，人民出版社 2020 年版。

32. 上海发展研究院：《全球自贸区发展研究及借鉴》，上海人民出版社 2015 年版。

33. 魏建国：《中央与地方关系法治化研究：财政维度》，北京大学出版社 2015 年版。

34. 李璐玲、张娜：《自由贸易区法律问题研究》，中国政法大学出版社 2014 年版。

35. 陈运生：《地方人大常委会规范备案审查制度研究》，中国政法大学出版社 2013 年版。

36. 李培传：《论立法》，中国法制出版社 2010 年版。

37. 周旺生：《立法学》，法律出版社 2009 年版。

38. 吴士存：《海南自由贸易港未来及全球定位》，广东人民出版社 2021 年版。

39. 代中现：《中国区域贸易一体化法律制度研究：以北美自由贸易区和东亚自由贸易区为视角》，北京大学出版社 2008 年版。

40. 徐孟洲：《金融监管法研究》，中国法制出版社 2008 年版。

41. 封丽霞：《中央与地方立法关系法治化研究》，北京大学出版社 2008 年版。

42. 刘丰名：《国际金融法》，中国政法大学出版社 2007 年版。

43. 胡光志:《虚拟经济及其法律制度研究》,北京大学出版社2007年版。

44. 史锦华:《金融开放对金融监管有效性影响研究》,中国财政经济出版社2007年版。

45. 顾功耘:《金融衍生工具的法律规制》,北京大学出版社2007年版。

46. 王林生、张汉林:《发达国家规制改革与绩效》,上海财经大学出版社2006年版。

47. 曾筱清:《金融全球化与金融监管立法研究》,北京大学出版社2005年版。

48. 吴蓉:《自由贸易区功能特征与法律保障》,经济科学出版社2004年版。

49. 应松年:《外国行政程序法汇编》,中国法制出版社2004年版。

50. 曹海晶:《中外立法制度比较》,商务印书馆2004年版。

51. 武康平、吴蓉:《自由贸易区功能特征与法律保障》,经济科学出版社2004年版。

52. 刘莘:《行政立法研究》,法律出版社2003年版。

53. 马卫华:《WTO与中国金融监管法律制度研究》,中国人民大学出版社2002年版。

54. 戚渊:《论立法权》,中国法制出版社2002年版。

55. 邓世豹:《授权立法的法理思考》,中国人民公安大学出版社2002年版。

56. 陈新民:《中国行政法学原理》,中国政法大学出版社2002年版。

57. 陈伯礼:《授权立法研究》,法律出版社2000年版。

58. 苗连营:《立法程序论》,中国检察出版社2000年版。

59. 王艳红:《区域经济格局演变中的中国自由贸易区战略研究》,南开大学出版社2018年版。

60. 赵维田:《世贸组织(WTO)的法律制度》,吉林人民出版社2000年版。

61. 董安生:《国际货币金融法》,中国人民大学出版社1999年版。

62. 郑成思:《知识产权论》,法律出版社1999年版。

63. 曹建明、贺小勇:《世界贸易组织》,法律出版社1999年版。

64. 张乃根:《国际贸易的知识产权法》,复旦大学出版社1999年版。

65. 马怀德:《中国立法体制、程序与监督》,中国法制出版社1999年版。

66. 苏力:《法治及其本土资源》,中国政法大学出版社1996年版。

67. 顾培东:《法学与经济学的探索》,中国人民公安大学出版社1994年版。

68. 贺平、周峰等:《亚太合作与中国参与全球经济治理》,上海人民出版社2015年版。

69. 国务院发展研究中心对外经济研究部课题组:《服务贸易:开放合作与创新发

展》,中国发展出版社 2020 年版。

70. 周俊等:《国际贸易:理论、政策与实践》,苏州大学出版社 2017 年版。

71. 乌维·维瑟尔:《欧洲法律史:从古希腊到里斯本条约》,刘国良译,中央编译出版社 2016 年版。

72. 孟德斯鸠:《论法的精神》,许明龙译,商务印书馆 2012 年版。

73. 罗伯斯庇尔:《革命法制与审判》,商务印书馆 2009 年版。

74. 博登海默:《法理学——法哲学与社会方法》,邓正来译,中国政法大学出版社 2004 年版。

75. 波斯纳:《法理学问题》,苏力译,中国政法大学出版社 2002 年版。

76. 威廉·韦德:《行政法》,徐炳等译,中国大百科全书出版社 1997 年版。

77. 施米托夫:《国际贸易法文选》,赵秀文译,中国大百科全书出版社 1993 年版。

78. 伯纳德·施瓦茨:《行政法》,徐炳译,群众出版社 1986 年版。

二、报刊类

1. 习近平:《在庆祝海南建省办经济特区 30 周年大会上的讲话》,《人民日报》2018 年 4 月 14 日。

2. 《中共中央国务院关于支持海南全面深化改革开放的指导意见》,《人民日报》2018 年 4 月 15 日。

3. 习近平:《营造稳定公平透明的营商环境,加快建设开放型经济新体制》,《人民日报》2017 年 7 月 18 日。

4. 《海南自由贸易港建设总体方案》,《人民日报》2020 年 6 月 2 日。

5. 《中共中央关于全面推进依法治国若干重大问题的决定》,《人民日报》2014 年 10 月 29 日。

6. 李克强:《政府工作报告》,《人民日报》2018 年 3 月 18 日。

7. 王利明:《负面清单管理模式的优越性》,《光明日报》2014 年 5 月 5 日。

8. 刘云亮:《依法能动履职服务保障自贸港高质量发展》,《检察日报》2023 年 6 月 20 日。

9. 刘云亮:《法治先行引领自由贸易港建设》,《海南日报》2020 年 1 月 22 日。

10. 朱宁宁:《聚焦规范性文件备案审查关键问题》,《法制日报》2018 年 10 月 16 日。

11. 谭波、邓颖颖:《海南自由贸易港建设总体方案的法治框架》,《中国社会科学报》2020 年 8 月 12 日。

12. 吴娜:《RCEP 促跨境电商加速跑》,《北京日报》2022 年 7 月 16 日。

13. 汤莉:《借势 RCEP 拓展东南亚跨境电商市场》,《国际商报》2022 年 5 月 12 日。

14.《加强规范性文件备案审查 切实维护国家法制统一——〈海南省各级人民代表大会常务委员会规范性文件备案审查条例〉解读》,《海南日报》2021 年 6 月 6 日。

15. 严冬峰:《加快构建海南自贸港法治体系》,《海南日报》2020 年 8 月 28 日。

三、期刊类

1. 刘云亮:《营商环境法治化三维论》,《政法论丛》2024 年第 3 期。

2. 刘云亮:《中国特色自由贸易港法规体系构建论》,《政法论丛》2021 年第 6 期。

3. 刘云亮:《中国特色自由贸易港授权立法研究》,《政法论丛》2019 年第 3 期。

4. 刘云亮:《中国特色自由贸易港优化营商环境的法律途径》,《社会科学辑刊》2021 年第 3 期。

5. 刘云亮、卢晋:《RCEP 经贸规则与中国特色自贸港法治创新研究》,《济南大学学报(社会科学版)》2023 年第 1 期。

6. 刘云亮、卢晋:《RCEP 视域下中国特色自贸港国际化建设的法治路径》,《广西社会科学》2022 年第 7 期。

7. 刘云亮、卢晋:《中国特色自贸港对接 CPTPP 经贸规则的可行性基础及法律对策研究》,《西北民族大学学报(哲学社会科学版)》2022 年第 6 期。

8. 刘云亮、段怡帆:《国际数据贸易规则下的数据安全法律制度构建》,《山东社会科学》2024 年 5 期。

9. 刘云亮、段怡帆:《自贸区(港)对标 DEPA 数据流通规则的立法创新研究》,《河南师范大学学报》2024 年 6 期。

10. 刘云亮:《中国特色自由贸易港建设法治先行论》,《上海政法学院学报》2022 年第 2 期。

11. 刘云亮:《经济法的软法形式、理性与治理》,《南京社会科学》2018 年第 4 期。

12. 龚柏华:《中国自贸试验区到自由贸易港法治理念的转变》,《政法论丛》2019 年第 3 期。

13. 范健、徐璟航:《论自由贸易港制度的法律属性——兼论"中国海南自由贸易港法"创制的本土化与国际化》,《南京大学学报》2019 年第 6 期。

14. 王春业:《论我国"特定区域"法治先行》,《中国法学》2020 年第 3 期。

15. 熊勇先:《论海南自由贸易港法规制定权及其行使》,《暨南学报(哲学社会科学版)》2022 年第 8 期。

16. 裴广一、陶少龙:《海南自贸港建设视域下中国加入 CPTPP 路径思考》,《学术研究》2023 年第 3 期。

17. 甘露:《国际典型自由贸易港政府治理的实践经验及中国特色自由贸易港的策略选择》,《经济体制改革》2023 年第 1 期。

18. 叶光亮等:《以竞争政策促进有效市场和有为政府更好结合——论公平竞争审查制度》,《中国行政管理》2022 年第 11 期。

19. 叶光亮等:《政策评估视角下的公平竞争多元审查机制》,《社会科学战线》2023 年第 4 期。

20. 韩龙、戚红梅:《〈海南自由贸易港法(草案)〉的三维透视与修改建议》,《海南大学学报》(人文社会科学版)2021 年第 2 期。

21. 彭真明、王少祥:《论中国特色自由贸易港建设的立法创新》,《海南大学学报》(人文社会科学版)2020 年第 3 期。

22. 夏锋:《中国特色自由贸易港治理体系框架建构和制度创新》,《经济体制改革》2020 年第 4 期。

23. 夏锋、郭达:《海南经济特区开放型经济发展的基本经验与战略选择》,《改革》2018 年第 5 期。

24. 王蕊等:《从 CPTPP 与 RCEP 差异看我国应对数字贸易规则竞争的思路》,《国际贸易》2022 年第 3 期。

25. 臧昊,梁亚荣:《论海南自由贸易港立法权的创设》,《海南大学学报(人文社会科学版)》2021 年第 5 期。

26. 史本叶、王晓娟:《探索建设中国特色自由贸易港——理论解析,经验借鉴与制度体系构建》,《北京大学学报(哲学社会科学版)》2019 年第 4 期。

27. 王崇敏:《海南建设自由贸易港的临时仲裁机制创新研究》,《海南大学学报(人文社会科学版)》2018 年第 3 期。

28. 王崇敏、曹晓路:《海南自由贸易港一流营商环境的法治基础》,《河南财经政法大学学报》2021 年第 2 期。

29. 李恒:《海南建设自由贸易试验区的构想》,《对外贸易》2014 年第 4 期。

30. 王琦:《海南经济特区立法效益研究》,《海南大学学报(人文社会科学版)》2008 年第 4 期。

31. 王振民、王逸冉:《全国人大常委会特定事项授权的立法完善》,《现代法学》2019 第 6 期。

32. 高頔、何家华:《论中央和经济特区关系的法治化》,《兰州大学学报(社会科学版)》2019 年第 6 期。

33. 李宏兵等:《RCEP 框架下跨境电子商务国际规则比较及中国对策》,《国际贸易》2022 年第 4 期。

34. 李德旺、叶必丰:《地方变通立法的法律界限与冲突解决》,《社会科学》2022 年第 3 期。

35. 王蕾:《从 CPTPP 与 RCEP 规则升级看我国数字贸易规则竞争的应对》,《国际贸易》2020 年第 8 期。

36. 王锴:《合宪性审查的百年历程与未来展望》,《环球法律评论》2022 年第 3 期。

37. 韩大元:《坚持依法保障人权,健全人权法治保障机制》,《人权》2022 年第 2 期。

38. 王建学:《改革型地方立法变通机制的反思与重构》,《法学研究》2022 年第 2 期。

39. 门中敬:《不抵触宪法原则的适用范围:规范差异与制度逻辑》,《法学论坛》2022 年第 1 期。

40. 陈多旺:《论重大改革特别授权中的程序价值》,《法学》2021 年第 7 期。

41. 马光:《FTA 数据跨境流动规制的三种例外选择适用》,《政法论坛》2021 年第 5 期。

42. 竺彩华、刘让群:《中美博弈对国际经贸规则体系重构的影响》,《太平洋学报》2021 年第 4 期。

43. 陈柏峰:《习近平法治思想中的"党的领导"理论》,《法商研究》2021 年第 3 期。

44. 东艳:《国际经贸规则重塑与中国参与路径研究》,《中国特色社会主义研究》2021 年第 3 期。

45. 宋方青:《习近平法治思想中的立法原则》,《东方法学》2021 年第 2 期。

46. 梁鹰:《2020 年备案审查工作情况报告评述》,《中国法律评论》2021 年第 2 期。

47. 黄鹏:《重构全球化:全球经济治理的改革取向》,《探索与争鸣》2021 年第 2 期。

48. 徐泉、耿旭洋:《边境后措施国际监管合作发展趋向与问题阐释》,《上海对外经贸大学学报》2021 年第 5 期。

49. 孙丽、赵泽华:《日本依托区域经济一体化主导国际经贸规则制定权的战略分析》,《现代日本经济》2021 年第 1 期。

50. 李墨丝:《CPTPP+数字贸易规则、影响及对策》,《国际经贸探索》2020 年第 12 期。

51. 孙波:《论行政立法后评估制度的完善》,《江西社会科学》2020 年第 11 期。

52. 翁国民、宋丽:《〈美墨加协定〉对国际经贸规则的影响及中国之因应——以 NAFTA 与 CPTPP 为比较视角》,《浙江社会科学》2020 年第 8 期。

53. 张磊、徐琳:《服务贸易国内规制的国际治理:基于 USMCA 对 CPTPP 的比较研究》,《社会科学》2020 年第 7 期。

54. 王锴:《论备案审查结果的溯及力——以合宪性审查为例》,《当代法学》2020 年第 6 期。

55. 陈希:《我国地方立法合宪性审查制度特色研究》,《法学论坛》2020 年第 6 期。

56. 焦盛荣:《推进地方立法科学化民主化特色化的遵循和机制》,《甘肃社会科学》2020 年第 5 期。

57. 王春丽、冯莉:《国际经贸规则重构对中国对外开放的影响与应对策略》,《亚太经济》2020 年第 5 期。

58. 杨登峰:《行政程序地方现行立法的主体、模式与规范》,《政治与法律》2020 年第 3 期。

59. 齐湘泉、姜东:《国际投资争端解决中的透明度原则》,《学习与探索》2020 年第 2 期。

60. 钊阳、桑百川:《对标高标准国际经贸规则优化外商投资制度环境》,《国际贸易》2019 年第 10 期。

61. 林朝鸿:《重大行政决策责任追究事由的偏离和矫正——以决策中对社会稳定风险的控制为中心》,《行政法学研究》2019 年第 6 期。

62. 王晓红等:《对"三零"国际经贸规则的认识》,《国际贸易》2019 年第 6 期。

63. 李林:《新时代中国法治理论创新发展的六个向度》,《法学研究》2019 年第 4 期。

64. 梁立新:《法治化视角下的基本公共文化服务均等化》,《浙江学刊》2019 年第 4 期。

65. 钟英通:《国际经贸规则适用的差异化现象及其法律应对》,《环球法律评论》2019 年第 3 期

66. 陈柏峰:《中国法治社会的结构及其运行机制》,《中国社会科学》2019 年第 1 期。

67. 福建社科院课题组,李鸿阶:《国际经贸规则调整与福建自贸试验区的政策选择》,《亚太经济》2019 年第 1 期。

68. 封丽霞:《制度与能力:备案审查制度的困境与出路》,《政治与法律》2018 年第 12 期。

69. 陈甦:《改革开放 40 年来我国经济体制与经济法制的互动发展》,《中州学刊》2018 年第 11 期。

70. 关保英:《依法治国背景下立法先行问题研究》,《中州学刊》2018 年第 11 期。

71. 杨登峰:《行政改革试验授权制度的法理分析》,《中国社会科学》2018 年第 9 期。

72. 张守文:《改革开放与中国经济法的制度变迁》,《法学》2018 年第 8 期。

73. 苗连营:《合宪性审查的制度雏形及其展开》,《法学评论》2018 年第 6 期。

74. 周宇骏:《中国地方性法规立法程序合法性的审查基准研究》,《江西财经大学学报》2018 年第 6 期。

75. 周叶中、胡爱斌:《中国特色的"权力分工协调"论》,《南京社会科学》2018 年第 6 期。

76. 张文显:《中国法治 40 年:历程、轨迹和经验》,《吉林大学社会科学学报》2018 年第 5 期。

77. 朱未易:《构建地方法治建设监测数据指标体系的可能、原则与途径》,《政法论丛》2018 年第 5 期。

78. 杨青龙等:《新型经贸规则对国际贸易全成本的影响分析》,《理论探索》2018 年第 5 期。

79. 张春生等:《推进合宪性审查加强宪法实施监督》,《中国法律评论》2018 年第 4 期。

80. 朱新力、余军:《行政法视域下权力清单制度的重构》,《中国社会科学》2018 年第 4 期。

81. 郑开如:《税务部门深化"放管服"营商环境更添"获得感"》,《税务研究》2018 年第 4 期。

82. 郭锐:《央地财政分权的"选择构筑"视角兼论中央财政权力的宪法约束》,《中外法学》2018 年第 2 期。

83. 彭浩:《授权地方改革试点决定的性质与功能探析》,《法制与社会发展》2018 年第 1 期。

84. 程慧、张威：《中国自贸试验区法治建设展望》，《国际贸易》2017 年第 10 期。

85. 郑磊、王逸冉：《全国人大常委会"试点授权"要素论——基于〈立法法〉第 13 条的规范性思考》，《浙江社会科学》2017 年第 8 期。

86. 宋林霖、赵宏伟：《论"放管服"改革背景下地方政务服务中心的发展新趋势》，《中国行政管理》2017 年第 5 期。

87. 刘志云、史欣媛：《论自贸区金融创新立法的完善》，《厦门大学学报（哲学社会科学版）》2017 年第 5 期。

88. 钟瑞栋、刘经青：《论自贸区融资、租赁的立法创新》，《厦门大学学报（哲学社会科学版）》2017 年第 5 期。

89. 沈伟：《自贸区金融创新：实践、障碍及前景——以上海自贸区金融创新立法为切入点》，《厦门大学学报（哲学社会科学版）》2017 年第 5 期。

90. 秦前红：《依规治党视野下党领导立法工作的逻辑与路径》，《中共中央党校学报》2017 年第 3 期。

91. 刘剑文、侯卓：《事权划分法治化的中国路径》，《中国社会科学》2017 年第 2 期。

92. 冯洋：《论地方立法权的范围——地方分权理论与比较分析的双重视角》，《行政法学研究》2017 年第 2 期。

93. 贺小勇：《上海自贸试验区法治深化亟需解决的法律问题》，《东方法学》2017 年第 1 期。

94. 阳建勋：《论自贸区金融创新与金融监管的互动及其法治保障——以福建自贸区为例》，《经济体制改革》2017 年第 1 期。

95. 张文显：《习近平法治思想研究（中）——习近平法治思想的一般理论》，《法制与社会发展》2016 年第 3 期。

96. 李世泽等：《RCEP 对中国（广西）自由贸易试验区建设的影响及其对策》，《广西社会科学》2022 年第 2 期。

97. 王孝松、周钰丁：《RCEP 生效对我国的经贸影响探究》，《国际商务研究》2022 年第 3 期。

98. 梁昊光、焦思盈：《RCEP 框架下数字经济合作与区域经济治理研究》，《国际经济合作》2022 年第 4 期。

99. 裘莹等：《RCEP 视域下中国数字平台畅通双循环的理论机制与政策建议》，《改革》2022 年第 11 期。

100. 钱宁峰：《立法后中止实施：授权立法模式的新常态》，《政治与法律》2015 年第

7 期。

101. 刘沛佩:《对自贸区法治创新的立法反思》,《浙江工商大学学报》2015 年第 2 期。

102. 庞凌:《关于经济特区授权立法变通规定的思考》,《学习与探索》2015 年第 1 期。

103. 肖冰:《国际经贸规则改革的美国基调和中国道路选择》,《上海对外经贸大学学报》2021 年第 4 期。

104. 李宏兵等:《RCEP 框架下跨境电子商务国际规则比较及中国对策》,《国际贸易》2022 年第 4 期。

105. 赵骏:《全球治理视野下的国际法治与国内法治》,《中国社会科学》2014 年第 10 期。

106. 贺小勇:《率先建立与国际运行规则相衔接的上海自贸试验区制度体系》,《科学发展》2020 年第 3 期。

107. 孟夏、孙禄:《RCEP 服务贸易自由化规则与承诺分析》,《南开学报(哲学社会科学版)》2021 年第 4 期。

108. 黄家星、石巍:《〈区域全面经济伙伴关系协定〉电子商务规则发展与影响》,《兰州学刊》2021 年第 5 期。

109. 王建文、张莉莉:《论中国(上海)自由贸易试验区金融创新的法律规制》,《法商研究》2014 年第 4 期。

110. 黄茂钦:《论区域经济发展中的软法之治——以包容性发展为视角》,《法律科学(西北政法大学学报)》2014 年第 4 期。

111. 颜晓闽:《自贸区与行政区划法律冲突的协调机制研究》,《东方法学》2014 年第 2 期。

112. 龚柏华:《国际化和法治化视野下的上海自贸区营商环境建议》,《学术月刊》2014 年第 1 期。

113. 季卫东:《金融改革与"法律特区"——关于上海自贸区研究的一点刍议》,《东方法学》2014 年第 1 期。

114. 宋晓燕:《上海自贸区金融改革对宏观审慎监管的挑战》,《东方法学》2014 年第 1 期。

115. 贺小勇:《中国(上海)自由贸易试验区金融开放创新的法制保障》,《法学》2013 第 12 期。

116. 丁伟:《中国(上海)自由贸易试验区法制保障的探索与实践》,《法学》2013 年第 11 期。

117. 冯果、李安安:《金融创新视域下公司治理理论的法律重释》,《法制与社会发展》2013 年第 6 期。

118. 罗豪才、宋功德:《认真对待软法——公域软法的一般理论及其中国实践》,《中国法学》2006 年第 2 期。

119. 王建学、张明:《论海南自贸港法规的备案审查》,《河北法学》2022 年第 10 期。

120. 李猛、孙鸽平:《探索构建中国自由贸易试验区与海南自由贸易港法治保障体系——以完善国家立法为主要视角》,《西北民族大学学报(哲学社会科学版)》2021 年第 4 期。

121. 朱福林:《中国特色自由贸易港建设问题与探究》,《当代经济管理》2020 年第 1 期。

122. 上海浦东新区人民法院课题组:《中国特色自由贸易港建设的法治框架:目标与路径——以自由贸易港行政监管和司法保障为视角》,《法律适用》2019 年第 17 期。

123. 王淑敏、朱晓晗:《建设中国自由贸易港的立法必要性及可行性研究》,《中国海商法研究》2018 年第 2 期。

124. 罗施福、孟媛媛:《RCEP 对电子商务的规制:规则、影响与中国因应》,《中国海商法研究》2022 年第 3 期。

125. 闫然、黄宇菲:《地方立法统计分析报告:2021 年度》,《地方立法研究》2022 年第 2 期。

126. 易玲等:《我国非物质文化遗产保护 30 年:成就、问题、启示》,《行政管理改革》2021 年第 11 期。

127. 彭德雷、张子琳:《RCEP 核心数字贸易规则及其影响》,《中国流通经济》2021 年第 8 期。

128. 宋才发:《地方立法的基本程序及功能研究》,《河北法学》2021 年第 3 期。

129. 王锴:《习近平法治思想有关备案审查的重要论述及其在实践中的展开》,《地方立法研究》2021 年第 3 期。

130. 王彦志:《RCEP 投资章节:亚洲特色与全球意蕴》,《当代法学》2021 年第 2 期。

131. 朱最新:《论证抑或评估:地方立法立项的程序选择》,《地方立法研究》2021 年第 2 期。

132. 刘乃郗:《全球价值链视角下国际经贸规则面临的挑战与前瞻》,《中国流通经济》2020 年第 12 期。

133. 张磊、徐琳:《更高标准经贸规则对上海探索建设自由港的启示》,《国际商务研究》2020 年第 5 期。

134. 黄金荣:《大湾区建设背景下经济特区立法变通权的行使》,《法律适用》2019 年第 21 期。

135. 梁鹰:《备案审查制度若干问题探讨》,《地方立法研究》2019 年第 6 期。

136. 蒋飞:《论社会治理下政府法治建设中的角色定位与原则要求》,《北方法学》2019 年第 5 期。

137. 吴岚:《"一带一路"实践中国际经贸规则创新高峰论坛综述》,《国际商务研究》2018 年第 5 期。

138. 史欣嫒:《自贸区金融创新立法的缺陷及其矫正》,《河南财经政法大学学报》2018 年第 3 期。

139. 何家华:《经济特区立法权继续存在的正当性论证》,《地方立法研究》2018 年第 2 期。

140. 李猛:《中国自贸区国家立法问题研究》,《理论月刊》2017 年第 1 期。

141. 张筱倜:《〈立法法〉修改后我国法规备案审查制度的再检视》,《理论月刊》2016 年第 1 期。

142. 刘风景、李丹阳:《中国立法体制的调整与完善》,《学术研究》2015 年第 10 期。

143. 尹德贵:《全面深化改革视野下的授权立法》,《学术交流》2015 年第 4 期。

144. 贺小勇:《〈海南自由贸易港法(草案)〉修改的七大建议》,《上海对外经贸大学学报》2021 年第 2 期。

145. 李富昌等:《RCEP 助推跨境电商产业链与供应链融合机制研究》,《商业经济研究》2022 年第 17 期。

146. 洪治纲、霍俊先:《RCEP 对数据跨境流动的规制及其重要影响》,《西南金融》2022 年第 4 期。

147. 徐泉、耿旭洋:《边境后措施国际监管合作发展趋向与问题阐释》,《上海对外经贸大学学报》2021 年第 5 期。

148. 肖冰:《国际经贸规则改革的美国基调和中国道路选择》,《上海对外经贸大学学报》2021 年第 4 期。

149. 周汉民、黄骅:《中国加入 CPTPP 之必要性与可行性分析》,《上海对外经贸大学学报》2021 年第 3 期。

150. 王蕊等:《自由贸易区战略实施效果评估及展望》,《国际经济合作》2021 年第
1 期。

151. 梁鹰:《备案审查工作的现状、挑战与展望——以贯彻执行〈法规、司法解释备
案审查工作办法〉为中心》,《地方立法研究》2020 年第 6 期。

152. 张茉楠:《全球经贸规则体系正加速步入"2.0 时代"》,《宏观经济管理》2020 年
第 4 期。

153. 竺彩华:《市场、国家与国际经贸规则体系重构》,《外交评论(外交学院学报)》
2019 年第 5 期。

154. 袁波:《CPTPP 的主要特点、影响及对策建议》,《国际经济合作》,2018 年第
12 期。

155. 董彪:《我国法治化国际化营商环境建设研究》,《商业经济研究》2016 年第
13 期。

156. 陈俊:《我国自贸区发展中的立法保障探讨》,《甘肃政法学院学报》2016 年第
2 期。

157. 胡楠:《经济学视野下的授权立法制度》,《现代管理科学》2015 年第 1 期。

158. 罗施福、孟媛媛:《RCEP 对电子商务的规制:规则、影响与中国因应》,《中国海
商法研究》2022 年第 3 期。

159. 王大雷:《全面对接国际高标准经贸规则的上海自贸试验区制度体系》,《经济
管理》2018 年第 3 期。

160. 竺彩华:《中美经贸冲突对国际经贸规则体系的影响》,《美国问题研究》2019
年第 2 期。

161. 高玉伟:《国际贸易规则调整与价值链重塑》,《国际金融》2019 年第 1 期。

162. 李洪雷:《在新的历史条件下用好经济特区立法权》,《学术前沿》2018 年第
7 期。

163. 梁咏:《逆全球化主张影响下中国主导的国际经贸规则构建研究》,《复旦国际
关系评论》2017 年第 2 期。

164. 彭岳:《跨境数据隐私保护的贸易法维度》,《法律适用》2022 年第 6 期。

165. 黄贵:《RCEP 数据本土化的禁止性规范及其例外条款》,《国际经济法学刊》
2022 年第 3 期。

166. 周金凯:《自贸试验区与 RCEP 产业合作的分析路径与实施策略》,《当代经济
管理》2022 年第 11 期。

167. 谭波:《海南自由贸易港法规的体系定位与衔接分析》,《重庆理工大学学报(社会科学版)》2021 年第 5 期。

168. 王建学、张明:《海南自贸港法规的规范属性、基本功能与制度发展——以〈宪法〉和〈立法法〉为分析视角》,《经贸法律评论》2021 年第 4 期。

169. 曹亚伟:《论我国自由贸易港专门立法的必要性》,《人民法治》2019 年第 22 期。

170. 王崇敏、曹晓路:《海南中国特色自由贸易港建设的法治创新与立法保障》,《江汉大学学报》2019 年第 1 期。

171. 李永利:《海南经济特区立法权要点与运用简析》,《海南人大》2016 年第 5 期。

172. 马怀德:《习近平法治思想的理论逻辑、历史逻辑与实践逻辑》,《山东人大工作》2021 年第 9 期。

173. 郝洁:《对接国际高标准经贸规则的堵点与难点》,《中国物价》2021 年第 5 期。

174. 徐朝雨:《美国主导下国际经贸协议争端解决机制的演进》,《大连海事大学学报(社会科学版)》2021 年第 2 期。

175. 肖金明、王婵:《关于完善地方立法质量保障体系的思考》,《理论学刊》2021 年第 1 期。

176. 郭智:《世界经济发展新形势下"三零"贸易规则的影响及对策研究》,《对外经贸实务》2020 年第 10 期。

177. 梁潇、李畅:《设区的市人大立法备案审查制度研究》,《长春理工大学学报(社会科学版)》2020 年第 1 期。

178. 陆燕:《WTO 改革:进展、前景及中国应对》,《国际商务财会》2019 年第 10 期。

179. 覃丽芳:《国际经济新形势下中国自由贸易试验区建设发展研究》,《创新》2019 年第 6 期。

180. 韩立余:《构建国际经贸新规则的总思路》,《经贸法律评论》2019 年第 5 期。

181. 刘诚、张定法:《从中美贸易摩擦透视国际规则之争》,《清华金融评论》2018 年第 8 期。

182. 朱宁宁:《备案审查:有件必备、有备必审、有错必纠》,《中国人大》2017 年第 19 期。

183. 李娣:《提高营商环境竞争力营造宽松有序的投资环境》,《全球化》2017 年第 12 期。

184. 申明浩、杨永聪:《国际湾区实践对粤港澳大湾区建设的启示》,《发展改革理论与实践》2017 第 7 期。

185. 谢俊等:《差距与对接:粤港澳大湾区国际化营商环境的建设路径》,《城市观察》2017 年第 6 期。

186. 陈金钊、邵宗林:《法治思维、法治方式与法治拓展》,《上海政法学院学报(法治论丛)》2017 年第 3 期。

187. 张勇健:《建设自贸区法治化的营商环境》,《人民司法》2016 年第 16 期。

188. 李敏:《上海自贸区法律体系的现状反思与完善路向》,《南都学坛》2016 年第 1 期。

189. 唐时达、李晓宏:《自贸区金融创新路径》,《中国外汇》2015 年第 14 期。

190. 张礼祥:《海南省海洋行政管理体制机制创新研究》,《社科纵横》2015 年第 11 期。

191. 刘艳霞:《国内外湾区经济发展研究与启示》,《城市观察》2014 年第 3 期。

192. 高雪菲、赵超:《上海自贸区金融创新监管体系初探》,《金融经济》2014 年第 2 期。

193. 赵东:《中国(上海)自由贸易试验区金融创新研究》,《上海金融学院报》2014 年第 2 期。

194. 林西西:《基于国家竞争优势的海南海洋旅游业发展研究》,《新东方》2013 年第 6 期。

四、外刊类

[1] Kerr, W. A. "'Aggressive Unilateralism'——The New Focus of US Trade Policy", Estey Centre Journal of International Law and Trade Policy, 2020(21):1-17.

[2] Jeffrey Milliman, Michael Landon-Murray, City council and national security:oversight of local counterterrorism and security intelligence, Intelligence and National Security, 22 Oct, 2020.

[3] Mutimatun Niami, Adi Sulistiyono, Pujiono Pujiono, Burhanudin Harahap:Impact of the Indonesia Australia Free Trade Agreement, Proceedings of the 3rd International Conference on Globalization of Law and Local Wisdom (ICGLOW 2019).

[4] Eugenia Nissi, Massimiliano Giacalone, Carlo Cusatelli. The Efficiency of the Italian Judicial System:A Two Stage Data Envelopment Analysis Approach[J]. Social Indicators Research, 2019.

［5］Policy and Internet; Data on Policy and Internet Described by Researchers at Cardinal Stefan Wyszynski University (Media Diet on Facebook During a Political Crisis: The Case of Judicial System Reform in Poland in 2017)［J］. Computers, Networks & Communications,2019.

［6］Council of the European Union. Comprehensive Economic and Trade Agreement between Canada,of one part,and the European Union and its Member States,of the other part ［EB/OL］.［2019-05-27］. http://ec. europa. eu /trade /policy /in-focus/ceta /ceta-chapter-by-chapter/.

［7］United States Trade Representativ.Trans-Pacific Partnership Agreement ［EB/OL］. ［2019 - 05 - 27］. https://ustr. gov /trade - agreements/free - trade - agreements/trans - pacific-partnership /tpp-full-text.

［8］BYOUNG C.A Study on the change and implication of trade policy under global value chain［J］.Regional industry review,2019,42:281-307.

［9］ASSCHE A V,BYRON G. Global value chains and the fragmentation of trade policy coalitions［J］.Transnational corporations,2019,26:31-60.

［10］Gabriela Thompson, Anthony Staddon & Rick Stapenhurst,Motivation of Legislators and Political Will,Public Integrity,17 Dec,2018.

［11］Louise Delany, Louise Signal, George Thomson. International trade and investment law: a new framework for public health and the common good, 2018.

［12］Evan Gatev,Mingxin Li. Hedge funds as international liquidity providers: evidence from convertible bond arbitrage in Canada［J］. Financial Markets and Portfolio Management, 2017.

［13］Baldwin R. The World Trade Organization and the future of multilateralism［R］. CEPR discussion papers,2016,30(1):95-116.

［14］Toohey, L., et al., China in the International Economic Order: New Directions and Changing Paradigms, Cambridge: Cambridge University Press, 2015:1-76.

［15］Mas-Colell, Microeconomic Theory［M］.Oxford University Press, 2015

［16］Gouldson A and Murphy J.Regulatory realities: The implementation and impact of industrial environmental regulation［M］.Routledge,2013.

［17］OECD, WTO. TradeinValue-Added: Concepts, MethodologiesandChallenges［C］. WTO,2012.

[18] Furubotn E G and Richter R.Institutions and economic theory: The contribution of the new institutional economics[M].University of Michigan Press,2005.

[19] Andrew Guzman and Joost Pauwelyn. International Trade Law[M].Third Edition, Aspen Casebook Series.

[20] Jagdish Bhagwat, i "U.S. Trade Policy: The Infatuation with Free Trade Agreements,"in Hagdish Bhagwati and Anne Krueger, eds. The Dangerous Drift to Preferential Trade Agreements, Washington, D.C.: American Enterprise Institute for Public Policy Research, 1995.

[21] Generally David Conklin and Dan Lecraw, 'Restrictions on Foreign Ownership during 1984-1994:Developments and Alternative Policies' (1997)6(1)Transnatl Corp 1.

[22] Kazushi Shimizu, The ASEAN Economic Community and the RCEP in the World Economy, Journal of Contemporary East Asia Studies, Vol;. 10, No. 1, 2021, p. 19.

[23] Daniel Magraw & Raddhika Venkatrarman, Virtual Water, Embodied Carbon and Trade Law: Conflict or Coexistence, Trade, Law and Development, Vol. 10, No. 2, 2018,p. 283.

[24] Carsten Fink &Marion Jansen, Services Provisions in Regional Trade Agreements: Stumbling or Building Blocks for Multilateral Liberalisation?,in Patrick Low & Richard Baldwin, Multilateralizing Regionalism: Challenges for the Global Trading System 221(Cambridge University Press 2009).

[25] BYOUNG C.A Study on the change and implication of trade policy under global value chain[J].Regional industry review, 2019, 42:281-307.

[26] Baldwin R. The World Trade Organization and the future of multilateralism[R]. CEPR discussion papers, 2016,30(1):95-116.

[27] ASSCHE A V,BYRON G. Global value chains and the fragmentation of trade policy coalitions[J].Transnational corporations, 2019, 26:31-60.

[28] Toohey, L., et al., China in the International Economic Order: New Directions and Changing Paradigms, Cambridge: Cambridge University Press, 2015:1-76.

[29] Kerr, W. A., "'Aggressive Unilateralism'——The New Focus of US Trade Policy", Estey Centre Journal of International Law and Trade Policy, 2020(21):1-17.

[30] Peter A. Petri and Michael G. Plummer, "East Asia Decouples from the United States: Trade War, COVID-19, and East Asia's New Trade Blocs," PIIE Working Paper

20-0, 2020, pp. 6-9.

[31] Shen Minghui, The Role and New Issues of RCEP in the Promotion of East Asian Regional Cooperation, 93 CHINA INT'I Stud. 141(2022).

[32] Pasha L. Hsieh, Building the RCEP: Legal and Political Implications,. Proceedings of the Annual Meeting, Published by the American Society of International Law, 113,(2019):367-370.

[33] Amokura Kawharu, "The admission of foreign investment under the TPP and RCEP," Journal of World Investment & Trade 16, no. 5-6(2015):1058-1088.

[34] Productivity Commission, Bilateral and Regional Trade Agreements: Productivity Commission Research Report(2010) xx,xxix and xxxi.

[35] Markus Wagner, 'Regulatory Space in International Investment Law and International Trade Law' (2015)36 U Pa J Intl L1,53-54.

[36] Amokura Kawharu, "The Admission of Foreign Investment under the TPP and RCEP," Journal of World Investment & Trade 16, no. 5-6(2015):1058-1088.

[37] Matra Soprana, "The Digital Economy Partnership Agreement(DEPA): Assessing the Significance of the New Trade Agreement on the Block," Trade, Law and Development 13, no. 1(Summer 2021):143-169.

[38] Mark Wu, Digital Trade-Related Provisions in Regional Trade Agreements: Existing Models and Lessons for the Multilateral Trade System, Int'l Ctr. for Trade & Sustainable Dev., Inter-Am.Dev. Bank, 2017.

[39] Peter K. Yu, TPP and Trans-Pacific Perplexities, 37 FORDHAM INT' L.J. 1129 (2014).

后 记

习近平总书记在庆祝海南建省办经济特区 30 周年大会上的讲话指出，建设自由贸易试验区和中国特色自由贸易港，发挥自身优势，大胆探索创新，着力打造全面深化改革开放试验区、国家生态文明试验区、国际旅游消费中心、国家重大战略服务保障区，争创新时代中国特色社会主义生动范例，让海南成为展示中国风范、中国气派、中国形象的靓丽名片。海南建设中国特色自由贸易港，是前所未有的创举。既要强调海南自贸港建设要充分彰显中国特色和中国风范，又要充分对标国际高水平经贸规则显现高水平开放高质量发展的中国实践和中国创新。中国香港、新加坡和迪拜是当今世界公认的最成功自由贸易港，起初以发展传统货物转口贸易为核心内容的贸易投资自由便利制度，呈现了通过物流引入资金流，再通过资金流带动人流，最终实现人流催生汇成更强大的信息流，促成自贸港发展成为真正国际一流的发展趋势。海南建设中国特色自由贸易港，"不以转口贸易和加工制造为重点，而以发展旅游业、现代服务业和高新技术产业为主导"，注定海南自贸港建设立足发展旅游业扩充人流，通过游客人流推动免税购物引入消费经济的物流，再通过自贸港消费促销物流推动资金流做大做强，这一系列诸流发展，再汇通促升实现自贸港超强大数据信息流跨境发展新规制。

海南自贸港对标 RCEP、CPTPP、DEPA 等国际高水平经贸规则，将倒逼海南更加强化解放思想，敢想敢闯，推动自贸港制度集成创新，聚焦自贸港贸易投资自由便利化，发挥自贸港自由便利创新规制的法治精神，构建与高水平自由贸易港相适应的政策制度法规体系和法治体系。对标高水平高标准国际经贸规则,其核心在于市场化、法治化、国际化发展理念。当下高水平高标准国际经贸规则,更多倾向于 RCEP、CPTPP、DEPA 的共性规则,尤其是数字贸易规则、竞争中立规制、强化知识产权保护、国有企业经营标准、劳工标准和环境保护、外来物种入侵等等方面规制认知。这一系列内容,都是海南自贸港对标国际经贸规则所必须考虑的对象及其内容。围绕这些内容,探究海南自贸港法律对策,研究与其相对应的立法建议,促进机制或调法调规措施,探寻对标 RCEP、CPTPP、DEPA 等国际经贸规则的风险防控法律对策。

　　海南自贸港对标国际高水平经贸规则,源自海南自贸港创新立法体制机制。构建中国特色自由贸易港法规体系和法治体系,致力彰显自贸港自由便利创新规制的法治精神。2022 年 1 月 RCEP 正式生效,海南自贸港面临挑战与机遇并存。中国特色、国际经验、战略定位、海南优势、改革创新和风险防控,成为海南推动中国特色自由贸易港建设的关键词。对标国际高水平经贸规则,借鉴世界著名自贸港建设的国际经验,国家支持海南自由贸易港主动适应国际经济贸易规则发展和全球经济治理体系改革新趋势,积极开展国际交流合作。本书聚焦研究自贸港对标国际高水平经贸规则法律对策,充分运用自贸港法规制定权和自贸港调法调规机制,促成自贸港法规体系和法治体系。2022 年法律出版社出版《中国特色自由贸易港法治创新研究》主要聚焦海南建设中国特色自由贸易港法治创新的热点问题,展开对策研究;2024 年人民出版社出版《中国特色自由贸易港立法体制创新研究》一书,同年 6 月被中共海南省委宣传部列入海南省 2024 年第二批党委(党组)理论学习中心组学习推荐十三种书目之一,该书重在研究海南自贸港立法体制创新动力,更需聚焦自贸港立法创新,促进自贸港实现制度集成创新的核心度,探索构建中国特色自由贸易港法规体系和法治体系。

　　笔者有幸亲历了海南经济特区法治建设、法治创新、法治研究等相关实践。2008 年 5 月以来先后担任海南省四、五、六届人大常委会环境资源工作委员会委员以及 2023 年 7 月被海南省七届人大常委会聘任为专家咨询委员会委员,曾多次深入到海南经济特区、自贸试验区、自贸港建设实践实地调研,潜心研究海南自贸港立法体制创新等法治建设相关课题,撰写《关于构建海南自由贸易港法规体系的建议》《推进海南自贸港 2025 年封关运作调法调规工作的建议》等多份研究报告,分别获得海南省委、省政府主要领导肯定性批示。2024 年 6 月在《政法论丛》发表的《营商环境法治化三维论》,则更聚焦研究优化自贸港营商环境的自由度便利度创新度三维视角,阐释自贸港自由便利创新规制的法治精神,凸显推动自贸港法治创新。围绕自贸港立法先行创新、法治海南自贸港建设展开研究,促进创优自贸港营商环境法治化,积极开展献计献策的智库研究。2024 年 4 月获得"海南省哲学社会科学重点智库课题"立项,更是聚焦海南自贸港建设的法治焦点和难点,开展相应的对策建议研究,并于 2024 年 8 月提交《促进自贸港立法领域改革创新发展新建议》智库报告,获得海南省人大常委会主要领导肯定性批示。2024 年 9 月撰写《促进乡村基层治理发展全过程人民民主的海南实践对策建议》研究报告,获得海南省委主要领导圈阅。2024 年 11 月撰写《关于推动深圳交易所设置海南自贸港板的建议》研究报告获海南省委主要领导肯定性批示。2025 年 1 月撰写《关于加快促进海南自贸港核心政策落地实施的建议》研究报告,获得海南省委主要领导肯定性指示。

本书完成撰稿任务,有幸列入海南自由贸易港法律创新团队推出自由贸易港法治研究专项经费出版计划,并被纳入"中国特色自由贸易港法治丛书"系列出版,感谢海南自由贸易港法律创新团队全力支持资助本书付梓。同时,诚挚感谢人民出版社茅友生编辑。本书写作过程中,还得到卢晋博士、许蕾博士、段一帆博士积极给力支持,尤其是我与卢晋博士合作发表了许多篇有关海南自贸港对标 RCEP、CPTPP 的论文,我们一起研究自贸港建设的法律问题。翁小茜、黄少宣、赵天涵、冯晋秀、吉美诚、仲嘉辉、温锦婷、符政航、叶乔等硕士研究生也积极参与收集、整理相关资料等工作,在此一并表示衷心感谢。

　　我们正在迈向进一步全面深化改革、推进中国式现代化新征程。党的二十届三中全会《决议》提出"加快建设海南自由贸易港",正在加紧推进海南自由贸易港核心政策落地,全力平稳有序做好海南自由贸易港封关运作工作,全面加速推进建设中国特色自由贸易港,这是我们这一代人的新使命。中国特色自由贸易港更需要积极参与全球经济治理体系改革,主动构建与国际高水平经贸规则衔接机制,持续创新优化和打造法治化、国际化、便利化营商环境。我们更要以"功成不必在我"的精神境界和"功成必定有我"的历史担当,把海南建设成为展示中国风范、中国气派、中国形象的靓丽名片!

　　扬帆自贸港,奋进新时代!

刘云亮

2025 年 1 月于海南大学东坡湖

责任编辑：茅友生
封面设计：王春峥

图书在版编目（CIP）数据

中国特色自贸港对标国际经贸规则研究 / 刘云亮著 .
北京 ：人民出版社，2025. 6（2025. 9 重印）. -- ISBN 978－7
－01－027176－7

Ⅰ. D996.1

中国国家版本馆 CIP 数据核字第 202539DW36 号

中国特色自贸港对标国际经贸规则研究

ZHONGGUO TESE ZIMAOGANG DUIBIAO GUOJI JINGMAOGUIZE YANJIU

刘云亮　著

人民出版社 出版发行
（100706　北京市东城区隆福寺街 99 号）

北京新华印刷有限公司印刷　新华书店经销

2025 年 6 月第 1 版　2025 年 9 月北京第 3 次印刷
开本：710 毫米×1000 毫米 1/16　印张：23
字数：318 千字

ISBN 978－7－01－027176－7　定价：148.00 元

邮购地址 100706　北京市东城区隆福寺街 99 号
人民东方图书销售中心　电话（010）65250042　65289539